LA
POÉSIE PATRIOTIQUE
EN FRANCE
DANS LES TEMPS MODERNES

PAR

CH. LENIENT

PROFESSEUR A LA FACULTÉ DES LETTRES DE PARIS

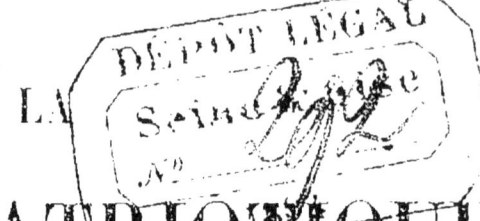

TOME PREMIER
XVIᵉ ET XVIIᵉ SIÈCLES

PARIS
LIBRAIRIE HACHETTE ET Cⁱᵉ
79, BOULEVARD SAINT-GERMAIN, 79

1894

Droits de propriété et de traduction réservés

LA

POÉSIE PATRIOTIQUE

EN FRANCE

OUVRAGES DU MÊME AUTEUR

PUBLIÉS DANS LA BIBLIOTHÈQUE VARIÉE

PAR LA LIBRAIRIE HACHETTE & Cie

La satire en France au moyen âge; 3e édition. 1 vol.
  Ouvrage couronné par l'Académie française.

La satire en France, ou la littérature militante au XVIe siècle; 3e édition. 2 vol.

La comédie en France au XVIIIe siècle. 2 vol.

La poésie patriotique en France au moyen âge. 1 vol.

EN PRÉPARATION :

La poésie patriotique en France. XVIIIe et XIXe siècles.

Prix de chaque volume, broché.......... **3 fr. 50**

7008-94. — CORBEIL. Imprimerie CRÉTÉ.

LA POÉSIE PATRIOTIQUE

EN FRANCE

XVIᵉ ET XVIIᵉ SIÈCLES

PAR

CH. LENIENT

PROFESSEUR A LA FACULTÉ DES LETTRES DE PARIS

PARIS

LIBRAIRIE HACHETTE ET Cⁱᵉ

79, BOULEVARD SAINT-GERMAIN, 79

1894

Droits de propriété et de traduction réservés

PRÉFACE

Le livre que nous offrons au public est une œuvre de critique et d'histoire littéraire, politique et morale à la fois, associant l'étude des faits à celle des idées et des personnages qui les représentent ou les expriment, par leur vie ou par leurs écrits. Son titre indique assez de quels sentiments il s'inspire et dans quelle vue il est composé.

A une époque où il existe des gens assez misérables et assez fous pour se proclamer eux-mêmes, tout haut, des *sans-patrie*; pour prêcher l'abandon et la révolte à nos soldats; il n'est point inutile peut-être de raviver et d'entretenir, dans le cœur des jeunes gens, l'amour du sol natal et du drapeau, le culte de la tradition et de l'honneur national, qui constituent le domaine commun et la sauvegarde d'un peuple libre, vraiment digne de ce nom.

Malherbe dénonçait déjà, dans les *Ligueurs Espagnolisés*, ces citoyens bâtards,

> Ces François qui n'ont de la France
> Que la langue et l'habillement.

Béranger, s'adressant aux *Anglomanes* et aux *Germanisants*, en face de l'invasion étrangère, s'écriait :

> Mes amis, mes amis,
> Soyons de notre pays!

Il y a là des échos bons à réveiller, des questions peut-être aussi intéressantes que la *métaphysique* des *genres*, ou la *gamme chromatique* des voyelles et des consonnes.

Un autre motif encore nous a conduit. Malgré nos préférences et nos tendresses pour l'enseignement classique, tel qu'on le pratiquait autrefois, nous sommes bien forcé de reconnaître qu'il ne suffit plus à tous les besoins du temps présent[1]. Par sa nature et sa durée obligatoire, si l'on veut qu'il soit complet, par les goûts délicats qu'il développe, par les loisirs et le désintéressement qu'il réclame de ses adeptes, il garde toujours un certain cachet aristocratique : il est destiné surtout aux carrières libérales, ainsi nommées parce qu'elles ne peuvent garantir un profit certain. Il répond moins à l'esprit positif et utilitaire de notre démocratie moderne, plus économe de son temps et de son argent, plus soucieuse de trouver une application immédiate des connaissances acquises, obligée de satisfaire toute cette clientèle de l'industrie, du commerce, de l'agriculture, qui vient demander à nos lycées de lui préparer des sujets d'élite. C'est pour elle qu'on a créé cet enseignement secondaire moderne, en substituant aux langues mortes les langues vivantes, aux études presque exclusivement littéraires une large part de sciences mathématiques, physiques et naturelles.

Mais ce temps enlevé aux Grecs et aux Romains ne profitera pas uniquement sans doute aux sciences et aux littératures étrangères. Nous espérons que la

---

[1]. Voir à ce sujet les excellentes remarques de M. Marion dans son volume sur *l'Éducation dans l'Université*.

littérature française en aura aussi sa part ; qu'elle y gagnera un peu plus d'extension et de variété, en se rattachant plus étroitement à l'étude de l'histoire nationale. C'est dans cet esprit que nous avons écrit ces deux volumes, où nous avons fait moins de place à l'esthétique proprement dite, à la théorie des systèmes, pour en accorder davantage à la morale pratique tirée de l'histoire et à la philosophie qui s'en dégage.

LA
ÉSIE PATRIOTIQUE EN FRANCE

DANS LES TEMPS MODERNES

INTRODUCTION

poésie patriotique au moyen âge et dans les temps modernes.
Objections faites à ce sujet. — Les poésies de circonstance :
eur part et leur rôle dans notre histoire littéraire. —
anorama général des XVIe, XVIIe, XVIIIe et XIXe siècles.

ous avons exposé jadis l'histoire de la poésie nationale
patriotique en France au moyen âge ; nous l'avons vue
lée à toutes les grandes émotions, à tous les grands
énements contemporains, depuis la riche éclosion des
nsons de geste, et sous les formes multiples du genre
ique, avec les troubadours et les trouvères, jusqu'à
te dernière heure d'épuisement qui marque la fin d'un
nde et d'une littérature. Aujourd'hui, nous allons as-
ster à ce vaste travail de rénovation qui annonce l'avè-
ment des temps modernes. De nouvelles sources incon-
tes ou négligées par l'âge précédent vont s'ouvrir, en
hors du fonds patrimonial, dans le champ des Grecs et
s Latins. Tandis que le moyen âge façonnait à sa guise
à son image les vagues souvenirs de l'antiquité, dans
s *Chants de Rome* et dans le *Roman d'Alexandre*, la Re-
issance allait calquer et retracer, sur le modèle d'Athènes
de Rome, nos propres souvenirs nationaux. De là une
nsformation profonde, qui semble réduire notre litté-
ture aux pastiches de l'imitation.

Faut-il donc croire, ainsi qu'on l'a dit parfois, que tout cachet indigène ait alors disparu ; qu'au contact des Grecs et des Latins nous ayons perdu notre individualité? Ce serait singulièrement méconnaître le sentiment et la portée de cette Renaissance, qui eut ses entraînements et ses excès, ses fanatiques et ses *ultras*, comme les a toute révolution politique ou littéraire, qu'elle vienne des royalistes ou des républicains, des classiques ou des romantiques. Mais quelles qu'aient pu être les modifications apportées dans la forme, le vieux fonds gaulois et français se maintient toujours et survit quand même, principalement dans ces œuvres où la poésie devient l'écho de l'histoire.

En reprenant ce sujet de la *poésie patriotique*, nous n'ignorons pas quelles objections on nous opposera. Cette poésie, dira-t-on, se comprend plus ou moins au moyen âge, où les troubadours et les trouvères, les ménestrels et les jongleurs, ces grands colporteurs de l'opinion, de l'enthousiasme et de la médisance, s'en vont, répandant partout des vers faits pour être chantés plutôt que lus. C'est ainsi que la *Chanson de Roland*, que celle d'*Antioche*, résonnent sur toutes les vielles. Mais, à partir de la Renaissance, avec une poésie née dans l'école et le cabinet, taillée sur le patron des anciens, remplie de souvenirs mythologiques, faite pour être lue plutôt que chantée, comment pouvez-vous chercher dans les œuvres littéraires un reflet de la vie nationale, un écho des émotions contemporaines?

Enfin, ce qui constitue, ajoute-t-on, le caractère, la supériorité de notre poésie, n'est-ce pas qu'elle est de tous les temps, qu'elle s'élève au-dessus des questions du jour, pour nous offrir des sentiments, des idées et des types éternellement vrais, appartenant moins à une nation qu'à l'humanité tout entière? L'*humanisme* n'est-il pas le trait dominant de la littérature et de la muse françaises, à partir de la Renaissance? Et puis, la poésie de circonstance est-elle vraiment de la poésie? N'a-t-elle pas tous les défauts de l'improvisation hâtive, à laquelle manque le principe essentiel de l'art sérieux, la réflexion et le recueillement?

Sur ce dernier point cependant, qu'on nous permette d'invoquer l'autorité d'un grand poète, de Gœthe, s'entretenant avec son confident Eckermann :

« Toutes les poésies doivent être des poésies de circonstance, c'est-à-dire que c'est la réalité qui doit en avoir donné l'occasion et fourni le motif. Un sujet particulier prend un caractère général et poétique, précisément parce qu'il est traité par un poète. Toutes mes poésies sont des poésies de circonstance; c'est la vie réelle qui les a fait naître, c'est en elle qu'elles trouvent leur fond et leur appui. Pour les poésies en l'air, je n'en fais aucun cas[1]. »

Il n'en conclut pas sans doute qu'une pièce de circonstance sera nécessairement poétique; mais il suppose qu'elle est susceptible de le devenir plus aisément, si l'imagination sait l'embellir et la colorer de ses reflets.

Tout étrange que paraisse cette opinion chez l'auteur du *Second Faust* et du *Divan Oriental*, où la fantaisie tient une si large place, où l'on est si loin du monde réel et positif, il faut en tenir compte, même en ne voyant là qu'une de ces boutades par lesquelles le poète Olympien s'amusait parfois à dérouter le bon Eckermann.

Nous avons cru devoir rappeler ce témoignage pour répondre à ceux qui déclarent l'idéal incompatible avec la réalité. Sans penser à surfaire la valeur des œuvres de circonstance, sans nier tout ce qu'elles offrent trop souvent de hâtif, de vulgaire et de banal, il faut bien leur accorder aussi une place et une part dans l'histoire de la littérature et de la société.

Le sentiment patriotique, dont certains beaux esprits supérieurs médisaient volontiers naguère, comme d'un préjugé à l'usage des petites gens, s'est trouvé en somme le plus robuste et le plus actif moyen de relèvement moral pour notre France si éprouvée. Il nous a rendu la confiance en nous-mêmes: il nous a rappelé nos droits et nos devoirs, et nous a valu, ici les retours et les manifestations sympathiques de ceux qui nous aiment, là l'estime et le respect de ceux qui nous jalousent ou nous redoutent. Un sentiment qui a pu produire chez un peuple de tels effets, qui, dans les crises suprêmes de notre vie nationale, a joué un rôle si important, mérite bien qu'on ne l'oublie pas. C'est là tout ce que nous cherchons à établir, en suivant

---

1. *Conversations de Gœthe*, recueillies par Eckermann (1822-1832).

l'ordre des temps, et faisant de l'histoire politique elle-même l'auxiliaire de la poésie et de la critique.

I

Un fait incontestable, dès les premières années du xvi⁰ siècle, c'est que les principaux événements du jour sont généralement recueillis, célébrés en vers par des scribes, des chantres officiels et attitrés, ou par des rapsodes populaires, sortis le plus souvent des rangs de l'armée, improvisant en commun quelques couplets, devant les feux du bivouac, la veille ou le lendemain de la bataille. La cantilène n'est pas morte tout entière avec le moyen âge ; elle s'est conservée longtemps parmi les aventuriers et les soudards. De nos jours, n'a-t-elle pas immortalisé la *casquette* du père Bugeaud, comme jadis le *panache blanc* du Béarnais ?

Charles VIII a déjà son orateur, poète et historiographe, André de la Vigne, qui l'accompagne dans ses expéditions d'Italie. Louis XII, à l'exemple de Charles V et bien avant Richelieu, entretient toute une brigade d'écrivains, de chroniqueurs en vers et en prose, pour illustrer ses exploits, et justifier sa conduite aux yeux de l'Europe et de l'opinion publique. Il a fait venir d'Italie Paul Émile, pour revêtir de la majesté latine l'histoire de France. Il attire à sa cour Jean Lemaire de Belges, poète et prosateur fameux, qui a commencé par chanter la défaite des Français à Saint-Hubert, avant d'exalter leurs victoires et leurs origines. Puis les rhétoriqueurs et rimeurs alors en renom, tels que Guillaume Cretin, le grand acrobate de la versification française ; le docte Jean d'Auton, secrétaire privé du roi ; Jehan Marot, le père de Clément ; Alione d'Asti, un Piémontais écrivant des poésies françaises à la gloire de Charles VIII, de Louis XII et de François I⁰ʳ ; sans compter Gringore, l'Aristophane bourgeois, le grand maître de la *farce* ou de la *moralité* politique, trop tôt étouffée sous les arrêts du parlement.

A côté de ces écrivains officiels et tant soit peu attardés, qui nous offrent un mince regain de poésie amphigourique et solennelle, coulent les mille petits ruisseaux de la chanson populaire, se contentant le plus souvent encore de l'assonance, n'aspirant ni à l'exactitude de la rime, ni à la correction du style, ni à l'élévation de la pensée. Malgré leur médiocrité générale, quelques-unes de ces improvisations ont une singulière fortune, très supérieure à celle d'œuvres plus sérieuses et plus remarquables par la valeur littéraire. Tel est le couplet sur La Palice, mort à Pavie ; telle encore cette fameuse chanson de *la Guerre*, composée par Jannequin au lendemain de Marignan, et répétée, durant plus d'un siècle, par tous les orchestres militaires et même par les gens du monde, à l'instar de notre *Marseillaise*.

François Ier, qui se pique de poésie autant que les barons du moyen âge, apporte aussi son écot dans ce concert. A l'exemple de Richard Cœur de Lion, il se console en rimant dans sa prison de Madrid. Les couplets foisonnent autour de lui après Marignan, même après Pavie, pour exalter sa victoire ou pleurer sa défaite. Son valet de chambre et poète favori, Clément Marot, blessé lui-même à ses côtés, partage un moment la captivité de son roi, et en consacre le souvenir dans une épître à sa maîtresse. Guillaume Budé, l'illustre savant, croit devoir payer son tribut par une ballade au vainqueur de Marignan.

Cette longue rivalité de Charles-Quint et de François Ier, qui remplit les pages de l'histoire au xvie siècle, enfante également un nombre infini de manifestes, de pamphlets, de *pasquils* et de couplets plus ou moins patriotiques. Chaque échec des armées impériales devant Mézières, devant Péronne, devant Marseille est célébré par des chansons. L'opinion publique a ses héros de préférence. Parmi les noms fameux alors, celui de Bayard revient souvent et rappelle les anciens preux, en compagnie des La Palice, des Boucart, des La Roche-Pot, des Dammartin, des Florange, des Lautrec, des La Trémoïlle et des Trivulce.

Les courtes éclaircies qui permettent d'espérer la paix ne sont pas moins saluées avec bonheur par la population bourgeoise, toujours désireuse de voir reprendre les affaires. *Sotte Commune* ou *Labeur*, le peuple des campagnes, fait entendre aussi sa voix plaintive et désolée.

L'entrevue du roi et de l'empereur à Aigues-Mortes, le passage de Charles-Quint à travers la France pour aller apaiser la révolte de Gand, éveillent des espérances d'accord et d'union bientôt déçues. Aussi la mauvaise humeur sera grande, quand la double invasion de la Picardie et de la Provence viendra donner un démenti à ces promesses. Un gai railleur provençal, Antoine Arena, se chargera de venger son pays en nous racontant plaisamment, dans un poème macaronique, la mésaventure de Janot d'Espagne, réduit à fuir devant la ferme attitude de Montmorency.

Le duel continue après la mort de François Ier. La reddition de Boulogne, le siège de Metz, la bataille de Renty sont trois événements qui excitent la verve de nos chanteurs. Mais le fait capital est la prise de Calais (1558) par le duc François de Guise. Il y avait là une vieille blessure toujours saignante au cœur de la France. Aussi l'explosion de la joie publique se manifeste-t-elle par des chants, des fêtes, des spectacles de toute sorte. L'homme qui venait de procurer cette heureuse journée à la nation passait à l'état de demi-dieu. Ce nouveau triomphe sur l'Angleterre ressuscitait en Normandie la muse d'Olivier Basselin. Mais d'autres chantres à la voix plus sonore allaient se faire entendre.

II

Au milieu de ces luttes et de ces rivalités qui mettaient tour à tour aux prises la France avec l'Empire, l'Espagne, l'Italie et l'Angleterre, une nouvelle école poétique s'était formée : celle de Ronsard. Si enchantée, si possédée qu'elle soit de l'antiquité, elle ne demeure pas insensible aux douleurs et aux joies de la patrie. Ce beau mot de *patrie*, presque inconnu jusque-là, est mis en honneur surtout par un des chefs de la *Pléiade*, Joachim Du Bellay, le lieutenant de Ronsard dans sa grande œuvre de rénovation littéraire. L'amour de la France, le souci de sa grandeur, de son influence dans le monde, l'ambition d'égaler, de surpasser même l'Italie, cette reine des lettres et des arts, tels sont les nobles mobiles qui inspirent la jeune école. C'est dans cet esprit que Du Bellay écrit son livre *De la*

Défense et Illustration de la langue française. Il ne s'agit pas seulement de ressaisir l'héritage des anciens, mais d'avoir le pas sur les modernes. C'est par là que la Pléiade, à travers ses exagérations et ses enfantillages solennels, reste un mouvement généreux, national et vraiment français, malgré ses superstitions grecques ou latines. Le vieux Daurat, le maître de Ronsard et de toute la Pléiade, est lui-même un patriote au cœur chaud, traduisant en vers latins ses émotions sur les événements du temps présent.

Malheureusement la Réforme, qui devait ouvrir à l'esprit humain tant d'horizons nouveaux, non contente de s'adresser aux âmes et aux consciences, se mêlait aux intérêts et aux ambitions terrestres : devenue une manifestation politique autant que religieuse, elle allumait en France les premiers brandons de la guerre civile. Les catholiques y apportaient toute l'intolérance et la violence d'un parti maître du pouvoir et jaloux de le conserver. Ronsard intervient alors, et descend de son Olympe pour se jeter dans la mêlée. Le désordre se met dans les rangs de la Pléiade : Grevin, Florent Chrestien, se rangent sous le drapeau de la Réforme. Jodelle et Remy Belleau se font les apologistes de la Saint-Barthélemy, tandis que le chancelier de l'Hôpital exhale en beaux vers latins ses douleurs d'honnête homme et de citoyen. D'Aubigné et Du Bartas représentent, dans le camp protestant, non pas seulement l'esprit de secte et de parti, mais les hautes inspirations patriotiques, et travaillent de l'épée autant que de la plume au triomphe du Béarnais. Les auteurs de la *Ménippée* achèvent de ruiner le parti ligueur, qui s'est fait le complice de l'étranger. Une fois encore, comme au temps des Armagnacs et des Bourguignons, en face des Espagnols au XVIe siècle comme en face des Anglais au XVe, la nationalité française se dégage et s'exprime par la bouche de ses écrivains et de ses poètes.

III

Le grand réformateur littéraire dont la maîtrise va remplacer celle de Ronsard, Malherbe, entonne l'hymne de la

France nouvelle, en célébrant la *Prise de Marseille révoltée*, le *Mariage de Henri IV et de Marie de Médicis*, le *Voyage du Roi en Limousin*, puis le *Siège de la Rochelle* sous Louis XIII. L'établissement du pouvoir absolu amène trop tôt à confondre le patriotisme avec l'idolâtrie monarchique, et le sentiment national avec la servilité. L'honnête Boileau lui-même, l'esprit le plus franc, le plus loyal du siècle, l'ami de la vérité jusqu'à la rudesse, ne sait point résister à ces formes obséquieuses :

> Grand roi, cesse de vaincre, ou je cesse d'écrire.

La pompe solennelle et fastueuse est le défaut de toute cette poésie de commande ou de circonstance, à laquelle manquent trop souvent le naturel et la spontanéité. Les grandes toiles magistrales de Lebrun, le peintre officiel du roi, offrent l'idéal du genre avec toute sa majestueuse emphase, malgré l'incontestable talent de l'artiste [1]. Que dire de ces lourdes machines épiques tirées de l'histoire nationale mal connue et mal comprise, telles que le *Clovis* de Desmarets et la *Pucelle* de Chapelain, venant, comme des blocs erratiques ou des épaves d'une autre époque, encombrer les avenues du xviie siècle : ces larges allées sablées et régulières, qui nous mènent au palais de Versailles, et de là aux doux bosquets de Trianon et de Marly ?

Les *poetæ minores* du siècle ont substitué à la lyre magistrale de Malherbe les sons de la guitare et du flageolet. Saint-Amant joindra même l'héroïque au burlesque dans son *Passage de Gibraltar*. L'emphase d'un côté, la mièvrerie de l'autre, sont les deux écueils où se heurte la poésie de circonstance. Cependant n'exagérons pas, en supposant que toute vérité disparaisse sous la pompe des mots ou sous les fadeurs du bel esprit. Voiture, Sarasin, Saint-Evremond, Mme Deshoulières, Mlle de Scudéry, trouvent çà et là quelques accents sincères, et parfois émus, pour chanter les victoires de Condé. Le lourd Chapelain lui-même rencontre par hasard une strophe lyrique d'un bel effet, en l'honneur

---

1. Voir sur ce point l'intéressante étude de M. Lemonnier dans son ouvrage intitulé : *l'Art français au temps de Richelieu et de Mazarin*.

de Richelieu. Enfin le *Passage du Rhin* et l'*Ode sur la prise
de Namur*, une erreur poétique de Boileau, si artificielle
qu'en soit la composition, ont aussi leur part d'à-propos et
de réalité.

Il n'est pas jusqu'à l'insouciant La Fontaine qui, faisant,
lui aussi, son doigt de cour, ne célèbre, à l'instigation de
Fouquet, la *Paix des Pyrénées*, le *Mariage de Monsieur et de
Henriette d'Angleterre*, et plus tard n'apostrophe la République aquatique des Pays-Bas, en lui faisant craindre les
rayons brûlants du Roi Soleil [1].

Maintenant il faut reconnaître que la sécurité du pouvoir, que l'absence de périls sérieux venant de l'étranger,
que la bonne fortune presque constante de Louis XIV
durant les deux tiers de son règne, mettent la nation à
l'abri de ces secousses, de ces émotions violentes qui provoquent les explosions patriotiques. Les grands poètes ne
ont guère alors distraits de leur œuvre qu'ils poursuivent
aisiblement. Corneille se contente d'enseigner l'amour
de la patrie par la voix des deux Horaces, le culte de
l'honneur avec Rodrigue et Don Sanche, la générosité et la
clémence avec Auguste, le dévouement à sa foi et à son
Dieu avec Polyeucte, l'indépendance nationale avec Nicomède, sans trop songer à ce long drame de la *Guerre de
Trente Ans* qui se joue à distance, ayant des acteurs tels
que Gustave-Adolphe, Wallenstein, Tilly, Bernard de Saxe-Weimar, et le secret et tout-puissant moteur, Richelieu.
Le chantre de *Pompée* et de *Cinna* se tient sur le terrain de
l'histoire romaine, pour discuter les formes du gouvernement monarchique ou populaire et les maximes d'État,
sans courir le risque de se voir accusé, comme d'Aubigné,
de républicanisme.

Les troubles de la Fronde le laissent presque indifférent et neutre entre les partis. Tout au plus conçoit-il un
moment l'idée de mettre en scène la grande figure de
Henri de Guise, mais il y renonce bientôt et s'en tient
prudemment à *Suréna*. Son *Attila* n'est qu'une entreprise
tardive et malheureuse sur notre histoire nationale, provoquant le *Holà!* de Boileau, qui a trop raison cette fois

---

1. *Le Soleil et les Grenouilles*, liv. XII, fab. 24.

encore, malgré ces deux vers d'un souffle vraiment patriotique :

> Un grand destin commence, un grand destin s'achève,
> L'Empire est prêt à choir, et la France s'élève[1].

Bien qu'il lui arrive aussi de chanter les campagnes de Flandre et de Hollande, ces pièces de circonstance passent à peu près inaperçues et noyées dans l'éclat de son théâtre : elles n'en méritent pas moins un regard d'attention et de respect, qu'on leur a trop refusé jusqu'ici.

Racine semble encore bien plus étranger à toute question nationale ou politique. Le jour où il s'avise d'y toucher dans un innocent mémoire remis à Mme de Maintenon, il attire sur lui un regard foudroyant du maître, qui le tue. Après son ode juvénile la *Nymphe de la Seine*, pour le mariage du roi avec l'infante, reste à citer, dans le prologue d'*Esther*, une allusion à la ligue d'Augsbourg formée contre le roi Très Chrétien.

Molière, de son côté, tout entier à son œuvre de contemplateur et peintre de l'humanité, ne songe pas davantage à ce qui se passe dans les conseils des princes ou sur les champs de bataille. A peine, dans le poème du *Val de Grâce*, se permet-il une excursion hors des limites de son art. Le principal avantage de la paix intérieure est de laisser chacun à ses fonctions et à ses études.

Mais si les grands poètes d'alors gardent une réserve dont nous sommes loin de nous plaindre, puisque leurs ouvrages en ont profité, il est d'autres rimeurs moins discrets et plus mêlés aux événements du jour. La chanson revendique ses droits même sous Louis XIV et dans l'entourage de la cour, qui a ses détracteurs et ses médisants. A leur tête les duchesses d'Orléans et de Bourbon, mauvaises langues émérites avec Saint-Simon, qui ne dit rien encore, mais écrit. Jamais on n'a tant loué en public, ni tant dénigré en secret. Aussi a-t-on publié un volume sous ce titre : *le Siècle de Louis XIV en chansons*.

Les *Mazarinades* avaient déjà offert un répertoire complet de médisances et de calomnies, où l'amour du bien

---

1. *Attila*, acte I, sc. 1.

ublic tenait moins de place que l'esprit de parti et d'opposition systématique. La révocation de l'Édit de Nantes, la formation de la ligue d'Augsbourg, la chute des Stuarts en Angleterre, et les revers qui viennent assombrir les dernières années de Louis XIV, fournissent aux esprits un nouvel élément de discussion et de critique. Les journées de Ramillies et de Malplaquet réveillent un moment les angoisses du patriotisme, consolé par la tardive et indispensable victoire de Denain. Aux ivresses des triomphes passés succèdent les cris de misère échappés au peuple ruiné par la guerre et le luxe des constructions royales, les plaintes amères et les malédictions des proscrits, que la persécution religieuse a jetés dans les bras de l'étranger. Ici apparaît le point noir qui offusque la fin de ce règne si éclatant à son midi.

IV

Avec le XVIIIe siècle, les écluses s'ouvrent toutes à la fois : idées, mœurs, traditions, croyances, tout va se trouver entraîné dans un mouvement de rénovation universelle. Bien que la Bastille soit encore debout, l'esprit d'émancipation et de révolte souffle en tous sens. La rupture semble complète avec le passé. Pourtant il faut se garder aussi de l'hyperbole.

On a reproché à ce siècle de n'avoir été ni chrétien ni patriote. C'est là une double accusation formulée jadis par un maître illustre, M. D. Nisard, et reprise depuis avec plus de talent que d'équité.

Pour le christianisme, si l'on entend par là les dogmes et les croyances, nous passons volontiers condamnation. Mais s'il s'agit de la morale, il en est tout autrement. Ces idées de philanthropie, de solidarité sociale prêchées par les philosophes d'alors, ces principes de tutelle, de patronage sur les humbles, les petits, les déshérités de ce monde, est-ce autre chose que la morale chrétienne laïcisée ? Un penseur de notre temps, un jeune et vaillant esprit, que nous accompagnons de nos sympathies et de nos vœux dans son évolution libérale, M. Melchior de

Vogüé, parlait récemment de cette *fermentation évangélique* qui travaille le monde depuis 1800 ans. Or cette fermentation se retrouve encore dans la philosophie du xviiie siècle. Ceux mêmes qui crient avec Voltaire et Diderot : *Écrasons l'infâme!* au moment où ils prétendent détrôner et remplacer l'Église, reprennent son œuvre sous une autre forme, en faisant passer dans nos institutions civiles la belle devise sortie de l'Évangile : *Liberté, Égalité, Fraternité.*

La philosophie n'est plus seulement un libre exercice de la raison dans le champ de la science et de la vérité, mais un apostolat actif, éloquent, belliqueux, tel que l'a été celui de la Réforme au xvie siècle, détruisant d'une main, édifiant de l'autre. Tout écrivain vraiment digne de ce nom prêche alors à sa façon : Voltaire, dans son *Dictionnaire philosophique* comme dans ses tragédies ; Diderot, dans l'*Encyclopédie* et dans ses théories dramatiques ; Jean-Jacques Rousseau, dans l'*Émile* comme dans sa *Lettre sur les spectacles* ou dans son *Discours sur l'inégalité des conditions.* Montesquieu, dans l'*Esprit des Lois,* Buffon, dans ses *Époques de la Nature,* si calmes, si prudents qu'ils semblent eux-mêmes, sont encore des apôtres de la science nouvelle appliquée au gouvernement des esprits.

Voilà ce que n'ont pas assez compris les détracteurs du xviiie siècle, trop disposés à n'y voir que le côté négatif et destructeur, oubliant qu'il a préparé la place à l'édifice futur, à cette société née de la Révolution.

Maintenant, pour revenir au second grief, le manque de patriotisme, l'accusation nous paraît étrange, dirigée contre un siècle qui a donné à la France des héros tels que Chevert, d'Assas, La Tour d'Auvergne, et ces admirables armées de la République sorties du sol à l'appel de la Patrie en danger.

Sans doute Voltaire a médit parfois des Welches ses compatriotes avec son ami le roi de Prusse, Frédéric ; il a raillé sans pitié cette malheureuse Pologne, notre fidèle alliée, mise en pièces par trois larrons couronnés ; il a déshonoré un jour sa plume en outrageant la plus pure de nos gloires nationales. Ce sont là de tristes pages qu'on voudrait pouvoir effacer. Mais il a retrouvé des accents vraiment français pour chanter la victoire de Fontenoy ;

l a rappelé les souvenirs héroïques de la vieille France ans la *Henriade*, dans *Zaïre*, dans *Adélaïde Du Guesclin*. Jue ces œuvres soient plus ou moins réussies, qu'elles ious paraissent tant soit peu fanées aujourd'hui, l'intenion n'en reste pas moins à l'honneur de l'écrivain et de on pays. La médiocre tragédie du *Siège de Calais* par de Selloy éveille un enthousiasme universel, qui prouve en omme que la fibre nationale n'est point si glacée chez les crivains et chez le public d'alors.

On berne, on siffle, on chansonne les généraux de cour, es favoris de la favorite, Mme de Pompadour, honteusenent battus à Rosbach et à Crevelt : mais ces satires nêmes sont la vengeance du patriotisme indigné. En evanche, de quelles acclamations, de quels honneurs on entoure le maréchal de Saxe, l'heureux vainqueur de Fonenoy, de Raucoux et de Lawfeld ! Le théâtre avec Favart ie trouve associé à ces triomphes. Collé, l'auteur de la *Partie le chasse de Henri IV*, une pièce aussi patriotique dans son genre, unit sa voix à celle de Voltaire pour chanter la prise le Port-Mahon.

A l'approche de 1789, les esprits s'échauffent et se passionnent plus que jamais pour les questions où semblent engagés l'avenir, l'honneur et les sympathies de la nation. Paris illumine et salue comme une victoire française a capitulation de York-Town et la naissance de la jeune République américaine (1781). La poésie lyrique reprend son vol avec André Chénier, pour célébrer la prise de la Bastille (1789). Lebrun-Pindare met au service de la République ses strophes empanachées sur le vaisseau *le Vengeur it son Naufrage victorieux*. Marie-Joseph Chénier compose avec Méhul le *Chant du Départ*; Rouget de Lisle lance sa *Marseillaise*, la Némésis aux ailes de feu. Toutes les âmes et toutes les voix s'unissent dans un élan patriotique pour répondre à l'insolent manifeste de Brunswick. Les tristes jours de la Terreur viennent refroidir et figer trop tôt cet enthousiasme généreux. Les hurlements des massacreurs ou les aboiements des sans-culottes, formés à l'école du *Père Duchêne*, n'ont rien de commun avec la poésie nationale : c'est le cri de la bête fauve, et non du citoyen. Les seules pièces vraiment françaises de style et de sentiment sont plutôt alors des protestations de la vertu indignée : la belle ode satirique d'André Chénier sur les *Suisses de Collot d'Herbois*, les strophes en l'honneur de *Charlotte Corday*, ou bien encore l'hymne courageux de Delille sur l'*Immortalité de l'âme*, à l'occasion de la fête de l'*Être suprême*. Ces rares élans lyriques, dont la poésie a le droit d'être fière, sont la revanche des âmes ulcérées, au lieu d'être l'expression de l'allégresse et de l'espérance qui éclataient au début de la Révolution.

Un moment, après la chute de Robespierre, le sombre voile de la Terreur se déchire, le ciel redevient bleu : les victoires étourdissantes de Bonaparte en Italie, sa fantastique campagne d'Égypte, semblent ouvrir à la poésie d'autres horizons. Mais vain espoir ! le héros est mort depuis longtemps, quand Barthélemy et Méry associent leurs imaginations méridionales pour composer la féerie épico-historique du *Napoléon en Égypte*.

V

L'Empire, dans tout l'éclat de sa gloire militaire, rêve d'ajouter à ses splendeurs la double palme du *lyrisme* et de l'*épopée*. Mais, par une sorte de fatalité, toutes les voix poétiques d'alors sont muettes ou impuissantes. Parseval de Grandmaison n'a pas donné son poème de l'*Expédition d'Égypte* qu'on attendait, et s'acquitte en ébauchant un *Philippe-Auguste* à la gloire de Napoléon. Lebrun-Pindare, logé au Louvre, est là comme un vieil aigle en cage, ayant perdu l'essor, et tente vainement de reprendre son vol pour chanter la future descente en Angleterre (1803) : son hymne avorte aussi bien que l'expédition. Lemercier, brouillé avec Napoléon, son ancien ami, le boude et se venge en écrivant la *Panhypocrisiade*. Marie-Joseph Chénier, rongeant son frein en silence, remanie son *Tibère* et sa *Promenade de Saint-Cloud*. Ducis, un honnête homme aussi difficile à apprivoiser que les canards sauvages de la Malmaison, ne s'est point laissé prendre aux caresses du maître, ni à l'attrait d'un siège au Sénat. Chateaubriand fait de ses *Martyrs* un texte d'opposition contre le nouveau Galérius.

Mme de Staël écrit son livre *De l'Allemagne*, que la censure impériale envoie au pilon. Fontanes, au lieu de chanter dans ses vers les exploits du souverain qu'il encense dans ses harangues officielles, compose son poème de *la Grèce délivrée par Thémistocle*. Luce de Lancival, un autre favori de l'empire, célèbre le vainqueur d'Austerlitz sous les traits d'Achille à Scyros, imité de Stace. Millevoye et Parny, qui se sont illustrés dans d'autres genres, viennent échouer piteusement sur ce terrain de la poésie héroïque.

Chose curieuse ! à l'heure où s'accomplit cette prodigieuse épopée militaire qui promène le drapeau français des bords du Tage à ceux de la Vistule, de Madrid à Rome, à Berlin, à Vienne et à Moscou, la poésie demeure inerte et stérile, comme si toute initiative, toute souveraineté appartenait alors à l'action, et à ce terrible génie dans lequel elle se trouve personnifiée. Un seul morceau épique est sorti de là, et encore est-ce une œuvre en prose, le récit de la *Campagne de Russie* par le comte de Ségur, si fort admiré de Henri Heine.

Il faudra que la mort, l'exil et la captivité soient venus ajouter à la gloire du conquérant l'auréole du martyr, pour donner à cette grande ombre des poètes tels qu'il n'en eut jamais de son vivant : Béranger, Byron, Casimir Delavigne, Lamartine et Victor Hugo. Nous assistons ici à un singulier phénomène de transfiguration, où se révèle avant tout la puissance du sentiment national.

Le retour des Bourbons compromis, dès le premier jour, par l'appui trop apparent de l'étranger, la complicité naïve de l'opinion libérale et de la poésie patriotique, contribuent à fonder cette *légende napoléonienne* que notre siècle a vue naître et mourir. Depuis Charlemagne, nulle renommée n'a ainsi rempli le monde et n'a plus puissamment remué les imaginations, non seulement des littérateurs, des poètes, des historiens, des artistes, mais de la foule, des simples et des ignorants. C'était là précisément ce qui faisait la force de la légende. Il a fallu bien des fautes, des maladresses et des hontes pour la détruire.

VI

La Restauration essaye vainement de réveiller à son profit les souvenirs de la vieille France monarchique, avec la *Chanson du Béarnais* et le *Saint Louis* d'Ancelot. Battue en brèche par les libéraux et les bonapartistes coalisés, elle provoque contre elle les explosions et les protestations du sentiment national, qui jadis, au temps de Charles VII comme de Henri IV et de Louis XIV, s'était fait l'auxiliaire de la royauté : les liens qui l'attachent à la *Sainte Alliance* des rois lui aliènent l'amour et la confiance des peuples. L'expédition d'Espagne lui enlève d'avance le bénéfice qu'elle pouvait tirer de la victoire de Navarin et de la prise d'Alger : deux exploits faits pour relever un gouvernement populaire, mais impuissants à sauver une dynastie déchue dans l'opinion publique, et en lutte avec les principes de la société moderne.

L'époque de la Restauration est cependant une période féconde pour la poésie patriotique. Le double mouvement de la Presse et du Parlement, l'influence de l'opposition libérale, le souvenir des gloires militaires de l'Empire et le ressentiment de la défaite, enfin l'émotion causée en Europe par la guerre de l'*Indépendance grecque*, sont autant de stimulants qui éveillent l'inspiration chez les poètes et les sympathies de la foule. Les *Mésséniennes* de Casimir Delavigne, les chansons de Béranger, les vers de Byron et de Pierre Lebrun sur la Grèce, les *Orientales* de Victor Hugo, ce feu d'artifice éblouissant, ravissent les esprits et les cœurs.

La révolution de 1830 ouvre aux aspirations libérales et républicaines de la France un nouveau champ et de nouvelles espérances. La *Parisienne*, cette *Marseillaise* bourgeoise édulcorée, n'est qu'un gâteau de miel jeté à la démocratie, qui porte plus haut ses vues et ses ambitions. Par-dessus les barricades, au lendemain de l'émeute triomphante, éclate une poésie bien autrement âpre et vigoureuse : les *Iambes* enflammés d'Auguste Barbier tracent dans l'air un sillon lumineux, et semblent donner à la ré-

révolution un autre Archiloque, pour chanter *l'Idole* et *la Curée*.

En même temps, la France, cédant à cet esprit de propagande et de don-quichottisme généreux, qui lui a plus d'une fois coûté si cher, adresse, par la voix de ses poètes, les paroles d'espoir et d'encouragement à la Pologne, à l'Italie, ces deux sœurs qu'elle voudrait tirer du tombeau.

D'un autre côté, la légende napoléonienne, un moment ébranlée par la verte apostrophe de *l'Idole*, reprenait corps et vie avec la pitié qu'éveillait l'héritier d'un grand nom, dans *le Fils de l'Homme* de Barthélemy ; et surtout au retour des Cendres, auquel s'associait Victor Hugo dans un jour de délire patriotique, fatal à la dynastie de Juillet.

Le branle-bas soulevé en Europe par la question d'Orient venait piquer la fierté nationale, et inspirait à Alfred de Musset sa vive riposte du *Rhin Allemand*; à Lamartine, sa *Marseillaise de la Paix* : mais ce n'était là qu'une émotion passagère.

Après une période d'accalmie et de paix à tout prix, la révolution de 1848 ajoutait aux passions politiques un élément nouveau : *la question sociale*, qui, elle aussi, aura non seulement ses théoriciens comme Proudhon, Louis Blanc, Considérant, Cabet, mais ses poètes et ses romanciers. Un chantre rustique et populaire, un talent resté naïf et prime-sautier au milieu de ses réminiscences littéraires, poète et musicien tout à la fois, Pierre Dupont, entonnait son *Chant des Ouvriers* et sa *République des Paysans*. Les journées de Juin, les terribles représailles qu'elles entraînèrent et l'effroi qu'elles laissèrent dans les âmes, eurent bientôt arrêté et compromis ce mouvement.

Peu de temps après, le second Empire, froissant les sentiments libéraux de la nation par l'attentat du 2 Décembre, ébranlait et ruinait la légende napoléonienne, en tournant contre elle ceux-là mêmes qui avaient le plus contribué à la fonder : le panégyriste de *la Colonne* devenait l'auteur des *Châtiments*. Comme aux jours du premier Empire, nous assistons encore une fois à des exploits héroïques sous les murs de Sébastopol, dans les champs de Magenta et de Solférino, sans qu'il se trouve un vrai poète pour les chanter.

La muse endormie va se réveiller à l'heure où la France

vaincue, écrasée, verra renaître pour elle, ainsi qu'au temps des pirates normands ou de la guerre de Cent Ans, les horreurs de l'invasion. Alors, encore une fois, le malheur fera ce que n'a pu la victoire. Si désastreuse qu'ait été cette guerre avec la Prusse par les ruines matérielles et les haines vivaces qu'elle a laissées au fond des cœurs, elle a du moins eu cet avantage : d'amener la France à faire sur elle-même un examen de conscience, à reconnaître ses fautes et ses erreurs passées, à étouffer un moment l'esprit de parti sous la double pression du devoir et du danger commun, à réunir toutes les intelligences et toutes les volontés dans un effort suprême, où zouaves pontificaux et garibaldiens, rouges, blancs et bleus, se rencontrent sous le même drapeau : le drapeau aux trois couleurs, celui de la France moderne, rappelant à la fois son passé, son présent et son avenir.

Les échos de l'*Année Terrible* retentissent à la façon d'un *Dies iræ*, mêlé de douleurs, d'imprécations et de colères. Autour du grand poète, devenu le Jérémie et le Tyrtée de la défaite, se groupe une phalange de chantres patriotes accourus de tous les points de l'horizon. Jeunes et vieux s'enrôlent, sans distinction d'âge et de parti, dans le camp des rimeurs comme dans les rangs des combattants. La Poésie a ses francs-tireurs et ses volontaires d'un jour, faisant le coup de feu contre l'ennemi.

Victor de Laprade oublie ses contemplations mystiques sous les grands chênes, pour adresser un fier appel à la jeunesse française dans ses *Poèmes civiques* et dans le *Livre d'un Père*. Autran, le paisible ami des marins, des soldats et des paysans, évoque les ombres des *Vieux Paladins* qui ont fait la France glorieuse et puissante autrefois. Théodore de Banville, le prestigieux jongleur des *Odes funambulesques*, lance à la face du vainqueur arrogant l'amère ironie de ses *Idylles Prussiennes*. Déroulède improvise, tambour battant, flamberge au vent, ses *Chants du Soldat*, tandis que Sully Prudhomme, descendant de ses hautes cimes philosophiques, recueille ses *Impressions de la guerre*, et sent palpiter en lui le cœur du citoyen. Eugène Manuel, le poète de la famille, des humbles et des petits, nous émeut en tendant la main *Pour les blessés*, en nous rappelant *la Visite au fort* et *les Pigeons de la République*. François Coppée, l'auteur du *Passant* et des *Forgerons*, fait résonner ses notes les plus sympathiques dans la *Lettre d'un mobile breton* et dans *les Bijoux de la délivrance*.

Bien d'autres encore, les Leconte de Lisle, H. de Bornier, E. Pailleron, J. Soulary, A. Daudet, J. Barbier, E. Bergerat, L. Gallet, A. Theuriet, Lacaussade, E. Grenier, A. Delpit, P. Avenel, L. Ratisbonne, Catulle Mendès, etc. (j'en passe et des meilleurs), expriment en strophes, en couplets, en dialogues, en récits émouvants et douloureux, les tristesses, les joies trop rares, les enthousiasmes, les indignations et les désespoirs qui traversent l'âme de la France.

Tout cela, dira-t-on, n'est pas de l'art pur et désintéressé : nous le savons bien, mais tout cela est vivant, animé d'un souffle réel et sincère, plein de l'émotion de la veille et de l'espoir du lendemain : tout cela est une page d'histoire écrite en vers, qui mérite bien l'honneur d'être rappelée. Depuis, une nouvelle génération de rimeurs s'est inspirée des mêmes souvenirs avec les G. Gourdon, E. des Essarts, Clovis Hugues, Jules Jouy, Stéphan Liégard, etc., et vient compléter cette galerie patriotique.

Maintenant, que le lecteur nous pardonne de l'avoir ainsi promené, dans l'espace d'un chapitre, à travers quatre siècles si touffus, si remplis d'impressions et d'événements divers. C'est un premier voyage en ballon, une première vue d'ensemble à vol d'oiseau. Nous reprendrons notre chemin par étapes successives, en nous arrêtant devant les œuvres les plus dignes d'attirer nos regards, sans dédaigner pourtant celles qui, à défaut de valeur littéraire, nous offrent un intérêt rétrospectif comme expression d'une idée ou d'un sentiment contemporain. La vie ! voilà ce que nous cherchons à retrouver sous les formes variables et multiples de la Poésie, qui est, bien souvent, la meilleure et la plus fidèle gardienne des souvenirs. C'est à ce titre que nous réclamons pour elle, même dans ses faiblesses, une part d'indulgence et d'attention.

CHAPITRE I

GUERRES D'ITALIE

CHARLES VIII (1493-1498)

La France et l'Italie. — Droits héréditaires : monomanie conquérante. — État du royaume et de la poésie française : Guillaume Cretin et Jean Lemaire. — Charles VIII et son voyage à Naples : *la Complainte de France.* — André de la Vigne : *le Verger d'honneur.* — Bataille de Fornoue. — Un royaume conquis et perdu. — Mémoires de Commines. — Alione d'Asti : *Voyage et Conquête de Naples.* — Moralité sur les guerres d'Italie.

I

A peine soustraite aux épreuves et aux misères de la guerre de Cent Ans, sauvée par le miracle de Jeanne d'Arc, reconstituée sous l'étoile heureuse de Charles VII, agrandie et affermie par le despotisme vigilant de Louis XI, préservée de l'anarchie par l'habile politique d'Anne de Beaujeu, la France, redevenue maîtresse d'elle-même, allait encore une fois obéir à ce mouvement d'expansion qui l'entraîne volontiers au dehors. Il n'y avait plus là, comme au temps des croisades, une grande idée religieuse ou politique à défendre et à faire triompher; mais des héritages de famille à réclamer, en vertu de prétendus droits, plus ou moins contestables, sur des terres et des peuples dont on s'attribue la souveraineté. C'en était assez, du reste, pour déchaîner de rechef, sur le monde, le fléau de la guerre.

Échappé à la tutelle de sa sœur, le jeune roi Charles VIII, se voyant à la tête d'une armée vaillante, d'une phalange de preux, s'est remis à lire le roman d'Alexandre, et rêve de le recommencer. La monomanie des conquêtes est devenue commune à tous les souverains d'alors : aux chevaliers errants et coureurs d'aventures, comme Maximilien d'Autriche; aux politiques retors et ambitieux, comme Ferdinand d'Aragon, Henri VIII et Charles-Quint; aux pacifiques, comme Louis XII; aux batailleurs, comme Charles VIII et François Ier.

Les poètes ou les versificateurs, car la plupart d'entre eux ne méritent guère que ce dernier titre, loin de calmer ces folies, vont trop souvent les encourager et flatter la passion du maître, en lui versant à pleins bords le nectar de la louange. Mais il est aussi des heures de tristesse et d'angoisse où la voix de la patrie, de la raison et de la conscience publique s'exprime par leur bouche. C'est de tous ces témoignages réunis, venant de sources très diverses, et de valeur très inégale, que nous composerons cette nouvelle anthologie de la *poésie patriotique en France*, où les souvenirs lointains du passé se trouveront plus d'une fois associés aux impressions du temps présent.

La Poésie n'a plus alors, ainsi qu'aux premiers jours de la croisade, toute cette armée de troubadours et de trouvères qui remplissait de ses appels enthousiastes les places, les rues, les châteaux et les couvents. En revanche, un puissant instrument de propagande, l'Imprimerie, va jeter çà et là ses pages volantes comme les feuilles de la Sibylle. Le journal n'est pas né encore; mais on a le manifeste, l'épitre, la chronique rimée, la ballade, puis le sonnet qui la remplace, enfin la chanson improvisée, voyageuse et populaire, toujours prête à s'envoler. Chaque souverain enrôle à son service une cohorte d'écrivains, chroniqueurs, valets de chambre, savants, orateurs, décorés de noms divers.

Malheureusement c'est encore l'arrière-ban du moyen âge qui nous arrive avec André de la Vigne, Guillaume Cretin, Jean d'Auton, Jehan Marot, et toute la séquelle de la littérature gothique expirante. Les siècles qui finissent déversent souvent ainsi leurs débris sur ceux qui commencent. Nous verrons de même les débuts du XIXe siècle obstrués par les derniers traînards de l'école classique, avant qu'une génération nouvelle de poètes vienne féconder cette matière épique et lyrique que lui ont léguée la Révolution et le premier Empire.

A la fin du XVe et au commencement du XVIe siècle, quel est donc le grand maitre de la Poésie ou de la Rhétorique, car les deux choses se confondent alors, le coryphée de la versification française ? Guillaume Cretin, ou plutôt Dubois, car ce nom de Cretin est un nom de passe, qu'il s'est donné à lui-même par coquetterie ou par caprice. Il est vrai que ce mot n'a pas le sens désobligeant qu'on lui prêtera en ajoutant un accent sur l'e : il signifie tout simplement *coffret*, *petit panier*, *écrin*, où l'auteur renferme ses *mots dorés*, ses bijoux poétiques. Pauvres joyaux, bien fanés et bien flétris aujourd'hui !

Cretin est, à proprement parler, le chef de ce qu'on pourrait appeler les *Décadents* du moyen âge. Qu'on se figure une poésie morte, épuisée, où le sentiment et l'inspiration sont remplacés par des tours de force, des cabrioles, des jeux de mots inintelligibles, des rimes fantasques ou extravagantes. Ni Victor Hugo, dans ses *Chansons des rues et des bois*, ni Théodore de Banville dans ses *Odes funambulesques*, n'ont rien inventé de si bizarre ni de si forcé. Nos *décadents* du XIXe siècle, qui aspirent au rôle de novateurs, ne se doutent pas qu'ils sont les héritiers attardés, les pâles imitateurs de Guillaume Cretin, leur ancêtre. C'est lui qui est, par excellence, le jongleur émérite du vers *équivoqué*, de la rime *batelée*, *fraternisée*, *brisée*, *concaténée*, des vers qui se lisent à rebours, et autres belles inventions dont on raffolait alors. L'abbé Massieu, dans son *Histoire de la poésie française au XVIe siècle*, nous a longuement expliqué les mystères de ce nouvel art poétique. Contentons-nous d'y renvoyer les curieux et les *décadents* qui pourraient être tentés de s'édifier sur leurs origines.

En dépit de ces extravagances, Guillaume Cretin, comme jadis Guillaume de Machaut, jouit d'une immense réputation de son vivant. Après sa mort, Clément Marot l'honore d'une magnifique épitaphe : un enterrement de première classe, avec toutes les splendeurs de l'apothéose :

> Seigneurs passants, comment pouvez-vous croire
> De ce tombeau la grand pompe et la gloire ?
> Il n'est ne peint, ne poli, ne doré,
> Et si[1] se dit hautement honoré

[1] Pourtant.

> Tant seulement pour être couverture
> D'un corps humain ci-mis en sépulture.
> C'est de Cretin, Cretin qui tant savoit !

La science, la rhétorique, la poésie, tout cela se confond dans l'admiration qu'on lui voue. Rabelais, il est vrai, moins enthousiaste que Marot, nous représentera Cretin sous les traits du vieux poète Raminagrobis, en se moquant un peu de son langage sibyllin.

L'*équivoque*, ce fléau de la langue et de la morale, que Boileau poursuit de ses malédictions, est le triomphe de Cretin. C'est dans ce style amphigourique et entortillé qu'il rédigera son *Invective* en vers contre les gentilshommes fuyards à la journée des Éperons. Parmi les œuvres historiques de Cretin, on peut citer encore une Épître à Charles VIII, écrite au nom des Parisiennes, pour se plaindre de la préférence accordée aux dames d'Amboise, et prier le souverain de revenir dans sa capitale. Une autre Épître, à l'adresse des Flamands et des Bourguignons, qu'il fait admonester par Charles le Téméraire, leur écrivant de l'autre monde et annonçant qu'il est en purgatoire, pour avoir manqué de respect au roi son suzerain. Mais l'œuvre monumentale qui place Cretin hors de pair, qui, selon Geoffroy Tory dans son *Champ Fleuri*, l'élève au niveau d'Homère, de Virgile et de Dante, qui lui vaut le titre de grand historiographe de France, c'est le recueil des *Chroniques Nationales*, divisé en douze livres et formant une masse compacte de 40 000 vers. Le docte compilateur, devançant Ronsard et Chapelain, s'est avisé de vouloir offrir à la France un simulacre d'épopée, un grand panorama historique se déroulant à travers les siècles. Cette énorme épave littéraire est restée ensevelie dans la nécropole des ouvrages mort-nés, parmi les manuscrits de la Bibliothèque nationale, sans trouver un éditeur, même de nos jours où l'on imprime tout.

Un autre écrivain partage avec Cretin, dont il se proclame l'élève et l'admirateur, la suprématie dans le domaine des lettres, en ayant plus que lui l'ambition et le pressentiment de l'avenir. Natif du Hainaut, compatriote et parent de Molinet, Jean Lemaire de Belges est un des auteurs les plus féconds, les plus actifs et les plus entreprenants du siècle, le maître de Marot et le précurseur de Ronsard.

S'il n'a pas assez de génie pour ouvrir à la poésie de nouvelles voies, il a du moins l'esprit curieux et réformateur. Parmi toutes ces inventions ridicules de combinaisons, de rimes, où les Molinet et les Cretin perdent leur temps, il en est une sérieuse dont Jean Lemaire a l'honneur, et qui restera une règle fondamentale : celle de la *coupe féminine*, c'est-à-dire l'élision obligatoire de l'e muet à l'hémistiche : « cet e, dit Sibillet, aussi fâcheux à gouverner qu'une femme, dont il porte le nom ». Chez nos anciens poètes, l'hémistiche était considéré comme une fin de vers et n'avait pas besoin d'être élidé. Dans une pièce du XIIIe siècle, il est dit de Berthe au grand pied :

> Elle est plus *gracieuse* que n'est la rose en mai.

Marot ignorait cette règle : il l'apprit de Jean Lemaire, et l'appliqua à tous ses écrits.

En même temps, Jean Lemaire composait un Traité sur la *Concorde des deux langages français et florentin*, réclamant l'alliance littéraire des deux peuples sur le pied d'égalité, défendant l'honneur et la *gentillesse* (noblesse) de la langue française contre ceux qui semblaient la mépriser. Il précède en cela Joachim Du Bellay. D'autre part, il conversait en Italie avec les savants grecs de Constantinople, et en revenait l'imagination remplie de souvenirs homériques, dont nous retrouvons la trace dans ses *Illustrations de Gaule*.

Ce livre est l'œuvre capitale, maîtresse, nous dirions presque nationale, qui a fait la renommée de Jean Lemaire. Qu'est-ce donc en somme ? Un long roman d'érudition partant de Noé jusqu'à Charlemagne, et consacrant les origines troyennes de la monarchie française. Il est impossible d'entasser plus de rêveries fantastiques et de science inexacte pour bâtir un château de cartes, que le moindre souffle de la critique aura bientôt fait crouler. Cet ouvrage n'en a pas moins une influence considérable sur les imaginations au XVIe siècle. Si l'on voulait en citer un autre analogue, je ne dis pas pour le mérite littéraire, mais pour l'action exercée sur les esprits, il faudrait aller jusqu'au *Génie du Christianisme* de Chateaubriand.

Écrivain amphibie, Belge et Français à la fois, Jean Lemaire satisfait les deux nationalités auxquelles il appartient, en faisant de *Francus* et de *Bavo* deux cousins germains, l'un père des Français, l'autre des Belges. C'est sur toutes ces chimères que vont vivre en partie la poésie et l'histoire officielle. C'est de là que Jean Lemaire tirera sa *Lettre de Louis XII à son ancêtre Hector*; c'est par là surtout qu'il frayera la voie à Ronsard et lui inspirera la malencontreuse idée de sa *Franciade*.

L'infatigable polygraphe n'est point seulement un savant, un lettré, mais un homme d'action et de polémique. Poète et prosateur, historien et pamphlétaire, il se trouve mêlé comme écrivain à toutes les luttes du temps. Attaché successivement aux deux cours de Bourgogne et de France, nous le voyons, d'un côté, dédier à la princesse Marguerite d'Autriche sa galante allégorie de l'*Amant Vert*, et célébrer la victoire des Bourguignons et Flamands sur les Français à Saint-Hubert; de l'autre, mettre sa plume au service de Louis XII pour chanter la journée d'Agnadel et tenir tête au pape Jules II, l'ennemi de la France. C'est à ce titre que Rabelais lui donne place dans cet *Enfer comique* où il nous introduit sur les pas d'Epistemon. Jean Lemaire, faisant du *grobis* devant le pape, est un personnage important par son double rôle politique et littéraire.

II

Les expéditions d'Italie ouvraient un large champ d'ambition et d'activité à nos écrivains et à nos artistes, comme à nos hommes de guerre et à nos diplomates. Les deux nations sœurs d'origine, ou tout au moins de latinité, s'étaient trouvées de bonne heure unies ou divisées, par des intérêts rivaux ou communs. Si l'ancienne Rome avait fait jadis l'éducation littéraire et politique de la Gaule conquise par les armes de César, la France, depuis Pépin et Charlemagne, vainqueur des Lombards, avait étendu plus d'une fois sa main protectrice ou son influence sur l'Italie. Elle lui avait envoyé à son tour ses troubadours provençaux, qui deveaient les premiers maîtres de Pétrarque et de Dante. Le mariage de Valentine, l'aimable fille des Visconti de Milan, avec le duc d'Orléans, frère du roi Charles VI, créait entre ces deux pays de nouveaux liens, et préparait pour l'avenir des ambitions héréditaires que la France devait payer bien cher un jour.

Louis XI, avec son esprit positif et prévoyant, n'avait guère songé à recueillir, dans l'héritage de René d'Anjou, les titres problématiques de roi de Sicile, de Chypre et de Jérusalem. Mais Charles VIII, le *petit roi*, comme on l'appelait, petit par la taille et grand par le cœur, nous dit Brantôme, avec son imagination romanesque, tout heureux de ressaisir l'épée de Charlemagne et de saint Louis, devait se laisser prendre aisément à ce mirage d'au delà des monts. Les conseils intéressés de Ludovic Sforza, l'usurpateur du duché de Milan, les adjurations prophétiques de Savonarole à Florence, les instances pressantes des réfugiés napolitains l'appelant au secours de leur patrie opprimée par le roi Alphonse, l'auront bientôt convaincu. La chimère d'une croisade viendra s'ajouter aux calculs de l'ambition. Par delà Naples, il entrevoit déjà Constantinople.

Cependant, avant de s'engager dans le ténébreux guêpier des guerres d'Italie, la France ne pouvait se défendre de certaines appréhensions. La jeune noblesse, entraînée par l'exemple de son roi, cédait à l'attrait des aventures héroïques et des beaux coups de lance en perspective. Mais les esprits sages, rassis et clairvoyants, se défiaient de ces *glorioles et fumées italiennes*, selon le mot de Commines. Le clergé restait tiède, redoutant les embarras avec le pape, et les subsides qu'on ne manquerait pas de lui réclamer. Le tiers état savait d'avance qu'il lui faudrait, par des impôts supplémentaires, payer cette gloire coûteuse qu'on allait chercher si loin.

L'écho de ces hésitations et de ces craintes retentit dans une pièce du temps intitulée : *Complainte de France sur le départ du roi Charles VIII en Italie* (1494). L'auteur anonyme est un virtuose de la rime formé à l'école de Cretin, si l'on en juge par ces premiers vers :

 Après les maux et déplaisants *ennuis*
 Que j'eus soufferts, tant en jours comme *en nuits*,

> Par divers monts et dangereux *passages*
> Où les passants souvent ne sont *pas sages* [1].

Les amateurs de la rime riche doivent du moins être satisfaits, si les amis de la raison ne le sont guère.

Encore un poète qui s'endort comme Guillaume de Lorris, comme Alain Chartier et tant d'autres, pour voir paraître en songe une dame éplorée et gémissante. C'est France qui vient haranguer les *Trois États*, et fait appel à leur dévouement. Pour stimuler ainsi les gens, il fallait que l'enthousiasme laissât à désirer.

La bonne dame radote et divague tant soit peu en se lamentant sur l'absence du roi, ce gentil Sire dont il a fallu se séparer :

> Quel bien, quel heur, quel plaisir puis-je avoir ?
> . . . .
> Mon chief absent ? . . . .
> Ce n'est pas jeu d'éloigner ce qu'on aime.

Sa douleur ne l'a pas mise en belle humeur, s'il faut en croire la vive apostrophe qu'elle adresse au clergé :

> Que faites-vous, prélats de Sainte Église ?
> Faut-il qu'on lise vos vices et péchés ?

Elle leur reproche de se laisser conduire par Vénus au grand fleuve d'Enfer, de songer à prélever les dîmes et à thésauriser. Enfin elle les engage à considérer plutôt les périls auxquels s'expose le roi, et finit par cet appel significatif :

> Force argent envoyez,
> Et priez Dieu pour lui.

Les prières, et l'argent surtout, étaient bien nécessaires dans une entreprise aussi risquée.

Pour la noblesse, toujours disposée à guerroyer, France se contente de lui rappeler son devoir en rimes doublées et redondantes, parfois inintelligibles :

> Le roi s'en va, dont je crains que n'empire ;
> Le temps s'expire ; un étrange air aspire ;

---

[1]. A. de Montaiglon, *Poésies françaises des* xve *et* xvie *siècles*, t. VIII.

> Se Dieu l'inspire, c'est un bon entremets.
> Jeunes plumats, ne séjournez plus, mais
> Prenez armets et suivez votre maître ;
> Où le Prince est, le sujet doit bien être.

Puis vient le tour de *Labeur*, qui arrive geignant et se plaignant. C'est son métier, hélas ! depuis des siècles. France le prend de haut avec lui, le rabroue et lui *rive son clou*, comme elle dit :

> Gros homme court, rural et mécanique,
> Ton cœur s'applique à murmure et réplique.

Labeur n'était pas content tous les jours, et avait souvent raison. France lui cherche ici une véritable querelle d'Allemand, et lui défend de chanter :

> Laissez vos amourettes,
> Œillades et minettes,
> Flûtes, cornemusettes,
> Et montrez que vous êtes
> Tristes et douloureux.

Le deuil lui paraît obligatoire pour la nation, tant que le roi est absent. Franchement, c'est abuser un peu de la complainte et de ses droits. D'autant plus que Charles VIII mène joyeuse vie, et ne rencontre d'abord dans sa conquête qu'une suite de fêtes et de plaisirs sans fin, un pays de Cocagne où l'on s'amuse.

La *Complainte de France* n'était qu'un chant d'avant-garde, un prélude. Charles VIII allait trouver dans son orateur officiel, André de la Vigne, poète de cour attitré, un apologiste plus solennel, et bientôt un chroniqueur plus ou moins exact de l'expédition. Savoyard d'origine, ou plutôt secrétaire du duc de Savoie, puis de la reine Anne, il se voit revêtu du titre pompeux d'« orateur royal ». Malgré ces fonctions honorables, il se plaint un jour de manquer de linge, d'habits, d'argent, et de n'avoir en perspective que l'hôpital, ce dernier refuge des poètes depuis Rutebeuf jusqu'à Malfilâtre et Hégésippe Moreau. Il est cependant l'interprète ou le porte-voix du souverain, chargé de célébrer et de justifier son *Entreprise et Voyage de Naples*. Le *Verger d'honneur*, avec son titre symbolique et emblématique, est un manifeste à l'adresse de l'opinion en France et à l'étranger. Pour donner à cette guerre de conquête, tant soit peu égoïste, un cachet plus respectable, André de la Vigne, d'accord sans doute avec son maître, a évoqué le majestueux fantôme de *Chrétienté*. Tel est le préambule du poème qui s'appela d'abord *la Ressource de Chrétienté*, puis *le Verger d'honneur* [1].

Nous avions déjà, sous Charles V, *le Songe du Verger* : ici nous avons encore l'un et l'autre. Le poète s'est endormi de nouveau, et pendant son sommeil il voit apparaître une noble dame, invoquant le secours du roi de France. Il ne fait que reprendre en récit et sous une autre forme la fameuse scène mise en action à la cour de Bourgogne, le jour où *Chrétienté*, montée sur un éléphant, venait dans la salle du festin implorer le secours du grand duc Philippe le Bon contre les Turcs.

Le Turc est toujours l'ennemi qu'il s'agit de combattre et de rejeter hors d'Europe : il y est cependant encore aujourd'hui, et nous ne lui demandons pas trop de s'en aller, ne sachant qui prendrait sa place. La conquête de Naples n'était qu'une étape qui devait mener Charles VIII à Constantinople, et de là peut-être à Jérusalem, dont il était déjà le souverain nominal. Il faut tenir grand compte de ces jeux d'imagination mêlés aux actes de la vie pratique et positive : ils nous expliquent comment les chimères tiennent parfois tant de place auprès des réalités. Rabelais lui-même, en racontant les folies épiques de son *Gargantua* et de son *Pantagruel*, est souvent plus moraliste et plus historien qu'il n'en a l'air.

Pour en revenir au *Verger d'honneur*, ce qui manque le plus à ce prétendu poème mêlé de prose et de vers, orné d'enluminures, surtout au début, c'est la poésie véritable, le mouvement, l'action venant animer et colorer l'histoire ; ce sont les réflexions morales et philosophiques dont Commines sait assaisonner le récit de cette aventure, si heureuse d'abord, en dépit de toutes les vraisemblances et de toutes les prévisions. Aussi le grave et péné-

---

1. C'est par erreur que le P. Lelong attribue à Octavien de Saint-Gelais une part dans *le Verger d'honneur* : il est tout entier d'André de la Vigne.

trant historien, si peu crédule et si peu naïf qu'il soit dans son appréciation des choses humaines, n'hésite-t-il point à voir ici une marque de l'intervention divine. Pour lui, c'est Dieu qui a frayé la voie et donné une leçon aux princes les plus habiles et les plus puissants, en les abaissant devant un jeune conquérant sans expérience et sans autre ressource que son courage et celui de ses soldats. Le pape Alexandre VI, un politique retors, l'allié de l'Espagne et l'ennemi de la France, sera forcé de céder devant ce torrent qui emporte tout. La voix tonnante de Savonarole annonçant la venue du libérateur, ou du vengeur envoyé par Dieu, ajoute encore à l'effet dramatique du tableau. Il y avait là de quoi frapper, entraîner l'imagination d'un vrai poète.

André de la Vigne ne semble pas s'en douter. Après s'être mis en frais d'invention pour amener Chrétienté dans *le Verger d'honneur*, et faire discuter, par *Bon Sens* et *Je ne sais qui*, les inconvénients et l'opportunité de l'entreprise, il se contente du rôle de simple *reporter*, enregistrant au jour le jour les faits principaux du voyage, substituant la prose aux vers quand il n'a pas le temps de rimer son récit. Il s'extasie devant les belles toilettes, les réceptions officielles et les ovations faites au roi : il signale tout ce qui frappe les yeux et les oreilles, et ne songe guère à entrevoir ni à deviner, comme le fait Commines, ce qui se passe au fond des âmes.

Jamais plus folle équipée ne s'était mise en route. Le jeune roi partait de Lyon, en véritable étourneau, à l'approche de l'hiver, n'ayant ni argent, ni tentes, ni bagages, à la grâce de Dieu et de la Fortune. André de la Vigne nous raconte d'abord l'arrivée de Charles à Turin, où Madame de Savoie vient au-devant de lui, avec toute sa compagnie et tout le peuple du pays, pour lui faire honneur. Ici se place une longue description de la robe et des bijoux de la princesse :

> De gros saphirs, diamants et rubis
> Étoit le bord du long de ses habits.

Malgré son titre d'historiographe, l'auteur oublie une chose importante que nous révèle Commines, c'est que le gentil roi, dès sa première étape, ayant oublié de garnir sa bourse, dut emprunter les bijoux de la duchesse, ces beaux saphirs, ces beaux diamants, et les mettre en gage pour payer ses soldats. Arrivé chez la duchesse de Montferrat, nouvelles fêtes, nouvel emprunt : les diamants y passent encore. Mais le jeune conquérant est si aimable, si généreux, si bon enfant qu'on ne peut rien lui refuser. Le poète, sans doute aussi satisfait que son maitre, bien hébergé et bien repu, s'abandonne au plaisir de ces descriptions interminables, en badaud plutôt qu'en penseur. On s'arrête à Quiers, à Asti, à Gênes, à Cazal, à Milan : c'est toujours la même chose, même enthousiasme et mêmes transports :

> Cloches sonnoient par tours et par clochers,
> Prêtres, prélats et seigneurs authentiques
> Sortirent hors à tout riches reliques,
> Et revêtus d'ornements assez chers.
> Semblablement les bourgeois et marchands
> De fin drap d'or richement habillés,
> Et leurs chevaux de velours frétaillés,
> Furent dehail le roi querir aux champs.

A Pise, les dames rivalisent de grâce et de coquetterie pour s'attirer la faveur des gentilshommes français :

> Les belles dames, en leur accoutrement
> Fort somptueux, nos gendarmes servoient.

Il est vrai que les Pisans invoquaient l'appui du tout-puissant Charles VIII contre les Florentins, qui prétendaient les tenir en servitude : car toutes ces petites républiques rivales travaillaient volontiers à se détruire ou à s'opprimer fraternellement.

Les Florentins, bien que médiocrement satisfaits des secours promis aux Pisans, n'en firent pas moins bonne mine et magnifique accueil au vainqueur :

> En grand triomphe et parfaite excellence,
> En bruit au los d'honneur victorieux,
> Le roi des rois entra dedans Florence.

A Rome, l'entrée fut moins brillante :

Le pape étoit trop grandement marri
De voir le roi son voisin de si près,
Et lui eût fait quelque charivari,
S'en lui eût eu quelque moyen exprès.
. . . .
Il s'enferma dans le château Saint-Ange,
Sans autrement vouloir parler au roi.

Une ambassade conciliante triompha cependant de la mauvaise humeur du pontife. Après avoir fait exécuter plusieurs malfaiteurs, pour montrer qu'il avait à Rome, aussi bien qu'à Paris, le droit de haute, moyenne et basse justice, le roi vint à Saint-Pierre entendre la messe dite par le pape, qui donna sa bénédiction en trois langues, latine, française et italienne. Comme dernier gage d'amitié, Alexandre Borgia remettait entre les mains de Charles VIII, à titre d'otage pour sa future conquête de Constantinople, le frère du sultan Bajazet, le prince Zizim, mais préalablement empoisonné.

Le siège et la prise du château de Capoue fut le seul fait de guerre de toute cette campagne, dont le pape disait que *les gentilshommes français étaient venus avec des éperons de bois et la craie aux mains des fourriers, pour marquer leur logis.* L'entrée à Naples était le dernier acte de cette grande comédie triomphale. Il y avait là, pour André de la Vigne, une admirable occasion de déployer toutes les magnificences du vers descriptif. Par un caprice bizarre, il s'en tient au *sermo pedestris*, à la vulgaire prose.

« Le roi a fait son entrée comme roi de France, de Cezile et de Jérusalem. Ce qu'il fit à grand triomphe et excellence, en grand habillement impérial nommé et appelé *Auguste*, et tenait la pomme d'or ronde en sa main dextre, et à l'autre main son sceptre : habillé d'un grand manteau de fine écarlate fourré et moucheté d'hermine, la belle couronne sur la tête bien richement montée. »

Ombre ou simulacre d'empereur, naïvement drapé dans sa pourpre théâtrale, c'est tout ce que sera un quart d'heure l'innocent Charles VIII. En un clin d'œil, le vent de la fortune et de la faveur publique avait tourné, et la girouette royale du même coup. Sentant sa conquête lui échapper, les cris de fête remplacés par des plaintes et des malédictions, le ci-devant triomphateur ne songea plus qu'à rentrer en France. Mais le retour allait devenir moins facile que le départ. Cette terre d'Italie, qui s'était ouverte si complaisamment à l'invasion libératrice, se refermait subitement comme une souricière, où le vainqueur se trouvait emprisonné dans sa propre conquête. Malgré les efforts de Commines, notre ambassadeur à Venise, une ligue s'était sourdement ourdie entre le Sénat vénitien, le pape, le duc de Milan, les rois des Romains et de Naples. L'art des combinaisons occultes était déjà un des grands ressorts de la politique italienne. Pêcher en eau trouble, sacrifier ses amis de la veille aux intérêts du lendemain, tout cela rentrait dans les principes de la doctrine machiavélique. L'ingénu Charles VIII devait en être dupe.

Quand il eut quitté Naples, laissant au duc de Montpensier la garde de la ville et du château, il lui fallut reprendre le chemin déjà parcouru, revoir au milieu du silence et d'une antipathie mal déguisée les villes qu'il avait traversées naguère sous les arcs de triomphe, les fleurs et les bénédictions publiques. L'histoire et la poésie ont gardé le souvenir de certaines retraites mémorables, qui honorent même les vaincus. Ici *le Verger d'honneur* parait bien terne et bien pâle.

Pourtant, il est une journée restée fameuse dans nos annales militaires, celle où Charles VIII se vit avec une armée de 9000 hommes en face d'une barrière de 50 000 ennemis, l'enfermant dans l'impasse de Fornoue. Encore une fois la *furie française* triompha du nombre. Le petit roi rachetait par sa vaillance tant de folies et d'imprudences passées. Pourquoi faut-il que son chroniqueur en vers se montre si fort au-dessous du héros et du sujet, quand il nous dit par exemple :

> Et comme preux, vertueux et loyal,
> Il fit marcher, tant de mont que d'aval,
> Seigneurs et autres en bataille rangée.
> . . . .
> Incontinent chacun se mit aux champs
> Pour batailler, et non pas pour s'ébattre,
> Mais pour tuer, foudroyer et abattre
> Poltrons lombards, bougerons furieux,
> Tant et si fort que, sans plus en débattre,
> Le roi françois fut lors victorieux.

> Dieu besogna par miracle en ce fait :
> Car ils étoient, ainsi que sait chacun,
> Cinquante mille et plus de gens de fait,
> Ou autrement contre nous dix pour un.

La même différence que nous avons signalée jadis entre les vers insipides de Guillaume de Machaut et la prose colorée de Froissart, se retrouve ici entre les rimailleries monotones d'André de la Vigne et le récit vivant et varié de Commines. Il nous suffira de citer cette page sur la vallée de Fornoue et le contraste des deux armées :

« Ainsi nous étions au pied de ces grandes montagnes et en pays chaud et en été : et combien que ce fut chose naturelle, si[1] était chose épouvantable que d'être en ce péril, de voir tant de gens au-devant, et n'y avoir nul remède de passer que par combattre, et voir si petite compagnie : car, que bons que mauvais hommes pour combattre, n'y avait point plus de 9000 hommes, dont je compte 2000 pour la séquelle et serviteurs des gens de bien de l'ost. Je ne compte point pages, ni valets de sommiers, ni tels gens. »

Puis vient ce portrait du jeune roi transfiguré par le danger :

« Et semblait que ce jeune homme fût tout autre que sa nature ne portait en sa complexion ; car il était fort craintif à parler et est encore aujourd'hui. Ainsi avait-il été nourri en grande crainte et avec petites personnes ; et ce cheval le montrait grand ; il avait le visage bon et bonne couleur, et la parole audacieuse et sage. Et semblait bien que frère Hiéronyme[2] m'avait dit vrai, quand il me dit que Dieu le conduirait par la main, et qu'il aurait bien affaire en chemin, mais que l'honneur lui en demeurerait. »

Si le poème du *Verger d'honneur* nous a médiocrement charmé, nous lui devons du moins la jouissance d'avoir relu Commines. Celui-ci est un maître écrivain et penseur, avec lequel on se plaît toujours. Mêlé aux négociations et aux batailles, il est le meilleur juge, appréciant les fautes des deux partis, et dominant l'ensemble de l'histoire par un coup d'œil philosophique et religieux,

---

1. Pourtant. — 2. Jérôme Savonarole.

aussi exempt de tout système que de toute superstition. C'est le libre penseur croyant en Dieu, lui faisant sa part dans le gouvernement de ce monde, mais laissant à l'homme la responsabilité de ses actes, le châtiment de ses folies comme le bénéfice de sa prévoyance et de son habileté.

Une chose surtout l'a frappé, lui, le politique, l'avisé, le clairvoyant, qui ne se laisse guère éblouir ni duper, c'est le rôle prophétique de Savonarole, annonçant la mission du roi, ses prodigieux succès, et, à l'heure où tout semble perdu, sa sortie victorieuse de l'impasse de Fornoue[1].

Il constate à la fin, avec tristesse, la perte de tant d'espérances évanouies, la vente scandaleuse des places et de l'artillerie, et le tout, dit-il, « à la grande honte du roi et de ses sujets, et au dommage et consommation du royaume de Naples ». Le vieux conseiller de Louis XI s'indigne, comme Français, *du vilain et infâme appointement* conclu avec le roi Ferdinand, pour sauver la personne du duc de Montpensier. Il eût déjà prononcé volontiers le *Qu'il mourût!* pour échapper à cette honte.

Le roi se consola plus aisément que Commines de sa mésaventure. « Et allait le roi de Lyon à Moulins, et de Moulins à Tours : et partout faisait des tournois et des joutes ; et ne pensait à autre chose. » La Folle du logis l'emportait encore une fois. La mort même de son fils, le dauphin, âgé de trois ans, ne fit en lui qu'une impression vite effacée. Commines, tout en déplorant cette légèreté, ne se sent pas la force de lui en vouloir. « Ledit roi ne fut jamais que petit homme de corps et peu entendu : mais il était si bon qu'il n'est possible voir meilleure créature. »

III

En même temps qu'André de la Vigne, un autre rimeur, Piémontais d'origine, Français de cœur et de langage, Alione d'Asti, entreprenait de chanter le *Voyage et Conquête de Naples*. Originaire du comté d'Asti, un petit fief héréditaire appartenant au duc d'Orléans par son aïeule Valen-

---

[1]. Voir le beau livre de M. Perrens sur *Jérôme Savonarole*.

tine de Milan, Alione, en sujet fidèle, s'était fait l'interprète de ses concitoyens, au moment où le prince descendait en Italie avec le roi. Il lui disait :

> . . . . . Vrais François de nature,
> Vous trouverez aussi bons qu'à Paris,
> Ayant en cœur la franche fleur de lis[1].

Libre esprit, joyeux et satirique, son indépendance et peut-être ses sympathies françaises attirèrent sur lui la rigueur des magistrats italiens, et lui valurent les honneurs de la prison. Il n'en renouvela pas moins ses déclarations gallophiles sous les règnes de Louis XII et de François Ier.

Comme écrivain, Alione est malheureusement de l'école de Cretin : ses sentiments valent mieux que ses vers souvent obscurs et alambiqués.

> Roi Charles donc, à qui ne fault[2] tuteur
> Ne curateur, emprend soi transporter
> Contre Alphonsins en personnel acteur ;
> Espérateur en sa divine hauteur
>
> Être victeur et Naples emporter,
> Qu'il doit porter et titre en rapporter,
> Non supporter qu'Alphonse y ait acquet :
> *Bon appétit vaut bien un saupiquet*[3].

Le récit se déroule en couplets terminés par une maxime. Ainsi, après la bataille de Fornoue, l'auteur, s'adressant aux Italiens, leur donne cet avis :

> Par vos méfaits apprenez à *Gaulx*[4] craindre,
> *Qui trop embrasse enfin peut mal étreindre.*

Tout cela est bien maigre, convenons-en ; mais il faut savoir gré à ce brave Piémontais d'être resté si fidèle à la France, au milieu des ambages et des trahisons de la politique italienne.

Cette première expédition de Charles VIII est le prototype de toutes les guerres qui vont s'engager au delà des monts. C'est toujours la même conclusion qui revient avec

---

1. *Œuvres poétiques d'Alione d'Asti*, publiées par Brunet, 1833. *Le Voyage et conquête de Charles VIII roi de France et sa victoire de Fornoue.* — 2. Manque. — 3. Sorte de sauce. — 4. Gaulois.

une déplorable uniformité, sans que l'expérience du passé profite à l'avenir. Pour nous, à défaut d'une leçon littéraire, nous pouvons du moins en tirer une leçon historique et morale. L'Italie, qu'elle se soit montrée notre amie ou notre ennemie, nous a toujours coûté cher; elle a été, pour les rois comme pour les peuples, une de ces passions ruineuses qu'on a lieu souvent de regretter. Cette pauvre sœur latine, dont les malheurs nous attendrissaient naguère au souvenir de Silvio Pellico et de ses geôliers, devenus ses amis, nous a causé, dès le début, de singulières surprises avec sa mobilité d'humeur, ses enthousiasmes éphémères, ses revirements tudesques et ses accès de gallophobie, éclatant en éruptions volcaniques, telles que les *Vêpres Siciliennes*, les *Pâques Véronaises* et les manifestations récentes dont la France s'est vue l'objet.

Après nous avoir applaudis comme des libérateurs, on nous déteste et on nous maudit comme des hôtes incommodes ou des tyrans. Qu'y a-t-il au fond de tout cela? Outre les froissements de la vanité nationale, un certain sentiment de défiance et de jalousie à l'égard de ceux dont on accepte et réclame le concours, quand on a besoin d'eux; mais dont on redoute la domination, dès qu'on croit pouvoir s'en passer. Quelque chose en somme de très humain, il faut l'avouer. C'est l'éternelle histoire des sauveurs et des sauvés, de *M. Perrichon* dans Labiche, de *Prusias* dans Corneille:

> Te le dirais-je, Araspe? Il m'a trop bien servi.
> . . . .
> *On n'aime point à voir ceux à qui l'on doit tant*[1].

Proudhon, d'accord cette fois avec Thiers, portait le même jugement sur les conséquences de l'unité italienne, sur l'entrée d'une sixième puissance dans les conseils de l'Europe : « Nous sommes trop voisins de l'Italie, nous avons trop de ressemblance avec elle, *nous lui avons rendu de trop grands services pour qu'elle nous aime. L'ingratitude en politique est le premier des droits et des devoirs*[2] ». C'est un

---

1. *Nicomède*, act. II, sc. I. — 2. Proudhon, *la Fédération et l'Unité de l'Italie*

devoir auquel l'Italie n'a pas manqué, dès le premier jour.

Du reste, d'autres causes d'antipathie s'éveillent entre les deux nations. Envahie par nos armes, l'Italie nous envahit à son tour d'une façon différente. Encore une vieille histoire :

> *Græcia capta ferum victorem cepit.*

Elle s'introduit et s'implante victorieusement à la cour de France avec les Médicis unis aux Valois : elle pénètre dans notre langue, dans nos mœurs, dans nos modes, sans compter l'action qu'elle exerce sur la littérature et sur les arts. Déjà François Ier avait un précepteur italien, dont il fera plus tard un recteur de l'Université de Paris. Si l'Italie nous amène ses artistes, ses poètes, ses savants, qui contribuent pour une large part au grand mouvement de la Renaissance, elle y ajoute toute la séquelle de ses politiciens formés à l'école de Machiavel, de ses financiers véreux et retors habiles à rançonner les peuples, de ses raffinés aux mœurs ambiguës, de ses aventuriers en quête de fortune, parfumeurs, astrologues, nécromanciens, maîtres de danse et d'escrime, entremetteurs, etc., toute une lie dont on pourrait dire, avec Juvénal parlant des Grecs de son temps :

> *Quota portio fæcis Achivæ!*

De là des haines nationales que nous retrouverons chez Marot, chez Henri Estienne, chez du Bellay, chez Ronsard, chez Malherbe. La triste issue de cette première campagne de Charles VIII devait être un enseignement pour son successeur. Il n'en fut rien ; la folie était héréditaire comme les droits transmis de l'un à l'autre.

CHAPITRE II

GUERRES D'ITALIE

LOUIS XII (1498-1515)

Louis XII et ses poètes historiographes : Jean d'Auton, Jehan Marot, Jean Lemaire de Belges. — *La Prise de Gênes.* — Bataille d'Agnadel : *Épitres d'Hector à Louis XII et de Louis XII à Hector.* — Gringore : le pape Jules II sur les tréteaux des Halles. — Bataille de Ravenne. — Gaston de Foix et Bayard : le *Loyal Serviteur*.
Guerre avec l'Angleterre : *Épitre de Henri VII à son fils Henri VIII.* — L'amiral Prégent. — Pièces satiriques contre les Anglais. — Bataille des Éperons : *Invective* de Guillaume Cretin. — Nouveau bilan de la guerre.

I

Louis XII, en arrivant au trône, n'était plus, comme Charles VIII, un jouvenceau bouillant d'une ardeur irréfléchie, mais un homme à l'esprit rassis, calmé, mûri par les mésaventures de la *Guerre Folle* et par ces trois années de captivité, où il avait pu méditer à son aise sur le danger des erreurs humaines. L'heure des illusions et des extravagances semblait passée pour lui.

Malheureusement, il recueillait encore les prétendus droits de son prédécesseur sur le royaume de Naples; il se croyait tenu d'honneur à réclamer le duché de Milan, legs de son aïeule Valentine Visconti, tombé aux mains d'un usurpateur, Ludovic Sforza. Le sage et pacifique monarque, séduit, lui aussi, par le mirage trompeur de l'Italie, se lance en vrai Don Quichotte à la poursuite de cette fuyante

Dulcinée. Il va chevaucher, le morion en tête, à travers les neiges des Alpes, au lieu de rester tranquillement à se chauffer les pieds, comme le bonhomme Grandgousier, au coin de son feu, en travaillant au bonheur de son peuple, dont il aime à se proclamer le père.

Cependant ces guerres fatales, où il se trouve entraîné, ne lui font point oublier les arts de la paix. Héritier des goûts délicats que lui a légués son père Charles d'Orléans, il croit à la puissance des lettres et à leur action efficace sur l'opinion. Aussi certains historiens modernes, tels que Rœderer, ont-ils réclamé pour lui, surtout pour sa femme Anne de Bretagne et pour son ministre Georges d'Amboise, une large part dans cette Renaissance, dont on a fait rejaillir tout l'honneur sur François Ier. Ils ont rappelé que le *Père du peuple* avait été en même temps le *Père des lettres*, la providence des savants et des artistes; que sous son règne s'étaient bâtis le château de Blois, le Palais de Justice de Rouen, splendides échantillons d'un genre nouveau.

Qu'il y ait eu alors des faveurs, et des encouragements prodigués, nul ne peut le nier. Claude Seyssel, l'historien du roi, était pourvu d'un évêché; Jean de Saint-Gelais, de riches bénéfices. La cour est devenue un centre, un foyer de vie intellectuelle. Les écrivains et les œuvres se multiplient. Au bout de l'année, Louis XII peut s'écrier avec Pline : *Magnum poetarum proventum hic annus attulit :* l'année a été abondante en poètes. Mais ces poètes, que sont-ils? Les uns des traînards attardés dans les dernières brumes du moyen âge, comme Guillaume Cretin, André de la Vigne, Jean d'Auton, Jehan Marot, Gringore lui-même, un survivant de la *Fête des Fous*. Les autres des précurseurs lointains, comme Jean Lemaire et Octavien de Saint-Gelais. Pris à l'étroit entre deux époques, ils ont le sort des gens arrivés trop tard ou trop tôt, et point assez de force ni de génie pour fixer la gloire et la fortune à leur drapeau. Louis XII n'a guère eu plus de chance qu'eux. Son règne, en politique ainsi qu'en littérature, n'aboutit qu'à des avortements.

Néanmoins les apologistes et les prôneurs ne manquent pas, dès le premier jour. Tout d'abord la conquête du Milanais pris, perdu, et repris en quelques mois, trouve pour la célébrer le fidèle Alione d'Asti, qui s'est mis en frais de style amphigourique.

> Mars est françois, et francs sont ses guidons,
> De ses brandons est l'auriflambe esprinse.
> . . . .
> Folle cité[1] a donc vu l'ost[2] gallique
> D'œil basilique[3], et très le villena[4] ;
> Mais, abattu leur fort citadellique,
> Leur chef bellique, ains que l'assaut duplique[5],
> Sa virilique emprinse[6] abandonna.

L'auteur s'excuse avec raison de la faiblesse de ses vers :

> Plaise aux lisans excuser ci *l'acteur*[7],
> S'il n'est docteur Lucan, Tulle ou Vergille ;
> Au moins est-il du franc lis *sustenteur*,
> L'indicateur de maint faux inventeur,
> Lombard menteur. Se la rime est débille,
> Un plus habile y mette l'apostille
> En meilleur style. Il est de tous métiers
> Maistres assez et pou de bons ouvriers[8].

Une autre pièce du temps, intitulée le *Grand Jubilé de Milan* et imprimée l'an 1500, rappelle les trahisons et conspirations des Milanais et Lombards.

> Souvienne-vous de la journée
> De Fornoue, bougres Lombards !
> Du roi aviez machinée
> La mort, mais bien fut retournée
> La chasse contre vous, paillards !
> François, plus hardis que liépards,
> Tantôt[9] eurent baissé le bruit :
> *Qui péché fait, péché lui nuit*[10].

L'auteur apostrophe en même temps Ludovic Sforza, le traître More, allié des Turcs et des Sarrasins, qui, devenu le prisonnier de Louis XII, s'en ira mourir au château de Loches.

1. Milan. — 2. Armée. — 3. *Basilic* : serpent auquel les anciens attribuaient la vertu de tuer par son regard. — 4. Maltraita. — 5. Redouble. — 6. Entreprise. — 7. Auteur. — 8. *La Conquête de Louis XII° de France sur le duché de Milan.* — 9 Aussitôt. — 10. A. de Montaiglon, *Poésies des XV° et XVI° siècles*, t. IX.

La courte et piteuse campagne de Naples, terminée par la défaite du Garigliano (1503), n'offrait guère matière aux chants de triomphe, malgré l'héroïsme de Bayard. L'accord conclu avec Ferdinand d'Aragon sur le partage du royaume était un marché de dupes, où Louis XII, tout en finassant, s'était trouvé battu par la ruse plus encore que par les armes de Gonzalve de Cordoue. Il allait s'en venger sur le dos des Génois révoltés.

La prise de Gênes, cette ville réputée imprenable, avait eu en Europe le même retentissement que la prise d'Antioche au moyen âge et celle de Sébastopol à notre époque: objet d'admiration pour les uns, de douleur pour les autres, d'étonnement pour tous. L'orgueilleuse cité se croyait à l'abri d'un coup de main, protégée qu'elle était d'un côté par la mer, de l'autre par les hautes montagnes qui l'entouraient. Mais elle avait compté sans l'audace de Bayard et de ses compagnons, emportant d'assaut la redoute qui était la clef de la ville. Une sortie imprudente des Génois, venant s'exposer au choc de la gendarmerie française, amena la capitulation. Gênes se rendit à merci, n'ayant plus qu'à implorer la clémence et la pitié du vainqueur. La nouvelle en parut si surprenante qu'on refusa d'abord d'y ajouter foi. Quand le cardinal de Narbonne présenta au pape la lettre du roi qui annonçait la reddition de la place, Jules II pâlit et s'écria: « Je n'y crois pas! » Même incrédulité chez le roi d'Aragon, chez Gonzalve de Cordoue, qui déclaraient la chose impossible.

Les chantres officiels se mirent aussitôt à l'œuvre pour magnifier ce grand événement. A leur tête brille tout d'abord Jean d'Auton, abbé d'Angles, protégé de la reine Anne, historiographe et secrétaire du roi. Ce Jean d'Auton est un gros bonnet d'alors, fort estimé, fort vanté pour son savoir et son talent d'écrivain. Jean Lemaire lui promet l'immortalité:

> Et toi, d'Auton, car la tienne écriture
> Et ta Chronique à toujours florira.

Jean Bouchet, son disciple, le porte aux nues:

> Grand orateur, tant en prose qu'en rimes,
> Il ordonnait comme en prose ses vers,
> Sans rien contraindre à l'endroit ou envers;

> Il était grave en son mètre et facile ;
> Bref, on ne vit jamais de plus grand style.

Ajoutons : ni de style plus entortillé en prose comme en vers. « Jean d'Auton, dit un de ses éditeurs et biographes, Paul Lacroix, était un des chefs de l'école équivoqueuse, que Jean Molinet avait fondée, et que Guillaume Cretin soutenait avec la rime plutôt qu'avec la raison [1]. »

En même temps qu'il rédigeait sa chronique en prose au jour le jour, le fécond secrétaire du roi élevait un monument en vers sur la *Chute de Gênes la Superbe*, ainsi qu'on l'appelait. Déjà, la veille de la bataille, il adressait à son maître une ballade et un rondeau, où il l'invitait à punir sévèrement la cité coupable de trahison :

> Les Genevois, de leur propre nature,
> N'ont foi ni loi, si ce n'est d'aventure.
> Puisqu'autrement on ne s'en peut venger,
> Châtiez les, ores pour abréger,
> Un coup pour tous, en vous y ébattant.
> Et cela fait, soyez assur de tant
> Qu'eux et autres douteront [2] le danger
> Une autre fois.

Louis XII, clément et pacifique d'instinct, ne suivit pas ces conseils de rigueur et de vengeance sans pitié. Quand il vit toute cette population en larmes et à genoux devant lui, criant grâce et merci, ces femmes et ces jeunes filles éplorées lui tendant des branches d'olivier, son cœur paternel s'attendrit et pardonna aux Génois. « Ils en échappèrent à bon marché, dit le chroniqueur Jean de Saint-Gelais, frère d'Octavien le poète, d'être quittes pour une petite amende civile, qui n'était pas suffisante pour défrayer les mêmes frais qu'avait coûté l'armée. Et quand il eût plu à notre souverain prince, il était en lui de réduire du tout à néant la ville et qu'on eût dit : *Ici fut Gênes;* mais il fit beaucoup mieux de ne le faire pas. » Avouons que, s'il l'eût fait, il eût agi en Vandale et non en prince chrétien.

---

1. Préface de la *Chronique de Jean d'Auton*. — 2. Redouteront.

Jean d'Auton lui-même finit par approuver la clémence du roi, clémence relative du reste, qui n'empêcha ni l'exécution de l'agitateur populaire Demitri, ni celle du doge Paul de Nove, un simple teinturier, dont la démocratie triomphante avait fait un dictateur, un duc, comme dit la *Chronique*. Dans le récit en vers qu'il nous a laissé de la prise de Gênes, Jean d'Auton fait tous ses efforts pour s'élever à la dignité du poëme héroïque, et croit ennoblir son sujet en mêlant la mythologie à l'histoire. Il nous parle de Neptune, d'Éole, de Vulcain, de Phlégyas, des Cyclopes, du Minotaure, avant de nous montrer Gênes

> La hart au col comme pauvre captive.

La fière cité fait sa soumission :

> Superbe fus, et maintenant suis serve.

Gênes, dans sa détresse, a vainement appelé à son aide Rome, l'Allemagne, Venise. — Rome se réserve et répond par cette maxime de philosophie expectante :

> Toutes choses viennent à leur décours [1].

L'Allemagne ne promet son secours qu'à celui qui la paye : ses reîtres ne sauraient vivre de l'air du temps :

> Qui n'a de quoi ne peut aller avant,

surtout quand il s'agit de faire la guerre.

Venise reste fidèle à sa politique égoïste et prudente :

> Toujours me tiens avecque les plus forts.

C'est là, selon Commines, le fond de la diplomatie italienne : elle n'a guère changé depuis.

La France se dresse fièrement comme la grande justicière,

> L'épée au poing pour le bon droit défendre.

---

1. *Decursus*.

II

Parmi les chantres et chroniqueurs royaux qu'inspire la prise de Gènes, il nous faut citer encore Jehan Marot, le père de Clément. Jehan Marot, dont le nom de famille était Desmarets, originaire de Caen, était venu s'établir à Cahors, où naquit son fils. Il appartient donc à cette vieille terre de Normandie, qui avait déjà donné tant de rimeurs à la France du moyen âge, et qui devait plus tard y ajouter Malherbe et Corneille. Clément Marot rappelle cette origine, non sans orgueil, dans la pièce où il passe en revue les poètes français :

> De maître Alain[1] Normandie prend gloire,
> Et pleure encor mon arbre paternel.

Pourtant Jehan Marot n'est point comme Guillaume Cretin, Jean Lemaire ou Jean d'Auton, un puits d'érudition. Ignorant des lettres grecques et latines, il a surtout pour maître un livre somme, qui résume tout à ses yeux : le *Roman de la Rose*. Il y a joint l'étude de la fable et de l'histoire. Un matin, en s'exerçant à versifier, il se trouve poète ou à peu près, et du même coup rhétoriqueur et historiographe. Ne cherchant point du reste à s'en faire accroire, il s'excuse, en s'adressant au roi, de n'être pas un grand clerc :

> . . . . Auras égard
> Que clerc ne suis, mais seulement ai l'art
> De rimoyer, et que mon vouloir art[2]
> De haut lever le tien nom, que Dieu gard' !

C'est un praticien rimeur, qui forme de bonne heure son fils Clément et en fait un petit virtuose du vers, avant qu'il soit devenu un vrai poète. A défaut de haute inspiration, Jehan Marot a le mérite de rompre la monotonie de la chronique rimée par la variété des tons et du rythme.

Recommandé à la reine par une de ses filles d'honneur, Michelle de Saubonne, le versificateur provincial devient poète et scribe ordinaire d'Anne de Bretagne et plus tard valet de chambre de François Ier. Dans ces diverses fonc-

---

1. Alain Chartier. — 2. Brûle, désire.

ions, Jehan Marot paraît avoir été aussi sage, aussi discret que son fils Clément fut aventureux et téméraire. Écrivain du genre tempéré, sans grand élan ni grande imagination, il a ces qualités moyennes qui suffisent pour faire un agréable improvisateur de société. C'est ainsi qu'il consacre un poème de 1087 vers à la convalescence de la reine.

Les événements publics, aussi bien que les faits privés de la cour et de la ville, ont en lui un interprète et un chroniqueur complaisant. L'*Épitre des dames de Paris aux courtisans de France alors en Italie* (1505) est une gaillarde doléance, où il prête aux Parisiennes plus de patriotisme que de vertu. Elles opposent fièrement leur amour libre et gratuit à l'amour vénal des beautés lombardes.

>   Amour nous presse,
>   Désir oppresse
> Nos cœurs de grand crainte étonnés.
>   Paris pleure, et Tours a détresse,
>   Blois languit, Amboise ne cesse
>   De crier : « Sire, retournez ! »

Outre ces poésies légères, Jehan Marot a composé deux grands poèmes historiques en prose et vers mêlés, tels qu'on les aimait alors : le double *Voyage de Gênes et de Venise à la gloire de Louis XII*. Bien qu'il ne soit pas un poète, il croit, pour l'honneur du roi et de la poésie, devoir associer à l'histoire contemporaine les dieux de la mythologie antique. Mars s'indigne de voir la paix régner en Europe et s'entend avec Bellone, pour allumer la guerre en Italie. Le dieu des combats se range du côté de la France et fait entrer dans ses desseins Neptune, Éole, Vulcain, sans compter les dames Clotho, Lachésis et Atropos. C'est avec son aide que Louis XII va tout foudroyer :

>   Car le vrai fils unique
> Du dieu Mavors, d'un fier bras herculique,
>   Avait mis jus[1] la nation superbe,
>   Comme la faulx qui renverse toute herbe.

Qui se douterait que ce fils unique de Mars, ce terrible faucheur d'hommes, est le bon et placide Louis XII ? Du reste, le poète n'est au fond ni plus belliqueux ni plus acharné

---

1. Bas.

que son roi. Tous deux s'accordent à souhaiter la paix :

> Heureuse Paix, dame très honorée.

Mais la guerre est inévitable : Gênes a levé l'étendard de la révolte. Fière de sa puissance, de sa richesse, de ses fortifications naturelles, la grande cité harangue son peuple, ses marchands, sa noblesse, en leur rappelant son titre d'invincible :

> Munie suis d'Alpes, rocs et montaignes,
> Où rois et ducs ont planté leurs enseignes,
> Qui plus y ont pris de honte que gloire.
> Les fiers Romains et nationaux Espaignes
> Savent au vrai, même les Allemaignes,
> Que dessus nous jamais n'eurent victoire.

Aussi s'apprête-t-elle à repousser bravement l'attaque des Français. Tout manant qu'il est d'origine, Jehan Marot ne peut s'empêcher de railler ce chef plébéien, Paul de Nove, que la victoire du *peuple maigre* sur le *peuple gras* a mis un jour à la tête de la République :

> D'un vilain font leur duc et gouverneur,
> Bon teinturier tant en lange qu'en linge ;
> Sur chef vilain fut mis chapeau d'honneur,
> *Fard est perdu dessus mine de singe.*

L'usage des maximes revient ainsi que dans les couplets du temps. Après avoir raconté la prise de la citadelle par une escalade hardie des gentilshommes français, l'auteur cherche à nous peindre dans ses vers, d'une harmonie imitative, le vacarme du siège par terre et par mer :

> En cestui bruit fifres, tabours sonnoient,
> Trompes, clairons, et chevaux hennissoient,
> L'artillerie au camp sembloit tonnerre.
> Les grosses naus[1] de Prégent répondoient.

L'amiral Prégent, que nous reverrons bientôt.

Pendant ce temps, que devenait le pauvre duc ou doge improvisé ?

> Qui mieux se connoissoit
> En un drap teint d'écarlate ou garance
> Qu'en fait de guerre.

Il prenait la fuite comme Pompée, dont il partageait bientôt le sort, ayant comme lui la tête coupée.

[1]. Navires.

L'entrée triomphale de Louis XII dans la ville conquise provoque un enthousiasme plus ou moins sincère, dont le narrateur n'est pas dupe :

> C'était plaisance
> De voir le peuple aux rues crier : France !
> Plus (comme crois) par lèvre que par cœur.

L'œuvre se termine par une lamentation de Gênes, à laquelle *Raison*, un personnage du *Roman de la Rose*, se charge de répondre en lui démontrant qu'elle est heureuse de tomber entre les mains d'un si bon maître :

> Sous bon pasteur les ouailles sont assur[1].

Le poème sur *le Voyage de Venise* est d'une composition plus large et d'un rythme plus varié. Tous les dieux de l'Olympe, Mars, Vulcain, Neptune, sont nécessairement encore de la fête. Dame Cérès, dame Pallas, dame Vénus sont également conviées au moment où la Paix fait entendre une humble oraison, pour réclamer l'assistance de l'auguste assemblée :

> Dieux immortels, souverains plasmateurs[2],
> Vrais justiciers, des droits gubernateurs.

Après délibération, le Sénat céleste décide que Mars pliera son drapeau et que Paix descendra sur la terre. Elle aperçoit d'abord un gouffre aquatique d'où elle s'écarte avec horreur : c'est Venise. De là, elle vient en France, où elle trouve un roi, son ami :

> O nation heureuse !
> Tant sont tes jours fulcis[3] et décorés,
> Tant est ton roi parmi les bienheurés,
> Digne de los, qui par gestes belliques
> De jour en jour enrichit tes chroniques.
> Car puis Clovis, sans les autres blâmer,
> Plus puissant roi l'on ne saurait nommer.
> C'est celui seul qui a mené la guerre
> En lieux forains[4], laissant paix en sa terre,
> Faisant les rocs et montagnes crouler,
> Et guerre à droit[5], sans son peuple fouler.

1. En sûreté. — 2. Créateurs. — 3. *Fulcitus*, appuyé, assuré. — 4. Au dehors. — 5. Légitime.

Elle s'envole et va s'abattre à Cambrai, où elle rencontre le pape, l'Empereur, les rois, ducs et marquis, tous les princes chrétiens réunis dans une ligue contre Venise (1508), convenant entre eux :

> Qu'ils chasseroient de ces gouffres marins
> Ces chiens d'Enfer, ces monstres Barbarins,
> Pour en ces lieux mettre en autorité
> Dame Justice avecque Vérité.

Ici commence un long récit du voyage du roi parti de Lyon, de sa chevauchée avec arrêts, réceptions et discours. L'entrée à Milan est magnifique :

> Ainsi vêtu, luisant comme cristal,
> Sur un coursier blanc caparaçonné
> Entre à Milan ; lors sembloit Hannibal
> Ou Alexandre étant sur Bucéphal,
> En son triomphe heureux et fortuné.

Puis vient le grand tableau de la bataille d'Agnadel, le fait d'armes capital de Louis XII, sa victoire à lui. Au beau milieu du combat, éclate un orage épouvantable :

> En ce conflit, pluie, éclairs et tonnerre
> Survint en l'air, et sembloit que la terre
> Dût abîmer, car canons pleins de poudre
> Correspondoient au grand tonnerre et foudre.

Une manœuvre subite du général vénitien Dalviane rend le succès douteux : les Français sont un moment refoulés, quand le duc de Bourbon demande au roi la permission de prendre le commandement de l'avant-garde. Une charge vigoureuse de la gendarmerie française emporte tout. La variété du rythme donne au récit une allure plus vive :

> . . . . . Bref c'étoit un plaisir
> De voir abattre et à terre gésir
> Vénitiens, qui n'avoient le loisir
>   D'eux relever.
> L'un crie Jésus, l'autre Sainte Marie,
> Bref on ne vit oncques tel boucherie,
> Car Dalviane et sa chevalerie
>   Démènent fort.

> Mais quand ont vu les enseignes en l'air
> Du roi françois, qui se venoient mêler
> En leurs scadrons, à peine ont pu parler;
> Ains cœur perdirent.

Le seul aspect de Louis XII éblouit et terrasse les Vénitiens :

> Et tout ainsi que voyez le soleil,
> Qui fait fléchir et clore l'humain œil
> Par son clair lustre exquis et non pareil,
> Ne plus ne moins
> Vénitiens sont de trémor[1] atteints,
> Yeux éblouis, tremblants de pieds et mains
> Par le regard du soleil des humains,
> Qui est le roi.

L'honnête et candide Louis XII aime à se mirer naïvement dans cette mythologie adulatrice, dont s'enivrera encore Louis XIV, le Roi Soleil par excellence.

Une fois de plus, le vainqueur se distingue par sa générosité. Il fait soigner et panser le général ennemi captif et blessé, l'arrogant Dalviane, qui s'était flatté de ramener le roi prisonnier à Venise, lié par des chaînes d'or.

Les entrées triomphales se succèdent à Brescia, à Crémone, à Milan ; les rondeaux et les chants se mêlent au récit. L'auteur, emporté lui-même par le son des musiques qui ont frappé son oreille, en reproduit l'écho dans ses vers

> Trompes et buccines,
> Clairons et doulcines,
> Luths, rebecs, orguines,
> Tabours, chalemines
> Sonnoient à mieux mieux,
> Chansons, motets, hymnes,
> Louanges divines,
> En voix argentines,
> Des gestes insignes
> Du victorieux.

Ronsard et Victor Hugo reprendront plus tard ce jeu musical du vers, qui s'adresse à l'oreille plus qu'à l'esprit.

---

1. Tremblement.

Un rondeau final comprend et résume tout ce qui est écrit au livre précédent :

> En moins d'un mois, Louis douzième roi
> A rué jus [1] le belliqueux arroi
> Vénitien, avec l'artillerie,
> Dalvian pris, chef de la Seigneurie,
> Le tout occis ou mis en désarroi,
> . . . .
> En moins d'un mois.

C'était bien travaillé.

III

La campagne de Venise remplit d'un beau zèle tous les rimeurs du temps. L'infatigable Jean d'Auton ne voulut pas demeurer en arrière et se chargea d'adresser au roi une *Épître au nom des trois États de France*, pour l'inviter à venir se reposer au milieu de son peuple, qui le bénit. L'*Église*, la *Noblesse* et *Labeur* présentent tour à tour leurs hommages. *Labeur* est entré en liesse :

> Je me débauche et mets bœufs en la grange,
> Laisse mon soc, délie ma charrue,
> Accours au bourg, crie parmi la rue
> Vive le roi ! qui par force a vaincu
> L'ost de Venise et brisé son écu.

L'*Épître* est alors une des formes employées pour mettre en scène les vivants et les morts. C'est ainsi que l'ingénieux écrivain fait complimenter Louis XII par son aïeul Hector :

> . . . . Sache que je fus
> Jadis Hector, patron des valeureux,
> Duc des guerriers, chef des chevalereux,
> . . . .
> Or ai-je été l'un de tes feux parents,
> Tu es le mien, voire [2] par droite ligne.

Il a entendu parler des exploits de Louis XII, non seulement sur la terre et dans l'air, mais aussi dans les Enfers.

---

1. Mis à bas. — 2. Vraiment.

ÉPITRE D'HECTOR A LOUIS XII.

par les morts que le roi y a envoyés depuis dix ans. Hector est heureux de voir son nom renouvelé par les grandes actions de son petit-fils :

> Tant que tous ceux qui oyent les nouvelles
> Disent qu'oncques n'en surent de pareilles,
> Et qu'il est droit que les Dieux t'abandonnent
> De leurs trésors tout ce qu'aux preux ils donnent.
> . . . .
> Vulcain aussi pour toi forge et martelle
> Artillerie.

Minerve se prépare à lui offrir l'épée qui trancha la tête de Méduse; Pallas lui présente son écu cristallin et luisant; le cheval Pégase se dispose à le transporter au ciel. Même dans les Enfers, les poètes ne sont occupés qu'à vanter les hauts faits du roi. Au bruit de la bataille d'Agnadel, Hector a tressailli et regretté de ne pouvoir prendre sa part du combat :

> Disant : Hélas ! n'est-il possible d'estre
> A ce coup fait, pour employer ma dextre
> A soutenir le parti du bon droit ?

Le bruit a cessé : mais l'arrivée des ombres, que Caron amène sur sa barque, lui apprend le résultat de la lutte. Quel est l'auteur de ces merveilleux exploits? Est-ce Jason, Thésée, Alexandre, Pompée, César, Charlemagne? Non.

> C'est un Louis, douzième de ce nom,
> Roi des François, prince tant redouté
> Que tout l'effort du monde est surmonté.

L'éloge dépasse toutes les bornes, surtout quand Pluton s'épouvante à l'idée de voir pareil vainqueur enfoncer les portes de l'Enfer, et met sur pied toute la police et la gendarmerie infernales, pour se préserver d'un tel assaut.

Hector, qui est fort au courant des choses de ce monde, a entendu parler aussi d'un certain Jules :

> Du grand prêtre qui se nomme le pape,
> Lequel voulut porter au lieu de chape
> Le harnois blanc.

Il engage son petit-fils à ne pas laisser le pontife ambitieux et querelleur empiéter sur son domaine. Il lui adresse cette lettre par l'intermédiaire d'un Satyre, un de ces personnages fantastiques comme il s'en trouve nécessairement dans les Enfers.

Une politesse en vaut une autre. Aussi Louis XII ne pouvait faire moins que de répondre à son ancêtre. Jean Lemaire se charge de la commission au nom du roi. La pièce débute par un échange de salamalecs et de salutations naturelles entre mandarins lettrés [1] :

> O preux Hector! O haut Cœur de lion,
> Prince de Troie, héritier d'Ilion,
> . . . .
> Je te promets, en foi de royal titre,
> Qu'en mon vivant je ne reçus épitre
> Qui tant me plut, ne tant me donna joie.

Tout enivré de ses réminiscences troyennes et de ses fables sur les *Illustrations de Gaule*, l'auteur de l'*Épître* confond dans une haine commune les Vénitiens et les Grecs, grands accapareurs du bien d'autrui :

> . . . . . Car toujours veulent prendre
> Le bien d'autrui, et jurent de non rendre.

La perfidie des Grecs a triomphé de Troie, mais ils ont été vaincus à leur tour par les Turcs, qui se disent aussi Troyens d'origine :

> Ah! pauvres Grecs, s'un Turc, Troyen bâtard,
> Vous a battus, que fera tôt ou tard
> L'hoir légitime? et qui ne veut vous battre,
> Ains [2] votre injure et leur orgueil abattre.

La guerre au Turc et la prise de Constantinople est toujours le dernier terme, le rêve lointain de toutes les expéditions chrétiennes.

En attendant, Louis XII raconte à son aïeul la journée

---

1. Épître responsive à celle que Mgr Révérend Prélat, l'abbé d'Angles, Dom Jehan d'Auton, chroniqueur du roi Très-Chrétien, a naguère envoyée audit Seigneur de la part d'Hector de Troie. — 2. Mais.

d'Agnadel et lui explique la nouvelle manière de faire la guerre :

> Car de ton temps, les guerres et victoires,
> On les faisoit en bras fulminatoires
> Tant seulement ; mais notre artillerie,
> Sans point de faute, est une diablerie.
>
> . . . .
> Si dois savoir . . . .
> Que nous avons autre tonnerre et foudre
> Faite par art, de merveilleuse poudre,
> Qui fait partir un si soudain boulet
> Qu'autant résiste homme armé qu'un poulet.

Le roi, rapportant sa victoire à Dieu, prétend avoir été visité par une blanche colombe voletant autour de son casque, au milieu de la bataille : cette colombe ne peut être que le Saint-Esprit.

> En cet instant, Dieu qui savoit mon cœur
> Vainquit pour moi, et me rendit vainqueur.

Jean Lemaire use des privilèges de la poésie pour embellir l'histoire, en y mêlant le merveilleux. Mais s'il s'incline devant Dieu, il refuse de s'humilier devant le pape, son indigne lieutenant.

> Ce lieutenant, en cas spirituel,
> *Est serf des serfs du Dieu perpétuel*[1] :
> Tel est son titre et tel nous l'avouons.
>
> . . . .
> Mais s'il est autre et du titre il abuse,
> Chacun des bons d'entre nous le refuse.

Là nous touchons à un autre imbroglio.

IV

Par un de ces revirements fréquents dans les affaires italiennes, Louis XII, après avoir partagé loyalement avec ses alliés les bénéfices de la journée d'Agnadel, se vit successivement trompé et trahi par eux. Le pape Jules II, le premier, donna le signal de l'ingratitude. Véritable Italien

---

[1]. *Servus servorum Dei*, comme il s'intitule lui-même.

de race et de cœur, alliant la duplicité féline du clerc à l'énergie du soldat et à l'horreur de l'étranger, patriote et ambitieux tout à la fois, après s'être servi des Français, il ne songea plus qu'à les expulser de la Péninsule. Retournant contre Louis XII la fameuse ligue de Cambrai récemment conclue, il travaille à détacher de lui ses anciens alliés ; renoue des intelligences avec Venise dont il chatouille les rancunes ; attire à soi le roi d'Espagne Ferdinand, en le reconnaissant seul titulaire du royaume de Naples ; et s'en vient mettre le siège devant la Mirandole, propriété du duc de Ferrare, allié de la France. Mêlant le spirituel au temporel, les boulets aux excommunications, il braque ses canons contre la place, en jurant *per corpo del Dio* d'entrer par la brèche.

Afin de calmer les terreurs dévotes de sa femme et ses propres scrupules, Louis XII convoquait un concile national à Tours (1510). Les évêques français l'autorisent à faire la guerre au pape, qui l'attaque par des moyens temporels en matière d'ordre temporel, et lui accordent des subsides. En même temps, le roi, fort de l'appui de son clergé, envoyait cette décision à ses alliés, en les invitant à réunir un concile œcuménique, pour réformer l'Église dans son chef et dans ses membres. L'innocent monarque ne se doutait pas qu'il frayait la voie à Luther et à Calvin : il en eût été sans doute épouvanté lui-même, s'il avait pu le soupçonner.

Pour le moment, il usait tout simplement du droit de légitime défense. Dans cette lutte d'ordre à la fois politique et religieux, il eut plus que jamais recours à la plume de ses écrivains. Le vieux levain universitaire et gallican était toujours facile à soulever contre les ambitions ultramontaines. Jean Lemaire opposait à Jules II une véritable *Philippique*, bardée de science et d'apostrophes violentes dans le *Livre des schismes et des conciles de l'Église*. Il est le Démosthène d'une cause dont Gringore est l'Aristophane, toute proportion gardée entre les hommes et les œuvres.

Le théâtre offrait son concours, plus puissant encore que tous les pamphlets. Dans le *Jeu du Prince des Sots*, Gringore, l'*impresario* populaire des Halles, livrait aux risées de la foule et aux malices des étudiants et des Enfants-sanssouci, le Saint-Père en personne. Courte ébauche de comédie politique qui ne devait pas avoir de lendemain et qui succomba bientôt, sous les rigueurs du parlement et les défiances de l'autorité royale. Il y a là pourtant une page curieuse de notre histoire dramatique.

Bien que, par ses goûts artistiques et littéraires, Louis XII semble déjà se tourner vers le soleil de la Renaissance, il n'en est pas moins, comme nous l'avons dit, entouré de souvenirs et d'écrivains gothiques. Cet essai même de farce politique tenté par Gringore appartient encore au théâtre du moyen âge. C'est à ce titre que nous en avons largement parlé ailleurs[1] ; aussi n'y reviendrons-nous qu'en passant. Tous ces sots enfarinés et leur chef Gringore avec son capuchon de *Mère Sotte* ont l'air de revenants égarés sur la frontière des temps modernes. Et pourtant, il faut l'avouer, cette vieille *sotie* nous offre une image plus vive, plus saisissante des faits et des personnages contemporains que toutes les doctes élucubrations de Jean d'Auton et de Jean Lemaire, rédigeant la correspondance posthume d'Hector avec son petit-fils Louis XII.

Cette convocation des *Sots* et *Sottes* appelés à son de trompes et de tambourins sur les tréteaux des Halles, le mardi gras de l'an 1511, devenait une sorte de *meeting* populaire, où toutes les classes de la société étaient conviées à donner leur avis, sur la grave question des guerres d'Italie et des différends entre le roi et le pape. C'était le suffrage universel, le droit de *referendum* appliqué aux problèmes du jour, sous forme plaisante sans doute et comme simple divertissement. Mais enfin, au milieu des folies du carnaval, quand les esprits s'émancipaient, quand les langues se déliaient, plus d'une libre parole, plus d'un sage avertissement pouvait trouver l'occasion de s'échapper.

Sotte Commune en profitera pour exprimer son opinion plus nettement que n'a pu le faire le pauvre *Labeur*, si rudement rabroué par *France* dans la *Complainte sur le départ de Charles VIII*. Écoutez-la plutôt :

> Et qu'ai-je à faire de la guerre,
> Ne qu'à la chaire de Saint-Pierre

---

[1]. Voy. *la Satire au moyen âge*, ch. XXIII.

> Soit assis un fol ou un saige?
> Je suis assur à mon villaige,
> Quand je veuil, je soupe et déjeune.

Mais alors de quoi se plaint-elle? lui dit-on :

> Tu n'as ne guerre ne bataille.

Sans doute, mais après les grandes passes d'armes, les beaux coups d'épée des La Palice et des Bayard, vient le quart d'heure de la gloire à payer :

> Enfin, je paye toujours l'écot.

Quoiqu'elle ait soin d'ajouter, pour se faire pardonner sa hardiesse :

> Je parle sans savoir comment,

plus d'un spectateur restait au fond de son avis, parmi les bourgeois et les vilains. Le roi lui-même, partisan des économies, pouvait bien penser que *Sotte Commune* n'avait pas tout à fait tort. Mais le point d'honneur était là qui l'obligeait de tenir tête à ses ennemis, surtout en face d'un adversaire aussi violent, aussi emporté que Jules II. Le théâtre, d'accord avec le concile, levait les scrupules du monarque timide et débonnaire, hésitant à rendre les coups qu'il reçoit d'une mégère revêtue des habits de *Mère Église*, et qui n'est autre que *Mère Sotte*, comme on l'a découvert bientôt :

> Prince, vous pouvez vous défendre
> Justement, *canoniquement*.

Un adverbe à double entente, qui devait être fort applaudi.

La moralité de l'*Homme obstiné*, jointe au *Jeu du prince des Sots* avec les menaces de *Punition divine*, achevait la démonstration. Toute la responsabilité de la guerre retombait sur le pape. L'honneur, la raison et l'orthodoxie se trouvaient donc satisfaits, le roi justifié aux yeux de l'Europe, de son peuple, de son clergé, et surtout de sa femme.

Depuis Gringore, jamais pareille manifestation ne s'est

revue sur notre scène française. Songez qu'elle avait pour spectateurs, non seulement le gros public populaire et bourgeois, mais l'Université, le parlement, la cour et le roi en personne, qui s'y voyait représenté sous le nom de Prince des Sots. Il fallait toute la finesse, le tact, l'habileté de Gringore, et aussi la bonne humeur de Louis XII, pour rendre ces libertés possibles. Le seraient-elles de nos jours? On aurait le droit d'en douter en face d'un public si inflammable, prenant feu pour ou contre *Rabagas* ou *Thermidor*. Si la question politique nous passionne à ce point, qu'en serait-il de la question religieuse bien autrement irritante, même aujourd'hui? Nos aïeux, plus tolérants, croyaient pouvoir rire du pape, sans cesser d'être bons catholiques.

L'éloge du souverain se présente ici adroitement placé dans la bouche de *Peuple italique*, s'entretenant avec *Peuple français* de leurs communes misères :

> Peuple françois, tu te plains! Veuilles être
> Content de Dieu : tu as prince et seigneur
> Humain et doux, de vices correcteur.

Le compliment vaut bien celui de Molière, dans *Tartufe*, à l'adresse de Louis XIV :

> Nous vivons sous un prince ennemi de la fraude.

On comprend la faveur dont jouit Gringore auprès du roi et du public, comme organisateur des fêtes et directeur de l'opinion. Il est l'homme universel, auteur, acteur, polygraphe, moraliste, pamphlétaire, sermonneur et poète dévot à la fin de sa vie. Outre sa trilogie dramatique du *Mardi Gras*, Gringore avait composé nombre de *mystères* et, en sus, le *Livre des folles entreprises*, revue des sottises du temps passé et du temps présent, depuis Alexandre jusqu'aux expéditions d'Italie. De plus, *l'Entreprise de Venise*, et *la Chasse du Cerf des Cerfs*, jeu de mots sur le titre de *Servus servorum Dei* appliqué au pape.

En somme, qu'a-t-il manqué à Gringore, à cet esprit si actif, si fécond, à ce grand amuseur et polémiste du temps, toujours prêt à improviser une pièce de théâtre, un manifeste ou un traité ? Que lui a-t-il manqué ? Le génie d'un Rabelais, qui seul aurait pu sauver ses œuvres de la banalité, et son nom de l'oubli où il est tombé. — Nous félicitons du moins la ville de Nancy d'avoir songé tout récemment à honorer la mémoire de Gringore par un monument modeste, rappelant sa gloire et son influence passées.

V

Grâce à l'humeur brouillonne et tracassière de Jules II, la guerre se ralluma de toutes parts en Italie. Ce ne sont, à coup sûr, ni les faits, ni les personnages héroïques qui manquent alors, mais les poètes vraiment capables de les chanter. Les Bayard, les Gaston de Foix, les La Palice, les Lautrec, les Trivulce, méritent de figurer à côté des Roland, des Olivier, des Guillaume au Court Nez, des Godefroy de Bouillon, des Bohémond et des Tancrède. Mais la chronique rimée, telle que la pratiquent André de la Vigne, Jean d'Auton, Jehan Marot, Jean Lemaire, n'est trop souvent qu'une litanie monotone, malgré les ornements mythologiques dont on essaye de la parer. Si nous voulons retrouver les vives émotions que nous ont causées jadis les *Chansons de Roland*, *d'Antioche* ou *de Jérusalem*, il faut les demander plutôt aux *Mémoires* en prose de Commines, de Fleurange, du Loyal Serviteur surtout. C'est là que nous reverrons un nouveau combat des Trente dans le défi échangé entre treize Français et treize Espagnols; là que nous assisterons aux exploits de Bayard, ce Roland moderne; à son double duel avec don Alonzo, à cet assaut où il tient tête à toute une armée sur le pont du Garigliano, renouvelant les prodiges d'Horatius Coclès et de Rambaud Creton.

Nous ne connaissons rien de plus attachant, de plus dramatique, de plus vrai et de plus romanesque à la fois, que les pages où le Loyal Serviteur nous raconte la prise de Brescia, la généreuse conduite de Bayard envers ses hôtes, la sanglante bataille de Ravenne (1512), la mort de Gaston de Foix, un général de vingt-quatre ans, le « nonpareil en prouesse », dit l'auteur. Toute cette partie des

Mémoires est une chanson de geste en prose, alliant parfois le sublime de l'épopée à la familiarité naïve du conteur. L'action, les discours, les réflexions morales de courte étendue jetées en passant avec un demi-sourire et un cri de victoire, reparaissent comme dans ce vieux poème de Roncevaux qui nous a si profondément émus. On réclamait naguère une éducation morale pour les futurs chefs de notre jeune armée : nous ne voyons pas de meilleur bréviaire du soldat, et surtout de l'officier, que la *Vie du bon Chevalier sans peur et sans reproche*. Tout s'y rassemble : l'intrépidité jointe à la prudence, le respect de la vie humaine, la loyauté même avec l'ennemi, l'esprit de sacrifice et cette belle humeur vaillante, trait distinctif du héros français.

VI

Par la fatalité des événements, le règne du pacifique Louis XII fut un des plus belliqueux de notre histoire. Les guerres d'Italie mirent l'Europe en feu : la France, en excitant les jalousies par ses victoires, se vit entourée d'ennemis. Malgré les services rendus par Charles VIII à la dynastie des Tudors et à son chef Henri VII, Henri VIII menaçait de débarquer à Calais, qui restait toujours la plaie béante et la porte ouverte à l'invasion. La vieille rivalité se ralluma entre les deux peuples : le mariage d'Anne de Bretagne avec Louis XII n'avait fait que l'attiser encore. En même temps qu'on s'armait sur toutes nos côtes, chantres bretons et normands, s'inspirant des souvenirs d'Olivier Basselin, faisaient pleuvoir une grêle de couplets, ballades et devis contre l'envahisseur.

Parmi ces pièces de circonstance, une des plus curieuses est une prétendue *Épître du feu roi Henri VII à son fils Henri VIII*, pour l'engager à ne point déclarer la guerre aux Français, dont il est l'obligé (1512). Cette œuvre, élaborée peut-être dans le cabinet de Louis XII, en tout cas faite à son instigation, est un véritable manifeste, un examen de conscience, où sont débattues les prétentions des monarques anglais sur la France. C'est donc Henri VII écrivant à son fils comme Hector écrivait naguère à

Louis XII : genre de correspondance fort à la mode alors, ainsi que le *Songe*.

> J'ai su pour vrai que la prospérité
> Du roi de France a le pape incité,
> Semblablement le mutin roi d'Espaigne
> A subverti partie d'Allemaigne
> Et l'empereur, qu'on dit roi des Romains,
> Pour aux Français faire maux inhumains ;
> Et qu'envieux de leurs grandes victoires
> Ont pourchassé merveilleux *adjutoires*
> Tant envers toi que plusieurs autres rois,
> Pour mettre sus les *martiaux* arrois,
> Et surmonter par force *inexpugnable*
> La nation de France *insupérable* [1].

La plupart des orateurs et poètes aux gages de Louis XII parlent un peu la langue de l'écolier limousin dans Rabelais, un français empanaché de latinismes solennels et pédantesques. « Ils *déambulent*, eux aussi, plus ou moins, par les *quadrives* et *compites* de Lutèce, en *despumant la verbocination latiale.* »

Henri VII rappelle à son fils qu'il est devenu roi d'Angleterre par la grâce des Français. C'est en France qu'étant alors simple comte de Richemond, il a trouvé un refuge ; ce fut avec le secours de Charles VIII qu'il organisa sa descente en Angleterre et sa victoire à Bosworth (1485). Bien que l'ingratitude soit, dit-on, la monnaie dont on paye les services en politique, Henri VII ne la conseille pas à son fils :

> Car le péché de fausse ingratitude
> Procurera, dessus ta *magnitude*,
> Un mal si grand qu'il te pourra bien mettre
> Du tout en bas, sans couronne et sans sceptre
> Vu mêmement [2] que de mutation
>   Se réjouit ta fière nation,
> Qui ne voulut sans force oncque endurer
> Un roi sur eux pour un long temps durer.

Les choses ont bien changé depuis. L'Angleterre est devenue l'asile du *loyalisme* et de la fidélité monarchique.

---

1. A. de Montaiglon, *Recueil de poésies des* xve *et* xvie *siècles*, t. VI. — 2. Surtout.

À l'humeur versatile des Anglais, l'auteur oppose le constant attachement des Français pour leur souverain :

> Et n'y a peuple au monde moins mutin
> Ne plus sujet à roi, tard ou matin,
> Que la gente nation francigène,
> Descendue de la tige troyenne.

C'était encore l'opinion de Bossuet parlant de la révolution d'Angleterre, née de la Réforme, et lui opposant l'exemple du peuple de France aussi fidèle à ses rois qu'à sa religion.

Quant aux prétendus droits sur les provinces françaises, Henri VII ne se fait point illusion :

> Tu leur détiens à tort Calais et Guines.
> Touchant Poitou, Guyenne et Normandie,
> Ainsi Ponthieu, longtemps a, quoi qu'on die,
> Que confisqués furent par le forfait
> De nos parents, qui jadis ont méfait
> Contre France, par leur rébellion,
> Dont il est mort de gens un million.

Triste bilan de cette guerre allumée par l'ambition des princes, et dont il reconnait trop tard les désastreux effets.

Un autre argument invoqué par les alliés contre Louis XII est la défense du Saint-Siège, de cet innocent Jules II qu'il s'agit de protéger. Mais c'est là un faux prétexte :

> Ne te couvre de ce mantel ou chape
> Disant que c'est pour secourir le pape,
> Et conserver le siège apostolique

Singulière raison, en effet, inventée par le monarque qui allait donner le signal du schisme, et se déclarer lui-même chef de l'Église anglicane. Henri VII ou plutôt l'auteur se porte garant des bonnes dispositions du roi français à l'égard du Saint-Pontife, et termine en disant :

> Ici conclus, faisant fin à ma lettre,
> Qui n'est tissue en si éloquent mètre
> Comme les deux d'Hector au roi de France
> Et dudit roi à Hector. . . . .

Double allusion aux épitres composées par Jean d'Auton et Jean Lemaire, après la victoire d'Agnadel.

Cette sage remontrance ne put conjurer la guerre devenue inévitable. Une fois la partie engagée, nos rimeurs s'en donnent à cœur joie, daubant sur ces *Godons coués* qu'on envoie à tous les diables. L'un chante *le Courroux de la Mort contre les Anglois, donnant presse et courage aux François*. C'est la Mort qui parle :

> Allez, infects, gloutons, puants, punais,
> Godons coués, que jamais on vous voie !

Elle les invite à ne pas braver le porc-épic, emblème symbolique de Louis XII :

> Le porc-épic est si fort et terrible,
> Quand il se fume [2], c'est chose merveilleuse ;
> En tous ses faits est prompt et excersible,
> Ses ennemis sont en voie périlleuse [3].

Un autre poète, ou du moins s'intitulant tel, composa une pièce sur *la Folie des Anglois*. Il y est question d'une descente des Écossais en Angleterre, allusion probable à la malheureuse expédition de Jacques IV, qui aboutit à la défaite de Flodden (1513). L'auteur y stigmatise ce besoin d'accaparement qui semble la passion dominante des Anglais :

> O gens félons, remplis de tout outrage,
> Qui *tenements* [4] d'autrui voulez avoir.

Un moment, les succès de l'amiral Prégent de Bidoux sur la flotte anglaise vinrent exalter l'orgueil national. En même temps qu'il célèbre la paix conclue avec les Vénitiens, le chanteur anonyme dirige cette pointe contre les Anglais :

> Or, Anglois pervers et maudits,
> Éveillé avez le chat qui dort
> De faire guerre au roi Loys :
> Arrivés êtes à mauvais port.

---

1. Voir sur cette expression une note de la *Poésie patriotique au moyen âge*, p. 350. — 2. Se met en colère. — 3. A. de Montaiglon, *Recueil de poésies françaises des xv⁰ et xvi⁰ siècles*, t. II. — 4. Biens.

> Prégent, sur mer puissant et fort,
> Vous a montré son personnage,
> Votre amiral a mis à mort :
> Enfin n'aurez pas l'avantage [1].

Sur la mort de l'amiral Havart ou Howard fut imrimée et chantée une ballade satirique, en français baraouiné à l'anglaise. C'est un *Godon* qui se lamente :

> Plory, plory, plory, de par tout diable,
> Plory bien fort; veny goutte à vos yeux!
> Tout Angleter plory : point n'a ti fable,
> Car, by [2] saint George, tout l'a ty malheureux.
> Ha, King [3] Henri, fa ty bin le piteux,
> Car ton morel, où ton fians avy,
> Milord Havart, capitain courageux,
> Il fout mouru : velà fait de son vy.

cette rencontre des deux flottes se rattache un épisode lorieux, dont M. Jal a rétabli l'histoire, dans les *Annales aritimes* de décembre 1844. Il s'agit du fameux duel engagé entre deux navires, anglais et français, la *Régente* et *Marie la Cordelière* : le premier commandé par le capitaine anglais Thomas Kervet, le second par le Breton Hervé ortmoguer. Après un abordage terrible, les deux navires se brûlent et se coulent réciproquement.

Un secrétaire d'Anne de Bretagne, nommé Brice, composa ur ce sujet un poème latin aujourd'hui perdu, mais dont I. Jal a retrouvé la traduction française, œuvre d'un autre reton, Pierre Choque, premier héraut et roi d'armes de adite reine de France. Le traducteur, ainsi qu'il l'avoue lui-même, n'est pas un grand maître dans l'art d'écrire et de versifier. Son français se ressent trop souvent du patois de la Basse-Bretagne. Mais le rondeau placé à la fin du poème atteste le patriotisme de l'auteur et du héros :

> *Loyal breton*, pareillement *françois*,
> Remercie de Portmoguer l'audace.
> . . . .
> Preux et vaillant, c'est lui, nom d'efficace,
> Qui fait crier chacun à haute voix :
> *Loyal breton*.

---

1. A. de Montaiglon. *Poesies françaises des* xve *et* xvie *siècles*, t. VI. —
2. *par*. — 3. *roi*.

Bien que la mythologie occupe ici, comme dans toute œuvre poétique du temps, une trop large place, et que Jupiter, Neptune et Vulcain jouent un rôle important à côté des capitaines Hervé et Thomas, le récit n'en a pas moins un caractère de véracité incontestable. Il nous montre le capitaine de la *Cordelière*, étouffé par les flammes et la fumée, à son poste de commandement, d'où il essaye d'écraser les ennemis à coups de pierre. Le narrateur affirme que tout le monde périt brûlé ou asphyxié, et que les corps consumés roulèrent à la mer avec les débris des deux navires:

> Car il appert, ainsi que connaissez,
> Que l'étincelle se convertit en cendre.
> Pareillement les très nobles barons
> Dedans la mer en feu vont leur corps rendre,
>   Pour les cieux.

— Et voilà comment une pièce oubliée nous restitue une page de notre histoire nationale, précieuse à recueillir pour l'honneur du pavillon français.

D'après Martin du Bellay, la flotte anglaise se composait de 80 vaisseaux; la flotte française n'avait que 20 navires bretons et normands. Les historiens anglais ne sont pas de cet avis, et portent à 39 seulement le nombre de leurs vaisseaux, auxquels vinrent se joindre 40 hourques flamandes, que l'amiral anglais contraignit à prendre parti contre la France.

Après avoir vu sombrer les deux navires aux prises, les flottes ennemies regagnèrent leurs ports respectifs, pour réparer leurs avaries. Telle est du moins l'opinion de M. Jal, s'autorisant du silence gardé par Brice ou Pierre Choque à ce sujet. « Jupiter, dit-il, remonta au ciel après avoir séparé les combattants. »

Selon Rapin Thoyras, la mort de l'amiral Howard, tué au moment où, l'épée à la main, il abordait le navire que montait Prégent, jeta une telle consternation dans la flotte anglaise qu'elle n'osa continuer le combat. Les Français, encouragés par la retraite des ennemis, firent voile vers les côtes d'Angleterre, et opérèrent même une descente dans la province de Surrey, d'où ils emportèrent quelque butin.

VII

Cette victoire navale fut la dernière dont le bruit caressa l'oreille de Louis XII. Bientôt la double invasion de Henri VIII et de Maximilien, la panique et la défaite de la gentilhommerie française à la journée des Éperons, où tout l'héroïsme de Bayard ne put arrêter la déroute, la prise de Thérouanne par le roi d'Angleterre, inspiraient des chants de douleur et d'indignation. Guillaume Cretin lançait contre les fuyards une invective à mitraille, chargée d'équivoques burlesques et tragiques :

> Plume au vent doncq'aille comme estourdie,
> Tant qu'au tour die effrénée invective,
> Morde en riant, et lâche tragédie
> D'outraige. . . . .
> O nation française, où est la pompe
> Qu'à son de trompe obtins par toute l'Italie,
>   Le temps passé ?
>   O piétons pendards,
>   Grommeleux grondards,
>   Satrapes, soudards,
>   Hardis comme canes,
>   Vous tremblez sous dards,
>   Perdez étendards,
>   Et savez tant d'arts ;
>   Fi ! vous n'êtes que ânes.

Apostrophant les princes du sang, barons et chevaliers, il leur crie :

> Gens amollis, sont vos cœurs abolis,
> Harnois polis servent ci bien peu, non ;
> Homme sans cœur perd crédit et renom.

Combien nous préférons le vieux Rutebeuf jetant ces mots superbes de dédain sur les fils dégénérés des preux :

> Li cheval ont mal ès eschines,
> Et li riche home en lor poitrines.

Cretin n'a pas même su trouver un vers énergique, qu'on puisse citer et retenir, comme il s'en rencontre chez Rutebeuf, Eustache Deschamps et Alain Chartier.

La Déploration des trois Estats de France sur l'entreprise des Anglois et Suisses par Pierre Vachot, la douleur et l'inquiétude causées par la défaite de Novare, la perte de Thérouanne et le siège de Dijon par les Suisses, attestent la fatigue et le découragement qui s'emparent des âmes. La paix était le vœu le plus cher de la nation et du souverain. D'un autre côté Henri VIII, las de se voir trompé par ses alliés, son beau-père Ferdinand d'Aragon, le pape Léon X, l'empereur Maximilien, qui ne songeaient qu'à l'exploiter, semblait tout disposé à s'entendre avec le roi de France. Le traité de Londres fut conclu (1514). Le roi d'Angleterre, en habile marchand, trafiquant de la paix comme du reste, stipula que son bon ami Louis XII lui payerait 600 000 écus, et prendrait pour femme sa sœur, la princesse Marie. Anne de Bretagne était morte avant son mari qu'elle avait cru et failli enterrer tant de fois. Après avoir versé des ruisseaux de larmes pendant huit jours, autant que Grandgousier sur la mort de Gargamelle, le roi finit par s'offrir en holocauste pour son peuple [1], en épousant une jeune femme, qui devait bientôt conduire au tombeau un mari trop complaisant et trop confiant dans ses forces. Suivant le rapport de Fleurange, Louis XII voulut faire du gentil compagnon, changeant l'heure de ses repas, de son lever, de son coucher, et fit si bien qu'il trépassa. La Basoche, qui conservait encore son franc-parler, se permit de dire que l'Angleterre avait fourni au roi une haquenée, qui le mènerait bientôt en paradis ou en enfer; la prédiction s'accomplit.

1. Le Loyal Serviteur le compare au Pélican s'immolant pour ses enfants.

CHAPITRE III

GUERRES D'ITALIE.

FRANÇOIS Ier (1515-1547).

La question d'Italie : *Sotie des Chroniqueurs*. — Rancunes contre les Suisses : appel de P. Gringore. — Bataille de Marignan. — Chansons des Aventuriers. — *Chanson de la Guerre*, par Jannequin. — Ballade de Guillaume Budé. — Entrevue du camp du Drap d'or : Vers de Clément Marot. — Rivalité de François Ier et de Charles-Quint. — Siège de Mézières : prise de Hesdin ; chansons diverses. — Bataille de Pavie : Épîtres de François Ier et de Marot. — Captivité du roi ; Voyage de Marguerite de Valois. — Traité de Madrid. — Mort du connétable de Bourbon : sac de Rome. — Paix des Dames ; retour des Enfants de France : vers de Marot.

I

Le règne de Louis XII, un moment si retentissant et si radieux, après la prise de Gênes, les victoires d'Agnadel et de Ravenne, avait fini piteusement sous le coup d'une double défaite, à Novare et à Guinegatte, et d'une paix humiliante, où le redoutable *Porc-Épic* se reconnaissait le tributaire de la *Vache d'Uri* et du *Léopard anglais*. Le nouveau roi, ce gros garçon de vingt ans qui devait tout gâter et compromettre, selon le mot prophétique de Louis XII, et peut-être d'Anne de Bretagne qui ne l'aimait guère, François Ier, allait du moins relever le prestige de la France par une action d'éclat. La victoire de Marignan fut pour la jeune royauté une ouverture à grand orchestre, comme ce chant triomphal *de la Guerre* composé par Jannequin.

Les expéditions d'Italie avaient laissé un triste souvenir. Convenait-il de les recommencer ? La question se trouvait posée, dès les premiers jours du nouveau règne, dans la *Sotie des Chroniqueurs*[1]. Malgré son peu de sympathie pour les libertés du théâtre et pour tout contrôle gênant son bon plaisir, François Ier n'était pas fâché de voir ses idées approuvées et justifiées par l'opinion. Après un long commérage sur les affaires du temps passé et du temps présent, on en vient à la guerre d'Italie. Un des personnages, le *Premier Sot*, sans doute un gentilhomme, émet l'avis suivant :

> Je treuve qu'il est convenable
> Que retournons delà les monts,
> Afin que nous y recouvrons
> Notre honneur perdu puis naguère.

Le *Tiers*, à l'instar de *Labeur* ou *Sotte Commune*, peu amateur de ces aventures, fait une objection :

> On dit que c'est le cimetière
> Des François.

A quoi Mère Sotte réplique :

> Ce sont paraboles,
> Et toutes opinions folles ;
> Se on y va par bonne conduite,
> N'ayez doute qu'on y profite
> Mieux qu'on n'y profita jamais.

Et pleine de confiance, elle ajoute :

> . . . . Chroniqueurs,
> De bref verrez François vainqueurs.

Ce jour-là, Mère Sotte fait évidemment sa cour au jeune roi, dont elle devine la pensée.

La France gardait rancune aux Suisses de la défaite de Novare, et du tribut qu'ils avaient exigé pour lever le siège de Dijon. Ces pâtres transformés en soudards, devenus les arbitres de la victoire, après avoir été les serviteurs et mercenaires des princes, aspiraient à s'en faire les dominateurs. Ils pressuraient et rançonnaient le duché de Milan, où le pauvre Maximilien Sforza se plaignait d'être, comme il

---

[1]. Publiée par G. Guiffrey avec la *Chronique de François Ier*.

l'avouait plus tard à François Ier, moins encore maître que valet. Longtemps alliés fidèles de la France, depuis Louis XI, ils s'étaient brouillés avec Louis XII pour une question d'argent, lutte d'économie maladroite et de rapacité insatiable. C'était la forme des grèves militaires à cette époque. De là le proverbe : « Pas d'argent, pas de Suisses! » Ils le prenaient de haut, même avec les rois.

La gentilhommerie française ne pouvait tolérer la morgue de ces rustres enorgueillis par leurs victoires. Pierre Gringore, le confident de Louis XII, s'était fait déjà l'interprète de ce sentiment dans une pièce intitulée *l'Obstination des Suisses* [1] :

> C'est grand orgueil à tels bellicateurs
> De se dire des princes correcteurs [2],
> Car ignars sont et sans cléricature.
>
> . . . .
> Ce sont bêtes qui cherchent leur pâture
> Sur rois, princes, bourgeois et populaire :
> A gens ingrats il n'appartient salaire.

Et s'adressant aux princes, il les invite à ne point subir l'insolence de ces exploiteurs malotrus :

> Nobles princes, gardez de vous laisser
> Assujétir, fouler, ne intéresser
> Par les Suisses, gens avallés [3], sans terre;
> Il est requis leur orgueil rabaisser.

François Ier se chargea de leur donner une leçon, en les rencontrant sur la route de Milan. Cependant, malgré sa vaillance et son désir de guerroyer, comprenant le parti qu'il pourrait tirer de pareilles troupes, il essaya d'abord de les gagner à prix d'argent, et parut un moment avoir réussi, quand l'arrivée du cardinal de Sion, ennemi juré de la France, changea leurs dispositions. Il fallut en appeler aux armes pour les persuader. La partie fut chaude, et fournit à la gendarmerie française l'occasion de réparer la honte de la *Journée des Éperons*. La bataille dura deux

---

1. V. A. de Montaiglon, *Poésies françaises des* xve *et* xvie *siècles*, t. VIII. — 2. Le pape Jules II, dans une bulle où il déclare les Suisses protecteurs du Saint-Siège, les qualifie en même temps de *Dompteurs des Princes*. — 3. De basse extraction.

jours, acharnée, furieuse, à la fois féodale et moderne, comme celle de Ravenne, mêlée de magnifiques coups de lance et d'étourdissantes décharges d'artillerie. Véritable page d'épopée guerrière, dont la sculpture, à défaut de la poésie, nous a offert les principaux épisodes dans les bas-reliefs qui décorent le tombeau de François Ier. Le chef et le héros de l'action s'est chargé de nous la raconter dans une lettre écrite à sa mère, le lendemain ou le soir du combat.

« La bataille a été longue, et dura depuis hier les trois heures, sans savoir qui l'avait perdue ou gagnée, sans cesser de combattre ou de tirer l'artillerie jour et nuit.... Et tout bien débattu, depuis deux mille ans, ça n'a point été vu une si fière et si cruelle bataille, ainsi que disent ceux de Ravenne, qui ne fut à près qu'un tiercelet[1]. »

C'est encore à l'histoire en prose, aux mémoires du temps surtout, qu'il nous faut demander ce que la poésie ne peut nous donner alors. Et cependant la journée de Marignan ne manqua pas d'être chantée par les ignorants et par les doctes. Ce fut une immense explosion de couplets, de ballades, de triolets, d'épîtres, à la gloire du vainqueur.

Deux courants sont à distinguer dans ces poésies de circonstance : 1° le courant populaire; 2° le courant des lettrés. Les pièces populaires sont des improvisations nées la veille ou le lendemain du combat. Les auteurs, qui se désignent parfois eux-mêmes dans le dernier couplet, sont le plus souvent des aventuriers, enrôlés sous le drapeau d'un chef qu'ils suivent ou abandonnent, selon leur intérêt ou leur caprice. Brantôme nous a tracé le portrait pittoresque de ces enfants perdus de nos armées, produit des guerres d'Italie, comme les *Grandes Compagnies* l'avaient été jadis de la guerre de Cent Ans.

« D'autres, dit-il, les ont appelés *Aventuriers de guerre tirés delà les monts*, et aussi tels que les trouverez vous-mêmes, dans les vieux romans du roi Louis XII et du roi François Ier, au commencement; et peints et représentés dans les vieilles peintures, tapisseries et vitres des maisons anciennes; et Dieu sait comment représentés et habillés,

---

[1]. Diminutif : *Un tiercelet de prince ou de roi.*

plus à la pendarde vraiment, comme l'on disait de ce temps, qu'à la propreté ; portant des chemises à longues et grandes manches, comme Bohèmes de jadis ou Mores, qui leur duraient plus de deux ou trois mois sans changer ; montrant leurs poitrines velues, pelues et toutes découvertes, les chausses plus bigarrées, découpées, déchiquetées et balafrées ; et la plupart montraient la chair de la cuisse, voire des fesses [1]. »

Ils se sont dépeints eux-mêmes dans une chanson de corps, attribuée aux aventuriers engagés au service du roi de France par Pierre de Navarre en 1515, à la veille de l'expédition d'Italie :

> Tous compagnons aventuriers
> Qui sommes partis de Lyon,
> Pour aller sur la mer salée,
> Pour acquérir bruit et renom,
> En Barbarie nous irons,
> Contre ces mauvais mécréants [2].

Ce voyage de Barbarie était un faux prétexte, sous lequel François Ier cachait le vrai motif de ses armements. La chanson laisse entrevoir un autre but :

> Nous en irons à la Romaigne
> Par devant le pape Léon,
> Qui nous donra la pardonnance,
> Car autrefois servi l'avon.

On se rappelle Du Guesclin et ses compagnons, venant réclamer du pape d'Avignon ses indulgences et son argent.

Le roi d'Espagne Ferdinand ne s'y trompait pas, lorsqu'il écrivait à ses alliés, en les engageant à se méfier du nouveau roi de France : « Est-ce pour défendre la Bourgogne, qu'un train immense d'artillerie défile dans le Lyonnais, et gagne insensiblement les montagnes ? Est-ce encore pour défendre la Bourgogne, que l'Allemagne lui fournit jusqu'à deux mille lansquenets ; que le duc de Gueldres lui rassemble dans ses États six mille fantassins d'élite ; que Pierre de Navarre, mon sujet rebelle, vient, jusque sur les frontières de mon royaume, lever dix mille Gascons ou Basques ? [3] »

---

1. *Capitaines français*, t. III, p. 244. — 2. Leroux de Lincy, t. II. — 3. Gaillard, *Hist. de François Ier*, t. I.

Ces aventuriers sont les truands de l'armée, bandits ou vauriens, qui deviendront un jour des héros sous la conduite d'un Bayard, d'un La Palice ou d'un Lautrec : le lendemain, le diable les ressaisit, et en fait le fléau et la terreur du pays, qu'ils sont chargés de conquérir ou de défendre :

> Quand m'y souvient de la poulaille
> Que mangier soulions [1] sur les champs,
> En vuidant barils et boteilles,
> En nous y donnant du bon temps.

Ces Tyrtées de corps de garde et de cabaret sont des versificateurs d'occasion : ils ont dans l'oreille un air de chanson populaire, et y adaptent leurs impressions du jour. Leur style n'est guère plus soigné que leur toilette. Ne leur demandez ni l'exactitude de la rime, ni l'élégance de la forme, ni la correction grammaticale : mais ils ont parfois le trait pittoresque, prime-sautier de l'inspiration naïve, un certain accent d'insouciance et de jovialité martiale, l'enthousiasme et l'admiration pour le chef qui les conduit, puis aussi le mécontentement des soldes non payées, les heures de lassitude et de découragement, les indignations vertueuses contre la trahison.

Maintenant faut-il reconnaître l'œuvre des soudards dans toutes les pièces mises à leur compte? Non, sans doute. Plus d'un lettré s'amuse à faire du pastiche comme on en a fait à toutes les époques, pour les paysanneries ou le style poissard employé par des gens du monde au xviie et au xviiie siècle.

La première des chansons sur la bataille de Marignan, citée par Leroux de Lincy, est de ce même Alione d'Asti qui avait déjà célébré le *Voyage de Naples* sous Charles VIII et la *Prise de Milan* par Louis XII. C'est de ce ton jovial et satirique qu'il chante la défaite des Suisses :

> Seigneurs, oyez des Suisses
> Qui tant font du *grobis* [2].
> Ils ont laissié leurs lices,
> Leurs vaiches et brebis,

---

1. Avions coutume. — 2. Importance ou embarras.

> Venant pères et fils
> Sur le franc roi de France.
> L'argent du crucifix
> Les mit en cette danse.

C'est-à-dire l'argent du pape, qui les a détournés de l'alliance française. Un personnage intrigant et ambitieux s'est chargé de les recruter :

> Leur conductier se clame
> Cardinal de Sion,
> Qui fait bruire sa fame [1]
> Jusqu'au mont de Sion.
> Il a **fait** maint sermon
> Pour unir ces bélîtres,
> Tant qu'a trouvé façon
> D'avoir chapel et mitres.

L'histoire du curé d'Asti, maltraité par les soudards helvétiques, se ressent un peu trop des mœurs italiennes : nous préférons le couplet où l'auteur, faisant parler un Suisse, lui prête un baragouin mi-français, mi-allemand, pour exprimer ses menaces contre la France :

> My passer la montaigne,
> My mater Moncenis,
> My brûler la Champaigne,
> My squarcer fior de lis,
> My pigler San-Denis,
> My scacer roi Francisque,
> My voler qu'à Paris
> Tout spreke à la todisque.

Un des couplets suivants fait allusion au coup hardi de Bayard surprenant, à Villefranche, le général romain Prospero Colonna, et le faisant prisonnier avec ses principaux officiers.

La journée de Marignan se trouve résumée en quelques vers : on entend résonner les trompes d'Uri et d'Unterwald :

> Sur le franc roi sallirent
> Cornant comme vachiers ;
> Français les recueillirent
> A guise de bouchiers.

1. Renommée.

> Lansquenets, aventuriers
> Si bien les enlardèrent
> Que le moins deux entiers
> A Milan retournèrent.
>
> Vingt mille et davantage
> De ces Suisses mâtins
> Sont remains[1] en otage ;
> . . . .
> Plus ne buvront nos vins.

François Ier dit la même chose dans la lettre qu'il écrit à sa mère : « Et de 28 000 hommes qu'il a été venus, n'en échappa que 3000, qu'ils ne fussent tous morts ou pris. »

Toute la partie héroïque du combat est faiblement rendue, il faut l'avouer. L'humble auteur de la *Chronique de François Ier* est cent fois plus expressif, lorsqu'il nous dit en parlant du roi : « Cette nuit lui fut dure à passer, car il ne coucha et ne dormit ailleurs que sur le limon d'une charrette, tout armé, et ne cuida onc trouver d'eau pour boire, pour ce que les ruisseaux, qui étaient autour dudit lieu, avaient perdu leur couleur naturelle et étaient tout rouges du sang des occis[2]. »

La pièce se termine par la soumission de Maximilien Sforza au roi, qui lui pardonne et l'envoie en France avec une pension :

> Comme sage abandonne
> Château, peuple et cité :
> Du roi qui lui pardonne
> Sera bien appointé.

La deuxième chanson attribuée aux aventuriers raille encore les Suisses sur leur double défaite. Ceux-ci, le soir venu, poussant le cri de *France ! France !* espéraient jeter la confusion à la faveur des ténèbres. Mais cette ruse ne leur réussit point :

> En criant France ! France !
> Entendîtes la voix,
> Et sentîtes la lance
> Du noble roi François,

---

1. Restés. — 2. Édition Georges Guiffrey.

Qui chargea plusieurs fois
Sur vous d'estoc, de taille,
Tellement que deux fois
Perdites la bataille.

François, roi magnifique,
Prince victorieux,
Qui maint canon et pique
Avez vu de vos yeux,
Rendez grâces aux cieux
D'où vient toute victoire.
Toujours serez heureux
Se à Dieu donnez gloire.

Ce dernier couplet est-il bien d'un aventurier, et n'aurait-il pas été ajouté par quelque chapelain suivant l'armée ?

De toutes ces chansons, la plus fameuse est celle de la *Guerre* composée par Jannequin. Comme notre *Marseillaise*, elle était moins remarquable encore par les paroles que par la musique, d'un effet entraînant. Noël du Fail, dans ses *Contes et discours d'Eutrapel*, nous raconte le frisson guerrier qui saisissait les assistants, rien qu'à l'entendre : « Comme par exemple, quand l'on chantait la *Chanson de la Guerre* faite par Jannequin, devant ce grand roi François, pour la victoire qu'il avait eue sur les Suisses : il n'y avait celui qui ne regardât si son épée tenait au fourreau, et qui ne se haussât sur les orteils pour se rendre plus *bragard* et de la riche taille [1] ».

Il nous est bien difficile aujourd'hui d'apprécier l'effet de ces couplets, où domine l'onomatopée plus que l'idée et le sentiment : la parole est au service de la musique, et ne figure que pour inspirer des airs au compositeur.

Écoutez, écoutez,
Tous gentils Gallois,
La victoire du noble roi François,
Du noble roi François ;
Et orrez (si bien écoutez)
Des coups rués
De tous côtés, de tous côtés (*bis*).

---

1. Page 105.

> Soufflez, jouez, soufflez toujours.
> Tornez, virez, faites vos tours,
> Fifres soufflez, frappez tabours,
> Soufflez, jouez, frappez toujours.

« Mademoiselle de Limeuil, avant de mourir, nous dit Sauval, fit exécuter sur le violon, par son valet Julien, l'air de *la Défaite des Suisses*, en lui recommandant de sonner quatre ou cinq fois, le plus piteusement possible, le pas : *Tout est perdu*. Ce que fit Julien, et elle-même les aidait de la voix ; et quand ce vint *Tout est perdu*, elle réitéra par deux fois, et, se retournant de l'autre côté du chevet, elle dit à ses compagnes : *Tout est perdu à ce coup*. Et à bon escient, car elle décéda à l'instant [1]. »

Ne retrouvant pas dans le texte de Jannequin le *Tout est perdu*, nous supposions d'abord, avec C. Nisard, qu'il s'agissait d'une autre chanson sur la défaite des Suisses ; mais la phrase en question s'y rencontre exprimée en patois suisse-allemand, et répétée plusieurs fois :

> *Escampe toute frelore, bigot !*

La même exclamation revient chez Rabelais dans la scène du Naufrage, où Panurge s'écrie : « Zalas, Zalas, où sont nos boulingues ? *Tout est frelore* (*verloren*, perdu), *bigoth !* (*bei Gott !* par Dieu !) [2] »

« Certes, dit M. Kastner, il fallait un compositeur doué d'un mérite peu commun, pour mettre convenablement en musique des paroles si étranges. Jannequin était un des meilleurs contrepointistes de son temps [3]. » N'était-ce pas Rameau qui se flattait de pouvoir mettre en musique la *Gazette de Hollande* ? Jannequin était sans doute de la même force. Sa célébrité est attestée par ces vers d'Antoine de Baïf :

> L'excellent Jannequin en tout cela qu'il chante
> N'a rien qui soit mortel, mais il est tout divin.

La *Chanson de la Guerre* fut répétée durant plus d'un

---

1. *Anecdotes secrètes et amoureuses de la Cour de France, depuis 1200 jusqu'à 1600.* — 2. *Pantagruel*, livre IV, chap. viii. — 3. *Essai historique sur les chants militaires des Français.*

siècle, et obtint même l'honneur d'une reprise et d'un succès dans la Société des chœurs en 1843.

Parmi les chants de victoire consacrés à la bataille de Marignan, il en est un encore que nous ne devons pas oublier, si tardif qu'il ait été : c'est une ballade double, œuvre du savant Guillaume Budé, conservée sur un beau manuscrit de la Bibliothèque nationale. Elle est précédée d'une épitre en prose, où l'auteur s'excuse d'avoir attendu deux ans et plus, pour envoyer au roi le fruit de son travail et de son admiration. Sous ce rapport, les savants sont moins alertes que les aventuriers. Les lenteurs de Budé rappellent un peu celles de Malherbe, adressant au président de Verdun des stances sur la mort de sa femme, au moment où celui-ci était déjà remarié. Budé a du moins pour excuse la maladie que lui a causée sa trop grande application à l'étude et aux soins de l'enseignement. Il voit surtout dans la défaite des Suisses une revanche de la gendarmerie française sur les vilains malappris qui s'étaient permis de la battre à Novare :

> Or est l'orgueil des vilains rabattu.

Ce vers revient comme un cri de triomphe, au commencement et à la fin de plusieurs strophes.

La pièce, doctement composée, avec reprises et ripostes, est une œuvre de cabinet très différente des chansons improvisées par les soudards. On peut dire qu'elle sent l'huile plus encore que la poésie, et aussi le dédain de l'érudit pour ces ignares que méprisait déjà si fort Gringore, ces *vachers des Alpes*, qui osent disputer au roi la possession de Milan :

> Vilains, connu votre dur accessoire,
> Prenez chemin vers la tanière noire ;
> Où d'entre vous le plus grand vaches garde.
> Laissez Milan aux nobles possessoire.
> Faire le faut, c'est un point péremptoire :
> Droit à droit vient une fois, quoiqu'il tarde.

Décidément Budé est un grand savant, mais un très médiocre poète.

II

La victoire de Marignan plaçait François Ier hors de pair comme guerrier, entre les souverains de l'Europe. Henri VIII d'Angleterre en pleura, dit-on, de jalousie. Cependant la sympathie ou l'intérêt le rapprocha de son heureux rival quand il vit la mort de Maximilien et le long marchandage de l'Empire réunir sur la tête du jeune Charles d'Autriche les deux couronnes d'Espagne et d'Allemagne. L'entrevue du *Camp du Drap d'or* entre Ardres et Guignes, sur une frontière mitoyenne, était une réponse à l'élection impériale, en même temps qu'une émulation de courtoisie et de luxe entre les deux cours et les deux nations. « Plusieurs, dit Martin du Bellay, y portèrent leurs moulins, leurs forêts et leurs prés sur leurs épaules. » La France toujours désireuse de la paix, voyait dans cet accord un heureux gage pour l'avenir. La poésie s'associait à ces espérances. Un jeune rimeur échappé du palais, un ex confrère des *Enfants-sans-soucy*, Clément Marot, se faisait l'interprète de la joie publique dans une ballade intitulée *Du triomphe d'Ardres et de Guignes, par les rois de France et d'Angleterre* (1520).

Cette fois nous allons nous trouver en face d'un poète, d'un vrai poète, de race et d'instinct, attendu et cherché depuis si longtemps. Gaulois d'esprit, Français de langue, de sentiment, homme de cour sans doute, mais en même temps écrivain national et patriote. Ce dernier titre, il le mérite, non seulement pour avoir partagé et chanté les gloires ou les douleurs de la France, à Pavie et à Cérisoles, mais parce qu'il représente l'alliance, la fusion du Nord et du Midi. Fils d'un père Normand et d'une mère Quercynoise, né à Cahors, mais amené de bonne heure à la cour de Louis XII et de François Ier, il est à la fois Gascon et Parisien, comme le sera plus tard Gambetta. Héritier de Jean de Meung et de Villon, dont il publie et revoit les œuvres, il a recueilli tout ce que lui léguait de grâces, de sourires et de malice la vieille école gauloise; il y joint les premières inspirations de la Renaissance, en traduisant les *Métamorphoses* d'Ovide et les *Églogues* de irgile. Des anciens, il imite l'élégie, l'épitre, l'épigramme, s genres faciles et légers, qui conviennent le mieux à sa ature ailée et voltigeante. Au rabâchage gothique, au athos amphigourique des rimailleurs et poétâtres asser- entés auprès de Charles VIII et de Louis XII, va succéder ne parole vive, nette, claire, précise et comprise de tous.

Usez de mots reçus communément,

-t-il soin de répéter à ses disciples, fuyant le jargon obscur t inintelligible qui sera l'écueil pour Cretin et pour Ronsard.
C'est par là que Marot se distingue et paraît si moderne, entre les *décadents* du moyen âge et les savants empana- chés de la *Pléiade*. La Bruyère l'a bien senti lorsqu'il dit : « Marot, par son tour et son style, semble avoir écrit depuis Ronsard : il n'y a guère entre ce premier et nous que la différence de quelques mots ». Voilà pourquoi Marot reste en honneur au xvII[e] siècle, tandis que Ronsard est oublié.
Dès les premiers vers, nous reconnaissons dans l'allure et le mouvement du couplet la touche d'un poète. Depuis Eustache Deschamps et Villon, nul n'a su aussi bien que lui tourner la ballade, si lourde et si empesée aux mains du savant Budé.

> Au camp des rois les plus beaux de ce monde
> Sont arrivés trois riches étendards :
> *Amour* tient l'un, de couleur blanche et monde[1],
> *Triomphe* l'autre avecque ses soudards,
> Vivement peint de couleur célestine ;
> *Beauté* après, en sa main noble et digne,
> Porte le tiers, teint de vermeille sorte....
> . . . .
> Bref, il n'est cœur qui ne se réconforte
> En ce pays, plus qu'en mer la Sereine[2],
> De voir régner (après rancune morte)
> *Amour*, *Triomphe* et *Beauté* souveraine.

Malgré ce doux mirage de la paix, un point noir se montrait bientôt à l'horizon, du côté de l'Allemagne. Attaché, comme valet de chambre de Marguerite de Valois,

---
1. *Mundus*, pur. — 2. Sirène.

à la personne de son mari le duc d'Alençon, Marot suivit ce dernier dans la campagne de Hainaut (1521) :

> Devers Hainaut, sur les fins de Champaigne,
> Est arrivé le bon duc d'Alençon
> Avec Honneur, qui toujours l'accompaigne
> Comme le sien propre et vrai écusson.

Puisque l'Empereur semble vouloir la guerre, il l'aura :

> Prenez haut cœur doncques, France et Bretaigne,
> Car si au camp tenez fière façon,
> Fondre verrez devant vous Allemaigne
> Comme, au soleil, blanche neige et glaçon.

En même temps, le poète adressait une épître écrite du camp d'Attigny à la magnanime princesse sa protectrice,

> A la plus noble Marguerite
> Qui soit point au monde vivant.

Il lui donne des nouvelles du camp, de la discipline introduite par Mgr d'Alençon, qui a défendu les duels trop fréquents entre les soudards; des exercices et des manœuvres auxquels se livre l'armée :

> De jour en jour, une campagne verte
> Voit-on ici, de gens toute couverte,
> La pique au poing, les tranchantes épées
> Ceintes à droit, chaussures découpées,
> Plumes au vent et hauts fifres sonner
> Sur gros tabours, qui font l'air résonner.
> . . . .
> Voilà comment, Dame très renommée,
> Triomphamment est conduite l'armée,
> Trop mieux aimant combattre à dure outrance
> Que retourner sans coup férir en France.

Cependant tout espoir de paix n'était pas encore perdu. Dans une ballade de la même époque, l'auteur termine chaque couplet par un double vœu en faveur de son pays, auquel il souhaite :

> Heureuse paix ou triomphant victoire.

CAMP D'ATTIGNY, DÉFENSE DE MÉZIÈRES.

L'*envoi*, qui couronne la pièce, est une prière adressée aux princes de la terre et du ciel :

> Prince François, fais Discorde noyer,
> Prince Espaignol, cesse de guerroyer;
> Prince aux Anglois, garde ton territoire;
> Prince du Ciel, veuille à France octroyer
> Heureuse paix ou triomphant victoire.

L'orage entrevu par Marot, du côté de l'Allemagne, ne tarda pas à éclater. L'armée impériale, conduite par le comte de Nassau, était venue mettre le siège devant Mézières, et se flattait de l'emporter. Mais Bayard était là pour la défendre. Un vieux capitaine franc-comtois, mûri dans les guerres d'Italie, Grandjean Picart, qui du service de François Ier était passé à celui de l'Empereur, disait au comte de Nassau : « Je voudrais qu'il y eût dans la place deux mille hommes de plus, et le chevalier Bayard de moins. » L'événement prouva qu'il ne se trompait point. Avec des murs démantelés, une garnison de mille soldats, sans munitions, sans vivres, Bayard résistait, pendant trois semaines, à une armée de 30 000 hommes et à une formidable artillerie. Grâce à lui, le roi eut le temps de rassembler des troupes pour secourir la place : les Impériaux n'eurent qu'à *trousser leurs quilles*, comme dit le Loyal Serviteur, et à lever le siège sans avoir osé donner l'assaut.

La défense de Mézières, dont on fêtait tout récemment l'anniversaire, en inaugurant la statue de Bayard, était une page héroïque de plus dans cette vie du bon chevalier, remplie déjà de tant d'actions d'éclat. Les refrains populaires consacrent sa mémoire et celle de ses braves compagnons :

> On doit bien avoir souvenance
> De Bayard, Montmoreau, Boucart,
> La Rochepot et leur vaillance.
> Bayard mordoit comme un liépart,
> Moreau rua trop par outrance,
> Lorge secourt, confort Boucart :
> Sans eux le royaume de France
> Étoit en danger d'un bon quart.

Une autre chanson, dite *Réplique des bourgeois de Mézières au comte de Nassau et à ses gens*, leur reproche d'avoir répandu la dévastation autour d'eux, malgré leurs belles promesses :

> Vous ne vouliez aucun dommaige
> Au royaume de France faire ;
> Sembloit à votre doux langaige
> Que n'étiez motifs de l'affaire.
> D'un faux, mauvais, traître couraige
> Vous avez fait tout le contraire.
> L'on se vengera du dommaige,
> Et s'¹ on ne veut comme vous faire ².

Le Loyal Serviteur, nous racontant les ravages commis par les ennemis durant leur retraite et le sac de la petite ville d'Aubenton, nous dit cependant : « Les Allemands firent en Picardie beaucoup de mal par le feu ; mais les Français ne furent pas ingrats, et le leur rendirent au double en Hainaut. » Triste résultat des haines et des rancunes allumées par la guerre, selon la loi du talion !

En même temps qu'elle exalte la gloire des vainqueurs, la chanson raille la folle entreprise des Hennuyers (gens du Hainaut) qui ont osé s'attaquer au roi de France :

> Les Hénoyers remplis d'outre-cuidance ³
> Se sont enjoints avecque les Flamands,
> Pour venir faire le vendanger en France ;
> Se sont partis à tant grosse puissance
> Tout Barbançons, Namurois, Allemands.
> Mais les *dronquars*, *godalliers* ignorants,
> Du bois tortu ⁴ n'ont point goûté le fruit :
> Sur Hénoyers les Français ont le bruit ⁵.

Le comte de Nassau, commandant de l'armée impériale, n'échappe pas non plus aux traits malins des rimeurs :

> Parlons du comte de Nansolt
> Et de sa grand folie ;
> Il s'est montré un très grand sot
> Devant Mézières la jolie :

---

1. Pourtant. — 2. Leroux de Lincy, *Chants hist.*, t. II. — 3. Leroux de Lincy, *Cinquième Chanson sur le siège de Mézières*. — 4. La vigne. — 5. Renom ; « il emportait le *bruit* par-dessus ses compagnons » (Marguerite de Valois, *Nouv.*, X).

> Avoit cinquante mille
> Tous Hanouyers et Allemands :
> *Les Bourguignons s'en vont fuyants.*

Le refrain, resté populaire, se retrouve encore dans une ronde chantée par les enfants.

L'ivresse de la victoire fut au comble chez les aventuriers après la prise de Hesdin, ville fort marchande, dont les ducs de Bourgogne avaient fait leur principale demeure, dit Martin du Bellay. Trois chansons célèbrent cette riche proie tombée aux mains des Français, sous la conduite du connétable de Bourbon :

> Les aventuriers françois
> Sont entrés dedans la ville.
> Ils montèrent sur les murs
> Leur enseigne déployée,
> En plantant la fleur de lis,
> Et criant : — Ville gaignée !
> Vive le roi [1] !

Les lois mêmes de l'assonance ne sont point observées ici. C'est de la prose chantée : l'air emporte tout.

Un moment François Ier avait eu l'occasion de surprendre Charles-Quint au sortir de Valenciennes, et de le faire prisonnier : il ne sut pas en profiter. « Ce jour-là, dit Martin du Bellay, Dieu nous avait baillé nos ennemis entre les mains, que nous ne voulions accepter; chose qui depuis nous coûta cher : car qui refuse ce que Dieu présente de bonne fortune, par après ne revient quand on le demande ».

La fortune, si riante au début de ce règne, commençait à changer de face. La perte du Milanais par Lautrec, la double invasion des Espagnols au Midi et des Anglais au Nord, la trahison du connétable de Bourbon (1524), le mauvais vouloir des Suisses à la Bicoque, la déroute de la Biagrasse et la mort de Bayard, qui à lui seul valait une armée, étaient autant de pronostics néfastes.

III

Pour réparer en Italie les fautes de son inepte et maladroit favori Bonnivet, François Ier rassemblait une nou-

---

Leroux de Lincy, *ibid.*

velle armée, franchissait les Alpes en plein hiver, et venait mettre le siège devant Pavie. A ce moment, les sages avis du pape Clément VII et des plus sérieux capitaines l'engageaient à laisser l'armée impériale se morfondre, s'user faute de vivres et d'argent. Mais, cédant aux fanfaronnades de Bonnivet, le roi se décidait, par point d'honneur, à risquer une bataille dont ses adversaires, le connétable de Bourbon et le marquis de Peschiera, avaient grand besoin pour se tirer d'embarras. Là encore il allait rencontrer la défection des Suisses, et, tel qu'autrefois Jean le Bon, compromettre, par sa vaillance même et son ardeur à marcher de l'avant, le succès de son artillerie : enfin, au lieu d'une victoire dont il se croyait sûr, il trouvait un immense désastre et la captivité.

Cette journée de Pavie (1525) fut, ainsi que celles de Poitiers et d'Azincourt, un de ces effondrements subits, imprévus, où menace de sombrer, en une heure, la fortune d'une dynastie et d'une nation. Cependant, par un contraste étrange, le vainqueur fut moins chanté, glorifié, exalté que le vaincu : à l'un revenait le profit, à l'autre l'honneur. C'est qu'en effet le rôle héroïque appartenait à ce dernier. Le roi chevalier s'était battu comme un lion, avait eu, disait-on, trois chevaux tués sous lui, et ne s'était rendu que sur un tas de cadavres, après avoir vu tomber à ses côtés l'élite de sa noblesse : La Trémoille, La Palice, ces vétérans des guerres d'Italie, le comte de Turenne, le seigneur de Chaumont, et vingt autres, sans compter les blessés et les prisonniers, le roi de Navarre, le maréchal de Montmorency, les seigneurs de Fleurange et de la Rochepot.

Pendant ce temps-là, Charles-Quint se tenait prudemment dans son palais de Madrid. Laissant à son brillant rival les chevauchées aventureuses à travers les Alpes et l'honneur des coups de lance, il attendait le résultat d'une campagne plus que douteuse. Quand la nouvelle de cette victoire inespérée lui arriva, il resta, nous dit Mignet, pâle et muet, puis s'écria, comme s'il avait besoin de le répéter pour le croire : « Le roi de France est en mon pouvoir ? La bataille a été gagnée par moi ? » Puis, comprimant sa joie intérieure, ce vainqueur de vingt-cinq ans affecta la modestie, et défendit toute démonstration bruyante, pour un triomphe dont le mérite appartenait moins à lui qu'à ses lieutenants. Mais il se préparait à en tirer le meilleur parti possible, en joueur habile qui sait user de la fortune. Cependant toutes les sympathies et tous les regards, même ceux des dames espagnoles, se tournaient vers le roi prisonnier.

La poésie et la chanson populaire se firent l'écho du grand deuil national qui venait de frapper la France. Les aventuriers, qui avaient vu le roi à l'œuvre, se mirent à le chanter, sans chercher longtemps les rimes, dont ils se dispensaient volontiers. Ces couplets improvisés expriment tour à tour l'admiration pour le chef, la colère, l'indignation contre les traîtres, les renégats. D'abord un mot de consolation au glorieux captif :

> O noble roi de France
> Tant aimé et requis,
> Des nobles la substance,
> De vaillance le prix,
> Un chacun te guémente
> En te plaignant très fort.
> Prends du cas patience
> En prenant réconfort !

Puis un souvenir de sa belle conduite pendant le combat :

> Le roi en la bataille
> Si n'a point reculé,
> Frappant d'estoc, de taille,
> Sans nul y épargner.
> Mais afin que ne faille,
> Je vous dis vérité :
> Trois chevaux de paraige [1]
> Sous lui, furent tués [2].

Ailleurs le rapsode d'occasion exhale sa rancune contre ces exécrables Suisses qui ont lâché pied, après avoir reçu l'argent du roi :

> O la fausse canaille ! ils ont le roi trompé,
> Au point de la bataille n'ont point voulu frapper,
> Le noble roi de France ils ont abandonné.

1. Race. — 2. Leroux de Lincy, *Première Chanson sur la bataille de Pavie*, t. II, p. 86.

Ces habiles trafiquants de guerre et de chair humaine, unissant dans leur bourse, comme dit Sébastien Moreau, les écus au soleil de France et les ducats de l'Empereur, s'en étaient retournés dans leur pays faire bonne chère avec leurs femmes et leurs enfants. Quoi qu'il en soit, la défection des Suisses laissa un ressentiment amer au cœur de la France. Rabelais y pense encore lorsqu'il maudit, avec Frère Jean des Entommeures, les fuyards de Pavie.

De tous ces chants populaires, le plus connu est celui qui mêle au nom de François Ier celui du seigneur de la Palice. Ce Nestor de l'armée, aussi fameux que Bayard, avait pris part à toutes les grandes batailles livrées sous les règnes de Charles VII, de Charles VIII, de Louis XII et de François Ier. Blessé et privé de son cheval à Pavie, il venait de se rendre au capitaine espagnol Castaldo, qui se promettait déjà une riche rançon, quand un autre capitaine, Buzarto, vint disputer à celui-ci son prisonnier, et sur son refus : « Eh bien ! dit-il, ce ne sera ni pour toi ni pour moi ». Et d'un coup d'arquebuse il cassa la tête au malheureux chevalier. Fallait-il pour un héros tomber ainsi assassiné par un butor !

La complainte moitié sérieuse, moitié plaisante, rappelle un peu le ton du *niais* franc-comtois ou champenois. Doit-on croire, avec C. Nisard, qu'elle soit l'œuvre d'un soldat bourguignon appartenant à l'armée ennemie ? ce qui expliquerait, jusqu'à un certain point, le ton goguenard de la chanson. On sait que le premier couplet a été l'objet d'une parodie, attribuée sans preuves à Bernard de la Monnoye, l'auteur des *Noëls bourguignons*.

> Hélas ! La Palice est mort,
> Il est mort devant Pavie :

et non pas *de maladie*, comme on l'a prétendu depuis, en exagérant la simplicité primitive.

> Hélas ! s'il n'étoit pas mort,
> Il seroit encore en vie.

Une de ces vérités niaises qu'on a encore aggravées en disant :

> Un quart d'heure avant sa mort,
> Il étoit encore en vie.

Depuis, on a brodé sur ce thème une complainte burlesque en cinquante-deux couplets plus ou moins divertissants. Il est vrai que le savant M. Weckerlin, bibliothécaire du Conservatoire de musique, suppose que les vers sur La Palice ne faisaient point partie de la vraie *Chanson de l'avie*. Il n'y trouve ni la même tournure d'esprit, ni la même coupe rythmique. « En un mot, dit-il, le même air ne pourrait s'appliquer à ce couplet et à ceux qui suivent[1] ». C'est là déjà une grave objection venant d'un homme aussi compétent. Ajoutons que tout le reste de la pièce est consacré à François Ier, sans qu'il soit plus question de La Palice.

> Quand le roi partit de France,
> A la malheur il partit ;
> Il en partit le dimanche,
> Et le lundi il fut pris.

Ce qui n'est pas vrai. Autre détail inexact : si l'on en croyait le rimeur, François Ier aurait essayé d'abord de se faire passer pour un simple gentilhomme :

> Je ne suis pas roi de France,
> Vous ne savez qui je suis.
> . . . .
> Je suis pauvre gentilhomme
> Qui s'en va par le pays.

Reconnu aux fleurs de lis dessinées sur sa casaque et son épée, il est emmené à Madrid, d'où il écrit à sa mère pour lui demander de quoi payer sa rançon :

> S'il n'y a de l'or en France,
> Qu'on en prenne à Saint-Denis !

Un mot à l'adresse du clergé, qu'on accuse volontiers de thésauriser et de se dérober aux charges de l'État.

Faut-il citer une autre chanson flamande ou bourguignonne, inspirée peut-être par Charles-Quint, et publiée par C. Nisard[2] :

> Que ferons-nous du roi,
> De notre prisonnier ?

---

1. Weckerlin, *la Chanson populaire*. — 2. *Hist. des chansons populaires* t. I, 3e série.

> Que fit-on du duc Charles [1]
> Qui fut prins à Nanchy ?
> On ne sait qu'il devint,
> On le sut bien en France.
> Qui lui feroit ainsi,
> Ce seroit la vengeance.

L'idée de venger, sur François Ier, la mort de Charles le Téméraire pouvait hanter certains esprits, et inquiéter les amis du roi.

Cependant que faisait le captif ? A l'exemple des anciens preux, comme Richard Cœur de Lion et le comte de Bar, prisonniers au temps des croisades, François Ier s'est chargé de nous raconter en vers sa défaite et sa captivité. Outre les deux lettres écrites en prose, l'une à sa mère Louise de Savoie, pour lui apprendre qu'il ne lui reste que *l'honneur et la vie sauve*; l'autre à Charles-Quint, son bon frère et ami, ainsi qu'il l'appelle en invoquant sa générosité, nous avons de lui une épître et une chanson.

L'épître, adressée à une dame de ses amies, est un aveu sincère du piteux état où il s'est trouvé réduit, entouré d'ennemis, avec un cheval mort et abattu sur lui :

> Assez souvent si me fut demandée
> La mienne foi, qu'à toi seule ai donnée,
> Mais nul ne peut se vanter de l'avoir.

Charles-Quint lui-même, malgré toutes ses précautions, en saura quelque chose après le traité de Madrid. Néanmoins il a fallu céder à la mauvaise fortune et à la volonté de Dieu :

> De toutes parts lors dépouillé je fus :
> Rien ne servit, défense ni refus.
> . . . .
> Mais quoi ! J'étois sous mon cheval à terre.
> . . . .
> Bien me trouva en ce piteux arroi
> Exécutant, leur chef le vice-roi :

Lannoy, vice-roi de Naples, auquel il consentit à remettre son épée. Cette glorieuse épée devait rester comme un

---

1. Charles le Téméraire.

trophée dans le Musée de Madrid, jusqu'au jour où Murat l'en fit sortir pour la restituer à la France,

> . . . . . . Cela ne veux nier,
> Vaincu je fus et rendu prisonnier ;
> Par tout le camp en tous lieux fus mené,
> Pour me montrer çà et là pourmené.

Il importait en effet de prouver à tous que la capture du roi n'était pas un faux bruit, mais une réalité. La chanson qu'il fit dans sa prison de Madrid est un confort qu'il s'adresse à lui-même, pour se raidir contre l'adversité :

> Cœur résolu d'autre chose n'a cure
> Que de l'honneur.
> Le corps vaincu, le cœur reste vainqueur.

La France a su gré à François Ier d'être demeuré fier et digne en face de la mauvaise fortune ; elle n'a point pardonné à ceux qui se sont avilis et amoindris dans la défaite.

Parmi les prisonniers de Pavie se trouvait, perdu dans la foule, cet ancien page que nous avons déjà rencontré au camp d'Attigny. Le gentil et galant Marot, le poète des amours et des frivolités, ayant succédé depuis à son père dans les fonctions de valet de chambre, avait brigué l'honneur de suivre le roi en Italie : il y avait partagé ses périls et sa captivité. Blessé lui-même d'un coup d'arquebuse au bras, il envoyait à sa maîtresse une élégie, où la douleur patriotique s'alliait aux tendresses de l'amant. Si navré qu'il soit des malheurs présents, il ne veut pas rappeler trop longuement cette lamentable journée de Pavie : il laisse ce soin à l'Espagne :

> C'est à ses gens à coucher par histoires
> D'un style haut triomphes et victoires,
> Et c'est à nous de coucher par écrits
> D'un piteux style infortunes et cris.
>
> . . . .
> Les dire, hélas ! il vaut trop mieux les taire :
> Il vaut trop mieux, en lieu solitaire,
> En champs ou bois pleins d'arbres et de fleurs,
> Aller dicter les plaisirs ou les pleurs
> Que l'on reçoit de sa dame chérie.

C'est à l'amour qu'il demande un remède, en comparant les deux blessures de son cœur et de son bras :

> Amour a fait de mon cœur une bute [1],
> Et guerre m'a navré de haquebute :
> Le coup du bras le montre à veue d'œil ;
> Le coup du cœur se montre par son deuil.
> Ce nonobstant, celui du bras s'amende ;
> Celui du cœur, je te le recommande.

Tandis que les sympathies de la France et de l'Europe se portaient sur le roi chevalier tombé dans les fers d'un roi de cabinet, un nom paraissait voué à toutes les malédictions, celui du connétable de Bourbon, rendu responsable des malheurs de sa patrie. A côté des glorieux souvenirs de Roland, d'Olivier, de Charlemagne, invoqués par les chantres populaires en l'honneur de François Ier, l'image du traître Ganelon semblait revivre chez ce prince royal devenu l'allié de Charles-Quint. Déjà il lui avait fallu subir la verte leçon de Bayard mourant, et répondant à ses témoignages de pitié : « Monsieur, il n'y a point de pitié en moi, car je meurs en homme de bien ; mais j'ai pitié de vous, de vous voir servir contre votre prince, et votre patrie et votre serment [2] ». Depuis, il avait vu son roi captif à Pavie, au moment où il s'approchait de sa personne, lui tourner le dos avec mépris. Les rondeaux, les ballades, les triolets pleuvaient, lui reprochant sa trahison. Dans son désespoir, il avait pris pour devise : « *Victoire ou mort* ».

> *Victoire ou mort*, j'ai par une arrogance
> En mon cœur mis, et, en lieu d'espérance,
> Prins désespoir pour vindication ;
> Plutôt mourroit ma propre nation,
> Soit droit ou tort, que ne prenne vengeance [3].

Un rondeau lui répond :

> *Mort* sans merci et honte sans *victoire*
> Tu porteras, car il est tout notoire
> Que ton péché est trop vil et infâme
> D'avoir conçu trahison en ton âme.

---

1. Cible. — 2. *Loyal Serviteur*. — 3. A. de Montaiglon, *Poésies françaises des xv° et xvi° siècles*, t. IX. *Ballades contre le connétable de Bourbon*.

Brantôme[1] nous a bien conservé, il est vrai, quelques vers d'une cantilène espagnole où l'on célèbre les vertus du Connétable :

> *Calla, calla, Julio César, Annibal y Scipion.*
> *Viva la fama de Bourbon!*

« Que maintenant se taisent César, Annibal et Scipion. Vive la renommée de Bourbon! » Mais ce n'étaient plus des voix françaises qui la chantaient.

Exaspéré, hors de lui, comme un autre Oreste poursuivi par les Furies, aussi mécontent de lui-même que de Charles-Quint, son nouveau maître, dont il est la dupe, il finira par conduire, un jour, au sac de Rome, une armée de pillards et de bandits. Là, posant de ses mains une échelle sur les murs de la Ville Sainte, il s'apprêtait à donner l'assaut, quand une balle d'arquebuse vint l'atteindre mortellement.

> Un coup d'artillerie
> Fut son dernier remords,

dit la chanson. Ce mot amer et cruel, échappé peut-être à un ancien compagnon d'armes, nous indique assez quel progrès s'est opéré dans les idées. Pour qu'il y ait remords, il y a donc crime à s'enrôler sous les drapeaux de l'étranger, à prendre les armes contre son roi et son pays. Au temps passé, les ducs de Bretagne, de Berry, de Bourgogne, pactisaient avec l'Anglais, et ne s'en faisaient pas scrupule. Quels qu'aient été les torts de Louise de Savoie, on ne pardonne pas au connétable de Bourbon d'avoir vendu son âme et son bras à Charles-Quint.

La nouvelle de la maladie du roi ajoutait encore aux griefs de la compassion publique. François Ier, miné par le chagrin et par la fièvre, semblait décidé à se laisser mourir : c'était le plus mauvais tour qu'il pût jouer à son rival, en le privant du fruit de sa victoire. Une fée bienfaisante vint rendre au captif le courage, l'espoir et la santé, sous les traits de la plus aimante et de la plus dévouée des sœurs, l'adorable Marguerite de Valois. Devenue veuve

---

1. *Les Capitaines illustres.*

par la mort du duc d'Alençon, et tout entière dès lors à sa passion fraternelle, elle entreprenait le long et pénible voyage de Madrid avec un sauf-conduit de l'Empereur, et composait sur la route un lai mélancolique, confident de ses pensées :

> Oh ! qu'il sera le bienvenu
> Celui qui, frappant à ma porte,
> Dira : Le roi est revenu
> En sa santé très bonne et forte !
> Alors la sœur, plus mal que morte,
> Courra baiser le messager,
> Qui telles nouvelles apporte
> Que son frère est hors de danger.
>
> Sauvez, Seigneur, royaume et roi,
> Et ceux qui vivent en sa vie ;
> . . . .
> Rendez notre joie assouvie,
> Le nous donnant *sain* et *joyeux*.

Sain et joyeux, c'est tout ce qu'elle demande d'abord. Le reste viendra par surcroît. Sa voix persuasive et sa douce opiniâtreté finiront par rompre la froideur glaciale de Charles-Quint ; par gagner à sa cause la princesse Éléonore, sœur de l'Empereur ; par séduire les vieux conseillers de la couronne et les amener, non sans peine, au traité de Madrid (1526) : vrai marché de Shylock victorieux, s'apprêtant à découper sur le corps de la France un morceau de chair vive, cette province de Bourgogne qui refusera bientôt de subir le joug étranger. Enfin, le roi sortit de prison, laissant en otage ses deux fils, François, dauphin de Viennois, et Henri, duc d'Orléans : les lionceaux restaient en cage, mais le lion était libre.

Malgré les exigences et les duretés impitoyables de ce traité, contre lequel François Ier protestait secrètement près de son conseil privé, la France se laissa prendre encore une fois au doux rêve de la *paix universelle*, toujours désirée des peuples, et toujours compromise par la faute des rois. Le lendemain, les deux souverains se jalousaient et se détestaient plus cordialement que jamais, tout en s'appelant frères et bons amis. La *Ligue de Cognac*, formée entre le pape Clément VII, le roi de France, le roi d'Angleterre et les Vénitiens, était déjà une réponse aux prétentions césariennes de Charles-Quint. La prise et le sac de Rome par les troupes de Bourbon éveillaient une protestation générale de toute la chrétienté. La guerre se rallumait en Italie, où la France perdait encore une fois le Milanais, après l'avoir reconquis.

Cependant la paix de Cambrai, dite *la paix des Dames* (1529), conclue sous la double influence de Louise de Savoie et de Marguerite d'Autriche, la délivrance des Enfants de France, revenus d'Espagne, moyennant une rançon de douze cent mille écus, payés comptants, et le mariage de la princesse Éléonore, veuve du roi de Portugal, avec François Ier, auquel elle était fiancée depuis trois ans, allaient rendre au monde le repos dont il avait grand besoin. Marot se trouvait encore là pour célébrer ces mémorables événements. Il improvisa un chant de joie pendant la nuit où l'on apprit le retour des jeunes princes, et l'offrit le lendemain matin au roi pour son lever :

> Ils sont venus les enfants désirés !
> Loyaux François, il est temps qu'on s'apaise.
> Pourquoi encor plorez et soupirez ?
> Je l'entends bien : c'est de joie et grand aise,
> Car prisonniers, comme eux, étiez aussi.

Ce retour est un présent de Dieu, non gratuit il est vrai, et un gage de tranquillité pour l'avenir :

> Signifiant que Guerre avec Souffrance
> Part et s'en va aux Enfers inhumains.
> Et puis chantez en commune accordance :
> Gloire à Dieu seul, paix en terre aux humains !

Le poète adressait en même temps à la reine Éléonore une épitre, qui lui fut remise à Bordeaux, pour saluer son arrivée en France, attendue depuis si longtemps.

CHAPITRE IV

RIVALITÉ DE FRANÇOIS Ier ET DE CHARLES-QUINT
(Suite)

Factums et cartels entre les souverains. — Siège de Péronne (1536). — Invasion de la Provence : *la Maigre Entreprise*. — Entrevues de Nice et d'Aigues-Mortes. — Voyage de Charles-Quint en France. — François Ier joué par l'Empereur. — Nouvelle rupture. — Siège de Landrecies : L'*Aigle qui a fait la poule devant le Coq*. — Victoire de Cérisoles. — Le *Da pacem du laboureur*. — Paix de Crespy (1544). — Paix d'Ardres (1548). — Mort de François Ier et de Henri VIII.
Henri II. — Siège de Metz. — Bataille de Renty (1554). — Abdication de Charles-Quint (1555).

I

Ces promesses et ces espérances de paix allaient encore une fois se trouver déçues par la fatalité des événements, des intérêts et des passions contraires. La guerre devient ainsi, à certains moments, la conséquence inévitable d'une situation fausse et impossible : c'était le cas pour François Ier et Charles-Quint, s'accusant mutuellement de mauvaise foi, de trahison, et peut-être ayant tort et raison chacun de leur côté. Cette rivalité mettait aux prises, non seulement les soldats, mais les écrivains, chanteurs, pamphlétaires, avocats des deux partis. Comme au temps de Bertrand de Born, de Richard Cœur de Lion, et du dauphin d'Auvergne, les cartels, les défis injurieux et provocants s'échangent et volent d'un camp à l'autre, multipliés et vulgarisés par l'imprimerie. Ce *fonds des reptiles*, que le génie infernal d'un Bismarck a si bien exploité de nos jours, se trouve déjà, sous la main de Charles-Quint, alimenté par les trésors des deux mondes. Il prend à sa solde des écrivains, de même qu'il a dans son armée des soldats, de toutes langues et de toutes nations : Espagnols, Allemands, Italiens, Flamands, Bourguignons, Picards, etc. C'est ainsi qu'il recrute des rimeurs pour célébrer en français sa victoire de Pavie, pour rappeler son piquant dialogue avec le pape Clément VII, prisonnier et suppliant, ou bien encore le défi échangé avec François Ier après le traité de Madrid, dont il réclame en vain l'exécution. Toutes ces publications s'adressent aux lecteurs d'origine et de langue françaises, que la politique impériale s'efforce d'attirer dans son orbite.

Le noble souverain d'Allemagne et d'Espagne débite, en plein consistoire de Rome, un factum violent contre son rival. François Ier répond de la même encre, en lui renvoyant un acte d'accusation en règle, qu'il adresse au pape et aux cardinaux. Finalement il en appelle au jugement de Dieu, c'est-à-dire à la guerre, l'*ultima ratio regum*.

Si égoïstes, si personnelles que soient ces luttes des deux princes, elles n'en auront pas moins une portée et des conséquences décisives pour l'Europe et pour la France. Elles préserveront l'Europe de cette monarchie universelle dont le rêve a traversé l'imagination des Othon, des Charles-Quint, des Philippe II, des Ferdinand d'Autriche, et d'autres encore depuis. La France, en devenant dès ce jour l'alliée naturelle des puissances secondaires menacées par l'ogre hispano-germanique, les soustrait à l'asservissement matériel et moral. En même temps, obligée de se défendre contre une double invasion du Nord et du Midi, à la veille de se voir enlever la Bourgogne, elle sent s'éveiller en elle toutes les indignations et les colères du patriotisme alarmé par la conscience d danger commun. La *lutte pour la vie* est une épreuve quel quefois féconde et salutaire, pour les peuples autant qu pour les individus : ils y puisent le sentiment de leur devoir et de leur responsabilité.

La Picardie et la Provence étaient attaquées à l fois par les armées impériales : la France, prise dans u étau, refoula des deux côtés l'envahisseur. A toutes le époques de notre histoire, c'est dans ce cas que se révèl

7

chez nous l'esprit national, trop souvent affaibli ou corrompu par les dissensions intestines.

Charles-Quint, après son expédition de Tunis, apparaissait comme l'arbitre et le tuteur de la chrétienté. Sacré par le pape qui était devenu son captif et son docile instrument, il réunissait sur sa tête les couronnes de l'Empire, d'Espagne, d'Italie, des Deux-Siciles. Le siège de Péronne fut un des premiers échecs où pâlit l'étoile du tout-puissant empereur. Après une longue suite d'assauts meurtriers pour les assiégeants, après un vacarme épouvantable de bombardes et de coulevrines, où Dieu lui-même, dit la *Chronique*, aurait eu grand'peine à faire entendre son tonnerre, le comte de Nassau, qui s'était vanté d'emporter la place et de faire pendre les capitaines français, fut contraint de battre en retraite devant les troupes royales qui s'avançaient (1536). Un immense cri de joie éclata dans toute la France. Ballades, rondeaux, complaintes, triolets, épîtres, célébrèrent la délivrance de la *Belle Péronnelle, la Pucelle de Picardie* :

> Le blanc et noir t'a bien gardée
> Du déshonneur, gente pucelle,
> De toutes parts battue, lardée,
> Le blanc et noir t'a bien gardée.
> Le vieux Nassau t'eût débardée;
> Aux dieux en dois grâce immortelle.
> Le blanc et noir t'a bien gardée
> Du déshonneur, gente Pucelle [1].

Parmi les pièces nombreuses consacrées au souvenir du siège, les unes sont l'œuvre des aventuriers, composant à la diable, sur des airs connus, des couplets improvisés; les autres émanent de bourgeois rassis et lettrés, rimant à loisir avec plus de soin et de correction. La prosodie et la grammaire peuvent différer un peu, mais le sentiment est toujours le même. Peut-être y a-t-il chez les premiers plus de gaillardise et de naïveté. Quelques-unes de ces chansons ont l'allure vive et alerte du vaudeville, avec des refrains alternés et des reprises d'un couplet à l'autre. On

---

1. Bibl. nat., *Recueil manuscrit de Maurepas*, t. Ier, p. 25.

y raille la déconvenue des Flamands et Bourguignons :

> Retirez-vous arrière,
> Flamands et Bourguignons ;

la folle présomption du comte de Nassau :

> O comte de Nansot,
> Plein de grosse cautelle,
> Tu voulais épouser
> La belle Péronnelle.

Mais le maréchal de la Marche, Fleurange, est là qui veille sur sa mignonne :

> Le seigneur de la Marche
> Ne dort ne nuit ne jour.

La chanson rappelle les noms des principaux champions de la défense :

> Péronne la jolie,
> Ville de grand renom.
> Las ! tu es bien garnie
> De gentils compagnons.
> Les capitaines y sont
> Qui font honneur à France.
> Sercus et Sainseval,
> Dampmartin et Florenge.

L'auteur de ces couplets nous apprend qu'il n'est guère plus riche d'argent que de rimes :

> Qui fit la chansonnette ?
> Un noble aventurier,
> Qu'au partir de Péronne
> N'avait pas un denier [1].

Une pièce d'un style plus relevé et de rimes plus exactes, sans être beaucoup plus poétique, nous raconte, sous forme d'épître, les principaux événements du siège, les assauts, l'acharnement des deux partis qui semblent se

---

1. Leroux de Lincy, t. II.

disputer la possession d'une maîtresse. Le dieu Mars lui-même est de la danse :

> Nansau après, comblé d'outrecuidance,
> Dit qu'il perdra tout, honneur et chevance,
> Ou qu'à plaisir il aura la Pucelle.
>
> Le maréchal, amoureux de la belle,
> N'en est content : soudain entre chez elle
> Pour lui sauver sa bonne renommée.
> Nansau l'assaut, et de Reux sans cervelle
> Bat nuit et jour du château la tournelle,
> Dont Péronne est ne sais comme étonnée :
> Mars en sourit, qui baille l'accolée
> Aux ennemis, et promet jouissance [1].

Mais vains efforts et vain espoir! La Pucelle reste cette fois encore immaculée, grâce au comte de la Marche et à ses vaillants compagnons. Dans l'effusion de la joie et de la reconnaissance, la ville délivrée envoie un rondeau à son ami le maréchal. Celui-ci, obligé de quitter sa *Mie*, pour rejoindre l'armée royale, lui adresse un tendre adieu:

> Adieu, mon cœur, de beauté la Montjoie,
> Tout mon plaisir, mon soulas et ma joie,
> Aller ailleurs me faut, puisqu'on me mande ;
> Adieu, mon cœur !

A ces chants de fête se mêle pourtant un deuil, la mort du vaillant comte de Dampmartin, écrasé au dernier moment sous les ruines d'une tour minée par les assiégeants. De nombreuses épitaphes honorèrent sa mémoire. L'une d'elles est attribuée à Jean Lehoux, seigneur de Branville [2].

> Ici gît étendu au cercueil de prouesse
> La fleur des chevaliers, armé de hardiesse,
> Le comte Dampmartin qui, par mort transitoire,
> S'est revêtu d'honneur et immortelle gloire.
> La mort n'en a ravi que ce qui fut mortel,
> C'étoit le corps humain; le reste est immortel :
> C'est assavoir l'esprit, qui jamais ne mourra,
> Et l'honneur qui pour France au morant demourra [3].

---

1. *Chronique du roi François Ier*, p. 167, édit. G. Guiffrey. — 2. Était-ce un parent de ce Jean Lehoux qui, plus tard, devait publier *les Vaux de Vire* dits de Basselin? Nous n'osons l'affirmer. — 3. *Chronique de François Ier*, p. 170.

II

Tandis que le nord de la France répondait victorieusement à l'attaque des bandes impériales, le Midi leur infligeait un affront plus sanglant encore. Déjà les Marseillais avaient bravement repoussé l'assaut du connétable de Bourbon, quand une nouvelle invasion s'abattit sur la Provence. Cette dernière campagne, dirigée par l'Empereur en personne, avec tant de fracas, de bravades et de menaces, aboutissait à un piteux avortement. La sage temporisation du connétable Anne de Montmorency enfermé dans son camp d'Avignon avait porté ses fruits. Après avoir fait, des campagnes voisines, un vaste désert, sans vivres, sans eau, sans ressource d'aucune sorte, à part les vignes chargées de raisin; alimenté de son côté par les bateaux qui descendaient de Valence, il laissait à la famine et à la dysenterie le soin de miner et de détruire l'armée du nouveau Cambyse. Apprenant l'arrivée prochaine de François Ier, Charles-Quint oubliait le cartel qu'il avait jadis lancé à son rival dans le consistoire de Rome : il ne songeait plus qu'à fuir précipitamment, offrant le spectacle d'une lamentable déroute.

« Depuis Aix jusqu'à Fréjus, dit Martin du Bellay, tous les chemins étaient jonchés de morts et de malades, de harnois, lances, piques, arquebuses et autres armes, et de chevaux abandonnés qui ne pouvaient se soutenir. Là, eussiez vu hommes et chevaux, tous amassés en un tas, les uns parmi les autres, et tant de côté que de travers, les mourants pêle-mêle parmi les morts, rendant un spectacle si horrible et piteux qu'il était misérable [1] jusqu'aux obstinés et *pertinax* ennemis ; et quiconque a vu la désolation, ne la peut estimer moindre que celle que décrivent Josèphe en la destruction de Jérusalem et Thucydide en la guerre du Péloponèse. »

Mais toutes les âmes ne sont pas aussi compatissantes que celle de Du Bellay, surtout chez les populations ruinées et dévastées par l'invasion. Jadis les désastres de Ronce-

---

1. Digne de compassion.

vaux et d'Alischans trouvaient, dans la cantilène ou dans la chanson de geste, des accents héroïques pour les célébrer ou les pleurer. Charles-Quint, dans sa détresse, ne rencontrera qu'un Homère bouffon pour se moquer de sa défaite. Antoine Arena ou du Sablon écrivait *la Maigre Entreprise* : poème héroï-burlesque, mêlé de patois provençal, de latin de cuisine et de centons virgiliens. Telle est l'*olla podrida* poétique offerte en régal au magnanime empereur, ou plutôt à ses ennemis. Le titre seul indique suffisamment le style et l'esprit de l'œuvre entière :

« Meygra Entrepriza Catoliqui Imperatoris, quando, de anno Domini MDXXXVI, veniebat per Provensam bene carrossatus in postam, prendere Franciam cum villis de Provensa, propter grossas et minutas gentes rejohire, per Antonium Arenam bastiferata [1] ».

Comme devise en tête du volume, un coq portant une couronne sur la tête et entouré de fleurs de lis chante au-dessus d'un aigle coupé en deux : *Gallus regnat, Gallus regnavit, Gallus regnabit.*

Le poème, écrit en distiques, ne comprend pas moins de 2396 vers. Témoin et victime de la guerre, Arena a vu sa maison et ses meubles brûler dans l'incendie de Soliers; il a fui dans les bois avec les paysans : mais sa belle humeur a triomphé de tant de misères. Sans doute, la Provence est ruinée pour dix ans : qu'importe, si la France est sauvée : c'est assez pour le consoler. Il engage le roi à se réjouir comme lui, à boire frais et à chasser la mélancolie.

Pour se venger des envahisseurs, il en fait la caricature. Charles-Quint est devenu Janot d'Espagne, le grand *Imperlator* des Lansquenets, matador fanfaron, découpant la France et la partageant à ses généraux, ainsi que faisaient jadis l'empereur Othon dans la *Philippide*, et naguère encore le Picrochole de Rabelais, dans le conseil de guerre tenu avec les capitaines Merdaille et Toucquedillon. Il semble, en effet, que Charles-Quint ait oublié la sagesse et la modération, apparentes du moins, qu'il affectait après Pavie. S'il faut en croire les historiens sérieux,

---

1. Bafouée.

l'ivresse du succès, surtout depuis sa victoire de Tunis, lui était montée à la tête, et lui faisait vendre la peau de l'ours avant de l'avoir tué.

« L'Empereur, nous dit le chroniqueur anonyme de François Ier, devenait tous les jours plus gaillard à braver et à menacer, et, continuant son voyage devers les monts, d'autant plus approchait du pays de France, d'autant plus sûrement parlait-il de la victoire et proie d'icelle ; et déjà l'on assignait le mois et la semaine de se trouver à Paris : déjà ses gens partissaient[1] entre eux les terres, châteaux et seigneuries de France, ainsi que bon leur semblait ; et même les chapelains demandaient les bénéfices et prélatures, sans attendre la mort de ceux qui les possédaient ; chose vraiment qui ne devait être sans scrupule de conscience. »

Du Bellay cite comme exemple des bravades de Charles-Quint une longue harangue finissant par ces mots : « J'espère en peu de jours être paisiblement obéi en la ville de Paris[2] ».

Autour du Janot espagnol, Arena nous présente un groupe de personnages plus ou moins ridicules ou déplaisants. D'abord son lieutenant et confident intime, Antoine de Leyva, un rêvasseur maladif, qui a communiqué à l'Empereur ses visions chimériques ; puis le duc de Savoie, un Jocrisse aux ordres de sa femme, *encarognée de fureur contre la France* ; le marquis de Saluces, un Ganelon au petit pied, s'acquittant par la trahison des bienfaits qu'il a reçus de François Ier ; le duc de Bavière et le marquis de Guast, qui ne valent guère mieux.

Malgré la faiblesse et l'incorrection du style, ce poème badin ne manque pas de verve ni d'entrain. Arena est un disciple de Folengo, l'auteur de *Merlin Coccaie*, le père du genre macaronique et l'ancêtre de Scarron. Il a la joie intempérante, la gaieté burlesque et parfois féroce du bourgeois provençal, heureux de siffler et de huer l'ennemi qui fuit en remontant ses chausses à la hâte, sans avoir le temps de s'arrêter, bien qu'il en ait grand besoin. Ces raisins de Provence sont si méchants ! le paysan ne l'est pas

---

1. Se partageaient. — 2. *Mémoires de Du Bellay*, livre VI.

moins, et achève l'œuvre de la maladie sur les mourants. Il se réjouit à l'idée que vingt mille de ces Impériaux sont morts sans confession, et par conséquent damnés, puisqu'ils n'ont eu ni cloches ni prières pour accompagner leurs funérailles. Nous sommes loin ici des sentiments généreux qu'exprimait le trouvère du *Combat des Trente*, souhaitant le paradis aux champions des deux partis, aux Anglais comme aux Français, également chrétiens. Le bourgeois et le paysan ruinés sont plus vindicatifs.

Non moins impitoyable, le conteur poursuit de ses sarcasmes le malheureux Antoine de Leyva, jusque sur son lit de mort, et lui prête une confession abominable, celle de l'empoisonnement du dauphin, commis avec le concours de Montecuculli et d'une autre personne facile à reconnaître, Charles-Quint lui-même. Accusation absurde, démentie par le long séjour des princes captifs à Madrid. Mais elle prouve la violence des passions politiques excitées alors, et le triste jeu de la calomnie dont les partis ne craignent point d'abuser à certains moments. Avant de rendre son âme au diable ou à Pluton, dont il s'avoue le féal, Antoine de Leyva, pris de remords, conseille à son maître d'abandonner la lutte impossible à soutenir.

Tandis que Charles, absorbé et pensif, médite les dernières paroles de son lieutenant, une immense clameur s'élève dans le camp français. Le bruit des trompettes, le carillon des cloches, les cris répétés de *Vive le roi !* annoncent l'arrivée de François Ier venant prendre le commandement de son armée. On s'embrasse, on pleure de joie, comme si Dieu lui-même était descendu sur la terre. A ce nouveau coup du sort, Charles-Quint lève les bras au ciel et maudit la fortune, cette ribaude à laquelle il reproche ses infidélités. C'est l'heure de se montrer : il fait sonner le boute-selle, et donne ordre à ses soldats de déguerpir au plus vite.

Ainsi finit la comédie, à la grande joie d'Arena, qui bat des mains avec un enthousiasme frénétique, et adresse au roi ce dernier compliment :

Rex bone de Fransa, nostre patrone, vale.

Quoi qu'on ait pu dire des populations méridionales et de

leurs tendances séparatistes, cette pièce prouve du moins que les félibres du xvi⁰, autant que ceux du xix⁰ siècle, étaient déjà de bons Français.

III

La déconfiture de Provence et la retraite de Péronne devinrent un sujet de ballades et de rondeaux satiriques. Ici l'on célèbre ironiquement le *Glorieux Retour de l'Empereur*; là on oppose le lis ou la salamandre victorieuse à l'aigle impériale battant de l'aile :

> L'aigle pour faire au noble lys nuisance
> S'est mise en point que ne peut plus voler.

Un dizain moqueur l'invite à changer sa devise qui ne lui convient plus :

> Charles le Quint, empereur coronné,
> Porte en écrit *plus oultre*[1] en sa devise.
> . . . .
> *Plus en arrière* est trop mieux à sa guise,
> Car en Provence a senti une bise
> Qui le contraint retourner en Espagne,
> Où, s'il peut être, il sera bon qu'il tienne.
> Ce que sa femme a pour devise aussi,
> Lui désormais la pourra faire sienne :
> Qui ne la sait, c'est : *Arrêtez ici*.

La mort du dauphin et le procès de Montecuculli achevaient de porter au comble l'indignation publique et la colère contre l'Empereur. Tandis que la populace déchirait en lambeaux le cadavre du condamné, et jouait aux boules avec sa tête, les doctes versaient des torrents de larmes et de vers sur le cercueil du jeune prince, conviant la France et la Bretagne à ce grand deuil national, et mêlant aux emblèmes mythologiques les souvenirs fabuleux de la descendance troyenne.

> . . . . . Le haut fleuron des lys
> Est défloré par un froid vent coulis [2].

---

[1]. Orgueilleuse devise représentant les Colonnes-d'Hercule avec ces mots : *Plus ultra* : l'empire des deux mondes réunis. — [2]. Un coup de froid au Jeu de Paume fut la vraie cause de la mort du Prince.

> Ha dure mort ! Ton fâcheux souvenir
> Nous a fraudés de l'espoir à venir.
> Tu as brisé ce tendre et franc scion [1],
> Ce beau dauphin, où gisait notre attente,
> Cette fleurette issant [2] de Francion,
> Vrai fils d'Hector, Troyenne nation [3].

Cependant les douleurs et les colères ne peuvent toujours durer. Le pape Paul III réclamait la paix au nom de la chrétienté. Il invita les deux souverains de France et d'Espagne à se réunir à Nice (1538). Sous ses auspices, une trêve de dix ans fut conclue, et le monde crut pouvoir respirer encore une fois. Marot, le galant rimeur de la cour, brouillé depuis longtemps avec le Parlement, le Châtelet et la Sorbonne, rentrait en grâce auprès du monarque, en se faisant l'instrument de sa politique et le panégyriste de la paix. Il composa le *Cantique de la Chrétienté*, s'adressant à l'Empereur et au Roi :

> Approche-toi, Charles, tant loin tu sois,
> Du magnanime et puissant roi François ;
> Approche-toi, François, tant loin sois-tu,
> De Charles, plein de prudence et vertu.
> . . . .
> Si maintenant faites ce que povez,
> Paix descendra, portant en main l'olive,
> Laurier en tête, en face couleur vive,
> Toujours riant, claire comme le jour,
> Pour venir faire en mes terres séjour.
> Et Mars, souillé tout de sang et de poudre,
> Délogera plus soudain que la foudre ;
> Car il n'est cœur, tant soit gros, qui ne tremble,
> Si vos vouloirs on sent unis ensemble.

L'alliance de l'Espagne et de la France semblait le plus sûr garant de la paix européenne. Les affaires allaient reprendre, le commerce retrouver la sécurité : tel est l'espoir exprimé dans une chanson du temps :

> Marchands de France et de Bretaigne,
> Allez tous sur mer hardiment
> En Portugal et en Espagne,
> Puisqu'ils ont fait appointement.

---

1. Rejeton. — 2. Issue. — 3. *Chronique de François Ier*, p. 196.

> Allez partout assurément,
> Il ne faut plus de sauf-conduit.
> Croyez qu'elle est finie, la guerre,
> Puisque les rois ont fait l'édit[1].

Au lendemain de cet accord, les Gantois, révoltés contre la domination espagnole, offraient de se réunir à la France. Soit scrupule de conscience, soit antipathie naturelle contre le gouvernement populaire des communes, François Ier, loin d'accepter cette proposition, en prévint Charles-Quint. Celui-ci, profitant de ce bon mouvement, demanda au roi le libre passage à travers la France pour aller châtier les rebelles. Il l'obtint, et se vit l'objet des réceptions les plus splendides depuis Bayonne jusqu'à Paris. Le Paris démocratique d'Étienne Marcel, oubliant ses vieilles attaches avec les communes flamandes, se mit en frais de magnificence pour fêter l'Empereur, l'exterminateur des peuples, payant en paroles et en promesses l'engouement dont il était l'objet. Un seul personnage, dit-on, le fou Triboulet, parut avoir le sens commun, en déclarant qu'il connaissait un fou plus fou que lui : c'était l'Empereur, assez imprudent pour se mettre ainsi aux mains de son rival; et un autre fou plus extravagant que l'Empereur : c'était le Roi, assez maladroit pour le laisser échapper.

Marot, moins prévoyant et toujours possédé de ses idées d'alliance et de paix universelle, salua la venue du nouveau César comme un honneur pour la capitale :

> Viens donc, César, et une paix apporte
> Perpétuelle entre nous et les tiens.
> Hausse Paris, hausse bien haut ta porte,
> Car entrer veut le plus grand des chrétiens[2].

Charles-Quint n'avait pas franchi la frontière qu'il oubliait ses engagements, et reprenait ses intrigues contre le roi, son ami de la veille, son ennemi du lendemain. L'assassinat des ambassadeurs français à Venise, Frégose et Rincon, la saisie de leurs papiers où l'on prétendit découvrir un traité secret avec le Sultan, amenèrent une nouvelle

---

1. Leroux de Lincy, *Chants hist.*, t. II. — 2. Marot. *Chants divers : Sur l'entrée de l'Empereur à Paris*.

rupture. L'Empereur déclarait, à la Diète d'Augsbourg, François Ier ennemi de la chrétienté, et l'accusait d'avoir prêté à Soliman un serment ridicule, par lequel il s'engageait à nier la divinité du Christ et la virginité de Marie, à tuer un porc sur les fonts de baptême et à paillarder sur l'autel. François Ier de son côté envoyait Langey en Allemagne pour afficher et publier des manifestes contradictoires, rédigés dans les deux langues, française et allemande.

Les hostilités reprirent à la fois au Midi et au Nord, sans grand résultat. Charles-Quint était venu mettre le siège devant Landrecies, qu'il lui fallut bientôt abandonner. Un émule de Clément Marot, rimeur et valet de chambre du roi comme lui, mais d'un talent très inférieur, Claude Chappuys, composait pour la circonstance une épître satirique sous ce titre : *L'Aigle qui a fait la poule devant le Coq* (1543).

L'aigle impériale apparait ici sous les traits peu flattés que lui prête Érasme dans les *Adages* : c'est l'oiseau rapace et pillard, au plumage sombre et triste, au nez crochu, aux serres aiguës, répandant la terreur dans le nid des petits oiseaux :

> Les yeux elle a égarés, voix horrible,
> La couleur noire et le regard terrible ;
> . . . .
> Et ses petits ne nourrit que d'entrailles
> D'autres oiseaux, ne fesant les batailles
> Que pour piller, non pour honneur et gloire.

Le coq gaulois, au contraire, avec son brillant plumage, sa crête rouge et fière, sa démarche hardie, sa voix sonore qui annonce le jour et la joie, est le modèle de la franchise, de la vaillance et de la générosité :

> Seul par sus tous, la tête non baissée,
> Regarde au ciel, et la queue dressée,
> Marchant tout droit contre son ennemi,
> De l'homme il est le naturel ami[1].

On ne se douterait pas, en vérité, que l'histoire naturelle jointe à l'allégorie pût offrir un si beau thème de

---

1. A. de Montaiglon, *Poésies françaises des* xve *et* xvie *siècles*, t. IV.

développement poétique. Mais, l'amour-propre national aidant, on arrive ainsi à s'enthousiasmer naïvement pour des symboles personnifiés.

La pièce est en même temps un acte d'accusation en forme contre Charles-Quint. L'auteur, en le comparant toujours à l'aigle, l'accuse de perfidie, de conjuration déloyale avec l'Angleterre. Il va jusqu'à reprocher à l'aigle les services qu'il a rendus jadis à Jupiter, en lui fournissant son Ganymède. L'oiseau favori du maître de l'Olympe se prête à toute sorte de mauvaise besogne :

> Et au contraire, entendez cette clause[1],
> Le coq combat toujours à bonne cause.

Au milieu de ces provocations et de ces défis, une nouvelle victoire éclatante en Italie, celle de Cérisoles (1544), venait relever la fortune de la France, et offrait à la Muse patriotique de Marot l'occasion de se montrer encore une fois. L'épître envoyée à M. d'Enghien, après la bataille, saluait en lui déjà la radieuse image d'un jeune héros qui devait reparaître plus tard à Rocroy, sous le même nom, « portant la victoire dans ses yeux ».

C'est lui qui a ramené la fortune sous le drapeau de la France :

> C'est lui, c'est lui, n'en soyez mal contents,
> Vieux conducteurs, qui seul depuis longtemps
> Nous a gagné et bataille et journée.
> Courage, enfants, car la chance est tournée !
> L'heur d'Hannibal par la fatale main
> De Scipion, le jeune enfant romain,
> Fut détourné : par prince du même âge
> Se tourne l'heur de Charles en dommage.

Alliant l'éloge du roi à celui du vainqueur, il retrouve en sa personne non seulement le nom, mais le reflet de François Ier :

> Il a de toi la sage hardiesse,
> Il a de toi au combat la prouesse.

Le poète a laissé de côté les chants d'amour, qui le con-

---

1. *Clausula*, conclusion.

solaient après le désastre de Pavie. Il est vrai qu'il a grisonné et réfléchi depuis :

> Plus ne m'orrez Vénus mettre en avant,
> Ne de flageol sonner chant bucolique ;
> Ains[1] sonnerai la trompette bellique
> D'un grand Virgile ou d'Homère ancien,
> Pour célébrer les hauts faits d'Enghien.

Pourtant Marot, dans le genre héroïque comme dans les psaumes, manque un peu de force et d'élan. Il est et reste toujours le gentil Marot. Aussi Ronsard essayera-t-il bientôt de rivaliser avec lui, en reprenant ce même sujet de Cérisoles.

Quoi qu'aient pu faire les poètes, c'est encore dans les *Mémoires* de Montluc que nous trouverons le tableau le plus vivant, le plus coloré de cette bataille, dont l'auteur fut non seulement témoin, mais l'un des acteurs principaux. D'ailleurs cette journée glorieuse eut plus de retentissement que de résultat. L'Italie était perdue encore une fois, la France menacée au Midi et au Nord par l'attaque simultanée de l'Espagne et de l'Angleterre.

La guerre, née de l'ambition des princes, était un fléau écrasant pour les peuples. Les plaintes que nous avons entendues naguère dans la bouche de *Labeur* et de *Sotte Commune*, au temps de Charles VIII et de Louis XII, se reproduisent dans le *Da pacem du Laboureur*, composé au lendemain de Cérisoles, l'an 1545

> O Dieu ! que nul ne peut dédire,
> Tu sais et connais si je mens,
> Que plus n'ai chevaux ni juments ;
> A qui doncques pourrais-je dire :
> > *Da*,
> Fors à toi, coronel de tous,
> Qui les peux casser sans danger ;
> Je te supplie, pour me venger,
> De leur donner, aussi à nous,
> > *Pacem*[2].

La paix, ce bien suprême, surtout pour les pauvres gens,

---

1. Mais. — 2. A. de Montaiglon, *Poésies françaises des* xve *et* xvie *siècles*, t. XI.

signée à Crespy (1544) avec l'Empereur, puis à Ardres (1548) avec Henri VIII, ne devait être encore qu'une trêve, laissant tout juste aux rois de France et d'Angleterre le temps de mourir en repos. Charles-Quint leur survivait et allait se trouver aux prises avec une génération nouvelle.

IV

La victoire de Muhlberg qui mettait l'Allemagne à ses pieds, la dure captivité imposée à l'électeur Jean-Frédéric de Saxe, chef de la ligue de Smalkalde, décidaient les princes protestants à tourner leurs regards vers la France, protectrice des opprimés. Une ambassade vint à Fontainebleau pour implorer l'appui de Henri II. Malgré les appréhensions d'une guerre toujours coûteuse, et les sages avis que lui avait adressés son père en mourant, le jeune souverain ne demandait pas mieux que de répondre aux bravades et aux menaces du grand dominateur de l'Europe. S'il faut en croire le témoignage de l'Ambassadeur vénitien, il s'était nettement prononcé à ce sujet en déclarant « que ceux du conseil de feu son père avaient fait s'abaisser Sa Majesté devant César au point de porter atteinte à sa réputation ; que, pour lui, il voulait bien maintenir la bonne paix et amitié qu'il a avec Sa Majesté Césarée, mais que si l'Empereur avait l'intention de le déprimer en quoi que ce fût, ou de vouloir obtenir de lui plus qu'il ne convenait, il avait la confiance d'être parfaitement en mesure de lui répondre [1] ».

Sous prétexte d'assurer le repos de l'Allemagne et de la France, l'occupation préalable et pacifique des Trois-Évêchés (Metz, Toul et Verdun) était un coup de filet heureux et hardi, en même temps qu'une garantie pour notre frontière de l'Est, toujours vulnérable de ce côté. Metz était déjà et devait rester plus que jamais française de langue et d'esprit. Après trois siècles et demi, la trahison seule a pu la détacher de nous politiquement, sans qu'elle ait cessé d'être ce qu'elle a toujours été.

Charles-Quint, jaloux de recouvrer cette porte de la

---

[1] *Correspondance de l'Ambassadeur Vénitien*, 3 avril 1547.

France, vint l'assiéger avec une armée et une artillerie formidables. Un nouvel échec l'y attendait. Ici encore abondent les chansons des aventuriers. Elles ont, comme la plupart des rondes et des refrains populaires, un défaut commun : l'uniformité et la monotonie, peu d'élévation dans les idées, une grande négligence dans le langage et dans les rimes, se contentant de l'assonance ou de l'allitération. Sous ce rapport même, on peut dire qu'elles sont inférieures aux chants des troubadours et des trouvères, dans le temps des croisades. Les nobles barons, tels que Guillaume de Poitiers, Pons de Capdueil, Quesne de Béthune, Thibaut de Champagne, étaien des amateurs experts dans l'art de la *gaie science*, capables d'en remontrer aux ménestrels de profession, très supérieurs aux soudards qui s'avouent eux-mêmes étrangers à toute culture, aussi ignorants de la prosodie que de la grammaire. Cependant il y a dans ces œuvres frustes et grossières, sans inspiration et sans génie, un contre-coup, un écho des émotions contemporaines, qui n'est point à dédaigner. Les lieux, les faits, les hommes, s'y trouvent rappelés et décrits sous une forme brève et concise, qui résume parfois en quelques vers toute une page des *Mémoires*.

Ainsi les six ou sept chansons qui nous restent sur le siège de Metz nous font connaître les hauteurs de la *Belle Croix*, où les Allemands ont placé leur artillerie pour canonner le château, la *Tour d'Enfer*, autre point mémorable de l'attaque et de la défense.

> Le mardi devant la Toussains
> Est arrivé la Germanie,
> A la Belle Croix de Messens,
> Fesant grande escarmocherie.
>
> . . . .
> Doubles canons ils ont menez
> A la Belle Croix de susdite,
> Pour battre le palais de Metz,
> Les grands églises et petites.
> Mais ils ont trouvé les reliques,
> Aux Carmes et aux Cordeliers,
> De deux pièces d'artillerie
> De quoi on les a salués [1].

---

[1]. Leroux de Lincy, *Première Chanson sur le Siège de Metz*.

La chanson rappelle en même temps les noms des principaux défenseurs associés à la gloire de cette héroïque résistance. A leur tête, François de Guise, le chef d'une illustre famille, qui va remplir de ses exploits, de ses ambitions et de ses malheurs toute l'histoire du XVIe siècle. Le capitaine vigilant, l'œil toujours ouvert, ne laisse guère de répit, ni à l'ennemi, ni à ses soldats. Autour de Guise se groupent les plus grands noms de France : Enghien, Condé, Vendôme, Nemours, Montmorency, le vidame de Chartres, le vieux gendarme de Saint-Remy,

> Nuit et jour cherchant dans les caves,
> En écoutant sur les murailles
> L'ennemi qui nous veut miner.
> Mais il leur a donné la baie [1],
> Car les a contreminés.

Un autre couplet s'attaque à ce maudit marquis de Brandebourg, un ancêtre des rois de Prusse et un faux ami du roi de France, dont il réclame sans cesse des subsides, tout en s'apprêtant à le trahir. Dans ses *Mémoires sur le siège de Metz*, le maréchal de Vieilleville se vante d'avoir plus d'une fois déjoué, par ses avis auprès de Guise, les manœuvres du nouveau Ganelon.

Malgré toutes les menées, la politique, l'argent et les canons de Charles-Quint, Metz demeurait imprenable, et réduisait bientôt les assiégeants à une honteuse retraite, après avoir inutilement ouvert la brèche.

> Quand les Allemands ont connu
> Qu'ils n'ont que rompu la muraille,
> Leurs munitions dépendu [2],
> Et mangé toute leur vitaille,
> Ils ont dit à monsieur d'Espagne :
> Retirons-nous en nos pays,
> Dedans les terres d'Allemagne,
> Afin qu'au printemps n'ayons pis.

---

1. Change, mystification. « Le sort a bien donné la baie à mon espoir. » Molière, *l'Étourdi*, II, xiii. — 2. Dépensé.

A son tour, Charles-Quint est, comme son ami le marquis de Brandebourg, l'objet des railleries :

> Empereur, tu peux bien plorer,
> Prendre tristesse et doléance
> D'avoir perdu si beau *meroer*,
> Chemin et passage de France.

Puis, l'auteur nous apprend qu'il était lui-même au nombre des combattants :

> Celui qui a fait la chanson
> Est un soudard, je vous assure,
> Étant à Metz en garnison,
> Nuit et jour couché sur la dure,
> Endurant aux pieds grand froidure,
> Voyant les ennemis si près,
> Lui souvenant de son amie,
> Pensant ne la revoir jamais.

Thibaut de Champagne et le châtelain de Coucy, songeant à leur dame sous le ciel de Palestine, ont un langage plus délicat, plus poétique ; mais c'est toujours la même pensée. La galanterie, que n'ont oubliée ni François Iᵉʳ ni Marot après Pavie, a sa place aussi dans le cœur des soudards.

Pourtant il faut avouer que le récit du siège de Metz, dans ces couplets, est loin d'avoir la grandeur, l'intérêt dramatique qu'offrait jadis celui d'Antioche ou de Jérusalem dans la chanson de geste. Heureusement nous avons pour nous dédommager les *Mémoires* de Bertrand de Salignac, de Vieilleville et de François de Rabutin, si complets et si vivants[1]. Ce sont eux qui se chargent de nous peindre le désespoir de Charles-Quint, accusant ses généraux d'impéritie, de lâcheté, et la fortune de trahison. La belle scène de Charlemagne tançant ses barons dans le poème d'*Aymeri de Narbonne*[2] se retrouve non plus en vers, mais en prose, dans cette exclamation que lui prête Vieilleville : « Ha ! je renie Dieu ; je vois bien que je n'ai plus d'hommes. Il me

---

1. Voir les intéressants extraits qu'en a donnés M. B. Zeller dans sa collection de l'*Histoire de France par les contemporains* (Hachette et Cⁱᵉ, édit.). —
2. Voir *la Poésie patriotique en France au Moyen Age*, chap. IV.

faut dire adieu à l'Empire, à toutes mes entreprises et au monde, et me confiner en quelque monastère; car je suis vendu et trahi, ou, pour le moins, aussi mal servi que prince portant titre de monarque saurait être, et, par la mort Dieu! devant trois ans je me rendrai cordelier. »

Ce discours, les derniers mots surtout, sont de pure invention sans doute, mais le désespoir et la colère de l'Empereur sont bien dans la réalité.

La levée du siège de Metz fut aussi désastreuse que l'avait été l'expédition de Provence. L'armée impériale se retira en toute hâte, laissant derrière elle ses morts et ses malades, que François de Guise recueillit généreusement : plus humain en cela pour l'ennemi que ne l'était Charles-Quint pour ses propres soldats. Les populations du Nord offrent à cet égard un contraste frappant avec celles du Midi, plus implacables dans leur vengeance.

La bataille de Renty (1554), engagée par Charles-Quint dans un moment de dépit, contre l'avis de ses généraux, fournit au duc de Guise l'occasion d'un nouveau triomphe. Le roi Henri II, tout en lui laissant le commandement de l'armée, résolut d'assister en personne à l'action, et se mit avec ses gendarmes à la tête des Suisses, jurant de vouloir vivre et mourir avec eux, les appelant ses parrains et fidèles amis de son royaume. La chanson publiée par Leroux de Lincy semble un écho de la harangue royale :

> Branlez vos piques, soudards,
> A cheval tôt, mes gendarmes,
> Boutez feu en toutes parts,
> Branlez vos piques, soudards !
> Qu'on se mette tous en armes,
> A cheval tôt mes gendarmes !

La fin du dernier couplet, religieux et grave, rappelle les paroles de Guise à ses soldats, les invitant à invoquer le nom de Dieu et à lui recommander leurs âmes, « estimant que mourir pour leur prince et la république serait plus honorable que la vie ».

> Sus donc, prions notre Sauveur
> Nous y donner telle faveur
> Que le tout soit fait à sa gloire.

Enivré du succès, Henri II envoyait bientôt à l'Empereur un cartel, pour lui offrir de vider la querelle des deux peuples par un combat singulier, en champ clos. Au temps passé, Charles-Quint s'était permis un semblable défi, pour la forme, avec François Ier. Mais il ne se sentait plus assez de confiance ni dans ses forces, ni dans son étoile, pour risquer un pareil enjeu, et ne songeait qu'à se retirer.

L'année suivante, l'état de sa santé, ses revers et ses embarras en Allemagne, allaient le décider à résigner tout au moins l'apparence de ses pouvoirs, entre les mains de son fils Philippe II et de son frère Ferdinand. L'abdication de Charles-Quint, même en n'étant qu'un changement de face ou une comédie politique, ainsi qu'on l'a soutenu depuis[1], fut nonobstant regardée comme une victoire pour la France, et célébrée à ce titre par les rimeurs de notre pays.

Cette fois, ce ne sont plus de simples soudards, mais l'un des chefs de la jeune école savante, Joachim du Bellay, qui se charge de chanter les *Tragiques Regrets de l'empereur Charles-Quint*. Ici qu'on nous permette d'interrompre un moment l'ordre des faits historiques pour nous arrêter à la *Pléiade*, et rappeler quelle part elle prend aux affaires contemporaines. Ailleurs[2] nous avons étudié son rôle et son influence sur les destinées de la poésie. Aujourd'hui nous devons surtout faire ressortir les côtés politiques de son œuvre, ceux par lesquels elle s'associe soit aux événements et aux passions du jour, soit aux traditions et aux prétentions de l'orgueil national.

---

1. Voir Mignet, *Charles-Quint à Yust*. — 2. Voir *Revue des Cours littéraires*, 1870.

CHAPITRE V

LA PLÉIADE

Son rôle dans l'histoire littéraire et politique. — Joachim du
Bellay : *la Défense et Illustration de la langue française*. —
Les *Regrets*. — *Louanges de la France et du roi Henri II*. —
Les Tragiques Regrets de l'empereur Charles-Quint. — *Chant
triomphal sur le voyage de Boulogne* (1549). — *Exécration sur
l'Angleterre et sa reine*. — Hymne sur la *Prise de Calais* (1558) :
Épitre latine de L'Hôpital. — Sentiment de la nationalité littéraire. — L'influence italienne à la cour des Médicis. — Les
pétrarquisants. — Joachim du Bellay et Alfred de Musset.
Ronsard : ses ambitions patriotiques et littéraires. — *Hymne de
la France* (1549); *Odes sur la paix faite avec l'Angleterre* (1550),
sur la victoire de Cérisoles. — *Poème sur le siège de Metz*. —
Exhortation pour la paix (1558-1559). — *Élégie sur le tumulte
d'Amboise* (1560). — *Discours sur les misères du temps présent* (1563-1564). — *Remontrance au peuple de France* (1569).
— Querelle avec les ministres huguenots.

I

Tandis que les armées de France, d'Espagne, d'Italie et
d'Allemagne se heurtaient encore une fois dans la Péninsule, comme dans une arène ouverte à toutes les nations,
une nouvelle école poétique naissait parmi nous, sous la
double influence de l'imitation italienne et de l'antiquité
reconquise ou rajeunie. Ronsard devenait l'émule de Pétrarque dans le sonnet amoureux, de Pindare dans l'ode,
d'Homère et de Virgile dans l'épopée. Marot, bien que
restant avant tout Gaulois, avait déjà senti passer sur lui
un doux rayon de la Renaissance : il avait rouvert le
Temple de Cupidon, composé des églogues, des épitres, des
élégies, à l'exemple des anciens, mais sans aspirer au rôle
de réformateur, en gardant le culte des vieux maîtres, voire
même de Guillaume Cretin, et se faisant pieusement l'éditeur de Jean de Meung et de Villon. Ronsard n'a pas de
ces respects superstitieux ni de ces tendresses rétrospec-

tives : il rompt ouvertement, brutalement, avec le passé : il n'a pour lui qu'un dédain superbe, dont il sera l'objet à son tour dans l'âge suivant, et que le romantisme de nos jours professera pour l'école classique arrivée à son déclin. C'est l'histoire des écoles et des partis se détrônant tour à tour : grandeur et décadence ! la *Pléiade* en a connu toutes les ivresses et les abaissements.

On lui a reproché d'avoir ainsi désavoué l'héritage de la vieille France ; d'avoir abandonné la tradition nationale pour se mettre à la remorque des Grecs et des Romains; d'avoir manqué en un mot de patriotisme, au moins littéraire. C'est là une accusation injuste. En écrivant le traité de la *Défense et Illustration de la langue française*, ce hardi manifeste de la jeune brigade, en invitant par métaphore ses compatriotes à piller de nouveau, comme leurs ancêtres, le temple de Delphes et à escalader le Capitole, Du Bellay veut tout simplement enrichir la France : non pas seulement la France érudite et pédante, mais la France moderne, libérale et novatrice, la France qui va de l'avant à la tête de la civilisation[1]. Il aspire à la voir marcher de pair tout au moins avec l'Italie et l'Espagne dans la carrière des lettres et des arts, où elle les a précédées, et où elle s'est vue devancer depuis.

Ronsard, tout en abusant parfois du grec et du latin dans son style bigarré d'oracle poétique, est cependant un zélateur fervent, un amoureux de la vieille langue française, qu'il défend au besoin contre certains dédains injurieux, comme la défendra plus tard Mlle de Gournay, une admiratrice fidèle de Ronsard, contre les proscriptions et les rigueurs du tribunal académique. Si préoccupés qu'ils soient de leur œuvre littéraire, les poètes de la *Pléiade* n'ont pu se dérober aux émotions et aux luttes politiques et religieuses de leur temps. Dans un siècle si agité, si tourmenté, ils ont pris part aux victoires et aux défaites de la patrie; ils ont compati à ses souffrances, déploré et, quelquefois, hélas ! partagé ses divisions intes-

---

[1]. « A l'entreprise de laquelle rien ne m'a induit que l'affection naturelle envers ma patrie. » C'est donc là une œuvre nationale et patriotique. L'auteur a le pressentiment du rôle que la *langue française* doit jouer dans le monde.

tines. Hommes et citoyens, ils ont payé leur tribut à l'humanité. Faut-il le regretter? Non. C'est par là précisément qu'ils nous intéressent. Le poète insensible à ce qui se passe autour de lui ne nous plaît guère davantage que le critique indifférent sous prétexte d'impartialité. Les *Discours sur les misères du temps présent*, avec ce qu'ils ont de passionné, de violent, d'injuste même, nous émeuvent plus que la *Franciade*, une épopée scolaire à laquelle manquent la flamme et l'élan.

Le double mouvement de la Renaissance et de la Réforme entraîne en sens divers les esprits et les volontés, surtout chez les gens de lettres. Marot, si respectueux des anciens maîtres en poésie, est un coureur d'aventures en religion comme en amour, plus imprudent et plus étourdi qu'hérétique formel, malgré son abjuration et les coups de gaule apostolique qu'il dut recevoir à Lyon. Les poètes de la *Pléiade*, novateurs en littérature, sont plutôt conservateurs en religion : contraste qui se retrouvera plus tard au temps de la Restauration, où la vieille école classique est soutenue par les libéraux politiques d'alors, tandis que la jeune école romantique se recrute parmi les défenseurs du trône et de l'autel. Il est vrai que la *Pléiade* aura aussi ses déserteurs, qui s'acheminent vers la Réforme avec Florent Chrétien et Grevin. Enfin les deux plus illustres héritiers littéraires de Ronsard, à la fin du xvie siècle, sont deux protestants, D'Aubigné et Du Bartas, comme plus tard encore les deux plus grands noms de l'école romantique et royaliste, Lamartine et Victor Hugo, finiront par une profession de foi républicaine. L'histoire est pleine de ces anomalies et de ces analogies curieuses à signaler en passant, pour montrer l'identité de la nature humaine à travers sa diversité.

Mais revenons aux poètes de la *Pléiade*. Joachim du Bellay en a été le clairon ou le porte-enseigne, et mérite d'être cité au premier rang, ou tout au moins après le vieux maître Daurat, le Nestor de la bande, qui met le feu sacré au cœur de ses écoliers. Le bonhomme, bien qu'il versifie surtout en latin (ses vers français sont détestables), a déjà la fibre patriotique du citoyen jaloux de l'honneur et de la gloire de son pays. Le plus beau don qu'il lui ait fait, a été cette jeune et vaillante phalange formée sous son inspiration et par ses leçons.

Malgré l'ardeur et l'entrain qui anime la *Défense et Illustration de la langue française*, on ne peut dire de son auteur qu'il est un coryphée à la voix retentissante comme Ronsard. Son patriotisme, si profond et sincère qu'il soit, ne s'élève guère aux sublimités du lyrisme ni au grandiose de l'épopée. Il n'y aspire même pas, ainsi que fait son maître et ami Ronsard, auquel il cède cette double palme, tout en l'ayant précédé dans l'ode. On a surnommé Du Bellay l'Ovide français : il a en effet, du poète latin, les grâces nonchalantes, la souplesse et la facilité mêlées de négligence, les traits spirituels, la sensibilité, sinon profonde et durable, au moins rêveuse et mélancolique, telle qu'elle s'exhale dans les *Tristes* et les *Lettres du Pont*. Les *Regrets* sont le journal de ses ennuis à Rome, où il avait accompagné son parent et protecteur Guillaume du Bellay, ambassadeur de France, en 1552. Il a trouvé son Tanaïs sur les bords du Tibre, en ces mêmes lieux que regrettait jadis si fort Ovide. Il s'y morfond comme dans une autre Sarmatie, ce qui prouve, en somme, que l'ennui voyage et se déplace selon les temps et les hommes. Qui sait si l'on ne viendra pas un jour bâiller et s'ennuyer à Paris? Espérons que ce ne sera pas de si tôt.

Dans ces confidences intimes, qui ne comprennent pas moins de 183 sonnets, le poète laisse tomber goutte à goutte et jour par jour tout ce que son âme renferme d'amertume, de dépit ou de colère :

> Sur les vers je vomis le venin de mon cœur.

Nature honnête et fière, candide et confiante, trop tôt désabusée par les mensonges et les perfidies des hommes, faite pour le bonheur facile, et entraînée loin des douces joies de l'étude et de la poésie par un quart d'heure d'ambition, qu'il déplore et expie cruellement, il s'écrie :

> J'aime la liberté, et languis en service :
> Je n'aime point la cour, et me faut courtiser ;
> Je n'aime la feintise, il me faut déguiser,
> J'aime simplicité, et n'apprends que malice.

Chose étrange! cet admirateur passionné des anciens reste froid, indifférent, devant les ruines de la grande cité. Tout à l'heure il nous conviait à l'assaut du Capitole, et maintenant il ne songe plus à y monter pour évoquer les souvenirs qui s'y rattachent. Le poème des *Antiquités romaines*, composé en même temps que les *Regrets*, est moins une description qu'une lamentation :

> Nouveau venu qui cherche Rome en Rome,
> Et rien de Rome en Rome n'aperçois.

D'où vient donc son désenchantement et sa tristesse ? C'est qu'il n'a rien rencontré à Rome de ce qu'il avait espéré ou rêvé. Les déceptions du présent lui font oublier les grandeurs du passé. Qu'a-t-il trouvé, en effet ? Dans les rues, sur les places publiques, les soldats de Charles-Quint campés l'arme au bras :

> On ne voit que soldats et morions en tête,
> On n'oit que tabourins et semblable tempête,
> Et Rome tous les jours attend un nouveau sac.

Au Vatican, l'influence espagnole, l'or, l'intrigue, les bassesses obséquieuses, l'insolence des monsignori italiens, l'agitation mesquine de toute cette cour qui se presse autour d'un vieillard impotent et caduc, et interroge avec effroi le crachat tombé de sa poitrine au fond d'un bassin. Du Bellay se voit blessé de toutes façons : 1º comme solliciteur évincé dans ses espérances, mal accueilli et mal noté ; 2º comme Français révolté dans son patriotisme, en face des rodomontades espagnoles et des allures hautaines qu'affecte la famille du pape Paul III Carafa, à l'égard de notre ambassadeur.

La douce image de sa patrie absente lui revient alors et lui inspire quelques-uns de ses vers les plus touchants :

> France, mère des arts, des armes et des lois,
> Tu m'as nourri longtemps du lait de ta mamelle ;
> Ores, comme un agneau que sa nourrice appelle,
> Je remplis de ton nom les antres et les bois.

> Si tu m'as pour enfant avoué quelquefois,
> Que ne me réponds-tu maintenant, ô cruelle !
> France, France, réponds à ma triste querelle [1],
> Mais nul, sinon Écho, ne répond à ma voix.

Le patriotisme chez Du Bellay est surtout sentimental et tendre : il s'associe mieux encore aux souvenirs de la terre natale qu'aux triomphes de la guerre et de la politique. Une certaine pointe de mélancolie perce toujours à travers ces pensées de retour vers les champs bénis qu'il a quittés, et qu'il a hâte de revoir. C'est bien le Français, et surtout le Français du centre, de ces plantureuses provinces d'Anjou et de Touraine, où l'on se trouve si bien, et d'où l'on a tant de peine à se détacher, fût-ce pour aller à Rome. Que serait-ce s'il s'agissait de s'établir à Tombouctou, à Madagascar ou au Tonkin? Dans les voyages d'Ulysse, ce qui séduit avant tout le poète, c'est le retour à Ithaque :

> Heureux qui, comme Ulysse, a fait un beau voyage,
> Ou comme cestui-là qui ravit la Toison [2],
> Et puis est retourné, plein d'usage et raison,
> Vivre entre ses parents le reste de son âge.

L'amour du clocher lui tient au cœur et l'emporte sur les rêves de l'ambition, sur les curiosités de l'artiste et du savant, même dans la ville des Césars :

> Quand reverrai-je, hélas ! de mon petit village
> Fumer la cheminée, et en quelle saison
> Reverrai-je le clos de ma pauvre maison,
> Qui m'est une province, et beaucoup davantage ?

L'auteur sera moins heureux dans l'expression de ce patriotisme extérieur et officiel, pour ainsi dire, qui s'applique aux faits et aux personnages de l'histoire, tels que les *Tragiques Regrets de l'empereur Charles-Quint*, le *Voyage de Boulogne*, et la *Prise de Calais* : autant d'événements considérables auxquels il convie sa Muse, jaloux de montrer son dévouement au pays et au souverain. Mais la splen-

---

1. *Querela*, plainte. — 2. Jason.

deur et la solennité, les grands coups d'aile et de pinceau manquent trop souvent à ces morceaux d'apparat et de circonstance, qui réclament plutôt la forte touche d'un Ronsard ou d'un Malherbe à leurs bons moments, la palette d'un Rubens énergique plutôt que celle d'un Albane gracieux.

Parmi ces pièces politiques, nous citerons d'abord celle qui a pour titre : *Louange de la France et du roi Très-Chrétien Henri II*. Le poète a tenté évidemment de nous présenter, sous forme allégorique, une grande et belle image de la patrie : il veut nous donner une idée de sa force et de sa puissance. Mais l'expression reste toujours un peu maigre et mince dans la fluidité d'un vers qui s'écoule trop aisément.

> Ses flancs superbement bornés
> Sont doublement environnés
> Des Alpes et des Pyrénées.
> D'Europe et de ce monde encor
> En autels, en peuples, en or,
> Surmontant les plus fortunées,
> Cette terre mère féconde
> D'armes, d'amours et de savoir,
> Parmi les autres se fait voir
> Comme une Cybèle seconde.

Cette pièce semble plutôt une aubade, avec accompagnement de guitare, qu'une ode enthousiaste et inspirée, résonnant sur les cordes de la lyre à sept voix. Plus tard, André Chénier et Béranger trouveront d'autres accents pour chanter la France.

L'abdication de Charles-Quint, l'éclipse de l'astre impérial, allant s'éteindre subitement dans la solitude de Saint-Just, tant d'entreprises gigantesques, tant d'argent dépensé, tant de sang versé, tant de ruines accumulées, pour aboutir à cet aveu suprême de lassitude, de dégoût ou de repentir : tout cela offrait à un penseur, à un poète, un magnifique sujet de méditation. Joachim du Bellay ne l'a qu'à demi soupçonné ou compris. Il a vu là par-dessus tout une revanche pour la France et son roi. L'Empereur reconnaît que son étoile a pâli devant celle de Henri II, qu'il est temps pour lui de se retirer :

> Le ciel ne peut endurer deux soleils.

Au lieu de sonder, d'approfondir ce qui a dû se passer dans l'âme de Charles-Quint, comme le fera plus tard Corneille dans le beau monologue d'Auguste :

> Rentre en toi-même, Octave....

Du Bellay transforme le grand empereur en déclamateur banal, s'accusant lui-même d'avoir été le fléau du monde, et ne songeant plus qu'à se rendre justice en mourant le plus tôt possible :

> Mourons plutôt faisant place au malheur,
> Et par la mort finissons la douleur.
> Si la fureur, si l'orgueil, si l'envie
> Ont jusqu'ici tant tourmenté ma vie,
> Soyons au moins à cette heure plus doux,
> Et d'une mort faisons plaisir à tous.

Charles-Quint parle ici à la façon de Marc-Antoine dans la *Cléopâtre* de Jodelle. Le vrai Charles-Quint était moins désolé et surtout moins pressé d'abréger ses jours. Il s'assurait à Yust, près du monastère, mais non dans ses murs, une agréable résidence, où il réunissait toutes les commodités de la vie; et se faisait expédier des nouvelles de toute l'Europe, se tenant dans la coulisse, mais observant encore et dirigeant en partie le drame qui se jouait sous un autre nom[1]. Pour le monde, néanmoins, l'Empereur avait disparu, cédant la place à un adversaire plus jeune et plus heureux. Tel est le thème qu'ont surtout adopté les chroniqueurs et les rimeurs français.

II

Outre l'Espagne, la France a une autre rivale plus ancienne et plus odieuse encore, à laquelle Du Bellay réserve ses plus acerbes malédictions, c'est l'Angleterre. Il a ressuscité contre elle et contre sa reine Marie Tudor, devenue la femme de Philippe II, toutes les formules de l'exécration antique, telle que l'employait Horace dans son

---

1. Mignet, *Charles-Quint à Yust*.

épode à Canidie. Ce n'est point trop de toutes les divinités de l'Enfer pour réduire *à quia* la perfide Albion :

> Mânes, ombres, esprits, et si l'antiquité
> A donné d'autres noms à votre déité,
> Érèbe, Phlégéton, Styx, Achéron, Cocyte.....
> . . . .

Puis viennent les vœux du poète empreints d'une haine implacable :

> Qu'Angleterre et sa reine et tous ses alliés
> Marchent la tête bas prisonniers de mon prince !
> Que tributaire soit à jamais leur province,
> Et règnent à jamais nos enfants et neveux
> Sur les fils de leurs fils, et ceux qui naîtront d'eux.

Souhait imprudent, qui ne s'est pas accompli, heureusement pour nous : car il en coûte toujours cher de garder un peuple enchaîné malgré lui.

Dès 1549, Du Bellay entonnait un chant triomphal sur le *Voyage et la reprise de Boulogne.*

> Voici le temps si longtemps désiré
> Où nos aïeux en vain ont aspiré,
> Qui sur l'Anglais finalement ramène
> La juste, hélas ! mais trop tardive peine.
> Du grand Henri le bras puissant et fort
> Avec les dieux déjà fait son effort
> De regagner, par ses foudres belliques,
> Le vieil butin des grands pertes galliques.

De ce butin, la plus belle part, la clef de la France, comme on l'appelait, Calais était encore entre les mains des Anglais. Neuf ans plus tard, les prédictions et les vœux de l'auteur étaient réalisés. Le duc de Guise, par un coup de main audacieux, en plein hiver, emportait la place. La prise de Calais, ce rêve des imaginations populaires depuis deux siècles, excita en France un enthousiasme universel. Figurez-vous un général nous rendant en une nuit Metz ou Strasbourg, et demandez-vous quel accueil il trouverait auprès de nos populations émues. Aussi François de Guise, déjà fameux par la défense de Metz, devint-i l'idole de la nation. Malheureusement les guerres civiles et religieuses allaient faire trop tôt du héros un chef de parti, victime des passions déchaînées alors.

Pour le moment, on était tout à la joie de la ville reconquise et de l'honneur national vengé. Les chansons populaires reprirent de plus belle pour fêter cet événement. Ce sont là sans doute de chétifs morceaux de poésie, qui n'en sont pas moins l'expression du sentiment général.

> Calais, ville imprenable,
> Reconnais ton seigneur,
> Sans être variable,
> Ce sera ton honneur.
>
> . . . .
>
> On va partout disant
> Jusques en Normandie,
> Et riant et chantant
> Par toute Picardie,
> Que Calais la jolie
> Est prise des François,
> Malgré toute l'envie
> Des Bourguignons-Anglois [1].

La Bourgogne, compromise par son alliance antérieure avec les Anglais, portait encore la tare de cette vieille félonie, bien qu'elle eût refusé de passer sous le joug de Charles-Quint.

Une comédie fut jouée dans les carrefours de Paris, représentant *la Prise de Calais*, sous forme de mystère ou de moralité. Dans ce commun élan de patriotisme, ignorants et savants s'évertuèrent à célébrer cette glorieuse revanche. Le grave L'Hôpital adressa au duc de Guise une épître latine pour le féliciter. Avec la modération d'un sage, qui ne se laisse point enivrer par la victoire, et la dignité d'un honnête homme qui ne s'abaisse point au rôle de courtisan, il n'hésite pas à reconnaître dans l'heureuse issue de cette entreprise un effet de la grâce divine qui a choisi le duc pour instrument :

> *At Deus is, quicumque tibi fuit istius auctor*
> *Consilii, monstravit iter.*

1. Leroux de Lincy, *Chants historiques*, t. II.

C'est Dieu qui a indiqué lui-même le point accessible à l'escalade, lui qui a voulu rabattre l'orgueil des Anglais enflés de leurs avantages passés :

> . . . . *Pulsi cessere Britanni*
> *Littoribus nostris, maria ultra cærula ponti.*
>
> . . . .
> *Nos hanc gloriolam potius laudemque sinamus*
> *Invicto fortique Deo, turgentia Regum*
> *Colla superborum qui proterit et pede calcat.*

La même idée se trouve du reste exprimée dans les *Mémoires* du temps. « Ainsi, dit François de Rabutin, les faits émerveillables de l'Omnipotent surpassent toutes les puissances et préméditations des hommes, quelque grands qu'ils puissent être. »

En somme, Guise pouvait, sans trop s'amoindrir, partager avec Dieu la gloire d'un succès qui le plaçait hors ligne entre tous les hommes de guerre contemporains, sans excepter Montmorency. Joachim du Bellay, de son côté, tout en faisant la part de Dieu, réclame aussi, dans cette conquête, celle du roi. C'est à lui qu'il adresse un hymne triomphal, ressemblant encore plus à une épitre qu'à un chant lyrique.

> Vous avez pris Calais deux cents ans imprenable,
> Montrant qu'à la vertu rien n'est inexpugnable,
> Lorsqu'elle est irritée, et que la passion
> Lui fait imiter l'ire et le cœur du lion.
> . . . .
> Mais à qui faut-il, Sire, attribuer l'honneur
> D'une si grand victoire et d'un si grand bonheur,
> Fors à Dieu et à vous, qui d'une telle prise
> Avez premièrement dessigné l'entreprise,
> Contre l'avis de ceux qui n'avoient bien pensé
> Ce que sans y penser n'avez point commencé.

Mais, après avoir donné au roi son grain d'encens, il faut bien arriver au véritable vainqueur, et parler :

> De ce prince Lorrain, qui d'un grand empereur
> Avoit soutins à Metz la force et la fureur ;
> Qui avoit à Renty, dessous votre conduite,
> Rompu votre ennemi et mis César en fuite.

Le poète altère légèrement la vérité, en prêtant au roi l'honneur d'avoir dirigé les opérations de Renty. Henri II commandait à Guise comme Louis XIV à Turenne, à Condé ou à Vauban. A la fin, le héros reprend la place qui lui appartient, lorsque Du Bellay dit, en lui rendant hommage :

> Ce que parlant de soi César même disoit
> Cestui-ci le peut dire à bon droit, ce me semble :
> *Je suis venu, j'ai vu, j'ai vaincu* tout ensemble.

Mais cet hymne sur la prise de Calais nous a paru faible encore à côté de la vieille ballade patriotique d'Eustache Deschamps, répétant avec les bergers et les bergères cet opiniâtre refrain d'une France qui veut s'appartenir :

> Paix n'arez jà, s'ils ne rendent Calais!

C'est qu'en effet la force et la vigueur ne sont pas la faculté dominante chez Du Bellay. Il a conservé les grâces natives de sa race et de son pays, la douceur angevine, l'aimable enjouement, l'abandon et le nonchaloir, qu'il oublie un moment dans la prose enflammée de son manifeste, mais auxquels il retourne bien vite avec la poésie. Tout en devenant le héraut et le porte-enseigne de la Pléiade, le second de Ronsard, il est demeuré plus proche parent de Marot qu'il ne le croit lui-même. A-t-il renoncé tout à fait à ces petits genres secondaires qu'il renvoyait dédaigneusement aux Jeux Floraux de Toulouse, sous le nom d'épiceries poétiques ? Non, il reviendra, par exemple, à la chanson, cette vieille mère de notre poésie qu'il a proscrite un moment, l'ingrat ! Et ce retour lui vaudra une de ses plus charmantes inspirations, la *Villanelle du Vanneur* :

> A vous, troupe légère,
> Qui, d'aile passagère,
> Par le monde volez....

Une autre forme de son patriotisme très ingénue, très spontanée, c'est l'amour, l'instinct de la nationalité littéraire. Après avoir été l'imitateur de Pétrarque dans le sonnet, l'admirateur sincère de Dante et de Boccace, il se

CHAPITRE VI

LA PLÉIADE (*Suite*)

Ronsard (suite). — *Le Bocage royal.* — *Sonnets d'État.* — *La Franciade.* — Fragments épiques : *Discours de l'équité des vieux Gaulois.*
Les sous-chantres de la Pléiade : Remy Belleau, Jodelle, Antoine de Baïf.

I

Cette fois il ne s'agit plus seulement des huguenots, mais de la cour et du gouvernement. De bonne heure Ronsard, prenant au sérieux ce rôle de Mentor que lui confère son titre de poète, s'est permis, comme jadis Eustache Deschamps, de rédiger un *Manuel d'instruction pour l'adolescence du roi Très Chrétien Charles IX* (1564) :

> Sire, ce n'est pas tout que d'être roi de France,
> Il faut que la vertu honore votre enfance,
> Car un roi sans vertu porte le sceptre en vain,
> Et lui sert d'un fardeau qui lui charge la main.

Le jeune monarque, tout enfant, était d'humeur assez difficile : brusque, violent, emporté. Le poète a entrevu le péril d'une telle nature :

> Ne soyez point chagrin, dépit, ni furieux.

C'est ce qu'il sera le jour de la Saint-Barthélemy, quitte à le regretter le lendemain :

> Mais honnête et gaillard, portant sur le visage
> De votre gentille âme un gentil témoignage.

Avec les années, Ronsard s'inquiète et s'attriste de plus en plus, voyant l'abime où la France est entraînée. Par moments, il menace d'éclater :

> J'ai trop longtemps suivi le métier héroïque,
> Lyrique, élégiaq' ; je serai satirique.

Pourtant il ne livre point au public tout ce qu'il sent, pense ou écrit : c'est un fonds de bile qu'il tient en réserve et qu'on découvrira plus tard. La plupart de ces pièces, fruit amer de sa vieillesse, composaient sans doute le recueil de ces œuvres clandestines dont parle Claude Binet, son biographe, et que l'auteur n'avait pas cru devoir faire paraître, ne jugeant pas le monde présent capable ni digne d'en profiter. M. Blanchemain s'est chargé de leur donner une publicité que Ronsard leur avait refusée, par prudence ou par dégoût. Elles expriment les tristesses et les angoisses d'un patriote, les indignations et les sentiments intimes d'un honnête homme, attaché, par affection, par devoir et aussi par intérêt, à une cour qu'il est forcé de mépriser. Un instant, il a cru que la sagesse de Catherine de Médicis, que les vertus du jeune roi Charles IX pourraient tout sauver. Mais depuis, le désenchantement est venu, il a tout senti crouler autour de lui.

Ronsard n'est pas, à vrai dire, un pamphlétaire, mais plutôt un grondeur partagé entre son dévouement très sincère et sa mauvaise humeur, qui ne l'est pas moins. C'est dans cet esprit qu'il écrit au roi Charles IX, son bien-aimé souverain :

> Roi, le meilleur des rois,
> Race du ciel tirée,
> Depuis dix ans cent fois,
> J'ai la mort désirée.
> Des grands jusqu'aux petits
> Tout a perdu la honte,
> Tout va de pis en pis,
> Et si n'en faites compte[1].

---

1. *Avis au roi.*

Avec Henri III, l'abîme se creuse plus profond devant cette royauté qui s'affaisse sous le mépris public. Les colères et les terreurs de Ronsard augmentent. Même dans *le Bocage Royal*, ce dernier bouquet de sa Muse offert au fils des Valois, il laisse échapper ce cri :

> J'ai vu depuis trente ans un nombre d'impudents
> Rapetasseurs de lois, courtisans et ardents,
> Qui sans honte, sans cœur, sans âme et sans poitrine,
> Aboyent aux honneurs, à faire bonne mine.
>
> . . . .
>
> Car bien que la faveur qui n'a pas de cervelle,
> Les poussât au crédit, le peuple qui ne cèle
> Jamais la vérité, sifflait de tous côtés.

Ce sifflet du merle gaulois, à travers *le Bocage Royal*, devait écorcher l'oreille délicate de Henri III et de ses mignons. Aussi la faveur de Ronsard allait-elle déclinant. Le roi lui préférait d'abord le gentil Belleau, le chantre indulgent de ses amours ambiguës, puis le souple et galant abbé Desportes, qui lui composait des vers tendres sur le trépas du beau Quélus. A titre de poète royal, Ronsard tient encore l'encensoir dans les grandes circonstances, comme un vieux prêtre qui ne croit plus guère à son dieu. Il reçoit douze mille livres avec Baïf pour les fêtes du mariage de Joyeuse. Mais, rentré chez lui, il soulage sa conscience, en jetant sur le papier quelques-unes de ces satires indiquées par Claude Binet. Peut-être à la façon de Mérimée sortant des soirées de Compiègne.

Entre ces pièces inédites, M. Blanchemain a trouvé, à la suite des manuscrits de Ronsard, un certain nombre de sonnets intitulés *Sonnets d'État*, et insérés jusqu'ici dans les œuvres d'Étienne Pasquier. Auquel des deux faut-il les attribuer? Pasquier, ami et confident de Ronsard, serait-il devenu ainsi son légataire? La question est difficile à résoudre. Quoi qu'il en soit, ces sonnets ont la facture large et sonore, l'allure cavalière et libre, la touche vigoureuse et l'accent martial que nous avons déjà rencontrés chez Ronsard. S'ils ne sont pas de lui, ils sont certainement sortis de son école. Tel est cet avertissement au roi Henri III :

> Vous jouez comme aux dés votre couronne, Sire,
> J'y perds, vous y perdez encore plus que moi,
> Le blâme, la froideur, la pâleur et l'effroi,
> Et la peur d'une mère ont perdu votre empire.
>
> Vous le sentez, Gaulois, et si ne l'osez dire,
> Chapons au lieu de coqs, vous châtrez votre roi.
> Retourne, Childéric ! Clovis, réveille-toi !
> Voyez notre malheur qui ne peut être pire.

C'est au milieu de ces tristesses et de ces dégoûts que s'éteint le poète désabusé. Après sa belle pièce des *Muses délogées* (1584), son dernier chef-d'œuvre, il dit adieu au monde dont il est las :

> J'ai vu lever le jour, j'ai vu coucher le soir,
> J'ai vu grêler, tonner, éclairer et pleuvoir,
> J'ai vu Princes et rois....

Il en a tant vu qu'il demande maintenant à fermer les yeux pour toujours.

> Heureux qui ne fut onc', plus heureux qui retourne
> En rien comme il étoit, plus heureux qui séjourne
> D'homme fait nouvel ange auprès de Jésus-Christ,
> Laissant pourrir ci-bas sa dépouille de boue,
> Dont le sort, la fortune et le destin se joue,
> Franc des liens du corps pour n'être qu'un esprit.

Lui aussi, comme plus d'un conquérant désenchanté, s'écrie : « A d'autres l'empire du monde ! » Il sent vaguement que sa royauté va finir avec celle des Valois : une nouvelle dynastie politique et littéraire paraîtra bientôt avec Henri IV et Malherbe.

Ronsard, en mourant, laissait inachevé le grand ouvrage qui devait être le legs suprême, le testament patriotique de sa Muse, cette *Franciade* devenue le rêve, le tourment et le désespoir de sa vie.

II

Jamais entreprise littéraire ne fut préparée et annoncée avec plus de fracas et de solennité. C'était le couronnement de l'édifice promis et impatiemment attendu. Fut-ce seulement par caprice, par coup de tête ou par vanité que Ronsard se lança sur cette vaste mer de l'épopée, où il devait laisser, après et avant tant d'autres, le souvenir d'un lamentable naufrage? Non. La question de l'épopée au xvie siècle était devenue une question d'amour-propre national. Dès 1548, l'honnête et modeste Thomas Sibilet, dans son *Art poétique*, parlant du poème héroïque, qu'il qualifie de *Grand Œuvre*, regrette que la France n'en ait pas eu depuis le *Roman de la Rose*. Marot n'a point osé y prétendre. Jacques Pelletier (le même qui inspirait à Du Bellay l'ambition des odes), dans son *Art poétique* publié en 1555, pense qu'une langue demeure obscure tant qu'elle n'a point une *Iliade*. La France était donc en quête d'une épopée. La voix publique déclarait Ronsard seul capable de la lui donner. Lui-même en prenait l'engagement à la fin de sa fameuse *Ode au Chancelier de L'Hôpital*, lorsque, faisant l'éloge de la princesse Marguerite, sœur du roi Henri II, il disait :

> Laquelle d'un vers plein d'audace
> Plus hautement je décorrai,
> Lorsque hardi je publierai
> Le tige troyen de sa race.

La première tentation épique lui vint de son commerce avec Homère, comme celle de l'ode lui était venue de Pindare. Ronsard s'excite et s'allume au contact : la vue d'une œuvre maîtresse produit sur lui l'effet d'une pile électrique : non seulement il est ému, mais il veut à son tour reproduire les mêmes effets. Malheureusement pour lui, il n'a pas su s'en tenir, ainsi que Victor Hugo, à des fragments épiques, et a voulu nous donner l'épopée complète, à l'exemple de son modèle. Homère et Virgile ont donc éveillé d'abord en lui la flamme ; d'autres stimulants achèvent de l'entraîner :

1° Une noble ambition, un patriotisme réel, dont il ne faut pas trop rire, même quand il s'égare ;

2° Les encouragements du roi Charles IX, jaloux d'attacher à son règne et à son nom la gloire d'une *Énéide* ;

3° Les exigences et les espérances sans bornes de ses admirateurs et de ses amis ;

4° Les défis et les provocations de ses ennemis et de ses envieux.

Jacques Béreau, un des impatients, lui adressait cette requête pressante :

> Ronsard, seront toujours amoureux [1] tes écrits ?
> Ne verrons-nous de toi qu'élégies pleureuses,
> Hymnes, odes, sonnets, bucoliques joyeuses,
> Ne verrons-nous jamais ce Francus entrepris ?
>
> Laisse, laisse, Ronsard, pour les moindres esprits
> Ces ouvrages communs. Sans plus user d'excuses,
> Tu perds trop de temps là : Fais chanter à tes Muses
> Ces Troyens nos auteurs, œuvre de plus grand prix.

Voyez d'ici l'embarras du pauvre grand homme, auquel ses prôneurs fanatiques demandent une épopée, comme certains dévots d'Italie demandent à leur saint un miracle.

Mais pourquoi, a-t-on dit souvent, s'être heurté à ce malheureux thème de la *Franciade* ? Qu'allait-il faire sur cette galère ? Ronsard hésita longtemps sur le choix d'un sujet. Ne pouvait-il se tailler un poème à travers nos mille chansons de geste. Du Bellay, dans sa *Défense et Illustration de la langue française*, appelant de ses vœux le poète futur qu'attendait la France, lui offrait pour objet de ses chants les Lancelot, les Tristan, les Artus, les Roland. Ronsard les connaît sans doute, et parle lui-même avec estime

> De tous ces vaillants preux de la saison première.

Il reproche aux Français de ne plus se souvenir de leurs

---

[1]. *Trois Livres d'Amours.*

vertus, en laissant Marie Stuart en prison, sans qu'un chevalier se lève pour la délivrer :

> Peuples, vous forlignez [1], aux armes nonchalants,
> De nos aïeux Renaults, Lancelots et Rolands.

Mais ces héros ont été si longtemps vantés par les trouvères, si gaiement travestis par l'Arioste, qu'il n'ose plus les mettre en scène. Pierre Faifeu l'a dit :

> Artus est mort, et Lancelot gâté.

Le courant épique du moyen âge est épuisé.

Un moment pourtant, avec le Tasse et à la même heure, Ronsard eut l'idée de chanter la *Délivrance de Jérusalem*. Deux motifs devaient l'y pousser : 1° le sentiment patriotique et chrétien, qui l'attachait naturellement aux héros français de la première croisade ; 2° sa reconnaissance personnelle pour la maison de Lorraine, dont Godefroy de Bouillon était l'ancêtre. Il n'y a pas renoncé sans regret, lorsqu'il écrit au cardinal de Guise :

> Un plus savant que moi ou plus ami des cieux
> Chantera les combats de tes nobles aïeux,
> Dira de Godefroy l'aventureuse armée,
> Et la palme conquise en la terre Idumée,
> Et le cours du Jourdain, qui fut si plein de morts
> Que le sang infidèle outre-coulait ses bords.

Le Tasse, venu en France, soumettait à Ronsard, maître autorisé, les deux premiers chants de sa *Jérusalem*. Ronsard comprit-il du premier coup que le poète italien avait pris le rameau vert, en lui laissant le rameau sec ?

Quoi qu'il en soit, Francus l'emporta dans sa résolution. Était-ce là un de ces plaisants projets nés du cerveau

> . . , ... D'un poète ignorant
> Qui de tant de héros va choisir Childebrand ?

Non, ce n'est point l'ignorance, c'est la science mal comprise qui égare ici Ronsard. On lui a reproché quelquefois

---

1. Dégénérez.

d'avoir, par amour de l'antiquité, sacrifié nos traditions nationales aux rêveries d'une généalogie troyenne ridicule et invraisemblable, en faisant de Francus, fils d'Hector, le père de la dynastie française. C'est là du roman sans doute, mais ce roman n'est point de son invention. Il a pris place dans nos histoires, dès le début. Grégoire de Tours n'en parle pas, il est vrai ; mais Frédégaire l'a déjà recueilli comme une tradition respectable. La manie de se rattacher aux Troyens et aux Romains, par l'origine, était un travers connu chez nos ancêtres Gaulois. Lucain se moque des Arvernes visant de son temps à cette illustre parenté :

> *Arvernique ausi Latio se fingere fratres*
> *Sanguine ab Iliaco*[1].

Ne leur suffisait-il pas d'être les frères de Vercingétorix, sans se dire aussi cousins de César, leur vainqueur et leur bourreau ?

Au XII° et au XIII° siècle, le souvenir des origines troyennes reparaît dans les poèmes et romans de la *Destruction de Troyes*, de *Brut*, de *Rou*, du *Chevalier au cygne*, de *Parthénopeus* de Blois, dans la *Philippide* même de Guillaume Lebreton, ce poème historique et dynastique à la fois. Les blasons conservent ces descendances fabuleuses qui rattachent les familles à Hercule et à Priam. Christine de Pisan appelle Louis d'Orléans petit-fils d'Hector. Dans le mystère de la *Destruction de Troyes* par Jacques Millet, la roue de Fortune, pour consoler Priam, lui fait entrevoir dans l'avenir la gloire de Charles VII.

S'il en est ainsi au moyen-âge, qu'en sera-t-il à l'époque de la Renaissance ? Elle ne fait que raviver et exalter ces souvenirs. Robert Gaguin, cherchant l'étymologie du mot France, remonte tout simplement à Francus ou Francion. « Si Grégoire de Tours, dit-il, ne l'a pas nommé, c'est parce qu'il n'a pas assez connu nos origines. » Un poète historiographe dont nous avons déjà parlé, Jean Lemaire, dans ses *Illustrations de Gaule*, rattache l'histoire de la Gaule Belgique à Bavo, cousin germain de Priam, et celle de la

---

1. *Pharsale*, I, 42.

Gaule Celtique à Hercule et à Francion, vingt-deuxième roi des Celtes. Les Italiens, de leur côté, qui se consolaient d'être battus par les Français en les appelant barbares, n'acceptaient pas cette parenté. L'historien napolitain Michel Ryz, le pape Pie IV lui-même, protestent contre ces orgueilleuses prétentions de la France, qui ose usurper ainsi la descendance directe d'Hector, enlevant à l'Italie sa primauté.

Grâce à ces protestations et à ces rivalités, la légende de Francus devint une question presque nationale. On se crut obligé d'honneur à ne point l'abandonner. Ce qui nous semble aujourd'hui de la part du poète un oubli de notre patrimoine héréditaire, est, aux yeux des contemporains, une revendication généreuse de nos droits et de nos vrais titres de noblesse, en face de l'étranger. Partagé entre ses réminiscences de l'antiquité et ses instincts de patriote, Ronsard croit pouvoir les concilier dans sa *Franciade*, mettre d'accord Homère avec les *Chroniques* de Saint-Denis, faire pour la France de Charles IX ce qu'avait fait Virgile pour la Rome d'Auguste. C'est là une des grandes illusions de Ronsard. Entre la *Franciade* et l'*Énéide*, la distance est immense de toutes façons, et pour le talent, et pour la portée. L'*Énéide* est une œuvre vraiment nationale par tout un côté. Elle rappelle les grandes luttes entre Carthage et Rome, l'histoire de la vieille Italie, les origines des anciennes familles patriciennes, les légendes populaires, etc. A la vive et poétique résurrection du passé, elle joint un profond sentiment d'actualité : à la Rome antique de Romulus et de Numa, la Rome des Césars.

Ronsard ne nous offre rien de semblable dans la *Franciade*. Son poème est un pastiche ou un décalque tiré des modèles grecs et latins, plutôt qu'une véritable création originale. Lui-même l'avoue à demi dans cette espèce de fanfare héroïque et enthousiaste, par laquelle il salue ses maîtres et parrains, Homère et Virgile :

   . . . A genoux, Franciade !
Adore l'*Énéide*, adore l'*Iliade*,
Révère leurs portraits, et les suis d'aussi loin
Qu'ils m'ont passé d'esprit, d'artifice et de soin.

Le culte de Ronsard pour les anciens est naïf et sincère; son malheur est de les suivre trop fidèlement pas à pas. Il fait solennellement, consciencieusement et majestueusement ce que Scarron fera plus tard en se divertissant : une véritable parodie de l'épopée antique. Toute la vieille friperie traditionnelle, costumes, décors, éclairs, tonnerres, songes, ombres, comparses du mélodrame épique, ont été pieusement recueillis par lui. On dirait un fonds de magasin ou de théâtre de marionnettes, qui s'appellent Jupiter, Mercure Tydide, Æacide, Ithaquois, Hector, Andromaque, Hélénus, etc. — Francus et Guisin, le Nestor de la *Franciade*, sont les deux plus jeunes de la bande, ce dernier surtout, ancêtre des Guises.

Le poème s'ouvre par un conseil des dieux, où Jupiter raconte pour la centième fois la prise et la ruine de Troie, lieu commun épique, auquel les savants revenaient toujours avec un nouveau plaisir. On relit alors la prise de Troie comme on allait revoir la *Passion* chaque année, aux temps des *Mystères*. Junon et Pallas se trouvent là, toujours à leur place, fort irritées de l'injure récente de Pâris, et attisant le feu et la vengeance des Grecs. Heureusement Jupiter, qui protège la France, songe à Francus, son roi futur, et le dérobe à l'épée homicide de Pyrrhus. Il met une *nuée vide* à la place du fils d'Hector. Le cruel Æacide vient arracher le fantôme des bras d'Andromaque et l'immole, sans douleur, on le comprend. Ronsard dut être enchanté de cette invention renouvelée des Grecs. Pour nous, elle a le tort de nous rappeler certaines scènes de physique amusante, de spectres ou de décapités, beaucoup plus dignes de la plume de Scarron que de celle de Ronsard. Après vingt ans, Jupiter ordonne à Mercure de *hucher* les vents et d'aller chercher le jeune Francus en Épire, auprès de sa mère Andromaque, mariée à Hélénus. On reconnaît ici la trame de Virgile :

Me famulam famuloque Heleno transmisit habendam [1].

Francus doit aller fonder en Gaule une nouvelle Troie. Le voyage amène naturellement une tempête. Les mêmes

---

[1]. *Énéide*, livre III.

vents qui se sont abattus jadis sur Énée rugissent encore dans les mêmes outres du même Éole, et vont être déchaînés par les mêmes colères de la même Junon. Du moins on s'y attend. La tempête est suivie d'un naufrage. Francus se voit obligé de s'arrêter en Crète : première étape périlleuse, où il court risque de laisser son cœur et sa vie. La Crète est devenue, depuis Ariane et Pasiphaé, la terre des aventures galantes. Francus n'y échappe pas. Le roi du pays, Dicée, bonhomme placide et hospitalier comme le Latinus de Virgile, a deux filles charmantes et sensibles, Clymène et Hyante, qui tombent toutes deux simultanément amoureuses du jeune héros. Cette tendre passion de l'amour, que le Tasse mêlait avec tant de bonheur aux grandes scènes guerrières de sa *Jérusalem*, a tenté aussi Ronsard ; mais nous ne retrouvons là ni les jardins d'Armide, ni Renaud, ni Clorinde, ni Tancrède, rien de réel ni de vivant. La mort tragique de Clymène, qui se jette de désespoir dans la mer, nous rappelle vainement et nous fait regretter le bûcher de Didon.

Un seul épisode d'un effet dramatique et d'un style plus relevé est le duel de Francus avec le géant Phovère, sorte d'ogre ou de cyclope, cousin du Minotaure, grand amateur de chair humaine, s'apprêtant à dévorer le fils du roi de Crète, l'aimable Orée. Ce duel était un des morceaux les plus vantés de la *Franciade*. Amadis Jamyn déclare qu'on n'en saurait lire un si *brave* en tous les poètes grecs ou latins.

C'est là une de ces admirations naïves et complaisantes, par lesquelles les disciples enivrent et égarent parfois leurs maîtres. Un tel récit nous laisse loin du combat des Horaces et des Curiaces, et de la victoire de Rodrigue sur les Maures dans Corneille. Pourtant quelques vers supportent la lecture. Tel est ce portrait du géant cannibale :

> Tyran superbe et de fière arrogance,
> Le cor en bouche, et en dextre la lance,
> Ferme en arrêt : sur le dos le harnois,
> L'épée au flanc, au côté le pavois,
>   Sur le rognon la dague, et sur la tête
> Un morillon brillant comme tempête.

Ainsi que le Mézence de Virgile, Phovère est un impie qui se moque de Jupiter :

> S'il règne au ciel, je règne en cette terre.

Les paroles qu'il adresse à Francus rappellent un peu la scène du comte de Gormas avec Rodrigue, ou plutôt encore celle du géant Don Martin avec le Cid dans Guilhem de Castro :

> Jeune garçon, on ne combat ici
> Pour emporter à sa mère la gloire
> D'un vert laurier : le prix de la victoire
> N'est ni trépied, ni cheval, ni écu,
> Mais bien la vie et le sang du vaincu.

Les vers de la *Franciade* sont rarement aussi vigoureux : ils pèchent trop souvent par la négligence et la mollesse, qu'accroît encore l'usage du décasyllabe substitué à l'alexandrin. Le poète a beau nous dire que « son œuvre est patronée sur la naïve facilité d'Homère, plutôt que sur la curieuse diligence de Virgile », il confond la négligence et la naïveté. De loin en loin pourtant, un vague écho de la poésie homérique nous arrive, comme dans cette peinture des troupeaux

> . . . . qui bêlent à l'entour
> De leur pasteur, quand la pointe du jour
> Et la rosée aux herbes les convie.

Telle encore cette image des vents

> Chargés d'éclairs, de tempête et de nuit ;

ou de la nue qui

> . . blafarde et noirâtre couloit,
> Ayant d'azur la robe entreveinée.

Ronsard est volontiers peintre et paysagiste : il a le sentiment de la nature plus que ne l'aura jamais Malherbe. Mais ces traits et ces lueurs sont rares dans la *Franciade*. Le fond reste terne et gris : l'éclat manque autant que le mouvement.

Le poème s'arrête au milieu d'une grande scène de

nécromancie, imitée à la fois de la Νεκυια d'Homère et du sixième livre de l'*Énéide*. Hyante, fille du roi Dicée, douée, comme Cassandre, du don de prophétie et tant soit peu magicienne, évoque les ombres des rois héritiers de Francus, qui doivent un jour régner sur la France. Charles IX, avec une magnanime candeur, voulut que Ronsard n'omît aucun de ses prédécesseurs. Le poète eut ainsi sur les bras, selon sa propre expression, le *faix* de soixante-trois rois. C'était un peu lourd à porter, même pour remplir le vide de vingt-quatre chants. Aussi la fatigue le gagne-t-elle dès la fin de la première race. Après avoir écrasé les Sarrasins sous l'épée de Charles Martel, tout essoufflé, il s'étaye un moment sur Virgile :

> Mille ans après, les tourangelles plaines
> Seront de morts et de meurdres si pleines,
> D'os, de harnois, de vuides morillons,
> Que les bouviers en traçant leurs sillons
> N'orront sonner sous la terre férue
> Que de grands os heurtés de la charrue.

> *Exesa inveniet scabra robigine pila,...*
> *Grandiaque effossis mirabitur ossa sepulcris*[1].

Quelle différence pour l'ampleur et la majesté du rythme, sans parler de l'expression ! Ronsard essaye vainement de ramener au ton de l'épopée ce long mémorial historique : il revient à la chronique rimée, où s'était perdu et noyé avant lui Guillaume Cretin. C'était s'acheminer vers les eaux du Léthé. La *Franciade* devait y demeurer ensevelie, et l'épopée française avec elle, sans que Chapelain ni Voltaire, ni Viennet, ni personne depuis, ait pu l'en tirer.

Au moment où Ronsard construisait le fragile et laborieux échafaudage de sa *Franciade*, Hotman lançait son hardi et vigoureux pamphlet de la *France-Gaule*. Qu'on se figure un coup de hache donné au milieu de ces treillis et de ces enluminures de l'histoire courtisanesque, comme l'appelle Hotman : la pauvre ombre de Francus réduite à fuir devant la framée de Clovis et de Mérovée. Le succès de la *France-Gaule*, le bruit immense qui se fit autour d'elle, dut entrer pour une large part dans le découragement de Ronsard.

---
1. *Géorgiques*, livre I.

Pour comble de malheur, les circonstances n'étaient pas favorables. Les quatre premiers livres de la *Franciade* furent publiés le 13 septembre 1572, vingt jours après la Saint-Barthélemy. Qui pouvait trouver le temps de s'intéresser aux aventures de Francus? Le roi Charles IX lui-même n'y songeait guère. En 1584, Ronsard donnait une seconde édition corrigée de son poème : elle ne rencontra que l'indifférence, et provoqua même quelque risée. En 1587, un ami du poète, Galland, offrit au public une nouvelle édition de cette œuvre, que l'auteur n'avait cessé de revoir et de retoucher jusqu'à sa mort. Sur les six mille vers, il en avait retranché neuf cents, refait et remanié plus d'un tiers. Malgré tous ces efforts désespérés, la *Franciade* n'en resta pas moins ce qu'elle était : un avortement.

Pourtant on ne saurait dire que le souffle héroïque ait toujours manqué à Ronsard. Mais c'est en dehors de la *Franciade*, dans les *Hymnes*, les *Poèmes*, le *Bocage Royal* qu'il faut aller le chercher. Tel est par exemple le *Discours sur l'équité des vieux Gaulois*. On dirait un fragment d'épopée primitive et presque barbare, où les souvenirs de l'art grec se mêlent à la sombre imagination des *Niebelungen*, que Ronsard n'a certainement pas connus, bien qu'il ait visité l'Allemagne. Ce morceau, si fort admiré de Gandar[1], est une fantaisie héroïque sortie tout entière du cerveau de Ronsard, par une espèce de fermentation intérieure, comme certaines petites épopées de Victor Hugo. L'auteur se l'est adressée à lui-même pour ses étrennes. Le début soudain et bizarre nous mène d'abord on ne sait où.

> La victime était prête et mise sur l'autel,
> Quand ce brave Gaulois de renom immortel,
> Grand prince, grand guerrier, grand pasteur des armées,
> Qui avait saccagé les plaines Idumées,
> Et foudroyant les champs d'un armé tourbillon,
> Avait épouvanté le rocher d'Apollon[2],
> Commande à Glythénie (comme s'appelait celle
> Qui fut à son époux, épouse mal fidèle) :
> « Prends le pied de l'agneau, et fais pour ton renvoi
> Aux bons Dieux voyageurs des vœux ainsi que moi. »

[1]. Thèse sur *Ronsard imitateur d'Homère et de Pindare*, 1854. — [2]. Le temple de Delphes.

> Elle, pour obéir, prend le pied de la bête,
> Lors, en lieu de l'hostie[1], il décolle la tête
> De la femme perfide, et le sang, contremont
> Jaillissant, du mari ensanglanta le front.
> Ainsi de son forfait elle tomba victime,
> Sans tête, dans son sang, lavant son propre crime.

Quel est donc ce terrible justicier ? quel est ce mari ? quelle es cette femme ? quel est son crime ? — Vous l'allez apprendre.

Ce chef gaulois est Brennus, le vainqueur de l'Asie ; cette femme est sa captive, devenue follement amoureuse de lui ; ce mari est un pauvre Grec de Milet, qui a vendu ses biens, traversé les mers, pour venir à Marseille chercher et racheter sa femme des mains du chef gaulois. Car les Gaulois ont dépeuplé l'Asie, entraînant derrière eux les corps et les cœurs féminins. La captive grecque ne se soucie pas de retourner à Milet avec son ancien époux, et propose à Brennus de le tuer, en gardant ses trésors. De là cet acte de justice, qui doit faire connaître à tout l'Orient la vertu des Gaulois.

> Dessous la loi écrite enseignés vous vivez,
> Et doctes en papier vos lois vous ne suivez.
> Nous autres, nous n'avons que la loi naturelle
> Écrite dans nos cœurs par une encre éternelle.

Qu'il fasse de sa femme ce qu'il voudra :

> En tombe, si tu veux, ou donne aux chiens ta femme,
> Ou la jette à la mer, ou la baille à la flamme.
> . . . .

Quant à la rançon :

> Prends tout, je n'en veux rien, afin qu'à ton pays
> Tu fasses au retour nos voisins ébahis,
> Leur contant nos vertus.

Et voilà comment le poète trouve ici le moyen de glorifier nos ancêtres en rappelant leur respect du droit et de la justice.

La pièce est étrange : elle semble un pastiche de rudesse

---

[1]. *Hostia*, victime.

et de sauvagerie artificielle, parfois déclamatoire, qui rappelle un peu le *Bivar*, l'*Éviradnus* ou le *Ratbert* de la *Légende des Siècles* dans Victor Hugo. Là aussi une ou plusieurs têtes tombent sous le tranchant du fer : on voit, comme dans Ronsard :

> Un flot rouge, un sanglot de pourpre, éclaboussant
> Les convives, le trône et la table, de sang[1].

De qui sont ces vers? De Ronsard ou de Victor Hugo? On pourrait hésiter.

III

Si la voix de Ronsard domine et couvre en grande partie la tumultueuse mêlée du xvie siècle, il nous faut parler aussi de ceux qu'on peut nommer les *sous-chantres* de la Pléiade, tels que Remy Belleau, Étienne Jodelle, Antoine de Baïf.

Belleau est l'élève chéri, le Benjamin de Ronsard, qui fait de lui le confident de ses travaux, le compagnon de ses promenades et même de ses aventures galantes. Ainsi que l'atteste le maître dans une élégie qu'il lui consacre.

> ... Ronsard et Belleau n'étaient qu'un.

Le gentil poète d'*Avril*, le chantre des *Bergeries* et des *Pierres précieuses*, ne semblait guère fait pour se mêler aux agitations, aux luttes politiques et religieuses. Son tempérament calme et doux, sa nature un peu féminine, devaient le mettre à l'abri des emportements. Ronsard le raille amicalement sur sa réserve en face de la *dive bouteille* :

> Tu es trop sec biberon
> Pour un tourneur d'Anacréon.

Mais il est des instants où les moutons eux-mêmes deviennent enragés. Ronsard avait de bonne heure engagé Belleau et la meilleure partie de la Pléiade au service des Guises :

> Il n'écrivit jamais qu'il n'eût la bouche pleine
> Des illustres vertus de Carles de Lorraine,

---

1. *Ratbert*.

nous dit l'auteur du *Bocage royal*. Belleau s'attacha comme secrétaire à l'un des frères du cardinal, René, marquis d'Elbeuf, et l'accompagna dans son expédition de Naples en 1557. Il partit, malgré les remontrances de Ronsard, qui l'engageait à ne pas déserter le camp des Muses pour celui de Mars. C'est à titre de témoin oculaire qu'il nous raconte les exploits de son protecteur :

> . . . . Je l'ai veu
> Rouge de feu grégeois et de lances à feu,
> Poudreux, noir, ensoufré et couvert de fumée,
> Se lancer furieux contre la poupe armée,
> Combattant pêle-mêle, à bouche de canon,
> Pour acquérir d'honneur un éternel renom.

Rentré en France, au moment où le roi faisait rédiger les *Coutumes du Perche*, Belleau composait une ode en l'honneur de son pays natal, Nogent-le-Rotrou :

> O terre en qui j'ai pris naissance,
> Terre qui ma première enfance
> Allaitas de ton cher tétin,
> Mais, hélas ! qui ne me fus guère,
> Ni mère nourrice, ni mère,
> Me traînant ailleurs le Destin.

Ce destin, qui faisait de lui le précepteur des enfants du marquis d'Elbeuf, le retint d'abord loin de Paris, au château de Joinville. Là, cumulant les fonctions multiples de précepteur, d'amuseur et de poète officiel, il est chargé de fournir des morceaux de circonstance pour toutes les fêtes. C'est ainsi qu'il traduit ou imite le *Miles gloriosus* de Plaute, dont il fait sa comédie du *Brave*.

Cependant l'heure des orages publics approchait. La conjuration d'Amboise avait donné le signal. Le prince de Condé, Louis de Bourbon, seigneur de Nogent-le-Rotrou, venait d'être arrêté, puis relâché. Belleau écrivit à cette occasion deux pièces de vers : l'une intitulée *l'Innocence triomphante*, l'autre *la Vérité fugitive*. L'auteur y laissait percer certaines sympathies protestantes, qu'il eut grand soin d'effacer depuis. Il fallut bientôt prendre un parti. Stimulé par l'exemple de son maître, Belleau joignit sa voix à celle de Ronsard pour célébrer la victoire de Moncontour (1569). Dans cette ascension lyrique, il paraît s'être piqué d'honneur, et vise au sublime, comme s'il venait de s'abreuver à la source de Pindare. Le début ne manque pas d'une certaine noblesse :

> Au ciel loge une déesse
> Pour les rebelles fureurs,
> Qui de peine vengeresse
> Punit les outrecuideurs.

L'honneur de la journée revenait à ce duc d'Anjou, l'Achille des Valois, le fils préféré de Catherine et l'objet de jalousies de son frère. Le poète nous le montre

> Moissonnant cette vermine
> De reîtres empistolés,
> Et la brigade mutine
> De leurs soldats évolés,
> D'une main prompte et habile,
> A grands coups de coutelas,
> Ainsi que tombent à bas
> Les épis sous la faucille.

Cet aimable esprit, fait pour exprimer les délices du printemps, pour voltiger avec l'abeille et la colombe autour de la rose et de la coupe d'Anacréon, n'a point l'essor olympien, le *remigium alarum* qu'exige l'ode pindarique ou l'épopée. Bien qu'il ait entrepris d'exalter le triomphe de Moncontour et les exploits maritimes du marquis d'Elbeuf, la trompette héroïque lui convient moins que la guitare ou le flageolet. Tandis que Ronsard retraçait d'une plume de fer les *Misères du temps présent*, tandis que D'Aubigné s'apprêtait à peindre en traits de feu, dans ses *Tragiques*, les horreurs de la guerre civile, Belleau improvisait, pour le divertissement de la cour, un poème burlesque, en latin macaronique, le *Dictamen metrificum de Bello hugonotico*[1].

Avec son humeur accommodante, il chante volontiers la

---

1. Voir *la Satire en France au xvi⁰ siècle*, t. II, p. 46.

paix dans une *journée* de ses *Bergeries* et dans une Ode à la reine :

> Laisse le ciel, belle Astrée,
> En France tant désirée,
> Viens faire ici ton séjour
> A ton tour.

C'est à la suite de cette ode médiocre que se trouve la jolie *Chanson d'Avril* :

> Avril, l'honneur des bois
> Et des mois.

Entre toutes ses bonnes fortunes littéraires, Remy Belleau eut celle de mourir jeune, sans avoir eu le temps de s'attirer des ennemis ou des envieux. De magnifiques funérailles entourèrent son cercueil dans la nef des Grands-Augustins. Par un exemple d'affection unique peut-être dans l'histoire des lettres, quatre de ses confrères et amis, des plus illustres, Pierre de Ronsard, Antoine de Baïf, Philippe Desportes et Amadis Jamyn, portèrent son corps sur leurs épaules. Ronsard joignit à cet hommage une épitaphe placée en tête du volume des *Pierres précieuses* :

> Ne taillez, mains industrieuses,
> Des pierres pour couvrir Belleau,
> Lui-même a bâti son tombeau
> Dedans ces *Pierres précieuses*.

Le petit écrin est assez grand pour les cendres poétiques et la gloire de Belleau : juste autant qu'il en faut pour contenir un passereau ou un oiseau-mouche.

IV

Moins honorées et moins honorables furent la vie et la fin de Jodelle, cet *impresario* de la Pléiade, auquel Ronsard décernait d'abord la double palme de la tragédie et de la comédie. Il en rabattit bien depuis, si l'on en croit son jugement définitif sur l'écrivain, d'après le témoignage de L'Estoile : « Pour le regard de ses œuvres, Pierre de Ronsard a dit souvent qu'il eût désiré, pour la mémoire de Jodelle, qu'elles eussent été données au feu, au lieu d'être mises sur la presse : n'ayant rien de si bien fait en sa vie que ce qu'il a voulu supprimer, étant d'un esprit prompt et inventif, mais paillard, ivrogne, et sans aucune crainte de Dieu, auquel il ne croyait que par bénéfice d'inventaire. »

Parisien de naissance comme Villon, comme lui désordonné et débraillé dans sa vie et dans ses mœurs, avec un talent d'écrivain bien inférieur, ce brillant et fécond improvisateur est un touche-à-tout universel. Au théâtre, il se flatte d'être à la fois machiniste, décorateur, costumier, musicien, et même poète à ses heures. Notre Alexandre Dumas, qui pouvait se contenter de sa gloire dramatique, écrivait un jour à Louis-Philippe que l'*homme de lettres* n'était chez lui que la préface de l'*homme d'État*. Jodelle a de ces vanités naïves avec toutes les ambitions et toutes les prétentions d'un esprit supérieur. Dans une pièce médiocre et fastueuse sur la reddition du Havre-de-Grâce, enlevé aux Anglais, il se pavane et fait la roue devant le roi Charles IX, en lui disant :

> Si je t'ai discouru ces jours d'un bâtiment,
> Je ne suis pourtant, Sire, un maître d'édifices.

Il a peur sans doute qu'on le prenne pour un simple maçon comme Philibert Delorme, l'homme à la *truelle crossée* :

> L'heur de nature et l'art m'ont pourvu d'exercices
> Plus grands, pour au pays rendre un autre ornement.

Il a sa Muse, et puis son génie propre à tout. Ce bohème sans vergogne enfourche au besoin le grand dada de la Foi et de l'État à sauver. Il lance la foudre contre les ministres huguenots, qu'il accuse de tous les malheurs du temps. Pourquoi faut-il

> Qu'étant utile à tout, inutil' j'aie été
> Au secours de la Foi, du Roi, de la Province !

Mais, hélas ! la maladie le retenait sur son lit. S'il montre tant de zèle contre les protestants, son but

> N'est pas pour bruit acquerre en si haute doctrine,
> Mais pour aider ma France à ces monstres chasser.

Il s'exalte au souvenir de l'extermination des Albigeois :

> Vaincus, chassés, tués, par nos seigneurs françois,
> Que le Romain Pontife anima d'un saint zèle ;

si saint, en effet, qu'Innocent III finit par en avoir des remords.

On comprend que Jodelle, avec de pareils sentiments, ait donné son approbation complète à la Saint-Barthélemy. Il n'éprouve aucune pitié pour les victimes.

> Voyant à la parfin le fer victorieux,
> Le fer et l'onde aussi, par le vouloir des cieux,
> Forcer, venger, purger leurs fautes criminelles,
> Ces martyrs obstinés de leur rébellion,
> Se couvrant du manteau de persécution,
> « Dieu, disent-ils, ainsi éprouve ses fidèles. »

Après avoir insulté le cadavre de Coligny, Jodelle termine dignement son œuvre et sa vie, en outrageant la noble image du chancelier de l'Hôpital :

> Il vit encore ce vieillard,
> Ce méchant âne montagnard,
> Et voit avec impunité
> De son pays l'embrasement,
> Dont malheureux il a été
> La cause et le commencement.

sans doute en rédigeant la première charte de tolérance, l'*Édit de janvier*.

Nous rappelons ici ces vers, non pour ce qu'ils valent, mais pour le châtiment de celui qui a eu la honte de les écrire.

V

Un autre représentant, plus grave et plus digne, de la Pléiade, mêlé, lui aussi, aux événements du jour, est ce

> Docte, docteur et doctime Baïf,

comme l'appelle Joachim du Bellay : Antoine de Baïf, le compagnon de travail opiniâtre et acharné de Ronsard au collège de Coqueret. C'est là que les deux amis, dans une partie de studieuse débauche, tombaient de fatigue et de sommeil, dévorant en trois jours l'*Iliade* d'Homère.

Si Ronsard est le Goliath de la poésie française, Baïf en est le Polyphème, joignant à ses pesanteurs cyclopéennes quelques fleurettes galantes à l'adresse de Galatée : notamment dans la gracieuse idylle de l'*Amour Oiseau*, imitée de Bion. Tout entier à la grande œuvre d'organisation et de réformation littéraire, à laquelle il a voué sa vie, il s'est créé dans le faubourg Saint-Marcel, à l'extrémité de Paris, un ermitage poétique, un petit « Temple des Muses », première ébauche d'Académie, où l'on s'occupe de grammaire, de prosodie, de métrique, de musique, et d'érudition. Le reste lui importe peu, à ce qu'il semble. Aussi, quand des voisins jaloux de son repos le dénoncent et le réclament pour la milice obligatoire des *Corporeaux*, Baïf ne montre pas pour cette institution plus de respect que n'en montrera plus tard Théophile Gautier, l'habitué de l'*hôtel des Haricots*, cette prison anodine des gardes nationaux récalcitrants. Il pense qu'un prêtre des Muses, comme un oint du Seigneur, doit être exempt du service militaire ainsi que de l'impôt, et adresse la requête suivante aux prévôt et échevins de Paris :

> Ce Baïf fait sa plainte et dit que, sans propos
> Et sans avoir égard à son peu de chevance [1],
> A sa profession et à sa remontrance,
> Son voisinage veut le contraindre d'aller
> A la garde et au guet, le voulant égaler
> De tous points, pour cela, au simple populaire,
> Et contre son dessein l'attacher au vulgaire :
> Duquel, tant qu'il a pu, il n'a eu plus grand soin,
> En toutes actions, que s'en tenir bien loin.
> Et pour ce il a choisi aux faubourgs sa retraite
> Loin du bruit de la ville, en demeure secrète.
> Ainsi dans vos maisons loge paix et santé,
> Baïf, comme d'emprunt, soit du guet exempté !

Pourtant, si indifférent qu'il soit à ses devoirs de citoyen actif, par ce temps de passions violentes, quand les partis sont

---

1. Fortune.

aux prises, il lui est difficile de rester neutre. Baïf, de même que Ronsard, finit par mettre sa plume au service de la cause catholique, devenue pour beaucoup la cause nationale. Au début, il est l'ami de la paix, toujours promise, toujours signée, et toujours rompue. Dès 1549, il consacrait quelques-uns de ses premiers vers à célébrer le traité de Windsor conclu avec l'Angleterre. Plus tard, dans un hymne adressé à la reine de Navarre, Jeanne d'Albret, il s'écrie :

> Je veux louer la paix : c'est la paix que je chante,
> La fille d'amitié dessur tout exultante.
> Amitié nourrit tout : tout rit par amitié,
> Et rien ne peut mourir que par inimitié.
> La concorde et l'amour sont l'appui de la vie,
> Et l'effroyable mort vient de haine et d'envie [1].

Il salue avec joie le mariage de Henri de Navarre et de Marguerite de Valois, et y voit un gage de concorde entre les deux partis qui divisent la France.

> Peuples, n'en doutez pas, le grand Dieu favorise
> Ce mariage saint[2], bienheureux à la France.
> Le ciel beau, clair et net approuve l'alliance :
> Le soleil rit serein à si bonne entreprise [3].

Ces *noces vermeilles*, comme on les appela, n'étaient que le prélude trompeur de la Saint-Barthélemy, un abominable guet-apens [4]. Baïf, qui s'était laissé prendre honnêtement aux apparences, s'inclinant devant le triomphe de la ruse et du crime, eut le piteux courage d'en faire l'apologie.

> Dieu s'est levé comme un tonnerre,
> Ses ennemis jetés par terre
> Sont la plupart morts étendus.
> Ceux qui restent d'eux, sans conduite,
> Vaguent[5] en misérable fuite
> De honte et de peur éperdus.
> C'est à Dieu, c'est à Dieu la gloire
> De tant mémorable victoire.

[1]. *Hymne de la Paix*. Cinquième livre des *Poèmes*, t. II, édit. Marty-Laveaux. — [2]. *Saint*, il ne le fut ni par l'amour ni par la fidélité des époux. — [3]. *Passe-temps*, livre II, t. III. — [4]. Voir le nouveau vol. de M. Hector de la Ferrière sur *la Saint-Barthélemy*. — [5]. Errent.

Toujours le nom de Dieu associé aux passions des hommes, qui font de lui le complice et l'inspirateur de leurs forfaits.

Une autre personne a sa large part dans cette œuvre *salutaire* et *réparatrice*, c'est la reine mère :

> Mais après Dieu, Reine très sage,
> Haut louer faut votre courage,
> Quand animâtes vos enfants
> D'approuver si juste vengeance,
> Qui des ennemis de la France
> Les rendit à coup triomphants.

Triste et lourde responsabilité, qui imprime à la mémoire de Catherine une tache ineffaçable. Ronsard, il faut le dire à son honneur, s'abstint de rien écrire sur ce pitoyable sujet, retenu qu'il était sans doute par sa reconnaissance envers les Guises, son affection pour le roi, et ses anciennes relations avec la famille de Châtillon.

Nous avons montré quel rôle joue la Pléiade au début de nos guerres civiles et religieuses ; il nous reste à suivre les deux partis dans l'arène sanglante où ils vont se rencontrer, et à voir ce que la poésie patriotique peut réclamer, entre tant d'œuvres inspirées par la haine, la colère ou l'indignation.

CHAPITRE VII

GUERRES CIVILES ET RELIGIEUSES

La Réforme et la Ligue. — Guises et Bourbons. — Remontrance de François de Guise au roi François II. — Les manifestes de Condé. — Le Chansonnier huguenot : chant de la Guerre Civile; chant de bravoure (1566). — Mort d'Antoine de Bourbon : la Déploration des François et Navarrois. — Mort et funérailles de François de Guise : épitaphe et complainte. — Bataille de Jarnac, mort de Condé (1568). — Paix de Saint-Germain (1570). — La Saint-Barthélemy. — Ode sur les Misères des Églises protestantes. — Le cadavre de Coligny à Montfaucon. — Le lendemain d'un crime. — Nouvelles espérances de paix. — La Ligue et les États de Blois. — Chansons sur la victoire d'Auneau (1587). — Triomphe et mort de Henri de Guise. — Mort de Henri III. — Un roi légitime et national.

I

Les guerres civiles et religieuses, en armant, les uns contre les autres, les enfants de la même terre et de la même cité, avaient chance de miner ce qui constitue le fonds du patriotisme, la communauté d'idées et de sentiments pour la même cause, sous le même drapeau, et d'y substituer l'esprit de secte, de cabale et de conspiration. Cependant cette idée de la patrie, sanctifiée par Jeanne d'Arc, ravivée encore par l'amer souvenir et les rancunes qu'éveillait la trahison du connétable de Bourbon, survit et triomphe dans les âmes généreuses, en dépit des haines, des passions et des intérêts qui les emportent. La Réforme et la Ligue, en associant la religion à la politique, ont la prétention de représenter tour à tour un grand intérêt et un grand mouvement national : mais elles deviennent en réalité des factions, et seront vaincues, comme telles, par la vraie France, qui se trouve à la fin groupée autour du Béarnais.

Au lendemain de la mort de Henri II, à l'heure où le pouvoir royal tombe aux mains d'une veuve et d'un enfant, les deux maisons rivales de Lorraine et de Bourbon, qui se disputent la direction des affaires, font, en paroles, assaut de zèle et de dévouement. François de Guise, avec toute sa grandeur et son prestige, s'incline devant le jeune souverain François II, l'adolescent scrofuleux, auquel il a donné pour épouse sa nièce, la jeune reine d'Écosse, la belle et séduisante Marie Stuart, la Sirène enchanteresse chargée de servir la politique de la famille. Une chanson nouvelle[1], qui pourrait bien n'être qu'une satire, comme on l'a supposé, le fait parler ainsi :

> Roi de France, mon cher Prince,
> Vous obéir je prétends ;
> Quoi qu'on en die,
> Je n'ai envie
> Que de vous voir florir,
> Longuement être
> Tenant deux sceptres ;
> Pour vous je veux mourir.

Ces deux sceptres sont ceux d'Écosse et de France, trop lourds à porter pour ces débiles mains que la mort allait bientôt glacer.

Dans cette chanson, le duc, en même temps qu'il se proclame le serviteur du roi, se fait l'interprète des vœux du peuple, le protecteur des faibles et des petits. Il se lamente sur le sort des laboureurs écrasés par la guerre, les impôts et les tailles :

> Je vous supplie, très cher Sire,
> De vouloir abâtardir
> Tous les impôts et subsides,
> Les tailles pareilles aussi,
> Puis, sans doutance,
> Peuple de France
> Vous ira bénissant.

La suppression des impôts, admirable système, absurde, mais ayant d'autant plus chance de séduire la foule qu'il n'a

---

1. *Chanson nouvelle sur la Remontrance faite au roi par Mgr le duc de Guise*, 1560. Leroux de Lincy, *Ch. hist.*, t. II.

pas le sens commun, est devenue de nos jours le grand appât des agitateurs socialistes. On dirait que Guise a deviné l'art de capter le suffrage universel. L'Hôpital, plus sage et plus sincère, aux prises avec les embarras financiers, essayait de réaliser, dans les États généraux d'Orléans et de Pontoise, de sérieuses économies.

En face des Guises, ces habiles et hardis accapareurs de la faveur royale et populaire, se dresse une autre famille rivale plus rapprochée du trône par sa naissance : celle des Bourbons. A sa tête, Antoine, roi de Navarre, le père de Henri IV et le mari de Jeanne d'Albret, ses deux titres principaux à la célébrité : au fond bonhomme faible, indécis, louvoyant entre les partis et les Églises, revêtu un moment, pour la forme, du titre de Lieutenant général du Royaume, dupe en somme des Guises et de la reine mère. Près de lui, le cardinal son frère, joué, lui aussi par l'astucieux et remuant cardinal de Lorraine, qui l'écrase de toute sa supériorité au Colloque de Poissy et au Concile de Trente, comme jadis au collège. Enfin le vrai chef, le héros de la famille, Louis, prince de Condé, un bossu spirituel, brave et galant, un autre Lion de Juda, le Machabée de la Réforme :

> Le petit homme tant joli,
> Qui toujours chante et toujours rit.

Dans cette mêlée furieuse où catholiques et protestants apportent leurs passions de sectaires et leurs haines de parti, s'alliant tour à tour avec l'Allemagne, l'Angleterre et l'Espagne, c'est au nom du roi et de la patrie que chaque faction prend les armes. La France reste toujours la mère commune dont ils invoquent le nom. Peut-être sont-ils sincères, et ne s'aperçoivent-ils pas qu'ils la mutilent et la déchirent par leurs divisions. Condé, devenu le chef du parti huguenot, se déclare le fidèle serviteur du roi et de la France, et renvoie aux Guises, oppresseurs et tyrans de la royauté, ce reproche de rebellion dont ils prétendent le flétrir :

> Qu'ils prennent donc pour eux le titre de rebelles,
> Et nous laissent, à nous, notre nom de fidèles [1].

---

[1]. *Épître à la reine-mère* (*Mém. de Condé*. t. IV. p. 166).

Condé n'est pas sans doute l'auteur, mais l'inspirateur des manifestes publiés sous son nom, et rédigés probablement par Th. de Bèze, Florent Chrestien, Antoine de Chandieu, etc. Les sentiments du plus pur loyalisme éclatent dans cette *Épître au Peuple français* :

> Et toi, ma douce mère et ma chère patrie,
> Puisque pour toi ainsi je m'offre et sacrifie,
> Prends en gré de ton fils la sainte affection,
> Et j'espère secours en ton affliction.
> Si je puis par mon sang te donner délivrance,
> Honorable sera de vrai ma récompense ;
> Mais si je dois mourir en si haute entreprise,
> Fais que sur mon tombeau cette lettre soit mise :
> « Pour l'Église de Dieu, le roi et son pays
> Remettre en liberté, mourut ici Louis [1] ».

Un point délicat pourtant, difficile et alarmant pour les consciences honnêtes, se présentait : celui de l'alliance avec l'étranger, sous prétexte de religion. Condé l'a senti et n'y répond qu'à demi, en retournant contre ses adversaires l'accusation qu'ils lui adressent, sans arriver à se justifier complètement :

> Je suis bien assuré de ce qu'ils nous objectent
> Pour couronner leur vice ; et qu'en avant ils mettent
> Que nous avons cherché secours en Allemagne ;
> Et eux qu'ont-ils premiers pourchassé en Espagne [2] ?

La raison est-elle suffisante ? Nous ne le pensons pas. Sous ce rapport, les deux partis n'ont rien, ou plutôt ont tout, à se reprocher mutuellement. Les protestants livrent le Havre aux Anglais, et Coligny lui-même se résigne à ce sacrifice en gémissant. Les catholiques livrent également Turin au duc de Savoie, et, chose plus grave, Paris aux Espagnols. L'internationalisme religieux, qui a précédé chez nous de trois siècles l'internationalisme ouvrier, a été de bonne heure une manière d'introduire l'étranger dans nos affaires et nos discordes intestines. L'expérience nous a coûté assez cher dans le passé pour que nous en profitions aujourd'hui.

---

1. *Mém. de Condé*, t. III. — 2. *Épître à la reine-mère* (*ibid.*).

Rappelons-nous quels efforts a dû faire la France pour rejeter de son sein cette contagion étrangère, ce virus espagnol, italien, allemand, qui s'était mêlé au plus pur de notre sang, avant de redevenir vraiment française avec Henri IV et Malherbe.

Une autre leçon à retenir, c'est le danger qu'amènent à leur suite les querelles et les passions religieuses. Bayle qui les a vues se réveiller après la révocation de l'édit de Nantes, dit avec raison : « Y a-t-il rien qui rende l'homme plus farouche, plus impitoyable et plus loup à un autre homme, que le faux zèle qu'il conçoit contre une autre religion ? Pour peu que l'on ait de disposition à être malhonnête homme, il ne faut que cela pour vous achever [1]. » Les imprudents qui, de nos jours, cherchent à rallumer ces passions éteintes, par la violence des attaques ou par l'intolérance des opinions, sont des malheureux, des insensés, ne songeant pas au fléau qu'ils risquent de déchaîner sur le monde. A ceux qui en douteraient nous opposerons non seulement le témoignage de l'histoire, mais celui même du *Chansonnier huguenot*, écho des plaintes, des douleurs et aussi des menaces et des colères de la Réforme, où les accents de Jérémie se joignent au bruit des trompettes de Jéricho. Témoin ce cri d'une conscience alarmée, à la pensée des luttes fratricides qui vont s'engager, *plus quam civilia bella* [2] :

> Mais las ! faut-il que notre guerre
> Ensanglante la chère terre
> Qui en son giron nous reçut,
> Quand notre mère nous conçut ?
> Faut-il donc, ô mère commune,
> Que notre discord t'importune
> De tant de violents efforts,
> De tant de sang, de tant de larmes,
> De tant de coups, de tant d'alarmes,
> De tant d'excès, de tant de morts ?
> Faut-il que notre main chrétienne
> La main de meurtriers devienne ?
>
> . . . .

---

1. *Nouvelles de la République des Lettres*, 1685, art. III. — 2. *Chant de la guerre civile sur l'association et prise d'armes*, 1562. — *Le Chansonnier huguenot au* XVIe *siècle*, livre III.

> Faut-il appointer un canon
> Contre l'estomac de son père ?
> Faut-il percer le corps d'un frère
> Ou d'un cousin du même nom[1] ?

Si faible qu'en soit l'expression, ces angoisses de la guerre civile et religieuse honorent ceux qui les éprouvent, et devaient traverser plus d'une âme française. Rappelons-nous la belle page si touchante, si dramatique où D'Aubigné, dans son *Histoire universelle*, nous montre Coligny aux prises avec ses devoirs de patriote et de citoyen, hésitant à l'idée de franchir ce nouveau Rubicon. Réveillé pendant la nuit par les sanglots de sa femme, l'ardente et généreuse Charlotte de Laval, l'adjurant de venir en aide à Dieu et à son Église, il lui expose ses scrupules : les périls de l'entreprise, les épreuves qui l'attendent, les trahisons des partis, l'ingratitude des peuples, la fuite, l'exil et, au bout, la mort, peut-être ignominieuse, pour elle et pour lui. « Je vous donne trois semaines, lui dit-il, pour vous éprouver ; quand vous serez, à bon escient, fortifiée contre de tels accidents, je m'en irai périr avec vous et avec vos amis. » Mais elle, reprend aussitôt : « Ces trois semaines sont achevées ; ne mettez point sur votre tête les morts de trois semaines, ou je serai témoin contre vous au Jugement de Dieu ». Vaincu par de telles instances, Coligny, triste et intrépide, s'avance vers sa destinée et prend les armes à contre-cœur, pour accomplir ce qu'il regarde comme un devoir. Plus tard, à la veille de la Saint-Barthélemy, alors que ses amis le détournent de se rendre à Paris, où l'appelle la politique astucieuse de Catherine, il répondra : « J'aime mieux être traîné mort par les rues que de rentrer dans la guerre civile ». Noble désaveu de ces luttes maudites, où il s'est engagé malgré lui.

Sachons gré au *Chansonnier huguenot* de nous avoir conservé, même en vers prosaïques et imparfaits, ce gémissement du patriotisme aux abois. Pourtant, il faut en faire l'aveu, ce recueil de chansons protestantes, publié par M. Bordier, si instructif qu'il soit, n'a rien de très animé ni

---

1. Ce ne sont pas là de simples hypothèses : Dans les Basses Alpes, le comte de Sommerive prend les armes contre son père le comte de Tende.

de très divertissant. Il se ressent des amertumes de l'exil et de la persécution, de cette tristesse que Bossuet signalait dans le style de Calvin. Les propos de table et les chants de Luther ont un tout autre entrain. Si l'on en excepte la *Chanson du Petit Homme* en l'honneur de Condé, et la *Chanson de la Messe*, où l'allure vive et alerte du rythme emporte et couvre le prosaïsme irrévérencieux du fond, la plupart de ces couplets huguenots ont je ne sais quoi de gauche, de guindé, rappelant la raideur protestante. Le ton grave, sentencieux, pédantesque, domine même dans les hymnes de victoire, qui suivent les journées de Coutras et d'Ivry.

En revanche, disons-le aussi, certaines pièces, moins voisines encore de la chanson que de la prière, sont empreintes d'une élévation morale qui touche parfois à l'héroïsme et au sublime. Tel est ce morceau, remanié sans doute par un arrangeur habile, et inséré à l'article CHANSON dans l'*Encyclopédie moderne* de Didot. Le mouvement en est superbe, du plus haut souffle religieux et patriotique. Nous ne pouvons résister au plaisir de le citer tout entier. C'est un chant ou plutôt une invocation, une veillée d'armes des huguenots pendant la nuit. Bien que la pièce soit en prose, elle contient plus de sentiment et de vraie poésie que tous les vers du *Chansonnier huguenot*.

« Grand Dieu, la nuit sortit de tes mains puissantes pour donner le repos à l'homme, et le jour pour le consacrer au travail. Il est nuit, nous veillons pour le repos de nos frères.

« Tu as choisi tes enfants : ne souffre pas, Seigneur, que leurs paupières se ferment et qu'ils succombent au sommeil. Donne-nous la fermeté et la vigilance, après nous avoir fait supporter tant de maux.

« Dans ce camp, ton œil veille, ô Seigneur ! Fais que sous l'ombre profonde aucune pensée lâche ne se glisse dans nos cœurs : éclaire nos âmes divines, et garde-nous dans les ténèbres de la nuit comme dans les ténèbres du monde.

« Nous te prions pour ceux qui nous persécutent ; pour le roi dont la jeunesse est entourée d'ennemis ; pour la reine et pour les hommes honnêtes de son conseil (sans doute L'Hôpital suspect de faveur pour la Réforme). Inspire aux grands l'humanité pour les petits ; que tous t'implorent, te craignent, et ne craignent que toi : car tu es le juge des hommes et le seul Roi des Rois [1]. »

Nous avons cherché vainement le texte original, en nous adressant à MM. Weiss, Read et à tous les bibliophiles protestants les plus autorisés : depuis, nous pensons l'avoir retrouvé en partie, dans une pièce insérée au troisième volume des *Mémoires de Condé* [2]. Ce sont les mêmes idées et souvent les mêmes expressions, mais plus délayées, moins concises et moins énergiques. Prêtez à cette prose la forme poétique et rythmée qu'eût pu lui donner un D'Aubigné ou un Du Bartas, joignez-y la musique d'un Goudimel ou d'un Meyerbeer, et jugez quel admirable cantique serait sorti de là.

Ces nobles sentiments, qui font le plus grand honneur à la Réforme, allaient être trop tôt mêlés au conflit des passions et des intérêts humains. Or, on doit en convenir, même sur le terrain de la religion, les hommes sont des hommes, et les partis des partis. Au début, les huguenots ne demandaient qu'à être tolérés. Après l'édit de Janvier, qui leur accorde le libre exercice de leur culte, ils entonnent cette *Chanson spirituelle du siècle d'or advenu* :

> Voici le temps tant prétendu
> Et aussi l'heureuse journée,
> Que nous avons tant attendu !
> Dont joie sera dénommée
> Pour nous, car la chance est tournée.
> Gloire rendons au Roi des cieux,
> Et la paix nous est ordonnée.

Ils doivent être satisfaits et jouir de leur liberté en respectant celle des autres. Mais ce n'est point ainsi qu'ils l'entendent, si l'on en juge par cet air de bravoure et de défi qui retentit bientôt :

> Christ, pour sauver ses brebis
> Que si chèrement il prise,
> Veut chasser ces loups rabis [3]
> Qui sont entrés en l'Église.
> Hau ! hau ! Papegots,
> Faites place aux Huguenots !

1. *Encylopédie moderne*, tome VIII. — 2. Page 262. — 3. *Rabidi*, enragés.

N'est-ce pas malheureusement de cette façon que les partis politiques, en France, ont trop souvent pratiqué l'art de vivre, en supplantant le voisin? La coexistence des deux religions dans l'État semblait à bien des gens, catholiques ou protestants, une utopie, une chimère irréalisable. Sur ce point, Calvin n'est pas plus accommodant que Pie V, et le prouve en faisant brûler Servet. Quelques esprits supérieurs comme Castalion[1] dès le premier jour, L'Hôpital, Étienne Pasquier, de Thou et plus tard Henri IV, étaient capables de concevoir l'idée d'une tolérance égale pour tous : mais ils constituaient, au début surtout, une infime minorité, qui devait s'accroître, il est vrai, avec la triste expérience des maux causés par les divisions intérieures.

L'une des premières victimes de ces guerres néfastes fut justement l'esprit le plus flottant, le plus indécis et le plus indifférent en matière de religion, cet Antoine de Bourbon, blessé d'un coup d'arquebuse au siège de Rouen, où la reine mère et les Guises avaient réussi à l'entraîner. Bien que sa mort n'eût rien d'héroïque, elle n'en fut pas moins exaltée, glorifiée par les chantres officiels de la cour et du parti catholique, qui voulaient s'en assurer l'honneur et le bénéfice. La *Déploration des François et Navarrois sur le douloureux trépas de très honorable et très illustre Prince Antoine de Bourbon, roi de Navarre, régent et lieutenant général du royaume* (1562)[2] est un manifeste politique, dont l'esprit se résume dans ces quatre vers :

> Pour la foi, pour le roi, pays, foyers, autels,
> Le roi des Navarrois, menant fort âpre guerre,
> Meurt : de balles ayant reçu maints coups mortels.
> Une plus noble mort il n'eût pas su acquerre.

Le rimeur a voulu solenniser et embellir cette mort, en nous montrant le héros se ruant au plus épais de la mêlée :

> . . . . . . Or sus, vaillant François,
> Achevons la victoire, et mourons cette fois
> En cette guerre juste ; or sus, combattons fort,
> N'épargnons notre sang : c'est une juste mort
> De mourir pour la foi, le roi et la patrie.

---

[1]. Voir le remarquable ouvrage de M. Buisson sur Castellion. — [2]. A. de Montaiglon, *Poésies françaises des* XVe *et* XVIe *siècles*, t. IX.

Le récit de Th. de Bèze racontant la fin d'Antoine est plus simple et plus vrai : « Le lendemain, il ne laissa pas de se trouver aux tranchées, où était aussi le duc de Guise : et ayant dîné en un lieu plus prochain de la muraille hors de la batterie, ainsi qu'il voulait faire de l'eau à trois pas de là, reçut une arquebusade en l'épaule gauche. » De plus, il n'expira pas sur le coup, mais seulement un mois après. Les huguenots prétendirent que, se sentant perdu, il avait déclaré mourir dans la confession d'Augsbourg[1]. Personnage ambigu que les deux Églises continuent à se disputer, même après sa mort.

Une autre perte, plus sérieuse et plus sensible, portait au comble la douleur de la France et l'exaspération des partis. François de Guise tombait devant Orléans sous le pistolet de Poltrot. Ici l'histoire tourne à la tragédie : la sombre légende des Atrides allait se renouveler sous une autre forme : une longue traînée de sang sillonne la fin du xvie siècle. Elle part de François de Guise et va jusqu'à Henri IV : dans l'intervalle, Condé, Coligny, Henri de Guise, Henri III se succèdent, victimes de la même fatalité. Le tyrannicide, cette tradition juive et romaine consacrée par l'exemple de Judith et de Brutus, trouve des apologistes et des praticiens dans les deux camps. Bientôt les prédicateurs catholiques hurleront à leur tour du haut de la chaire : « Il nous faut un Aod! » Et cet Aod s'appellera tour à tour Jacques Clément, Jean Châtel et Ravaillac. Le plus triste effet de ces doctrines est de jeter le trouble dans les consciences les plus honnêtes. Coligny lui-même, en répudiant toute complicité avec Poltrot, n'ose blâmer formellement un crime qui devait profiter à la cause de Dieu et de son parti, en le débarrassant d'un ennemi redoutable. Th. de Bèze ouvrait à l'assassin les portes du paradis; Adrien Turnèbe écrivait en latin son apologie. Le *Chansonnier huguenot* vantait sa *divine entreprise*, et saluait en lui

> Le dixième des preux,
> Libérateur de France[2].

---

1. Voir dans les *Mémoires de Condé*, t. VI, une relation de sa mort au point de vue huguenot. — 2. *Vaudeville d'aventuriers chanté à Poltrot le 24 février 1566 (pour le 3e anniversaire de sa mort). — Chansonnier huguenot*, livre III.

Tandis que les bourreaux le soumettaient à la question, le torturaient, l'écartelaient, et lui arrachaient des aveux plus ou moins compromettants pour les chefs de la Réforme, les funérailles du héros devenaient, pour le parti catholique surtout, l'occasion d'un deuil national. Son corps, exposé durant trois jours dans le camp, était ramené en pompe solennelle à Notre-Dame de Paris, son cœur déposé au pied du maître-autel : Gilles Corrozet y célébrait, dans une éloquente épitaphe,

> Le cœur du fort des forts, le magnanime cœur
> Qui ne fut onc vaincu, mais toujours fut vainqueur.

Toutes les chaires catholiques retentissaient des louanges du nouveau Machabée, et de malédictions contre ses ennemis. Ronsard et L'Hôpital lui payaient un commun tribut de regrets et d'admiration. De ces lamentations, de ces éloges funèbres, qu'est-il resté? Une complainte satirique, qui semble être à la fois une parodie du faste déployé dans ces funérailles, et le prototype de la fameuse chanson de *Malbrough*.

> Qui veut ouïr chanson?
> C'est du grand duc de Guise
> Et bon bon bon bon,
> Di, don, di, dan, bon.
> C'est du grand duc de Guise,
> Qu'est mort et enterré.
>
> Qu'est mort et enterré (*bis*)
> Aux quatre coins du poêle,
> Et bon, bon.....
> Aux quatre coins du poêle,
> Quatre gentilshom's y avoit.
>
> Quatre gentilshom's y avoit (*bis*)
> Dont l'un portoit son casque
> Et bon, bon,.....
> . . . .
> L'autre ses pistolets.

Rien n'y manque, pas même le couplet final et narquois :

> La cérémonie faite,
> Et bon bon.....
> Chacun s'alla coucher.

> Chacun s'alla coucher (*bis*),
> Les uns avec leurs femmes,
> . . . .
> Et les autres tout seuls !

M. Weckerlin émet quelques doutes sur la parenté musicale des deux chansons. Mais pour le fond et pour la forme, pour la cadence et la coupe des vers, il y a des analogies frappantes. Signalons en outre cette coïncidence bizarre qui, à un siècle et demi de distance, rapproche dans un refrain identique François de Guise et Marlborough. Est-ce pour obtenir un tel hommage que l'un a vaincu à Renty, et l'autre à Malplaquet ? Mais le roi Dagobert lui-même, le glorieux vainqueur des Esclavons et des Bulgares, entre tous les chants composés en son honneur, qu'a-t-il gardé ? Une complainte badine sur ses chausses, sur sa femme et sur son ministre saint Éloi. O vanité de la gloire humaine ! *Vanitas vanitatum !*

Pourtant François de Guise reste un grand homme et un grand nom dans l'histoire du xvie siècle. Si dangereuse, si funeste qu'ait pu être, pour la France et la monarchie, l'ambition de cette famille des princes lorrains, il est impossible d'oublier que son chef avait en lui toutes les hautes facultés, le prestige et la taille d'un héros. Le défenseur de Metz, le vainqueur de Renty, le conquérant de Calais était autre chose qu'un de ces ambitieux vulgaires, de ces charlatans de popularité, qui tournent la tête des masses affolées et trompées dans leur idolâtrie. Il avait droit à l'admiration et à l'estime, même de ses ennemis. Sa générosité à l'égard des blessés et des malades abandonnés par Charles-Quint dans la retraite de Metz ; sa conduite avec Condé, son rival et son prisonnier, auquel il fait partager son lit ; son désaveu formel du massacre de Vassy, à l'heure de la mort ; enfin ses paroles de pardon, plus ou moins authentiques, à l'égard d'un gentilhomme venu pour l'assassiner, révèlent chez lui une grande âme, et rachètent bien des quarts d'heure d'emportement, de violence et d'orgueil, si naturels dans sa position. Que cette revue de la poésie patriotique soit du moins pour

---

1. Leroux de Lincy. t. II. *Le Chansonnier huguenot*, livre III, t. II.

nous l'occasion d'honorer, en passant, tous ceux qui ont bien mérité de la France, en dépit des fautes et des erreurs qu'ils ont pu commettre. C'est ainsi que nous avons déjà rendu justice à Condé, en reproduisant certaines parties de ses manifestes.

Le retour de ce héros, échappé enfin aux filets de Catherine et aux charmes de la belle Limeuil, avait ramené la joie et l'espérance dans le camp protestant. On avait répété la chanson du *Petit Homme* :

> Le Petit Homme a si bien fait
> Qu'à la parfin il a défait
> Les abus du pape de Rome,
> Dieu gard'de mal le Petit Homme !

Dieu ne le garda pas assez pour le préserver, à Jarnac, de la balle traîtresse de Montesquiou.

La mort continuait son œuvre plus vite encore que les rimeurs n'arrivaient à enregistrer ses coups. Catherine de Médicis poursuivait aussi la sienne. Débarrassée de Guise, de Condé, de Montmorency tué à la bataille de Saint-Denis, toute à la joie d'avoir enfanté un autre Achille dans la personne de Henri, duc d'Anjou, son fils chéri, l'heureux vainqueur de Moncontour, glorifié par toutes les trompettes de la Pléiade, elle se voyait maîtresse de la situation, n'ayant en face d'elle à craindre que l'influence de Coligny. Le jeune roi Charles IX commençait à s'impatienter de ce tapage poétique fait autour de son frère, le victorieux. Il prêtait l'oreille à l'Amiral qui, froissé de voir les drapeaux huguenots de Moncontour suspendus aux voûtes de Notre-Dame, avait parlé de les remplacer bientôt par des trophées qu'il irait chercher ailleurs : aux Pays-Bas.

D'un autre côté, la France haletante, épuisée, après cette troisième guerre civile, semblait crier merci. La misère était extrême, si l'on en juge par ces plaintes insérées dans le *Chansonnier huguenot*. L'auteur paraît n'être ni catholique ni protestant déclaré, mais avant tout Français impartial et attristé du spectacle dont il est témoin :

> Nos cités languissent désertes,
> Les plaines, au lieu de moissons,
> Arment leurs épaules couvertes
> De larges épineux buissons.

> La mort au cœur de France habite,
> Et si bientôt Paix ne descend
> Dessus ce peuple périssant,
> C'est fait, c'est fait,
> France est détruite[1].

A ce cri d'alarme, Catherine répondait par la paix de Saint-Germain (1570), trop large, trop libérale, trop complète pour être sincère et ne pas cacher une arrière-pensée. Il s'agissait de préparer le mariage de Henri de Navarre avec Marguerite de Valois, et d'attirer à Paris Coligny et les principaux chefs huguenots. Les noces vermeilles étaient célébrées le 18 août 1572, et six jours plus tard éclatait la Saint-Barthélemy. On a dit que ce crime, dont l'odieux retombait en grande partie sur Catherine et la famille des Guises, n'avait trouvé personne pour le chanter. C'est là une grave erreur. Nous avons déjà cité Jodelle et Baïf. Il se rencontra d'autres voix encore pour glorifier ou déplorer cet épisode lugubre de notre histoire. Quelques jours avant le massacre, un rimeur fanatique, un de ces Corporeaux, peut-être, qui fourbissaient leur vouge ou coutelas pour la grande saignée, exprimait ses vœux d'une exécution prochaine :

> Prions tous Dieu d'un accord
> Sans discord,
> Qu'il nous donne cette année
> La grâce et le pouvoir
> A tous voir
> L'hérésie exterminée.

L'auteur vouait d'avance au gibet de Montfaucon le corps de Coligny, et le montrait, avec une joie farouche,

> Paissant de sa chair et peau
> Le corbeau
> Pour dernière repentance[2].

A ces rugissements féroces un gentilhomme huguenot, Étienne de Maisonfleur, opposait bientôt un cantique de lamentation sur le *Massacre de la Saint-Barthélemy*[3]. C'est

---

1. *De la Patience de Dieu mal reconnue du Peuple français*, 1570. — 2. Leroux de Lincy, *Chants hist.*, t. II. — 3. 30 août 1572 : *Chansonnier huguenot*, t. II, p. 288.

d'abord l'affaissement, l'abattement d'une âme écrasée sous un coup imprévu. Puis l'appel à la vengeance divine, suprême ressource des faibles et des opprimés :

> Toutes nos voix faites plaintes,
> Toutes nos lampes éteintes,
> Tous nos temples démolis,
> Nos églises dissipées,
> Nos unions déliées
> Et nos prêches abolis ;

> Nos lits et nos chambres veuves,
> Nos bois, nos champs et nos fleuves
> Rougis de sang épandu,
> Dans le bruit de leur silence,
> Sans crier [1] crient vengeance
> Du lacs qu'on leur a tendu.

Le guet-apens est ici hautement dénoncé, flétri, mais l'espoir d'une revanche n'est pas loin :

> Puisque les tyrans de France
> Dans le sang de l'innocence
> Vont leurs mains ensanglantants ;
> C'est bien un indice extrême
> Qu'il leur en prendra de même,
> Avant qu'il soit peu de temps.

> Verse, ô Dieu, pour les détruire,
> Les fioles de ton ire
> Sur ces mâtins enragés,
> Qui, en leurs forcéneries [2],
> Au pressoir de leurs tueries
> Ont tes élus vendangés.

De ces élus le plus grand, le plus illustre et le plus auguste était ce Coligny, dont le fantôme devait plus d'une fois troubler le sommeil de Charles IX. Les ignobles outrages prodigués à son cadavre et à sa mémoire faisaient plus que jamais, de lui, non seulement le héros, mais le saint et le martyr de la Réforme. Après avoir été jeté par la

---

1. *Quum tacent, clamant* (Cicéron, *Catil.*, 1). — 2. Nous avons gardé l'adjectif *forcené*.

fenêtre de l'hôtel de Béthisy, son corps était transporté à Montfaucon et pendu par les pieds, *faute de tête*, comme dit un plaisant rimeur du temps : la tête avait été coupée, embaumée, et envoyée à Rome pour réjouir le pape et le sacré collège. Un poète huguenot dont nous avons déjà parlé, Chandieu, répondit dans une pièce assez entortillée, à l'infâme quolibet du catholique forcené sur le cadavre décapité :

> Gaspard, tu es pendu avec ignominie
> Pour Celui qui, en croix, pour toi donna sa vie ;
> Et ta mort à sa mort aucunement [1] ressemble,
> Qui a ton déshonneur honorable rendu.
> Mais pourquoi t'a-t-on donc tout à l'envers pendu ?
> C'est qu'on a renversé toutes les lois ensemble.

Petite pointe assez mince, qui termine un mouvement très légitime d'indignation. La cour vint à Montfaucon pour se donner le régal d'un tel spectacle. Par un raffinement de cruauté, on voulut contraindre les fils de la victime à contempler les restes paternels : ils vinrent pleurant, baissant la tête, et détournant les regards de l'horrible vision. Puis, comme si ce n'était point assez d'avoir outragé le corps, on voulut souiller la mémoire du défunt, le déshonorer aux yeux de la postérité par une accusation honteuse, dont le parlement se fit un moment le complice. Chandieu, à défaut de génie, trouva du moins quelques accents émus pour rappeler, dans une épitaphe, le lien étroit qui unissait Coligny à la France :

> Passant, veux-tu savoir celui qui gît ici,
> Et sa vie, et sa mort, et son sépulcre aussi ?
> Vois tous ces trois en un, regardant sa patrie :
> Tu verras son tombeau, et sa mort et sa vie.
> Il vivoit à la France, en la France vivant,
> Il est mort à la France, à la France servant,
> Et contre sa fureur par sa fureur extrême
> La France est le tombeau de lui et d'elle-même.

Dernier trait forcé et de mauvais goût, commun aux écrivains d'alors, à Ronsard tout le premier.

---

[1]. En quelque façon.

La France a depuis payé sa dette envers Coligny. Sa statue s'élève aujourd'hui non loin du lieu où il fut assassiné, derrière ce temple de l'*Oratoire* dont il a conquis et assuré l'existence par sa mort. C'est au Paris républicain de 1889 qu'appartient l'honneur de cette réparation solennelle envers le grand citoyen, le grand chrétien et le grand soldat que fut Coligny. La justice est venue pour lui d'un pas boiteux, *claudo pede*, comme pour Étienne Marcel et pour bien d'autres.

II

La Saint-Barthélemy avait été un crime, non seulement abominable, mais inutile. Le lendemain, le parti protestant se redressait aussi fort que la veille : il avait provoqué en Europe des sympathies avec lesquelles il fallait compter. Charles IX, après avoir accepté la responsabilité du massacre et arraché au parlement une servile approbation, se voyait réduit à se justifier et à désavouer ses propres rigueurs auprès des princes protestants d'Allemagne, pour ouvrir à son frère, le duc d'Anjou, l'accès du trône de Pologne. La première heure d'affolement et de terreur passée, la réflexion était venue : les consciences troublées ou emportées dans la tourmente commençaient à reprendre leur équilibre. Bien peu étaient restées inébranlables comme celle de L'Hôpital, fidèle à sa fière devise : *Impavidum ferient ruinæ*. Auprès de lui, Pibrac, de Thou avaient cédé et rougissaient de leur faiblesse. L'oubli, que Charles IX ne pouvait trouver, dans ses orageux sommeils, était le remède suprême pour certaines âmes alarmées répétant avec de Thou :

> *Excidat illa dies animis, nec postera credant*
> *Secula*[1].

Il importait de passer l'éponge sur cette page néfaste, où la cour avait peur de se reconnaître elle-même. Le siège de la Rochelle aboutissait à un nouveau *Traité de pacification*, reconnaissant aux huguenots le libre exercice de leur culte.

---

1. Vers de la *Thébaïde* de Stace appliqué au temps présent.

En retour, les Rochellois se proclamaient les fidèles sujets du roi Henri III :

> O noble roi de France,
> Henri de grand'valeur,
> En toute révérence
> Te tenons pour seigneur.

Leurs prétentions semblent redevenues aussi modérées que pacifiques :

> A vivre en paix tranquille,
> Cela nous demandons.
> De prêcher l'Évangile,
> A nul mal ne fesons.
> Étant l'un avec l'autre
> Chacun d'un bon accord,
> Le Seigneur, nôtre et vôtre,
> Est notre dernier port.

Mais les huguenots du Midi se montraient moins disposés aux accommodements. Les idées de résistance et d'indépendance locale l'emportaient de ce côté. Jointe à cela l'influence de ce livre terrible, la *France Gaule* d'Hotman qui, au nom du droit national, battait directement en brèche la monarchie des Valois. La révolte du duc d'Alençon, frère du roi, devenu l'allié des protestants, l'évasion de Henri de Navarre, retourné à la Réforme, venaient rompre encore une fois les espérances de concorde. Henri III, voulant en finir à tout prix, signait coup sur coup la paix de Monsieur (1576), ainsi nommée de son frère le duc d'Alençon, et la paix de Bergerac (1577), qu'il appelait sa paix à lui. Pour la conclure, la royauté avait dû s'abaisser, désavouer la Saint-Barthélemy, accorder aux huguenots de nouvelles concessions, acheter à beaux deniers comptants la retraite des reitres allemands et suisses. Mais la paix était un si grand besoin, qu'on ne pouvait la payer trop cher. Dans un quart d'heure d'accalmie, la France, toujours prête à l'espoir, saluait le retour du bon temps :

> Sus, bon temps, qu'on se réveille,
> Il n'est plus temps de dormir.
> . . . .

LA France.

Mais qui êtes-vous, Pucelle,
Qui me venez éveiller ?
Laissez-moi encor, la belle,
Un peu de temps sommeiller.

L'Auteur.

Qui a fait la chansonnette ?
C'est un fort bon compagnon
Étant en une chambrette,
   Se réjouissant du don
De l'heureuse paix en France,
   Fuyant le discord,
Et ayant bonne espérance
Nous voir tous d'accord[1].

Malheureusement l'accord n'était pas aussi facile que l'auteur semblait le supposer. Si les huguenots pouvaient se montrer satisfaits, les catholiques, militants surtout, étaient fort mécontents. Le clergé de Notre-Dame refusait de chanter le *Te Deum* pour la paix, et le peuple empêchait qu'on allumât le feu de joie accoutumé devant l'Hôtel de Ville. Le parlement de Paris résistait à l'établissement d'une chambre mi-partie catholique et protestante, et faisait tant d'affronts au président calviniste nommé par le roi, qu'il fut contraint de se retirer. Enfin le clergé jetait les hauts cris en apprenant que l'évêque de Paris, frère du maréchal de Retz, était allé demander au pape l'autorisation d'aliéner deux cent mille livres des biens de l'Église. Le trésor de Dieu allait, disait-on, servir à payer les reitres des hérétiques. Cette agitation, sourde d'abord, devenait bientôt le principe et le commencement de la Ligue, au moment où s'ouvraient les premiers États de Blois.

III

La Ligue, organisée sous le nom de *Sainte-Union*, avec la double complicité du pape et de l'Espagne, eut d'abord les

---

[1]. Leroux de Lincy, *Chanson nouvelle sur la réjouissance de la Paix*, 1578, t. II.

apparences d'un grand mouvement religieux et national à la fois : mouvement irrésistible, où se laissèrent entraîner, en province comme à Paris, la bourgeoisie et le clergé, par amour de la tradition catholique, et par haine des huguenots qui troublaient l'ordre établi. Plus tard, les violences des prédicateurs, les emportements démagogiques et la tyrannie des Seize, les intrigues des jésuites, la politique et l'or de l'Espagne, préparant la voie à un souverain étranger, éveilleront les antipathies, les soupçons, et feront reculer nombre de gens effrayés de voir où l'on prétend les mener. Mais au début, on ne saurait le nier, la grande majorité catholique entre plus ou moins dans la Sainte-Union [1]. Effrayé de voir s'élever un État dans l'État, le faible et indécis Henri III crut déjouer la conspiration et la dominer en s'en proclamant le chef. Vaine manœuvre d'arlequin politique, à laquelle personne ne se laissa prendre. Le vrai chef, et bientôt le vrai roi de Paris, centre et foyer de la Ligue, était Henri de Guise.

Héritier du génie, de la vaillance et de l'ambition paternels, le sujet dominait le monarque de toute la hauteur de sa taille, de son prestige et de ses exploits. Tandis que le commandant de l'armée royale, Joyeuse, se laissait battre et tuer à Coutras (1587), tandis que le Béarnais perdait en partie le fruit de sa victoire, en oubliant l'ennemi pour rejoindre sa maîtresse, la belle Corisande, comtesse de Guiche, l'habile et heureux Lorrain, profitant de l'occasion, relevait l'honneur du drapeau catholique, et s'acquérait à bon marché la gloire d'un triomphe national, en faisant à Auneau, près Montargis, un bel abatis des reitres envoyés par les princes protestants d'Allemagne. Ces troupes, égarées dans le pays, sans chef, sans direction, ne trouvant ni Condé ni Henri de Navarre pour les conduire, étaient faciles à exterminer. La victoire d'Auneau n'en eut pas moins un immense retentissement ; elle laissait à cent mille pieds au-dessous d'elle tous les lauriers de Moncontour. « Saül en a tué mille, et David dix mille », répétaient à l'envi les prédicateurs du haut de la chaire. L'Estoile, avec sa malice

---

[1]. C'est en partant de là que Buchez et Roux ont pu faire de la Ligue un mouvement catholique et républicain.

de bourgeois politique et peu favorable aux Guises, nous raconte quel vacarme cette victoire a excité :

« Laquelle nouvelle étant arrivée à Paris fut aussitôt mise sur la presse, imprimée, criée et publiée avec les adjonctions ordinaires et accoutumées, faisant monter le cent à mille : et de fait il se trouva, par supputations exactement faites, que le nombre des défaites desdits reîtres ou étrangers, imprimées à Paris et criées par les carrefours, se montent dès cette heure à près de deux mille davantage qu'il n'en est entré en France. »

« Aussi la victoire d'Auneau fut *le Cantique de la Ligue*, la réjouissance du clergé, qui aimait mieux la marmite que le clocher; la braverie de la noblesse guisarde, et la jalousie du roi, qui reconnut bien qu'on ne donnait ce laurier à la Ligue que pour faire flétrir le sien. »

En réalité, cette journée avait été une surprise et une tuerie. Ce qu'il y a de vrai, c'est que la plaine d'Auneau devint pour les reîtres un véritable cimetière, ainsi que dit la chanson. « Les chemins étaient jonchés d'hommes et de chevaux épuisés ou mourants, d'armes abandonnées, de chariots rompus ; les paysans massacraient impitoyablement les traînards. S'il faut en croire Davila, dix-huit de ces malheureux, épuisés par la dysenterie, furent égorgés dans une grange par une seule femme avec le même couteau[1]. » On célébra néanmoins, comme une grande gloire dans une interminable série de refrains populaires, *la Défaite des Reîtres*, *le Testament des Reîtres*, *le Cimetière des Reîtres*, en ajoutant pour complément le *Benedictus des huguenots*.

> Adieu les reîtres, adieu,
> Retirez-vous en autre lieu ;
> Laissez notre pays de France :
> Allez au pays Navarrois
> Réformer le peuple et les lois ;
> Car vous êtes gens de science[2].

Double ironie à l'adresse du Béarnais, et de la science allemande entachée d'hérésie.

---

1. Henri Martin., *Hist.*, de France, t. X. — 2. Leroux de Lincy, *le Cimetière des Reîtres*. t. II.

Une autre chanson, de même origine, nous offre le dialogue de deux compagnons reitres, venus en France pour y bien piller.

> — Dites-moi, compagnon Lance,
> Dites-moi, où allez-vous ?
> — Ma foi, nous allons en France,
> Nous serons riches trétous.

Cette bonne terre de France est toujours, de même qu'au temps des pirates normands, la vache à lait, la terre de promission, à laquelle on pourra demander un jour 5 milliards sans l'épuiser. Paris reste le point de mire envié : mais l'abord en est difficile :

> Compagnon, donnez-vous garde,
> Si vous allez à Paris ;
> Ils se tiennent sur leur garde,
> Cent mille hommes fort hardis.
> — Quoi! que dis-tu ? Nous aurons leur finance,
> Pour nous braver [1] à tout jamais en France.

> Nous aurons leurs belles bagues [2],
> Leurs chaînes et leurs trésors,
> Nous emplirons nos malles,
> Nos bahuts et chariots.

Cette invasion des reitres nous rappelle un peu celle des armées allemandes en 1870, traînant à leur suite les fourgons et les malles qu'on remplit de pendules, de cachemires et autres objets précieux à emporter, avec le secours des juifs comme assesseurs.

Le *Benedictus des huguenots* a probablement pour auteur un clerc, plus expérimenté que les simples rimeurs populaires :

> Monsieur de Guise vaillamment
> A défait ces barbares bandes,
> Tant les françoises qu'allemandes ;
> Dieu en soit éternellement
> *Benedictus* !

---

1. Se parer, se vanter.
   Pourquoi te *braves-tu* de cela qui n'est rien ?
   (Ronsard).

2. Bagages, mobiliers.

Le chaud Bouillon[1] fesoit le maitre
Et nous pensoit tous affollés
Par ses reitres empistolés
A son avis il devoit être
  Dominus.

Il avait déjà traversé,
Depuis son départ d'Allemagne.
Toute la Lorraine et Champagne;
Mais ses desseins a renversé
  Deus[2].

A ce tapage étourdissant des couplets ligueurs sur la victoire d'Auneau, le *Chansonnier huguenot* peut opposer un hymne sur la journée de Coutras, d'un ton plus grave et plus sévère, d'une inspiration supérieure, malgré ce qu'il présente encore d'amphigourique et d'entortillé dans l'expression. Ce chant est probablement l'œuvre de quelque ministre huguenot[3], qui s'est chargé de payer, au nom du roi de Navarre, égaré sur les pas de la belle Corisande, la dette du vainqueur envers Dieu. C'est le roi lui-même qu'on fait parler ainsi :

Puisque mes faibles mains au jour de ma victoire
N'étoient rien que l'*autel* de tes puissantes mains.
Seigneur, je veux qu'aussi ma bouche pour le moins
Me serve à te chanter un *triomphe de gloire.*

Ces bataillons fondus au feu de nos courages,
Sans éteindre jamais nos ardeurs tant soit peu,
Montroient que nous étions embrasés de ton feu,
Et que la *cire* étoit le support de leurs rages.

Les défauts de style sont ici incontestables. Qu'est-ce que des *mains* qui sont l'autel *d'autres mains* ? Qu'est-ce qu'un *triomphe de gloire,* et cette *cire* servant de support à la *rage* ? On sent l'effort d'un écrivain qui s'empêtre et s'embarrasse en tentant de s'élever. Il y a là pourtant un certain essor vers la grandeur, inspiré par la lecture de la Bible. C'est ce

---

1. Probablement un ancêtre de Turenne. — 2. A. de Montaiglon, *Anciennes Poésies françaises* des xv⁰ et xvi⁰ siècles. — 3. Chandieu ou d'Amours.

que la Réforme apporte avec elle dans notre littérature et notre poésie :

> Leur nombre, devant nous, ne fut que de la poudre,
> Qui s'éparpille en l'air au tourbillon du vent.
> Mais quoi ? Ton ange aussi qui leur vint au-devant
> Souffloit sur eux les vents et les feux de la foudre[1].

S'il faut en croire les *Économies Royales* de Sully, le poète n'aurait fait que traduire la pensée même du roi, disant à son cher Rosny, le soir du combat : « Eh bien, mon ami, c'est sur ce coup que nous ferons perdre l'opinion que l'on avait prise, que les huguenots ne gagnaient guère de batailles : car en celle-ci la victoire y est tout entière, ne paraissant aucun ennemi qui ne soit ou mort ou pris ou en fuite. Et faut confesser qu'à Dieu seul en appartient la gloire, car ils étaient deux fois aussi forts que nous ».

Le commun populaire, nous dit L'Estoile, appelait l'armée de Joyeuse *la Redoutable*. Malgré son nom, elle s'était évanouie et dispersée, comme la paille au vent, en face d'une armée moitié moins nombreuse, mais ayant pour elle, outre la grâce divine, le génie du Béarnais. Rappelons aussi le contraste entre les troupes catholiques et protestantes : au début du combat, les huguenots mirent le genou à terre et firent leur prière ; à cette vue, les gentilshommes de Joyeuse éclatèrent de rire, croyant qu'ils s'apprêtaient à demander pardon. La suite vint bientôt les détromper.

Cependant, que devenait le malheureux Henri III ? Sans armée, sans peuple, prisonnier dans sa propre capitale, il était réduit à fuir devant l'émeute triomphante après la journée des Barricades, et quittait, en le maudissant, ce Paris où il ne devait plus rentrer. Abreuvé d'humiliations devant les États généraux de Blois, où son éloquence et ses caresses échouaient contre les défiances de l'Assemblée, il ne vit d'autre issue possible que l'assassinat du rival qui l'écrasait de sa popularité. Henri de Guise tombait dans un guet-apens sous le fer de Larchant et des Quarante-Cinq. Le meurtre de Coligny était vengé par celui-là même qui s'était fait le complice des assassins, en attendant qu'il suc-

---

1. *Chansonnier huguenot*, livre III.

combât à son tour. Une immense explosion de douleur et de colère accueillit la nouvelle de l'attentat royal, et suscita autant de complaintes, chansons et vers de toute sorte qu'avait pu le faire la victoire d'Auneau. La France se dressait comme un fantôme éploré et menaçant, pour apostropher le roi coupable, et lui demander compte du sang versé :

> Tu veux occir notre mère l'Église,
> Fesant mourir son soutien et appui.

S'il avait à se plaindre des Guises, que n'a-t-il réclamé justice contre eux ?

> Si mes enfants t'avoient commis offense
> Ou au pays fait faute ou trahison,
> N'y a-t-il pas des maréchaux en France
> Et du Conseil pour en faire raison ?
> N'y a-t-il pas des cours de parlement
> Pour, à chacun, donner vrai jugement ?

Se serait-il trouvé un tribunal des maréchaux, du conseil ou du parlement pour juger les Guises ? Il est permis d'en douter. — Brouillé avec les catholiques ligueurs, Henri III n'avait plus d'autre ressource que de se rapprocher du Béarnais, et des Politiques ses anciens ennemis. Un an plus tard (1589), il expirait lui-même sous le couteau de Jacques Clément. Un chant de fête salua cet heureux événement :

> Peuple dévot de Paris,
> Réjouis-toi de courage
> Par gais chants et joyeux ris,
> Étant libre du naufrage
> Préparé aux catholiques,
> Par ce pervers et méchant
> Bouclier des hérétiques,
> En tous les faits inconstant !

Une véritable bataille de couplets satiriques ou larmoyants s'engagea autour du cercueil de Henri III. Ici c'est la *Chanson spirituelle et action de grâces contenant le discours de la vie et tyrannie de Henri de Valois, et la louange du Frère Jacques*

---

1. Leroux de Lincy, t. II.

Clément, dédiée à tout le peuple catholique. L'auteur demande qu'on institue une fête annuelle en l'honneur du bienheureux jacobin, libérateur de la nation, et qu'on lui élève une statue à Notre-Dame. Le fanatisme des partis a de ces idolâtries étranges, contre lesquelles protestent la conscience et la raison publiques.

Dans le camp voisin, une complainte, en contre-partie, déplorait la mort du feu roi :

> Pleurez, pleurez, fidèles royalistes,
> Et vous aussi que l'on dit *politiques*,
> Vous devez bien pleurer à cette fois
> D'avoir perdu noble Henri de Valois.

La perte n'était pas grande, convenons-en, et la consolation toute prête. Le suprême espoir de la France repose maintenant sur l'héritier légitime du trône, Henri de Navarre. Dans une chanson contenant les derniers propos attribués à Henri III, on lui fait dire :

> Tant que ma voix est franche,
> Je dis et je maintiens
> Qu'à Bourbon l'autre branche
> Du royaume appartient.
>
> Sus, François, qu'on embrasse
> Ce roi vous embrassant,
> Qui est François de race,
> Du lys françois naissant[1].

Le *Prince Nécessaire* entrevu et annoncé dès le lendemain de la Saint-Barthélemy par Jean de la Taille, apparaissait enfin comme l'unique sauveur possible de la France affligée. Mais il lui restait encore bien des obstacles à surmonter.

---

1. Leroux de Lincy, *Chants hist.*, t. II.

CHAPITRE VIII

LES POLITIQUES : LE ROI NATIONAL.
DU BARTAS ET D'AUBIGNÉ

Le parti Politique : ses origines et ses progrès. — Le modérantisme. — Le chancelier de l'Hôpital. — Jean de la Taille : *Remontrance pour la Paix*; le *Prince Nécessaire*. — *Déclaration du roi de Navarre aux Trois États* (1589). — Victoires d'Arques et d'Ivry : deux hymnes du clergé de Tours (1590). — Chants huguenots sur la victoire d'Ivry. — Poème de Du Bartas. — Les *Tragiques* de D'Aubigné.

I

Entre les deux partis extrêmes qu'on peut appeler les intransigeants catholiques et protestants, ne songeant qu'à s'exterminer ou à s'opprimer réciproquement, s'est formé un tiers parti modéré, les *politiques* ou les *opportunistes* d'alors. Gens d'esprit rassis et pratique, honnêtes en général, et plus ou moins désintéressés, ils prêchent l'apaisement et la concorde à des furieux qui ne veulent rien entendre.

Le modérantisme est un rôle ingrat et souvent périlleux dans les temps de révolution : il vous expose aux reproches de trahison près des violents et des exaltés, qui n'admettent point les accommodements. Et pourtant la victoire lui reste à la fin. Pourquoi? parce qu'il représente la mesure et le bon sens. « C'est sortir de l'humanité, dit Pascal, que de sortir du milieu. » Montesquieu en fait la conclusion même de son livre sur l'*Esprit des Lois*. « Je le dirai toujours : c'est la modération qui gouverne les hommes, et non pas les excès[1]. » Il y revient à plusieurs

---

[1]. Liv. XXII, chap. xxII.

reprises : « Je le dis, et il me semble que je n'ai fait cet ouvrage que pour le prouver, l'esprit de modération doit être celui du législateur : le bien politique comme le bien moral se trouve toujours entre deux limites. » Le même esprit inspire ce quatrain de la *Ménippée*, dans le *Supplément au Catholicon* :

> Le bien entre le trop et le trop peu se treuve,
> Le grain au centre gît, la force gît au cœur,
> L'arbre ne produit rien, s'il a faute d'humeur,
> Et ne peut croitre aussi, si par trop on l'abreuve.

Ce parti modéré, peu nombreux d'abord, s'accroit de tous ceux que la lassitude, le dégoût de l'anarchie, la suspension des affaires, la haine de l'étranger, le sentiment de la fierté nationale, et aussi les victoires du Béarnais, finissent par détacher de la Ligue. Il se recrute dans les rangs des protestants et des catholiques raisonnables, disposés aux concessions mutuelles, affamés de concorde et de paix. Dès l'origine il a pour chef et principal auteur ce vénérable chancelier de l'Hôpital, qui rédige dans l'édit de Janvier la première charte de tolérance, bientôt rompue par la mauvaise foi de la cour et la violence des partis. Nous emprunterons à un ennemi, à l'un des plus fougueux aboyeurs de la Ligue, en prose et en vers, à Louis Dorléans, le portrait de ce noble vieillard qu'il n'a pu déshonorer ni flétrir, même en l'accusant :

> L'auteur et le patron de l'*erreur politique*,
> Ce fut un grand vieillard, maigre, aride et étique,
> Portant l'œil enfoncé et le hâve sourcil,
> Chargé d'ans et de poils, d'horreur et de souci :
> Comme le teint d'un mort, pâle étoit son visage,
> Sa tête ressembloit un arbre sans feuillage.
> Une longue toison de barbe lui pendoit,
> Qui, bien loin du menton, jusqu'au sein descendoit.

Ajoutons le bel hommage rendu par Pibrac à cette barbe blanche : « Quand cette neige sera fondue, il n'y aura plus que de la boue autour de nous ». L'Hôpital nous a laissé, dans ses *Épîtres latines*, ses confidences et ses douleurs de citoyen ; mais sa vie et ses exemples valent mieux encore que ses écrits. Éloigné de la cour et retiré dans sa campagne du Vignai, il peut dire avec une légitime fierté à son ami Barthélemy Dufaye : « Je n'ai pas imité les lâches, et je ne me suis pas retiré après le premier péril. Non, ce n'est pas dans le danger que j'ai médité ma retraite ».

Auprès de lui, Étienne Pasquier, l'auteur des *Recherches sur la France*, le collaborateur ou l'héritier de Ronsard dans ses *Sonnets d'État*, l'adversaire acharné des jésuites, ces *espics* d'Espagne, comme il les appelle, publiait, dès 1561, son *Exhortation aux Princes* pour obvier aux séditions, et proposait de tolérer en France le calvinisme. Joignez-y : Regnier de la Planche, un gentilhomme protestant, libéral et conciliant, l'auteur du *Livre des Marchands*, cet habile pamphlet bourgeois dirigé contre les Guises ; Hotman, le hardi théoricien novateur de la *France Gaule*, faisant de l'histoire une machine de guerre contre les Valois, mais revenant, dans le *Brutum Fulmen*, aux principes de la monarchie qu'il défend contre la Ligue ; de Thou et Pibrac, deux consciences honnêtes, un moment dévoyées ou plutôt effrayées en face de la Saint-Barthélemy, mais revenues bientôt à la ligne droite et modérée ; Du Vair, l'éloquent magistrat qui eut l'honneur d'inspirer à Malherbe quelques-uns de ses plus beaux vers ; Du Plessis-Mornay, le plus actif auxiliaire de Henri IV dans sa lutte contre les Ligueurs : diplomate et polémiste, homme de plume et d'épée, il représente l'esprit de conciliation, l'appel à la concorde entre tous les bons citoyens ; enfin Sully, le politicien pratique par excellence, associant volontiers les deux religions, assistant au prêche d'Ablon, le même dimanche où il rend le pain bénit à Saint-Paul.

Parmi ces apôtres de la tolérance et de la paix, n'oublions pas non plus Jean de la Taille, un disciple de Ronsard, auteur de la tragédie de *Saül* et de la comédie des *Corrivaux*. Avant d'aller s'enfermer dans son petit domaine de Bondaroy pour écrire la satire du *Courtisan retiré*, Jean de la Taille avait un peu tâté de tout, des armes, des lettres, de la politique, de la cour, sans avoir trouvé la fortune : flottant entre le prêche et la messe, et finissant par la messe, comme Henri IV ; homme d'accommodement pour le bien public, *in utrumque paratus*, ainsi que l'indique sa devise. De bonne heure, il avait choisi ce rôle de médiateur en composant, dès 1562, au nom du roi Charles IX, une *Remontrance à tous ses sujets afin de les concilier à la paix*. Rappelant la fable de Ménénius Agrippa sur les *Membres et l'Estomac*, il disait :

> C'est vraiment grand'pitié quand les membres d'un corps
> Se mutinent entr'eux par dangereux discords.

A défaut de beaux vers, trop rares ici, les sentiments sont du moins ceux d'un Français patriote, affligé des malheurs de son pays, jaloux de son honneur, indigné de voir les partis hostiles aller chercher le secours de l'étranger.

> Vous en êtes allés hors des bornes de France
> Bien loin, outre le Rhin, querir chez l'Allemand
> Des harpies, j'entends un peuple ord et gourmand,
> Incivil et cruel, lourd, barbare et sauvage,
> Qui semble être venu plutôt pour le pillage.
> . . . .
> Mais, comme l'étranger, les François n'ont-ils pas
> Du cœur, des nerfs, des mains, de l'esprit et des bras?

Cette œuvre, bien que très inférieure à la belle remontrance de Ronsard au peuple français, obtint l'honneur de huit ou neuf éditions successives.

Jean de la Taille était moins heureux en composant, dix ans plus tard, après la Saint-Barthélemy, un poème en trois chants intitulé *le Prince Nécessaire*, et dédié à Henri de Bourbon, roi de Navarre. Ce poème, que l'auteur regardait comme l'œuvre capitale de sa vie, resta inédit, et n'a été publié que récemment, par les soins de M. René de Maulde[1]. Il représente des espérances et des vues que d'autres partageaient sans doute, et qui devaient se réaliser un jour.

> Ici, comme Platon, je ne veux fantastique,
> Forger d'un roi l'idée ou d'une république;
> Mais sans art je veux feindre un *prince nécessaire*.

Esprit libéral et autoritaire tout à la fois, alliant une part d'inspiration calviniste aux souvenirs de Machiavel, son

---

1. Librairie Willem, 1879.

Prince Nécessaire est un nouveau *Manuel du Prince*, approprié aux besoins de la France nouvelle qui se prépare. L'auteur rêve pour elle un roi qui gouverne avec le double concours de la noblesse et du peuple, sans trop se soucier ni du clergé, ni du parlement, ni des états généraux. Évidemment il a peu d'inclination pour le régime parlementaire (qui n'existe pas encore, il est vrai), mais tout au moins pour les assemblées tumultueuses, et pour le gouvernement des robins, qu'ils soient d'Église ou de Palais. Il répond à ceux qui s'effraient de voir deux religions dans l'État, source perpétuelle de discorde :

> Qu'on ne m'allègue lors que toute région
> N'endurera jamais double religion,
> Que changement n'advient de la foi catholique
> Sans changement d'état ou de la république.
> Je dis qu'un tel discours, comme affectionné,
> Et déguisant le vrai, sent son passionné
> Qui parle pour lui seul...
> Et je ne crois jamais pour une opinion
> Que le François, de soi, fasse sédition,
> Lequel, endurant tout, ne s'émeut de sa tête.
> Mais c'est le vent des Grands qui l'émeut à tempête
> Sous ombre de l'Église.

Le seul remède à ses yeux est la tolérance :

> On doit en assurance accommoder chacune
> Des sectes en public, sans défiance aucune,
> A tous faire exercer la sienne en liberté,
> Pour ôter l'athéisme et la *neutralité*.

C'est-à-dire l'indifférence : car Jean de la Taille croit à la nécessité de la religion, comme frein moral et moyen de gouvernement. Répondant aux moqueries de ceux qui lui objectent que son prince est un phénix introuvable, il termine son poème, assez faible, avouons-le, par cette prière à Dieu :

> . . . . Fais luire au contraire
> Es ténèbres de France un roi si débonnaire,
> Si juste et valeureux qu'il soit tout tel que lui,
> Et qu'il rompe la tête aux vices d'aujourd'hui.

Jean de la Taille vécut assez longtemps pour voir son vœu exaucé : la France glorieuse et prospère sous le sceptre de Henri le Grand. Il eut même la douleur de le pleurer, étant mort seulement en 1615, à l'âge de quatre-vingt-quinze ans.

II

Ce prince débonnaire et valeureux se révélait à la France dans la belle missive qu'il adressait aux Trois États du royaume, le 4 mars 1589, au moment de sa réunion avec Henri de Valois. « Je vous conjure donc tous par cet écrit, autant catholiques, serviteurs du roi mon seigneur, comme ceux qui ne le sont pas. Je vous appelle comme Français. Je vous somme que vous ayez pitié de cet État, de vous-mêmes qui, le sapant par le pied, ne vous sauverez jamais que la ruine ne vous en accable; de moi encore, que vous contraignez par force à voir, à souffrir, à faire des choses que, sans les armes, je mourrais plutôt que de voir, de souffrir, et de faire. Je vous conjure à ce coup de dépouiller les misérables passions de guerre et de violence, qui dissipent et démembrent ce bel État,... de quitter, dis-je, toutes nos aigreurs, pour reprendre les haleines de paix et d'union. »

A partir de la mort de Henri III (2 août 1589), le titre de *roi national* a été justement donné au Béarnais, en face de tous ces rois de hasard, de raccroc ou d'invention chimérique qu'on lui oppose : ces *rois de la fève*, comme les appelle ironiquement la chanson de la *Ménippée*, tels que ce gros bouffi de Mayenne, cet inepte et inoffensif cardinal de Bourbon, ou ce jeune duc de Guise, que les Seize veulent marier à l'Infante, pour en faire le lieutenant de Philippe II. Roi national ! Henri l'est en effet par sa vaillance, sa belle humeur, sa clémence envers les vaincus, sa lutte opiniâtre contre l'Espagnol envahisseur. Acculé au bord de la mer, n'ayant qu'une petite armée, attendant un secours de l'Angleterre, il refuse d'accorder à Élisabeth un simple bout de papier, la cession de Calais, alors aux mains des Ligueurs. Français, il ne veut pas céder le moindre morceau de la France, fût-ce même pour en dépouiller ses ennemis. A la bataille d'Ivry, il criera au moment de la déroute de Mayenne : « Sauvez les Français, et main basse sur l'étranger! » Il aura bientôt pour lui le parti des bonnes gens, parti plus puissant qu'on ne croit. Ces bonnes gens, las d'être vexés, rançonnés par l'étranger, et de ne pas voir arriver les secours du ciel tant promis par les prédicateurs de la Ligue, se dépitent, se découragent, et tournent leurs regards d'un autre côté. On a trop longuement gémi, pleuré ; il est temps de revenir à la joie :

> Reprenons la danse,
> Allons, c'est assez :
> Le printemps commence,
> Les rois sont passés.
>
> Prenons quelque trêve,
> Nous sommes lassés :
> Ces rois de la fève
> Nous ont harassés.

Henri IV n'est pas seulement un roi national comme l'avait été jadis Charles VII, mais un roi moderne, avec toutes les aspirations libérales, toute l'indépendance et la supériorité de vues que ce titre comporte. Dans un monde de haines et de vengeances implacables, il apporte et pratique une vertu éminemment royale, la clémence. Il applique à la société tout entière cette grande loi de l'*amnistie* au sens large et profond du mot, c'est-à-dire l'oubli des fautes et des rancunes passées. Rien n'était plus nécessaire après ces terribles représailles, où chaque parti avait abusé tour à tour de la force et de la victoire ; où les raisons les plus fermes, les âmes les plus droites, les plus généreuses, n'avaient pas su résister aux entraînements de la passion. Aujourd'hui que l'indifférence nous a rendu la tolérance et l'équité plus faciles, nous ne comprenons pas toujours ce qu'il fallut de bon sens courageux, de clairvoyance et d'amour du bien public pour résister aux exigences de l'esprit de secte et de parti. Rien ne justifie mieux ce quatrain placé au bas d'un de ses portraits :

> Voici le preux Henri, des Espagnols vainqueur,
> Qui deux sceptres puissants maintient d'une main forte
> C'est le roi qui pour signe au front la gloire porte
> La clémence dans l'âme, et la prouesse au cœur

Les journées d'Arques et d'Ivry venaient fort à propos ajouter à l'autorité des bonnes paroles le prestige de la victoire. Coutras pouvait encore sembler une victoire protestante remportée sur l'armée royale et catholique. Mais Arques et Ivry devenaient des victoires françaises et nationales sur les Ligueurs et les Espagnols coalisés. Depuis la déclaration du roi de Navarre aux trois États, depuis cette promesse formelle de protéger également les deux Églises et la perspective d'une conversion possible après instruction préalable, un singulier revirement s'était opéré dans les esprits. A la veille de la bataille d'Ivry, le clergé de Tours, répudiant la Ligue dont il faisait jadis partie, se déclarait prêt à suivre le roi légitime plutôt que le pape allié de Philippe II. Deux hymnes, écrits d'abord en latin, puis en français, attestent chez lui la vivacité du sentiment national et monarchique [1]. On y rappelle au début la *Prose d'un clerc de Paris*, pièce satirique adressée au duc de Mayenne :

> *Quicumque, cleri nomine,*
> *Nuper faceto carmine*
> *Risit ducem de Mœnia,*
> *Quam naris emunctæ fuit,*
> *Nobisque multum profuit*
> *In hac canenda nænia!*

L'auteur est un latiniste consommé, rompu à toutes les finesses de la langue et aux secrets du vers ïambique de deux mesures à quatre pieds. Mais la traduction française est d'un usage plus commode et d'une allure franche et vive :

> Bien que les prêtres de Touraine
> Ne soient, en la science humaine,
> Si grands clercs que ceux de Paris,
> Pourtant ils ne sont hérétiques,
> Ni Espagnols, ni frénétiques,
> Et de la Ligue ils sont guéris.

---

[1]. Durant les États de Blois, Paris appartenant aux Ligueurs, Tours était devenu le siège du gouvernement et la vraie capitale du royaume, dit de Thou dans ses *Mémoires*. Après la mort de Henri III, Tours continua d'être pour Henri de Navarre la capitale provisoire de cette royauté errante. C'est avec le parlement de Tours qu'il gouverne jusqu'à son entrée à Paris en 1594. (Henri Martin, *Hist. de France*, t. X.)

La Ligue a donc été une maladie, une variole épidémique dont on revient.

> Chantons Henri, notre grand prince ;
> Tout le clergé de la province
> Chante son nom de banc en banc ;
> Prions que la paix il apporte,
> Afin que les trois lys qu'il porte
> Ne soient plus entachés de sang.

En même temps qu'il maudit la Ligue, l'auteur apostrophe les princes lorrains et prend à parti les curés ligueurs et les Seize, en les appelant par leur nom, les Pighenat, les Lincestre, les Boucher, les Bussy-Leclerc, les Larue, les Crucé, etc. Il bondit d'indignation à l'idée qu'un roi d'Espagne pourrait étendre sa main tutélaire sur le clergé français.

> Quoi ! nous souffrirons qu'un Marranne[1]
> Soit de l'Église gallicane
> Protecteur et chef volontiers !
> Nous entendons trop ses cautelles :
> Il veut guérir des écrouelles
> Qui abondent en ses quartiers.

Enfin, se retournant vers le Béarnais, il lui fait cette déclaration :

> Le peuple prie Dieu sans cesse,
> Les prêtres célèbrent la messe
> Pour te rendre victorieux ;
> Si, pour cette prière amie,
> Le légat nous excommunie,
> Nous en serons plus glorieux[2].

Fière réponse jetée par le clergé national aux foudres ultramontaines des Grégoire XIV et des Sixte-Quint. Après l'*Amen* qui termine le chant, on trouve cette note finale : « Le choriste de Saint-Martin chantait cet hymne le 17 mars 1590 ».

---

1. Nom injurieux donné par les Espagnols aux Arabes et Juifs convertis : puis retourné contre les Espagnols eux-mêmes. — 2. De Montaiglon, *Poésies françaises des xv*^{e} *et xvi*^{e} *siècles*, t. VI.

Six jours plus tard, le choriste de Saint-Gratien de Tours entonnait un nouveau cantique de joie pour la victoire d'Ivry :

> Henri, premier roi de la terre,
> Invincible chef à la guerre,
> A qui rien ne peut résister,
> . . . .
> Au bruit de ta belle victoire,
> Pleine de bonheur et de gloire,
> Telle aise nous avons senti
> Que de nous et nos voisins proches
> Les voix, les orgues et les cloches
> Jusques au ciel ont retenti.
>
> Enfin il te faut reconnaître
> Pour roi légitime et pour maître,
> Roi tout à fait de ce coup-ci.
> L'aînesse de la mâle ligne
> T'en rendoit assez le plus digne ;
> Mais ta vaillance y sert aussi [1].
>
> Lors en toi seront terminées
> Toutes les vieilles destinées,
> Qui te désignent par ces vers :
> « Quand sur les vaches béarnoises
> Naîtront les fleurs de lys françoises,
> Un grand nez vaincra l'univers ».

Pour comprendre cette allusion, il faut se souvenir que les armes de Béarn étaient d'or à deux vaches de gueules accolées et clarinées d'azur. Le grand nez était celui du Béarnais.

Tandis que le clergé catholique de Tours faisait entendre ces chants de fête, la muse protestante ne demeurait pas inactive. Elle composait un cantique en l'honneur de Dieu et au nom du roi Henri IV (14 mai 1590) :

> Puisqu'il te plaît, Seigneur, d'une heureuse poursuite.
> Épandre libéral, sur moi ton serviteur,
> Un monde de bienfaits, et qu'ore en ma faveur
> Tu as mis justement mes ennemis en fuite,
> . . . .

---

1. La *Henriade* de Voltaire débute par cette double idée :

> Je chante ce héros qui régna sur la France,
> Et par droit de conquête et par droit de naissance.

Je chante ton honneur sous l'effet de mes armes,
A ta juste grandeur je rapporte le tout ;
Car du commencement, du milieu jusqu'au bout,
Toi seul m'as garanti au plus fort des alarmes [1].

Cet hymne, où se déroule dans toute son ampleur la majesté du vers alexandrin, est d'un ton plus grave, plus solennel et plus religieux, mais aussi plus froid, moins alerte et moins gai que les couplets répétés par les choristes de Saint-Martin et de Saint-Gratien. On y retrouve la main d'un ministre huguenot et cette doctrine de la *Grâce*, qui rapporte à Dieu tout l'honneur de la victoire.

III

Un autre chantre protestant, poète et soldat à la fois, Guillaume de Saluste, seigneur du Bartas, se chargeait de rendre au roi sa part légitime dans l'action, en faisant du *Cantique sur la victoire d'Ivry* une page d'épopée, ou tout au moins un fragment de poème héroïque. C'est un nom et un type à signaler en passant que ce Du Bartas. Disciple de Ronsard et de Calvin, alliant en lui la double inspiration de la Renaissance et de la Réforme, les souvenirs bibliques et les réminiscences païennes, Du Bartas, comme l'a dit spirituellement Sainte-Beuve, appartient à la grosse cavalerie du Parnasse. Son Pégase est un Bucéphale aux proportions tant soit peu massives, qu'on attellerait volontiers à un train d'artillerie. Dans ses *Deux Semaines*, qui sont ses ouvrages capitaux tirés de l'Écriture, le poète s'en va cheminant à travers les vallées et les montagnes, les cimes et les escarpements de la poésie hébraïque, avec la dignité d'un sergent de bande ou d'un porte-enseigne au service des prophètes. Lui-même, nous parlant de sa démarche et de son style, dans une réponse aux critiques, s'exprime ainsi : « La grandeur de mon sujet exige une diction magnifique, une phrase haut levée, un vers qui marche d'un pas grave et plein de majesté, non erréné (éreinté), lâche, efféminé, et qui coule lascive-

---

[1]. *Chansonnier huguenot*, liv. III.

ment ainsi qu'un vaudeville ou une chansonnette mondaine[1] ».

Il oppose la gravité et la raideur huguenote à l'étourderie et à la mollesse des poètes catholiques, sybarites et courtisans, tels que Remy Belleau, Desportes, etc., et fait allusion sans doute à cette fameuse chanson de *Rosette*, alors dans toutes les bouches. Visant au grandiose, il est trop souvent le poète du pathos solennel, des métaphores pompeuses, des mots composés hybrides et bigarrés, des onomatopées retentissantes. Gentilhomme campagnard, il a voyagé en Allemagne où il gardera ses derniers admirateurs fidèles, jusqu'à Gœthe qui semble en faire grand cas : mais il n'est jamais venu à Paris. On s'en aperçoit. Le manque de goût, de mesure, s'associe chez lui à la naïveté, à la candeur et à la gaucherie du provincial. Avec tout cela, de la flamme, de l'élan, une aspiration naturelle vers les hauteurs comme ce clocher de Montfort où il est né,

> Qui sembloit orgueilleux, avec sa pointe aiguë,
> Vouloir outre-percer l'épaisseur d'une nue[2].

Très honnête, très brave, très loyal, il a l'âme grande et généreuse, offrant ce singulier contraste de la fougue et de l'intempérance en littérature, de la modération et de la réserve en politique et en religion. Animé d'un patriotisme sincère, tout en suivant l'histoire du peuple juif, il n'oublie pas celle du peuple français :

> Je chante ici d'Isac les batailles civiles,
> De Jacob la révolte et le sac de ses villes,
> Ses exécrables lois, ses veaux changés en dieux,
> Et le déchirement du peuple des Hébreux.
> . . . .
> Las ! vois-tu pas qu'on veut faire en France de même,
> Qu'on tâche partager le gaulois diadème.
> . . . .
> Seigneur, ne le permets : ne permets, ô bon Dieu,
> Qu'esclaves nous servions cent roitelets au lieu
> D'un monarque puissant ; ne permets pas qu'on chasse
> Du trône sacro-saint la légitime race[3].

---

1. *Brief Advertissement*, 1584. — 2. Ces vers ne sont pas de Du Bartas, mais de son ami Pierre de Brach, dans son *Voyage en Gascogne*, où il nous parle du poète. — 3. *Le Schisme*, IIIe *partie du* IVe *jour de la* IIe *semaine*.

Serviteur dévoué de Henri de Navarre, il lui a prédit de bonne heure ses hautes destinées. Tout chrétien qu'il est, cédant à ce goût des généalogies fabuleuses mises à la mode par Jean Lemaire, il trouve moyen de rattacher Henri IV à la race d'Hercule, en lui offrant l'hommage des *Neuf Muses Pyrénées*.

> Hercule, ayant vaincu le triple orgueil d'Espagne,
> Se fit père du roi de ce coin de montagne [1],
> Qui des fils de ses fils a toujours pris la loi.
> Henri, l'unique effroi de la terre Hespéride,
> Tu ne pouvais avoir plus grand aïeul qu'Alcide,
> Il ne pouvait avoir plus grand neveu [2] que toi.

La journée d'Ivry venait justifier cette glorieuse descendance. On a discuté pour savoir si Du Bartas assistait lui-même à la bataille. La lettre qu'il adresse au roi en lui envoyant son poème, lève tous les doutes à cet égard. Il n'y était pas, mais il a partagé toutes les émotions, et compris toute la portée de cette mémorable journée. Ajoutons que la pièce improvisée, comme le dit l'auteur, parmi les feux, les armes, et les ruines de sa propre maison, a échappé au péril d'une composition savante et alambiquée. Elle jaillit de source en un cri d'allégresse :

> Hé Dieu ! quel beau soleil va sur nous rayonnant !
> Quel hymne triomphal va si haut résonnant
> Dans nos temples voûtés ! Quel bruit court par les rues,
> Quels rouges flots de feu lèchent les perses [3] nues
> La victoire est donc nôtre, et la juste rigueur
> Du ciel est chute enfin dessus le camp ligueur.

Avec une émotion sincère, qui devait aller droit au cœur de Henri IV, il rappelle les rudes épreuves par lesquelles le héros a passé, sa fière attitude en face de la mauvaise fortune :

> Prince alors sans pays, sans hommes, sans finance,
> Prince pauvre de tout, si ce n'est d'espérance,
> Tu semblois le plus haut de tes grands monts de Foix,
> Qui nuit et jour battu s'afferme sur son poids,

---

1. La Navarre. — 2. *Nepos*, petit-fils. — 3. Bleuâtres ou vertes.

> Vers le ciel flamboyant porte droite la face,
> Méprise les autans, les pluies et la glace,
> Des bourrasques se rit, et brave, et va foulant
> Sous ses genoux l'orgueil des tonnerres roulant.

La période se développe ici majestueuse et sonore, telle que le bruit de la foudre à travers les gorges des Pyrénées. Puis, tout à coup, le vers s'accélère, se précipite, comme ces rapides manœuvres du Béarnais qui déroutaient le lourd et indolent Mayenne :

> Tu viens, tu vois, tu vaincs, et triomphant, tu voles
> Encor plus vitement que ces vites[1] paroles.

Cette fois la grosse cavalerie a cédé le pas à la cavalerie légère.

La mythologie aura bien aussi sa part, mais sous forme d'allégorie associée à la réalité :

> Erynne[2] aux champs d'Ivry transporte son Enfer :
> On n'oit rien que tambours, clairons, fifres, trompettes.

Du Bartas aime le vacarme poétique et nous en étourdit volontiers.

> Qu'il pleut ici de plomb, qu'il grêle ici de morts!
> On fait de sang un fleuve, on fait un mont de corps[3],
> Les éclairs, les tronçons, les flammes, les fumées,
> D'un nuage épaissi couvrent les deux armées.

Au-dessus de la mêlée apparaît la grande image de la Victoire personnifiée, mais chargée d'attributs embarrassants qui doivent gêner sa marche :

> Et la Victoire encor de Jupin sacré sang,
> Ayant la trompe au dos, l'épée sur le flanc,
> *Cent* sceptres à la main, *cent* bandeaux à la tête.

Un seul suffirait, ce nous semble. L'auteur n'est pas assez maître de son pinceau, et laisse ses couleurs s'égarer à

---

1.   Tu te vantais d'être si *vite*,
     Qu'as-tu fait de tes pieds?
         (La Fontaine, *Fables, le Lièvre et la Tortue.*)

2. Une des Furies. — 3. Brébeuf, un héritier de Du Bartas, nous dira plus tard dans sa *Pharsale* :

> De morts et de mourants cent montagnes plaintives.

C'est la montagne de Du Bartas qui a grossi encore.

l'aventure. Nous préférons de beaucoup le portrait du Béarnais sous ce costume sévère du guerrier, opposé aux élégances des gentilshommes de cour et des mignons :

> Il s'arme tout à cru, et le fer seulement
> De sa forte valeur est le riche ornement.
> Son berceau fut de fer, sous le fer il cotonne
> Son menton généreux, sous le fer il grisonne,
> Et par le fer tranchant il reconquête encor
> Les sceptres, les bandeaux et les perles et l'or.

Vers qui rappellent le passage du Moine de Saint-Gall sur l'arrivée de Charlemagne en Italie : « Du fer ! partout du fer ! » etc. C'est ici une rencontre plutôt qu'une imitation.

Ce poème n'est pas seulement un chant de fête ou un récit épique, mais un plaidoyer en faveur de la paix. L'auteur s'adresse à Mayenne fuyant devant Henri IV, non pour le railler et l'insulter, mais en l'excusant à demi :

> Le droit manque à tes mains, et non pas le courage.

Il l'invite à venir baiser la main du roi prêt à l'accueillir :

> Il aime mieux dompter par bienfaits que par coups
> Ses rebelles sujets. Son plus juste courroux
> Est tel qu'un feu de paille ; en frappant il soupire,
> Et d'un flanc ennemi plus de sang il ne tire
> Que de pleurs de son œil.

L'exhortation s'étend bientôt aux Français des divers États, pour les engager à profiter de la leçon donnée à tous. Le poète jette un regard attristé sur cette maudite fournaise de la Ligue toujours en feu :

> Le prêtre est le fusil[1], le noble est le soufflet
> De ce brasier ardent, le sot peuple se plaît
> A le voir flamboyer, et d'une rage extrême
> Y jette volontiers, au lieu de bois, lui-même.

Il dénonce avec indignation le clergé, le pape, qui ont osé mettre le régicide Jacques Clément au nombre des saints.

[1]. Petite pièce d'acier avec laquelle on bat la pierre pour allumer l'amadou.

En même temps il engage le Béarnais à se tenir en garde et à ménager sa vie si précieuse pour l'État :

> Que si tu fais le sourd à l'humble remontrance
> D'un chantre de ton los, écoute au moins la France.

C'est elle maintenant qui prend la parole, suppliant le roi de ne plus s'exposer comme il le fait dans les combats :

> Mon roi, tu n'as que trop travaillé pour ta gloire,
> Mais non pour mon repos ; brave héros, ma victoire
> Gît au cours de tes ans, et non en ton bras fort,
> Car ta vie est ma vie, et ta mort est ma mort.

Ce fut là le dernier legs et le dernier chant de Du Bartas. Il mourut quelques mois après, à quarante-six ans, dans toute la force de l'âge et la plénitude d'une gloire qui ne devait pas lui survivre longtemps.

IV

A côté et même au-dessus de Du Bartas, il nous faut rappeler un autre écrivain protestant, qui occupe une place et joue un rôle encore plus important, dans le long drame politique, religieux et guerrier du xvie siècle : nous désignons par là D'Aubigné. Théodore-Agrippa d'Aubigné, pour l'appeler de ces noms sonores qui conviennent si bien à son caractère et à sa renommée, est une des grandes figures du temps, un maître homme et un maître écrivain, aussi hardi, aussi redoutable, et nous dirions volontiers aussi héroïque, par la plume que par l'épée. Longtemps oublié et négligé comme un de ces météores éteints dont on ne parle plus, il a, grâce aux justes réclamations de Sainte-Beuve et de Géruzez, reconquis de nos jours le rang qui lui appartient dans notre littérature. La belle édition moderne de ses œuvres, publiée chez le libraire Lemerre par MM. Réaume et de Caussade, et tout récemment encore l'étude biographique et littéraire écrite par notre cher et regretté Réaume, ont complété cette réparation. Aujourd'hui D'Aubigné nous est connu tout entier, dans sa prodigieuse et tempétueuse fécondité. Il a été lui-même, à l'exemple de son époque, un volcan versant sa lave brûlante, maintenant plus ou moins figée et refroidie : mais que de jets puissants, que de flamboiements splendides, que de ruisselets d'or et d'argent ont laissé leur trace, sur ces pages naguère encore inconnues ou ensevelies dans l'oubli !

La vie avait été pour lui de bonne heure une rude école et un enseignement tragique. Il avait neuf ans à peine quand son père, l'entraînant dans sa fuite, l'arrêta devant les créneaux du château d'Amboise, où pendaient les têtes hideuses et sanglantes des conjurés. « Les bourreaux ! ils ont décapité la France ! » s'écria le père indigné, les larmes aux yeux, et il fit jurer à son fils de se rappeler ce spectacle et d'en tirer vengeance un jour. L'enfant prêta le serment, que le poète devait tenir plus tard dans ses *Tragiques*, et le soldat sur les champs de bataille. A quatre-vingts ans, il mourait sur la terre d'exil, achevant par plume son œuvre vengeresse. Mais il refusait de s'associer à la vaste conspiration ourdie un moment par le duc de Bouillon, chef du parti protestant, avec la complicité secrète du pape, de l'Empereur, du roi d'Espagne et du duc de Savoie, pour amener un démembrement du royaume, où les réformés auraient reçu en partage un morceau de la France Occidentale, avec Lyon et Dijon. D'Aubigné fit ressortir devant le conseil la honte d'un pareil marché [1].

Nul en effet n'a mieux que lui, au milieu des passions du sectaire et de l'homme de parti, conservé et compris ce noble sentiment du patriotisme, des devoirs et des sacrifices qu'il impose :

> La loi, le sang, Nature, à l'homme font sentir
> Qu'il naît, vit, croit, et doit ses ans, son bien, sa vie,
> Aux amis, aux parents, à sa chère patrie,
> Et qu'il faut pour les trois naître, vivre et mourir.

Enfermé dans les limites étroites du sonnet, D'Aubigné a trouvé cette fois la brièveté et la précision, qui lui manquent trop souvent. Ces quatre vers mériteraient d'être inscrits sur les murs de nos écoles, pour l'enseignement des générations futures, qui en auront peut-être besoin. Malheu-

---

[1]. Voir Réaume, *Étude biographique et littéraire sur D'Aubigné.*

reusement, l'écrivain n'est pas toujours aussi net, aussi clair, aussi sobre dans l'expression de ses pensées. Les *Tragiques* sont une œuvre à la fois lumineuse et confuse, mêlée d'éclairs étincelants et de nuages ténébreux, où l'amour sincère de la patrie s'allie aux rancunes, aux emportements, aux injustices même du protestant, comme aux douleurs du citoyen et aux saintes exaltations des martyrs.

Ce poème, commencé cinq ans après la Saint-Barthélemy (1577), parmi les ardeurs de la fièvre qui retenait l'auteur alité à Castel-Jaloux, continué au milieu du tumulte des combats, le soir, sous la tente, mêlé à tous les accidents d'une vie aventureuse et agitée, est resté durant plus de trente-six ans le confident fidèle de ses émotions, de ses tristesses et de ses colères. Nouveau Timon, il l'a transporté avec lui au Désert, c'est-à-dire à Genève, où il s'est fait exilé volontaire comme fera plus tard Victor Hugo à Guernesey, pour écrire ses *Châtiments*. C'est donc du Désert qu'il lance tardivement son œuvre en 1616, par un larcin de Prométhée, ainsi qu'il l'annonce, et en réponse aux histoires menteuses des « charlatans gagés ». S'adressant à son livre, il lui dit :

> Porte, comme au Sénat romain,
> L'avis et l'habit du vilain
> Qui vint du Danube sauvage,
> Et montra, hideux, effronté
> De la façon, non du langage,
> La malplaisante vérité [1].

Il se pique peu, dit-il, de faire l'écolâtre, il lui suffit d'être Français. Et à ce propos il invoque l'autorité de Ronsard son maître, comme si Malherbe n'avait point encore paru.

Par un contraste assez étrange, c'est dans le camp huguenot que Ronsard a rencontré ses ennemis les plus acharnés ; c'est de là que sont venus les coups d'arquebuse contre sa personne et les sifflets les plus aigus contre sa gloire. C'est dans ce même camp qu'il trouvera ses derniers

---

[1]. *Le Paysan du Danube*, sujet traité par Guevarra dans l'*Horloge des Princes*, et repris depuis par La Fontaine.

adeptes, Du Bartas et D'Aubigné. Dès l'âge de seize ans, celui-ci lui rendait cet hommage :

> Cette vertu, Ronsard, hautement emplumée,
> Ce Pégase sur qui ta dextre renommée
> A défait l'ignorance à la pointe des vers,
> Qui fait qu'aux quatre bouts de ce large univers,
> Du Canibal sans loi jusques au Scythe étrange,
> Je n'entends que Ronsard, Ronsard et sa louange.
> Ce nom, qui sur tout nom tyrannise fameux,
> Me fit un jour le sang bouillonner écumeux.

D'Aubigné n'est point, à vrai dire, ce qu'on peut appeler un disciple. Esprit original, indépendant, il est avant tout lui-même, et c'est assez. Néanmoins il se rattache par l'inspiration première, par le style, par l'allure du vers à l'école de la Pléiade. Que tient-il donc de Ronsard?

1° Le goût de l'érudition, développé en lui par les études précoces de sa jeunesse[1] ;

2° Les souvenirs mythologiques, dont il abuse moins cependant, grâce à son éducation protestante ;

3° La passion des images, des comparaisons, des longues descriptions ;

4° Le style sonore et flamboyant, le mètre ample et large, à l'allure martiale et cavalière ;

5° L'intempérance, le désordre, la négligence, la composition hâtive, la libre fantaisie d'une poésie qui bouillonne comme la jeune vendange,

> Au fond d'un cœur qui n'a soin de raison.

Il ajoute aux qualités et aux défauts de Ronsard :

1° L'inspiration hébraïque, le souffle chrétien de la réforme : la Bible ayant été dès l'enfance son livre de chevet ;

2° Les ardeurs et les emportements qu'éveille l'esprit de secte et de parti.

On peut dire de lui qu'il est à la fois le Dante et le Juvénal de la Réforme : ses *Tragiques* ont certains reflets infernaux ou célestes qui rappellent la *Divine Comédie* ; et aussi des crudités, des hyperboles qui égalent et dépassent même

---

[1]. A douze ans il lisait la *Bible* et Homère dans le texte.

celles du satirique latin. De la fournaise des guerres civiles et religieuses il a fait sortir une œuvre étrange, unique dans son genre : épopée, lyrisme, satire, histoire, pamphlet, harangue, manifeste, tout y entre. Figurez-vous un immense jeu d'orgue, dont les tuyaux vomissent une tempête d'harmonies discordantes, le bruit du tonnerre, de la grêle, des vents, les cris et les hurlements des damnés, les vagissements des enfants dans les limbes, les pleurs, les soupirs; puis, par moments, des voix angéliques, les chants des Martyrs et le concert des élus triomphants. Les sept livres du poëme sont comme les sept cercles de l'Enfer, à travers lequel nous promène l'auteur : *les Misères, les Princes, la Chambre Dorée, les Feux, les Fers, le Jugement*, marquent les étapes de ce douloureux voyage.

Le premier livre, intitulé *Misères* (un titre qui rappelle celui des Discours de Ronsard), débute par un cri de douleur patriotique :

> O France désolée! O France sanguinaire!
> Non pas terre, mais cendre! O mère, si c'est mère
> Que trahir ses enfants aux douceurs de son sein
> Et, quand on les meurtrit, les serrer de sa main.
> . . . .
> Je veux peindre la France une mère affligée,
> Qui est entre ses bras de deux enfants chargée;
> Le plus fort, orgueilleux, empoigne les deux bouts
> Des tétins nourriciers, puis à force de coups,
> D'ongles, de poings, de pieds, il brise le partage
> Dont Nature donnait à son besson[1] l'usage.

Le style en est archaïque, l'expression tour à tour indécise et forcée : c'est bien encore la langue flottante du xvi⁵ siècle, telle que nous l'avons vue chez Rabelais, chez Ronsard et chez Montaigne.

Au sentiment français s'en joint un autre, né de la Réforme, l'esprit démocratique, qui valut à l'auteur l'honneur ou l'injure d'être qualifié de républicain. C'est dans une république, en effet, à Genève, qu'il termine sa vie. Ses sympathies et sa pitié vont tout d'abord aux paysans :

> Ce ne sont pas les grands, mais les simples paisans
> Que la Terre connaît pour enfants complaisants.

---

[1]. Frère jumeau.

> . . . . Les aimés laboureurs
> Ouvragent son beau sein de si belles couleurs,
> Font courir les ruisseaux dedans les verdes prées
> Par les sauvages fleurs en émail diaprées.
> Ils sont peintres, brodeurs, et puis leurs grands tapis
> Noircissent de raisins et jaunissent d'épis.

Depuis, on nous a peint les paysans sous un bien autre aspect, enlaidissant la nature au lieu de l'embellir[1]. La sympathie de D'Aubigné n'a qu'un tort, c'est de tomber dans l'exagération contraire, lorsqu'il dit :

> La Terre semble donc, pleurante de souci,
> Consoler les petits en leur disant ainsi :
> « Enfants de ma douleur, du haut ciel l'ire émue,
> Pour me vouloir tuer, premièrement vous tue.
> . . . .
> Cachez-vous sous ma robe, en mes noires forêts,
> Et, au fond du malheur, que chacun de vous entre,
> Par deux fois, mes enfants, dans l'obscur de mon ventre ».

D'Aubigné use et abuse de l'horreur dans ces peintures à fresque heurtées et violentes, où il apporte toute la furie française des champs de bataille.

Le deuxième livre, intitulé *les Princes*, nous mène au Louvre, *cet Averne vicieux*, cette Sodome impure, sur laquelle il espère voir tomber les feux du ciel. Les portraits de Charles IX, l'Ésaü sauvage, le sombre chasseur d'hommes tirant de sa fenêtre sur le gibier huguenot; de Henri III, *le roi-femme* ou *l'homme-reine*; de Catherine de Médicis, la Circé empoisonneuse, sont autant de pages sinistres, inspirées par la haine, et d'une épouvantable énergie. Mais nous laissons de côté ces morceaux satiriques trop connus, pour nous occuper surtout de ce qui rentre dans le cadre de la poésie patriotique, c'est-à-dire des grands sentiments, des nobles pensées, des protestations généreuses au nom de la justice et de la vérité.

Telle est cette belle allégorie renouvelée de la fable d'Hercule, où il nous montre la *Fortune* et la *Vertu* se disputant l'âme d'un jeune homme. L'une lui indique la route

---

1. Voir la *Terre* de Zola.

de la cour, des plaisirs et des honneurs; l'autre, un sentier plus rude et plus ardu :

> La gloire qu'autrui donne est par autrui ravie,
> Celle qu'on prend de soi vit plus loin que la vie.
> Cerche l'honneur, mais non celui de ces mignons
> Qui ne *mordent au loup* [1], bien sur leurs compagnons.
> Qu'ils prennent le duvet, toi la dure et la peine,
> Eux le nom de mignons, et toi de capitaine ;
> Eux le musc, tu auras de la mèche le feu,
> Eux les jeux, tu auras la guerre pour ton jeu.

Ne croirait-on pas entendre déjà la voix de Don Diègue ou du vieil Horace dans Corneille?

La *Chambre dorée*, qui forme le troisième livre, a un caractère et des proportions vraiment épiques. La scène, dès le début, se trouve transportée de la terre au ciel :

> Au palais flamboyant du haut ciel empyrée
> Reluit l'Éternité.

C'est là qu'arrivent du bûcher les âmes des martyrs,

> Qui libres, au sortir des ongles des bourreaux,
> Toutes blanches au feu volent avec les flammes,
> Pures dans les cieux purs, le beau pays des âmes.

C'est là aussi que la Justice éplorée vient porter sa plainte devant le trône de Dieu :

> La pauvrette, couvrant sa face désolée,
> De ses cheveux trempés fesoit, échevelée,
> Un voile entr'elle et Dieu.

Le Tout-Puissant, ému de pitié et de colère, abaisse son regard sur la terre. Il aperçoit la Chambre dorée, la cour du parlement :

> De justice jadis, d'or maintenant parée
> Par dons, non par raison : là se voit décider
> La force et non le droit....
> . . . .
> Là parurent en corps et en robes sanglantes

---

[1]. Ne se frottent à l'ennemi.

> Ceux qui furent jadis juges et sénateurs,
> Puis, du plaisir des rois lâches exécuteurs.
> . . . .
> « Dites vrai, c'est à Dieu que comptes vous rendez,
> Rendez-vous la justice, ou si vous la vendez? »

Le quatrième livre, intitulé *les Feux*, celui qui contient peut-être les plus beaux vers du poème, est un chant triomphal des élus :

> Ouvre, Hiérusalem, tes magnifiques portes,
> Le Lion de Juda, suivi de ses cohortes,
> Veut régner, triompher et planter dedans toi
> L'étendard glorieux, l'oriflam de la foi !

A ce triste concert de magistrats vendus et parjures, subornés et suborneurs, le poète oppose la glorieuse cohorte des vainqueurs de Sion marchant au bûcher. A leur tête s'avance Anne du Bourg : puis la légion sacrée des autres martyrs, gentilshommes, bourgeois, gens de métier, paysans, femmes, enfants, dont le Seigneur a fait des héros. Dans une touchante apostrophe qui rappelle celle de Virgile à Nisus et Euryale :

> *Fortunati ambo, si quid mea carmina possunt,*

et qui la surpasse encore, selon nous, par la sincérité de l'émotion, l'auteur, saluant cette riche floraison de martyrs, leur dit :

> Le printemps de l'Église et l'été sont passés,
> Si serez-vous par moi, verts boutons, amassés.
> . . . .
> Une rose d'automne est plus qu'une autre exquise,
> Vous avez esjoui l'automne de l'Église.

Pourquoi faut-il que ces beaux vers soient noyés au milieu de négligences, d'obscurités, de métaphores incohérentes et de figures outrées !

En voulant mettre Dieu en scène et le personnifier, D'Aubigné tombe dans un anthropomorphisme dangereux que lui signalait Rapin. Le livre des *Feux* se termine par une image que nous retrouverons plus tard chez Lamartine. A propos de la création, le poète des *Méditations*, dans un quart d'heure de dépit, nous montre l'Éternel qui, après avoir tiré le monde du chaos, l'abandonne à ses lois naturelles et à la fatalité :

> De son œuvre imparfaite il détourna sa face,
> Et, d'un pied dédaigneux le lançant dans l'espace,
>   Rentra dans son repos [1].

D'Aubigné emploie déjà la même figure sous une forme encore plus risquée :

> Lors d'un pied dépité refrappant par sept fois
> La poudre, il fit venir quatre vents sous les lois
> D'un chariot volant, puis, sans ouvrir sa vue,
> Il sauta de la Terre en l'obscur de la nue.

Dieu, mécontent de son œuvre, se débarrassant de toute responsabilité, nous paraît une idée assez étrange. Descartes était plus logique, en supposant que la conservation du monde est une création continue.

Ici devait, ou pouvait s'arrêter l'ouvrage primitif. Mais D'Aubigné, intempérant comme Ronsard, a voulu le prolonger en ajoutant trois livres très inférieurs aux quatre premiers. Le cinquième, qui a pour titre *les Fers*, s'ouvre par un début épique assez bizarre, une véritable gourmade entre Dieu et Satan, singulier prélude au *Paradis* de Milton. Le Tout-Puissant, appréhendant le Diable au collet, est d'un goût plus que douteux. Tout le reste du livre est consacré aux guerres civiles, à la description des sièges et des batailles : partie moins épique en somme qu'historique. Nous n'avons plus là le soleil resplendissant d'Homère, la vive allégresse du combat, les ivresses et les joies de la vie guerrière ; mais un horizon sombre et triste, un sol jonché de ruines et de morts, un air empesté de charognes, toutes les horreurs et les laideurs outrées du réalisme. Le récit de la Saint-Barthélemy est moins émouvant, moins dramatique dans le poème que dans l'*Histoire universelle* du même auteur. Échappé par hasard au massacre, grâce à son départ subit et forcé de la capitale, à la suite d'un duel, D'Aubigné a recueilli tous les détails de cette nuit

---

1. *Le Désespoir* (1res *Méditations*).

néfaste de la bouche même du Béarnais. Il le lui rappelle dans une apostrophe directe et presque menaçante :

> Toi, prince prisonnier, témoin de ces merveilles,
> Tu as de tels discours enseigné nos oreilles.
> On a vu, à la table, en public tes cheveux
> Hérisser en contant tels accidents affreux.
> Si un jour oublieux tu en perds la mémoire,
> Dieu s'en souviendra bien, à ta honte, à sa gloire.

Henri de Navarre paraissait l'avoir un peu oublié dans la société du Père Cotton. Aussi, rappelant les journées de Coutras, d'Arques et d'Ivry, D'Aubigné ne peut-il cacher sa mauvaise humeur :

> Ce qu'on devait à Dieu fut pour le Dieu de Rome !

A la fin de ce long et lugubre récit, il laisse échapper cette exclamation qui semble un appel au livre suivant :

> Venez, justes vengeurs, vienne toute la terre
> A ces Caïns français d'une mortelle guerre
> Redemander le sang de leurs frères occis.

Dans ce sixième livre, *les Vengeances*, l'histoire est évoquée comme un avertissement et une menace à l'adresse des oppresseurs triomphants. Le doigt de Dieu apparaît tel que le *Discite justitiam moniti* de Virgile dans ses *Enfers* :

> Quand Dieu frappe l'oreille, et l'oreille n'est prête
> D'aller toucher au cœur, Dieu nous frappe la tête.
> Qui ne frémit aux sons des tonnerres grondants
> Frémira quelque jour d'un grincement de dents.

Cette terrible échéance viendra au *Jour du Jugement*. C'est l'objet du dernier livre.

D'Aubigné reprend un lieu commun cher aux poètes, aux prédicateurs et aux artistes du moyen âge. Michel-Ange lui a dû encore un de ses plus éclatants chefs-d'œuvre. Chez le poète français, la veine paraît tarie, les couleurs épuisées. Dans la partie de l'Enfer, aussi bien que dans celle du Paradis, il se montre fort au-dessous de Dante et de Milton. A peine quelques traits énergiques, comme celui-ci :

> Criez après l'Enfer ! de l'Enfer il ne sort
> Que l'éternelle soif de l'impossible mort.

Ou bien encore ces deux derniers vers du poème, sorte de ravissement ou d'extase mystique dans laquelle le chrétien aime à se reposer :

> Tout meurt, l'âme s'enfuit, et reprenant son lieu,
> Extatique se pâme au giron de son Dieu.

Telle est l'œuvre de D'Aubigné : inégale, incomplète, confuse, discordante, mais originale et puissante par certains côtés, offrant un caractère à part autant que son auteur, qui reste un type entre les écrivains et les hommes politiques du xvie siècle, un personnage grandiose comme les prophètes tribuns et guerriers de l'Ancienne Loi.

CHAPITRE IX

FIN DE LA LIGUE — TRIOMPHE DE LA ROYAUTÉ NATIONALE

Écrivains ligueurs et politiques. — Le *De Profundis de la Ligue*, le *Dialogue du Maheustre et du Manant*. — L'abjuration et ses conséquences. — La *Satyre Ménippée* : prose et chansons. — Rapin et Passerat. — Les poètes royalistes : Duperron et Bertaut : pièces diverses sur le *Retour du roi à Paris*, sur l'*Attentat de Jean Chastel*, sur la *Prise d'Amiens*, sur la *Paix de Vervins* (1598), sur la *Conférence de Fontainebleau*, sur la *Naissance du dauphin*, etc. — Une première ébauche de la *Henriade*.

I

Nous avons un moment suspendu ou négligé le récit des faits pour nous arrêter devant Du Bartas et D'Aubigné, ces deux représentants de la Muse protestante à la fin du xvi⁰ siècle. Cependant que devenait la Ligue après la journée d'Ivry, ce coup mortel dont elle ne devait pas se relever? Elle déclinait sensiblement, plus que jamais discréditée par son alliance avec l'étranger. Le bourgeois, patriote et gallican au fond, se retirait tout doucement de ce guêpier ultramontain, où l'avait attiré la Sainte-Union. La partie violente du clergé et la populace restaient seules fidèles à l'Espagne, par intérêt plutôt que par affection. Celle-ci entretenait à Paris, outre sa garnison régulière, toute une clientèle besogneuse et famélique, les *minotiers*, ainsi nommés du minot de blé qu'ils recevaient par semaine. Quelque chose d'analogue à nos bataillons *de fédérés* pendant la Commune, avec cette différence pourtant que ces derniers vivaient aux dépens du Trésor français, et non du Trésor prussien, disons-le à leur honneur. Quoi qu'il en soit, cet argent espagnol, qui était un puissant moyen de corruption, ne porta bonheur ni à ceux qui le donnaient ni à ceux qui le recevaient. Un parti vendu à l'étranger était et sera toujours en France un parti perdu. On chansonne les doublons d'Espagne, dont les Seize avaient eu leur part :

> Mon Dieu ! qu'ils sont beaux et blonds
> Vos doublons !

Ailleurs les *doublons* d'or deviennent des *doubles*, petite monnaie de cuivre sans valeur, dont on se moque.

Le lendemain d'Ivry, une complainte politique sonnait le *De Profundis* de la Ligue :

> Venez, Ligueurs, je vous prie,
> Venez tous me voir mourir,
> Venez pour voir de ma vie
> La fin et dernier soupir.
>   Las ! j'ai la France
>   Mise en souffrance
>   Par mon ambition ;
>   Mais, à cette heure,
>   Faut que je meure
>   Par Henri de Bourbon [1].

Comme tous les partis extrêmes destinés à périr, la Ligue se laissait entraîner plus que jamais aux emportements et aux violences d'une fureur agonisante. Toute une presse de bas étage vomit alors ses invectives mêlées à celles des prédicateurs. Malgré le nombre d'œuvres diverses, pamphlets, pasquils, chansons, quatrains, caricatures, placards, sortis des officines de la *Sainte-Union*, et rassemblés en grande partie dans le précieux recueil de L'Estoile, la poésie patriotique a peu de chose à ressaisir au milieu de ce fatras tumultueux et enfiévré. Où la chercher en effet ? Sera-ce dans les hymnes composés à la gloire de saint Jacques Clément ? Dans les couplets satiriques où l'on nargue *Jean Sandreux*, c'est-à-dire Henri IV, après son premier échec sur Dreux ? Ou bien encore dans les diatribes

---

1. Leroux de Lincy, *Chants historiques*. t. II.

virulentes de l'avocat Louis Dorléans, un des grands clabaudeurs de la Ligue, qui ne manque pourtant ni de verve ni de talent pour l'invective : un Louis Veuillot du temps[1] ?

De toutes les œuvres ligueuses, la plus intéressante et la plus honnête peut-être, *le Dialogue du Maheustre et du Manant*, écrit en prose, nous montre le patriotisme étouffé par le fanatisme religieux; le peuple hypnotisé par ses prédicateurs, ne reconnaissant plus ni roi légitime, ni tradition nationale, ni patrie; ne voyant que le Ciel et Dieu, prêt à tout accepter : un souverain espagnol, lorrain, allemand, n'importe, l'Infante, le duc de Guise, l'archiduc Ernest, plutôt qu'un prince français hérétique.

Jamais, il est vrai, l'esprit de faction et de parti n'a été alimenté par un plus fort auxiliaire que cet entêtement béat et consciencieux du *Manant* halluciné. Les partis qui finissent ont parfois cette passive et opiniâtre résignation.

Un seul obstacle restait, plus redoutable que toutes les armées de l'Espagne : ce fossé profond de l'hérésie, qui séparait le Béarnais de la majorité catholique. De guerre lasse, après bien des hésitations, il se décida, ainsi qu'il l'écrivait à Gabrielle d'Estrées, *à faire le saut périlleux*. L'abjuration, souhaitée par les politiques comme la seule issue possible, avait contre elle, d'un côté les ligueurs enragés soutenant qu'un hérétique relaps, excommunié, ne pouvait rentrer dans le giron du catholicisme; d'autre part, les huguenots obstinés et renfrognés, accusant leur chef de trahison envers son Église et son parti.

La descente à Saint-Denis, cette cavalcade royale avec tambours et trompettes, enseignes déployées, en grand apparat et en grand costume, semblait moins une pénitence qu'une représentation de gala. L'avocat Dorléans raillait comme une parodie sacrilège cette scène de l'abjuration et les simagrées religieuses ou sentimentales dont on l'avait entourée.

> A grand'peine avait-il par une feinte messe
> Résolu de piper la française noblesse,

---

[1]. Voir *la Satire en France au* xvie *siècle*, livr III, chap. v.

Qu'ils en faisoient un saint, et disoient ces rieux
Qu'il jetoit à pleins seaux des larmes de ses yeux [1].

La haine prête ici à l'attaque une certaine vigueur. La chanson de *Jean Sandreux* adresse le même reproche au Béarnais :

> Tu fais le catholique,
> Mais c'est pour nous piper,
> Et, comme un hypocrite,
> Tâche à nous attraper [2].

Le pape Clément VIII répondait à l'envoyé de Henri IV qu'il ne croirait jamais Navarre catholique, à moins qu'un ange du ciel ne vînt le lui dire à l'oreille. Cet ange avait parlé sans doute, le jour où il lui accordait la main de sa nièce, Marie de Médicis.

D'autres voix plus confiantes célébraient les bienfaits de la conversion royale, y voyant une grâce d'en haut :

> Dieu nous a bien montré qu'il nous tendoit la main
> Quand il a appelé ce prince tant humain,
> Notre roi naturel, à la foi catholique ;
> Il n'y a que le ligueur qui le dit hérétique.
>
> Le *Ligueur espagnol* s'est fort scandalisé
> Quand il a vu le roi s'être *catholisé* ;
> N'ayant plus de sujet pour lui faire la guerre,
> Chacun d'eux s'est bandé pour occuper sa terre [3].

Ligueur espagnol est une appellation heureuse et juste, que les Politiques ont trouvée pour compromettre leurs adversaires. C'est dans le même esprit qu'un petit-fils de L'Hôpital, Michel Hurault, écrivait l'*Anti-Espagnol*, pamphlet éloquent en prose [4].

L'abjuration était un coup direct porté à l'Espagne autant qu'à la Ligue. On a reproché à Henri IV le mot fameux : *Paris vaut bien une messe.* Est-ce là, seulement, l'aveu d'un scepticisme indifférent, bien excusable après tout ce qu'il avait vu, ou d'une ambition peu scrupuleuse? N'est-ce pas aussi le cri du bon sens pratique finissant par reconnaître,

---

1. Louis Dorléans, *le Banquet du comte d'Arète*. Voir *la Satire en France au* xvi° *siècle*, liv. III, chap. vii. — 2. Leroux de Lincy, t. II. — 3. *Ibid.* — 4. Voir *la Satire en France au* xvi° *siècle*, liv. III, chap. viii.

en face de ces dissensions sans fin, que Paris, c'est-à-dire l'apaisement des haines et des rancunes irréconciliables, le repos et le salut de la France, valent bien une messe? Et il a raison, quoi qu'en disent les intransigeants des partis extrêmes. Duplessis-Mornay, Sully, tout en restant eux-mêmes protestants, l'approuvent ou l'excusent. Henri IV, au fond déiste sans doute, à la façon de Montaigne et de Rabelais, unit dans une commune sympathie les deux religions, qu'il se sent capable de protéger à la fois. Le matin de l'abjuration, il s'entretient avec le ministre La Faye, qu'il embrasse en lui demandant ses prières, renouvelant ses assurances d'amitié pour les pasteurs huguenots et s'engageant à maintenir leurs libertés. L'*Édit de Nantes* fut l'acquit de cette promesse.

Mais alors, a-t-on objecté, pourquoi Henri IV a-t-il inféodé encore une fois l'État à l'Église, au lieu de l'en détacher tout simplement? Vainqueur et maître de la situation par le droit des armes, que n'est-il resté sur ce terrain de la royauté légitime, gardant sa foi protestante et donnant à tous l'exemple de cette liberté de conscience qu'il allait proclamer? La chose était-elle aussi simple, aussi facile qu'elle le semble à certains juges? S'imagine-t-on que la majorité catholique, avec ses passions et ses croyances, se fût accommodée d'avoir à sa tête un chef hérétique? C'est méconnaître l'histoire, les nécessités et les préjugés du temps.

De nos jours même, où la foi s'est singulièrement refroidie dans bien des âmes, à l'heure où se discute et se prépare peut-être la séparation de l'Église et de l'État, que d'appréhensions, que de craintes éprouvent les esprits les plus fermes et les plus sages, en songeant aux complications qui peuvent en sortir! On cite l'exemple de l'Amérique. — Mais sommes-nous en mesure de pratiquer sincèrement la liberté sur ce point comme aux États-Unis, où les sectes les plus diverses, sans distinction, se sont toujours développées avec le droit d'acquérir et de posséder à leur aise, en dehors de tout contrôle et de toute ingérence de l'État? Sommes-nous décidés à leur laisser la même latitude? Les précautions dont la société civile croit devoir s'entourer, pour résister aux accaparements de la *mainmorte* ou à l'accumulation des capitaux sous l'anonymat d'un pouvoir occulte, d'une internationale religieuse plus redoutable peut-être que l'internationale ouvrière, ne prouvent-elles pas tous les périls dont la question est semée? Il en était bien autrement encore au temps de Henri IV.

Si l'on en doute et si l'on veut se faire une idée de l'exaltation qui régnait alors dans nombre d'âmes fanatisées, qu'on en juge par ce chant d'un ligueur opiniâtre décidé à ne rien entendre. La résistance désespérée finit par tourner chez lui en monomanie du martyre :

> Si, pour vivre heureux et content,
> Il faut renoncer à la Ligue ;
> S'il faut être aussi inconstant
> En la foi que le Politique,
> Sus, sus, faites-nous donc mourir,
> *Il n'est que de mourir martyr* [1].

Ce refrain, qui revient à la fin de chaque couplet, est une sorte de défi suprême jeté au parti triomphant. Il y avait alors sans doute des forcenés, des enragés sincères et convaincus, prêts à courir au-devant du supplice; mais aussi des meneurs attisant le feu jusqu'au bout, tels que le fameux curé Boucher, ce molosse de sacristie, qui jugeait prudent de quitter Paris entre les rangs espagnols, pour échapper au châtiment mérité.

Dans cette dernière effervescence, les femmes, à leur tour, s'étaient mises de la partie. Même après la réduction de Paris, d'Orléans, de Rouen, de Lyon, où la Ligue venait d'être brûlée en effigie sous les traits d'une sorcière, certaines dames lyonnaises, enfiévrées de la Sainte-Union, et furieuses de voir leurs maris proscrits par ceux qu'ils avaient bannis autrefois, protestaient contre la victoire du Béarnais ou *Biarnois*, comme on disait par mépris. En face de cette émeute féminine, le ridicule et la chanson parurent une arme suffisante. Un fin rimeur lançait contre ces dames récalcitrantes une joyeuse bordée de couplets ironiques :

> J'aimerais mieux, dit dame Perroquette,
> Mourir cent fois et perdre ma jaquette

1. Leroux de Lincy, *Chansons de la Ligue*, t. I, p. 539.

> Que d'obéir à ce roi Navarrois,
> Et l'appeler prince roi des François.
>
> Vous en orrez d'autres tant opiniâtres,
> Vieilles rêveuses et mauvaises marâtres,
> Qui barricadent[1] comme les vieux mulets,
> Et de dépit mordent leurs bourrelets.
>
> Nous sommes tous, qui croiroit à leur dire,
> Bannis de Dieu, et qu'il vous faut maudire ;
> Et, qui pis est, nous sommes devenus
> Tous huguenots, bref sommes mal venus.
> Tel est le chant de ces dames Collettes[2].

Ce petit portrait de la dévote insurgée et batailleuse est un curieux échantillon de l'époque. L'auteur invite ces dames affolées à se calmer, elles et leurs maris, en conseillant à ceux-ci de faire amende honorable au roi légitime :

> Écrivez-leur qu'ils aillent reconnaître
> Le roi Henri de Bourbon pour leur maître.
> Il est si bon qu'il leur pardonnera,
> Et que joyeux chacun retournera.

II

Après avoir débuté comme une tragédie, la Ligue finissait par une comédie avec la *Satyre Ménippée*. Œuvre hybride et multiple, mêlée de prose et de vers, entreprise à frais communs entre gens d'esprit qu'unit l'amour du bien public, la *Ménippée* est une protestation du bon sens national et du patriotisme français. C'est à ce titre qu'elle trouve naturellement place ici.

Les *États de la Ligue* se réunissaient à Paris, très incomplets et très discordants, quand fut composée cette parodie plus ou moins anticipée des personnages et des séances de la Sainte-Union. Grâce à elle, les Politiques arrachaient la France au double joug de l'Espagne et de la démagogie ligueuse, pour la remettre aux mains de Henri IV, l'héritier

---

1. Regimbent. — 2. Leroux de Lincy, *Chanson nouvelle de l'opiniâtreté de certaines dames de Lyon*, t. II.

de la tradition monarchique et nationale. Le président Hénault prétend que cette *Satire* fit pour le Béarnais autant que la journée d'Ivry. On a contesté le fait, en rappelant que la première édition de la *Ménippée* parut à Tours au mois d'août 1594, et que Henri IV était entré à Paris le 22 mars de la même année. Mais on oublie que des fragments détachés de ce pamphlet, fait de pièces et de morceaux, avaient couru sous le manteau en dépit des espions de Philippe II et malgré la police des Seize. D'ailleurs, après la bataille gagnée et la paix rétablie dans les rues, il restait à faire le calme dans les esprits. Ce fut là le grand service rendu par la *Ménippée*.

Nous avons déjà consacré ailleurs[1] une assez longue étude aux auteurs et au texte de cette immortelle satire. Nous avons raconté sa naissance, à la table et dans la bibliothèque d'un paisible conseiller clerc au parlement, Jacques Gillot, en compagnie de Pierre Leroy, Nicolas Rapin, Passerat, Florent Chrestien, Pierre Pithou, Gilles Durand.

Toutes ces plumes gaillardes, tous ces joyeux et libres esprits, comme les appelle de Thou, sont bien de race gauloise par la verve et le bon sens; modérés d'opinion, mais ayant le mot salé et la riposte vive, l'art de saisir et de peindre les ridicules, qui abondent dans la Sainte-Union : érudits sans pédantisme, écrivains et rimeurs sans prétention, la gloriole est leur moindre souci. Aussi n'ont-ils pas même songé aux honneurs d'une publicité qui, d'ailleurs, avait ses dangers, quand le rire pouvait conduire en prison ou à la potence, le lendemain d'Arques et d'Ivry. Ce n'est que plus tard, longtemps après le succès de l'œuvre, en plein XVII siècle, que l'on connaît les noms des auteurs et que l'on fait à chacun sa part. Tous gallicans et patriotes, ennemis des doctrines ultramontaines, de l'Espagne et des jésuites ses agents, comme des ligueurs ses complices, ils ne veulent que servir la France et la débarrasser d'un double fléau : la domination étrangère et la tyrannie démagogique, un moment alliées.

---

[1]. *La Satire en France ou la Littérature militante au* XVI* siècle*, liv. III. hap. VIII.

Tandis que Paris, fanatisé par l'éloquence épileptique de ses prédicateurs, subit les horreurs du siège, de la famine, de la peste et de la terreur, on ne s'en réunit pas moins chez le compère Gillot; on s'y raconte les faits du jour pour s'en indigner ou s'en moquer. On y parle des bouffissures solennelles et des fureurs apoplectiques du gros Mayenne, crevant de rage et d'ambition non satisfaite; des exploits du chevalier d'Aumale, auquel le Béarnais apprend à courir; de la duchesse de Montpensier et de son neveu; de Bussy-Leclerc et de sa femme; de quelque nouvelle coquinerie des Seize; du gouverneur espagnol, le duc de Féria, et de sa maîtresse et reine future, l'infante d'Espagne; enfin des fameux États de la Ligue, si impatiemment attendus et qui doivent aboutir à un gigantesque avortement.

Bien que la *Ménippée* soit par-dessus tout un ouvrage en prose, elle a aussi sa part de poésie humoristique, en mêlant les jeux de l'imagination aux peintures de la réalité, et les couplets aux discours des orateurs. Un des historiens de la Ligue, Capefigue, et, après lui, M. Bernard, l'éditeur des *Procès-verbaux des États de 1593*, ont reproché aux auteurs de cette *Satire* d'avoir dénaturé ou travesti les faits et les personnages pour les rendre ridicules. Mais il faut bien admettre les droits de la comédie, qui, cette fois, on doit en convenir, a eu plus d'autorité que l'histoire; sans doute parce que les choses et les hommes y prêtaient.

Pierre Leroy[1], après avoir dressé les tréteaux et dessiné les contours de l'œuvre future, se chargea du prologue et de la parade, en écrivant l'amusante scène des Deux Charlatans, Espagnol et Lorrain, débitant leur *Catholicon* (*Higuiero d'Infierno*, figuier d'Enfer) à la porte des États. La procession de la Ligue qui vient ensuite, reproduction comique de celle qui eut lieu en 1590, avec son accouplement de costumes guerriers et religieux, de piques, de croix, de hallebardes, de bannières, de cuirasses, de frocs, de casques et de capuchons, offre le plus grotesque tableau. C'est à la fois du Rabelais et du Callot.

Puis arrive la description de la *Salle des États*, ornée de

---

[1]. C'est à lui que M. Read attribue le canevas primitif, sous le titre d'*Abrégé examen des États convoqués à Paris en l'an 1593*, publié pour la première fois en 1878.

devises, de caricatures, d'allégories et d'allusions empruntées à l'histoire ancienne et moderne, à la Bible et à la mythologie. Rapin et Passerat, les poètes de la compagnie, ont fourni en grande partie les inscriptions et sentences en vers qui décorent ce palais enchanté.

Quant aux discours qui vont se faire entendre, chacun des amis, comme dans une charade, s'est adjugé son rôle. Jacques Gillot s'amuse à composer la harangue du Légat; Florent Chrestien, celle du cardinal de Pellevé; Nicolas Rapin celle du recteur Rose; enfin Pithou rédige le morceau capital placé dans la bouche de D'Aubray.

C'est ainsi qu'en se jouant et, pour ainsi dire, sans y songer, ces gais convives ont improvisé un chef-d'œuvre de malice et de raison patriotique, destiné à durer aussi longtemps que notre langue. Ils lui ont prêté le nom du vieux philosophe gouailleur immortalisé par Lucien, se souvenant sans doute aussi de ce titre de *Satura* donné par les Latins à un genre mêlé de prose et de vers, et à une sorte de pâtisserie ou de farce composée de toute espèce d'herbages et de viandes. Ils ont fait de cet amalgame un *potpourri*, une *olla podrida* sur les tons les plus divers.

La scène des États nous présente tour à tour un modèle de fine observation morale, de gaieté folle, d'ironie amère, de persiflage étourdissant, d'éloquence chaleureuse et persuasive : une œuvre telle enfin que la prose française n'en possède point d'égale, dans son genre, avant les *Provinciales*.

Par une fiction ingénieuse, par un phénomène étrange et nous dirions presque unique dans les *Annales parlementaires*, les orateurs se trouvent subitement atteints d'un accès de sincérité qui leur fait dire, à leur insu et malgré eux, tout ce qu'ils pensent au fond. Grave infirmité chez des politiques, habitués à n'user de la parole que pour déguiser leur pensée. Ainsi Mayenne, le gros épicurien sceptique et sournois, enveloppant d'ordinaire son ambition sous le voile d'une bonhomie cauteleuse, étale naïvement son égoïsme, en avouant qu'il n'a travaillé jusqu'alors que pour lui-même. Le Légat sert à son auditoire, en beau latin de cuisine, un plat de *macaronée* italienne, fait pour être plus goûté que compris. Le cardinal de Pellevé, par ses génuflexions et ses flagorneries à l'adresse de tous les pouvoirs, saisit l'occasion d'établir au grand jour sa platitude et sa sottise, en justifiant son titre de chef des *Ignorantins*.

Un personnage, plus comique encore et surtout plus bruyant, arrive comme un foudre ou plutôt comme une trombe et un tourbillon d'éloquence tempétueuse, se fâchant contre ceux qui désapprouvent et contre ceux qui applaudissent, faisant de son discours un coq-à-l'âne sans queue ni tête : c'est le recteur Rose, un des flambeaux de l'Université ligueuse. Bonhomme irascible, emporté, divaguant à tort et à travers, jetant à la tête de Mayenne des éloges qui sont des pavés, finissant par conclure qu'entre quatre ou cinq *brigands* ou *briguants* à la royauté, il aimerait mieux choisir Guillot Fagotin, marguillier de Gentilly, bon vigneron et prud'homme, qui chante au lutrin et sait son office par cœur. Ce fou, ce cerveau détraqué, en écartant les candidatures de Mayenne, de l'Infante, du jeune duc de Guise, pour leur opposer celle de Guillot Fagotin, pourrait bien être intérieurement un compère du Béarnais. Son discours finit, de même qu'il a commencé, au milieu d'une tempête de cris, de trépignements, de bravos et de sifflets.

A son tour, la noblesse ligueuse va trouver un orateur, plus ou moins digne d'elle, dans la personne du jeune de Rieux, un gentilhomme d'occasion, ancien petit commis aux vivres, où il a pris l'habitude de grapiller : sacripant sans vergogne, à l'air crâne et provocant, avec sa cape espagnole, sa main posée sur le pommeau de son épée. Il a pour cri de ralliement *Vive la guerre!* qui le fait vivre et lui permet de rançonner le bourgeois et le paysan. Matamore et bandit, grand amateur de coups de main et même de coups d'État, il déteste surtout les gens de loi et de justice, sentant qu'il pourrait avoir des comptes désagréables à régler avec eux. Tous ces robins formalistes, les Lemaistre, les Du Vair, avec leurs mots de *droit*, d'*équité*, de *pacte fondamental*, de *loi salique* et autres billevesées, lui font hausser les épaules. En fait de droit, il n'en connaît qu'un, celui de son bon plaisir. Quant aux juges, huissiers, sergents, procureurs, il les aurait bientôt tous chassés, s'il était roi vingt-quatre heures seulement. C'était jouer un mauvais tour à la noblesse ligueuse que de lui donner un tel acolyte et représentant. N'est-ce pas aussi le châtiment des partis d'avoir quelquefois à rougir des instruments qu'ils emploient?

A l'effronterie, à l'insolence, aux bravades éhontées du prétendu organe de la noblesse, Pithou oppose le langage du patriotisme, du bon sens, de la probité par la bouche de D'Aubray, l'interprète du tiers état. C'est à coup sûr un beau type de la bourgeoisie française que cette mâle et loyale figure du prévôt des marchands. L'auteur l'a idéalisée, ennoblie peut-être, mais en restant dans la nature et la vérité. Il s'est bien gardé d'en faire un phraseur solennel ou un déclamateur sentencieux. Il lui a prêté un langage *sui generis*, une certaine verdeur gauloise, où la gaillardise et la belle humeur s'allient aux plus nobles mouvements de l'éloquence. Témoin ce début dont l'allure brusque et soudaine rappelle le fameux *Quousque tandem* de la *Première Catilinaire*, sans en être une imitation ni un pastiche.

« Par Notre-Dame, messieurs, vous nous l'avez belle baillée. Il n'était jà besoin que nos curés nous prêchassent qu'il fallait nous *débourber* et *débourbonner*. A ce que je vois par vos discours, les pauvres Parisiens en ont dans les bottes bien avant, et sera prou difficile de les *débourber* [1]. »

De cette rude boutade familière, l'orateur passe au ton le plus pathétique et le plus élevé :

« O Paris, qui n'es plus Paris, mais une *spélunque* [2] de bêtes farouches, une citadelle d'Espagnols, Wallons et Napolitains, etc. Te voilà aux fers; te voilà en l'Inquisition d'Espagne... » Tout ce qu'il a de sang français bouillonne et proteste contre cette tyrannie étrangère.

Homme d'esprit pratique, instruit par l'expérience et les

---

[1]. Édit. Tricotel : Lemerre 1877. — D'autres textes portent : *déboucher* allusion au prédicateur Boucher,

Flambeau de la guerre civile,
Et porte-enseigne des méchants,

dit un quatrain de la *Ménippée*. — [2]. Caverne : *spelunca*.

voyages plutôt encore que par les livres, il en sait long sur tous les partis. Un moment, au début, il a mis le pied dans la Ligue, assez pour la connaître et s'en tirer bien vite, après avoir flairé l'odeur du *Catholicon* qui s'y débite. Comme un Nestor, dont la mémoire est chargée de faits et de souvenirs, il devient volontiers prolixe en nous énumérant la trame ambitieuse ourdie par les princes lorrains, dès le temps de Henri II; leur généalogie carolingienne dont il se moque; les menées sourdes de Mayenne cherchant à pêcher en eau trouble une lieutenance du royaume, en face d'un roi vivant; la politique louche et ambiguë de Philippe II, toujours aux écoutes pour profiter de nos divisions, et asservir ceux dont il s'est fait le protecteur. Ce long exposé historique est heureusement coupé, çà et là, par des réflexions piquantes, des citations en vers, et des explosions éloquentes telles que celle-ci :

« Nous demandons un roi et chef naturel, non artificiel : un roi déjà fait et non à faire; et n'en voulons point prendre le conseil des Espagnols, nos ennemis invétérés, qui veulent être nos tuteurs par force, et nous apprendre à croire en Dieu et en la foi chrétienne, en laquelle ils ne sont baptisés, et ne la connaissent que depuis trois jours. Nous ne voulons pour conseillers et médecins ceux de Lorraine, qui de longtemps béent[1] après notre mort. Le roi que nous demandons est déjà fait par la nature, né au vrai parterre des fleurs de lis de France, jeton droit et verdoyant du tige de Saint Louis ».

> Allons doncques, mes amis,
> Allons tous à Saint-Denis
> Dévotement reconnaître
> Ce grand roi pour notre maître.

Tandis que la prose s'élevait à la dignité de l'éloquence serrée, nerveuse, entraînante avec Pithou, la chanson reprenait son vol rapide et joyeux avec Rapin et Passerat. La *Satyre Ménippée* est une véritable boîte à malices, d'où s'échappent les couplets railleurs, qui éclatent en fusées sur les principaux chefs de la Ligue. Ici c'est le chevalier

[1]. Baillent.

d'Aumale, auquel on baille les *éperons ailés* et *zélés* en mémoire de sa belle fuite à la bataille de Senlis :

> Ce vaillant prince d'Aumale,
> Pour avoir fort bien couru,
> Quoiqu'il ait perdu sa malle,
> N'a pas la mort encouru.
>
> Il vaut mieux des pieds combattre,
> En fendant l'air et le vent,
> Que se faire occire ou battre
> Pour n'avoir pris le devant.

Le calembour a sa place dans cette pièce sur les *Zélés de l'Union* :

> On pense que c'est pour vos zèles
> Que l'on vous nomme les *zélés* :
> Mais vous avez ce nom des ailes,
> Parce que si bien vous *volez*.

Ailleurs la chanson nargue le gros Mayenne gonflé de son importance, qui va bientôt se trouver général sans armée :

> Ce lieutenant imaginaire,
> Ce grand colosse enflé de vent,
> Qui pensoit le roi contrefaire
> Sera gros Jean comme devant.

Les Seize n'échappent pas non plus aux prédictions de mauvais augure :

> Seize, Montfaucon vous appelle :
> A demain ! crient les corbeaux.
> Seize piliers de sa chapelle
> Vous feront autant de tombeaux.

Mais le roi est de nature si douce et si clémente qu'il ne songe guère à se venger. Cependant il fera bien d'y prendre garde :

> C'est bien une vertu belle entre les plus belles
> D'être doux aux vaincus et pardonner à tous :
> Mais gardez-vous du trop, même[1] envers les rebelles,
> Car César en mourut, grand prince comme vous.

---

1. *Maximè*, surtout.

Henri IV devait en mourir aussi, après avoir échappé trois fois déjà au fer des assassins.

Le ton devient grave, sérieux et même sévère à certains moments. Ainsi, à propos du chevalier d'Aumale tué à Saint-Denis, près du logis de l'*Épée Royale*, l'auteur en tire cette grande leçon :

> Il est un Dieu punisseur des rebelles,
> Vengeur des rois, qui leurs justes querelles
> Prend en sa main, et les va soutenant :
> Tel ne l'a cru, qui le croit maintenant.

La foi monarchique, très ébranlée par la démagogie ligueuse autant que par les vices des derniers Valois, commence à se rétablir dans les âmes.

Cette œuvre de la *Ménippée* a toute la gaillardise, la bonne humeur et l'entrain du Béarnais dont elle plaide la cause. A lire ces pages si vertes et si vives, on s'aperçoit que la santé intellectuelle et morale est revenue avec le bon sens, dans ce monde bouleversé par la guerre civile et l'invasion étrangère, comme elle nous reviendra un jour après les désastres de la guerre et les folies de la Commune (1870-1871). Les nations ont ainsi des quarts d'heure de fièvre et de crise, qu'il leur faut traverser pour mieux sentir ensuite les joies du renouveau. Il y a déjà, dans la *Ménippée*, un avant-goût de cette saison printanière, que va bientôt célébrer la *Chanson nouvelle en l'honneur de la paix* (1595)[1].

> Voici la saison plaisante
> Florissante,
> Que le beau printemps conduit.
> . . . .
> Voici des nymphes cent mille
> A la file,
> Qui sortent des eaux et bois,
> En chantant toutes ensemble,
> Ce me semble,
> Le noble sang Bourbonnois[2].

Ni Du Bellay, ni Belleau, ni Ronsard même, n'ont rien

---

1. Leroux de Lincy, *Chants historiques*, t. II, p. 565. — 2. D'après M. Weckerlin, cette jolie chanson remonterait à Henri III, et aurait été ressuscitée pour Henri IV et le *Sang bourbonnois*.

trouvé de plus gracieux et de plus chantant que cet hymne de paix à la gloire de Henri IV : l'entrelacement des vers est, à lui seul, une musique harmonieuse :

> De grâce, où allez-vous, belles
> Immortelles ?
> S'il vous plaît, dites-le-nous.

Puis vient la reprise, telle qu'un pas de danse rappelant l'antistrophe antique, sans prétendre l'imiter :

> Nous allons chassant discorde,
> En concorde
> Maintenant ici vivons :
> Nous t'offrons, à ta vaillance,
> Roi de France,
> Et Mars vaincu te livrons.

C'est la victoire définitive de l'ordre, de la paix, l'heure bénie et longtemps attendue de la concorde universelle, qui doit ouvrir à la France une ère de grandeur et de prospérité.

Une autre pièce curieuse, conservée dans le *Recueil* de L'Estoile, nous montre le *Manant* lui-même détaché de la Ligue s'entretenant avec le *Maheustre* [1].

LE MANANT.

> Sans le roi que Dieu gard', nous serions misérables,
> Nous serions malheureux et atteints de la faim.
> Les cieux nous ont été grandement favorables
> De nous avoir réduits sous sa royale main.

LE MAHEUSTRE.

> Depuis qu'il a Paris, l'abondance est venue
> Vous foisonner de biens : la Justice et les Arts
> Y ont repris vigueur : la cour est revenue,
> Et au lieu de brigands, de généreux soudards.

LE MANANT.

> De tout Dieu soit loué ! Monsieur, je vais parfaire
> Mon chemin, s'il vous plaît ; je prends congé de vous.

1. *L'Entre-Paroles du Manant déligué et du Maheustre* (1594).

LE MAHEUSTRE

 Va à Dieu, mon ami, rachève ton affaire :
 Crains ores les Ligueurs, et n'ayé peur de nous.

C'est le dernier tenant de la Ligue qui l'abandonne, et laisse la place libre au Béarnais pour établir un ordre nouveau.

III

A mesure que la fortune de Henri IV s'élève, la poésie grandit avec elle et trouve de plus nobles accents. Déjà Passerat a salué par un sonnet *A l'Aurore et au Soleil* le jour de la *conversion et messe du roi* (25 juillet 1593).

  Sus, sus debout, vermeille avant-courrière
  Du clair soleil, trop long est ton séjour.
  Monte en ton char qui ramène le jour,
  L'heure t'appelle, et t'ouvre la barrière.

Puis s'adressant au Soleil :

  Viens voir ce roi très bon et très chrétien,
  L'espoir de France et son ferme soutien,
  Qui n'a son pair et n'a qui le seconde [1].
  Puis, quand au soir coucher tu t'en iras
  En l'Océan, à Téthys tu diras
  Que tu as vu le plus grand roi du monde.

Rapin, de son côté, haussant le ton de sa Muse bourgeoise, transforme en stances les *Odes* d'Horace, pour les adapter à l'apothéose d'un nouvel Auguste. C'est ainsi qu'il reprend le

  Divis orte bonis [2] :

Henri, la sauvegarde et sûreté de France,
Vous êtes de nos yeux absent trop longuement,
Après avoir promis à votre parlement
Que nous viendra bientôt l'heur de votre présence.

le

  Quis Parthum paveat? quis gelidum Scythen ?

---

[1]. Soit son second. — [2]. Ode v. liv. IV.

> Tant que Dieu nous tiendra notre roi sur la terre,
> Qui craindra les Anglois et les noirs pistoliers
> Que la froide Allemagne engendre par milliers,
> Et ces apprêts que fait l'Espagnol pour la guerre ?

le

> *Te multa prece, te prosequitur mero*
> *Defuso pateris :*

> Nous vous mettrons au rang de nos dieux domestiques
> Pour le tuteur du peuple et patron du pays,
> Et, comme Charlemagne et comme saint Louis,
> Nous vous invoquerons aux prières publiques.

Tout ceci n'est sans doute encore qu'un tâtonnement, un effort : ni Passerat ni Rapin n'ont le coup d'aile lyrique. Ronsard est mort : Desportes, un moment engagé dans la Ligue, a tiré son épingle du jeu en sauvant ses bénéfices, et s'en tient à la traduction des *Psaumes*, pour expier ses chansons galantes et ses vers en l'honneur des mignons. Deux autres poètes, Duperron et Bertaut, vont remplir l'interrègne en attendant l'arrivée de Malherbe.

Hommes de transition et de transaction, attachés d'abord par la reconnaissance à la personne de Henri III, ils s'étaient compromis tant soit peu, en écrivant une pastorale élégiaque et sentimentale sur la mort de Joyeuse à Coutras: le beau Daphnis, dont les amours rappellent trop les bergers de Virgile et l'*Ile des Hermaphrodites*. Les mœurs du temps peuvent seules expliquer que des personnages graves, honnêtes, investis de hautes fonctions ecclésiastiques, aient mis leur plume au service de tels souvenirs. La mort de Henri III était venue subitement renverser toutes leurs espérances. Les deux poètes en disponibilité éprouvaient d'abord un embarras assez naturel en face d'un roi huguenot. Le patriotisme, le bon sens, l'intérêt et le vent décisif de la Fortune les ramenèrent vers le Béarnais, dont ils préparèrent la conversion.

Bertaut composa sur ce sujet un *Cantique d'actions de grâces, au nom et par le commandement de Madame de Bourbon, tante de Sa Majesté.*

> Ce qu'avec tant de vœux mon âme a désiré
> Comme le seul remède à nos maux préparé,

S'accomplit maintenant pour l'heur de cet empire.
Le roi plante en son cœur la foi de ses aïeux,
Et fait, par ce saint œuvre, espérer à nos yeux
De voir finir le deuil dont l'Europe soupire.
. . . .
Il se rend tout d'un coup pacifique héritier
Du royaume céleste et du sceptre de France [1].

Duperron s'était fait l'avocat du souverain légitime auprès du cardinal de Vendôme, devenu cardinal de Bourbon après la mort de son oncle. Il prit une part active à cette assemblée de Chartres, où furent déclarées nulles les bulles du pape Grégoire XIV contre Henri de Navarre (25 septembre 1591). Diplomate insinuant, dialecticien subtil, Duperron est l'entremetteur politique et religieux ayant mission de rétablir l'accord entre les ligueurs assagis, le pape et l'excommunié Béarnais. C'est lui qui se charge d'aller recevoir à Rome, avec d'Ossat, les coups de gaule apostolique pour la réconciliation du roi avec l'Église : rôle scabreux et délicat, où il apporte beaucoup de zèle et d'habileté, récompensés d'abord par le siège épiscopal d'Évreux, et plus tard par le chapeau de cardinal.

Il devient en même temps, avec Bertaut, un des chantres ordinaires et attitrés du roi dans toutes les occasions solennelles. La forme des stances est celle qu'ils semblent préférer, sans trop oser se lancer dans les variations lyriques parfois si heureuses chez Ronsard [2]. Tous deux s'entendent pour réclamer la présence du roi à Paris. Bertaut, plus imagé, plus coquet et plus rêveur, invite le nouveau Persée à visiter cette Andromède qu'il a délivrée, après avoir tranché la tête de l'horrible Méduse qui s'appelait la Ligue. Duperron, plus simple, plus précis, plus orateur et moins poète peut-être, l'engage à venir goûter les charmes de cette métropole, qui reste toujours la reine des cités :

Paris, l'amour du ciel, des lettres le séjour,
Le temple de Pallas, l'attend à ce beau jour,

---

1. *Les Muses ralliées* (1599). — *Le Parnasse des plus excellents poètes de ce temps*, recueil composé par Despinelles. — 2. Bertaut en use quelquefois dans la chanson : notamment dans le gracieux couplet :

Félicité passée,
Qui ne peux revenir...

> Dont nul obscur oubli n'éteindra la mémoire,
> Par mille doctes voix ton triomphe entonnant :
> Paris, œil des cités, théâtre de la gloire,
> A qui tout l'univers sert d'écho résonnant.

Comme morceau d'orchestre officiel, le double éloge du monarque et de Paris était une assez habile combinaison. Cependant, après les souffrances du siège tempérées par la clémence royale, l'entrée de Henri IV dans sa Capitale n'avait point été précisément une ovation enthousiaste, ainsi que pourrait le faire croire le tableau de Gérard ; mais bien plutôt une surprise et un coup de main adroitement préparé, d'accord avec le gouverneur de la ville, Brissac, et le prévôt des marchands, Lhuillier. La résistance fut nulle, du reste : quelques reîtres allemands têtus se firent seuls jeter à la Seine, par acquit de conscience. Le roi entra à quatre heures du matin, avec son escorte, par la porte Neuve, du côté des Tuileries, la même par laquelle était sorti Henri III. Il se rendit de là à Notre-Dame, où le clergé l'attendait sous le portail. Au *Te Deum*, qui remplissait les voûtes de l'église, répondaient bientôt les cris de *Vive le roi !* poussés par quelques bourgeois fidèles, et répétés par la foule, qui acclame volontiers les heureux. Le soir, Henri IV couchait au Louvre, non sans se rappeler peut-être la nuit de la Saint-Barthélemy.

Le couteau de Jean Châtel vint l'avertir que toutes les rancunes n'étaient pas éteintes. Duperron, dans son zèle optimiste, voit là une nouvelle preuve de l'assistance divine :

> L'ange qui détourna le tragique couteau
> Qui mettait tout à coup tant d'hommes au tombeau,
> Des Mores d'Occident[1] détestable spectacle,
> Pour vous seul, ô grand roi, n'a pas fait ce miracle.
> Nos cœurs, avec le vôtre allaient être navrés,
> Et l'heur[2] en vous sauvant nous a tous délivrés.

D'Aubigné en tirait un autre enseignement à l'adresse de son maître. « Sire, n'ayant renoncé Dieu que des lèvres, il ne vous a percé qu'aux lèvres. Si vous le renoncez de

---

1 Les Espagnols. — 2. Bonheur.

cœur, il vous percera au cœur. » — Duperron se faisait l'interprète de la douleur et de l'inquiétude publique, en répétant après Du Bartas :

> Vous mort, tous nos espoirs s'enterrent avec vous,
> Et vous étant perdu, tout est perdu pour nous.

La question du lendemain est en effet le grand écueil et le grand péril des monarchies sans héritier. Aussi Duperron supplie-t-il le roi d'y songer : tout évêque qu'il est, il le pousse au divorce :

> Donnez-nous un dauphin, successeur destiné,
> Un rejeton de roi, pour régner ordonné.

La République a du moins cet avantage que la souveraineté résidant non dans une famille, mais dans la nation, est impérissable.

Malgré les supplications et les prières de ceux qui l'engagent à ménager une vie si précieuse, Henri IV revolait au combat, en apprenant que les Espagnols venaient de surprendre Amiens. Ce fut pour lui l'occasion d'un nouveau triomphe, et pour Bertaut un nouveau sujet de louanges :

> Un barbare ennemi, remplissant tout d'effroi,
> La vola de nos mains en corsaire homicide,
> Mais ce prince invaincu l'a reconquise en roi,
> Contre un nouveau Cacus étant un autre Alcide.

La paix de Vervins, qui suivit de près (2 avril 1598), inspirait à un médiocre écrivain, le sieur de Porchères, l'un des premiers membres de l'Académie française, une longue suite de stances alambiquées, où l'auteur se pique de bel esprit autant que d'admiration pour son héros :

> Enfin ce bras fatal, qui si souvent cultive
> Le lis, la fleur des rois et la reine des fleurs,
> Dedans le champ de Mars a fait mûrir l'olive,
> Arrosant l'olivier et de sang et de pleurs[1].

Après en avoir fini avec la guerre civile et étrangère, Henri IV crut pouvoir assurer à la France la paix religieuse. L'*Édit de Nantes*, promulgué la même année que

1. *Les Muses ralliées.*

le traité de Vervins était un premier gage. Trop longtemps témoin des violences et des crimes commis au nom de la religion, Henri IV a compris que la liberté, le respect mutuel des croyances était le seul remède à cette fureur homicide commune à toutes les sectes. Esprit large, cœur généreux, il apporte enfin au monde une charte de tolérance, qui est une grande leçon et un bienfait pour l'humanité.

Du camp protestant modéré, un cantique d'allégresse s'éleva pour saluer l'aurore d'une ère nouvelle :

> Je vois le ciel, je vois le ciel nous rire
>   D'un regard reluisant ;
> Son œil caché recommence à nous luire
>   Gracieux et plaisant.

Bien que le rimeur semble avoir voulu imiter au début la jolie chanson citée plus haut :

> Voici la saison plaisante...,

la forme a encore quelque chose de gauche et de guindé, où se retrouve la raideur huguenote. S'adressant au roi, il lui dit :

> Garde la paix, qui garde les François,
>   Et pour rendre domptée
>   L'injustice effrontée,
> Fais-lui *mâcher la bride de tes lois*.

L'image est aussi forcée que peu agréable, mais les sentiments sont d'un bon citoyen, qui fait des vœux sincères pour la concorde :

> O Dieu de paix,...
> Fais que t'aimions pour nous aimer nous-mêmes
>   D'une ferme amitié.
> . . . .
>   Lors une paix parfaite
> Par toi, en toi, avec toi sera faite [1].

Le roi pensait achever son œuvre, en conviant à la Conférence de Fontainebleau (1600) les docteurs catholiques et

---

1. *Le Chansonnier huguenot*, liv. III.

protestants, pour un essai d'accord bien difficile. La rencontre eut trop l'air d'une surprise et d'un guet-apens : l'honnête et confiant Du Plessis-Mornay, un rude jouteur pourtant contre le pape, s'y vit battu à plate couture par Duperron, un beau parleur et grand maitre d'escrime théologique, appuyé de la faveur trop visible de la cour. L'optimiste Bertaut se réjouit à l'idée

> De voir les deux partis qui divisoient la France
> Reconjoints en un seul, et, comme ils n'ont qu'un roi,
> N'avoir qu'une loi même et qu'une même foi[1].

S'il se trompe sur les résultats espérés, il laisse du moins échapper cette déclaration précieuse à recueillir sur l'inutilité des persécutions :

> De quoi nous ont servi tant de feux allumés,
> Quand ces germes de maux par l'Europe semés
> Firent premièrement fourmiller sur la terre
> Les erreurs, le désordre et le schisme et la guerre ?
> De quoi nous ont servi les lauriers si poudreux
> Des champs de Moncontour, de Jarnac et de Dreux ?
> Et cette vengeresse et cruelle journée
> Où la fureur du peuple, en courroux déchainée
> Par erreur de pouvoir éteindre ainsi l'erreur,
> Remplit Paris de sang, de carnage et d'horreur ?

Quel aveu chez un représentant de l'Église catholique ! La Saint-Barthélemy condamnée par l'ancien aumônier de Catherine de Médicis, devenu évêque de Séez !

La pièce sur la naissance d'un dauphin, si désiré, couronne dignement cette première série de chants politiques, à la gloire du nouveau règne.

> Nos vœux sont exaucés, la France est satisfaite,
> Nous jouissons de l'heur que l'oracle prophète
> De nos justes désirs se promettait enfin.
> La paix a maintenant une base assurée,
> Et, pour rendre éternel le bien de sa durée,
> Le ciel à nos souhaits a fait naitre un dauphin.

Duperron et Bertaut, dans une alliance parfois heureuse, associent la traduction des *Psaumes*, comme Rapin asso-

---

[1]. *Discours au roi sur la Conférence de Fontainebleau.*

ciait celle des *Odes* d'Horace à l'éloge du roi. Il y a là une impulsion, un essor lyrique dont va profiter Malherbe, en le portant plus haut.

Le souffle et la matière héroïques ne semblaient pas non plus devoir manquer autour du Béarnais. Duperron lui souhaitait déjà un chantre épique digne de lui :

> Ainsi, pour couronner de la gloire du style
> Vos labeurs immortels, puissiez-vous exciter
> Un Homère françois digne d'un tel Achille,
> Et le sort d'Alexandre en ce point surmonter !

Henri IV vit poindre, de son vivant, une ébauche de *Henriade*, que laissait inachevée Sébastien Garnier, procureur royal au comté et bailliage de Blois : bon citoyen, royaliste dévoué, animé des meilleures intentions et fort médiocre poète. Dans son épître dédicatoire au roi, il se compare naïvement à Homère. Malheureusement c'est bien plutôt un proche parent de Chœrile : et le Béarnais n'a pas été mieux partagé sous ce rapport que le héros macédonien. Ce prétendu poème, simple histoire ou gazette versifiée, sans élan, sans coloris, semé çà et là de quelques souvenirs mythologiques, est loin de valoir notre vieille *Chronique rimée de Du Guesclin*. Les ennemis de Voltaire crurent lui jouer un mauvais tour lorsqu'en 1770 ils exhumèrent la *Henriade* de Sébastien Garnier, et ne firent que mettre en relief la supériorité du poète moderne.

D'autres œuvres analogues et contemporaines, *le Roi triomphant* de Pontaimery, *les Trophées du roi*, par Jean Godard, n'offrent guère plus de vers dignes de passer à la postérité. Il nous faut attendre Voltaire pour trouver un chantre plus ou moins épique de cette grande renommée, effacée un moment par celle de son petit-fils, l'encombrant Louis XIV. Mais, à défaut d'une épopée, la poésie lyrique allait l'entourer d'un nouveau lustre avec Malherbe.

CHAPITRE X

FIN DU XVIᵉ ET COMMENCEMENT DU XVIIᵉ SIÈCLE

HENRI IV ET MALHERBE

Aurore d'un âge nouveau. — Malherbe poète national et monarchique : son génie, son rôle et son influence. — Odes sur la *Prise de Marseille* (1596). — *A la Reine, sur sa bienvenue en France* (1600). — *Prière pour le roi Henri le Grand allant en Limousin.* — Malherbe à la cour.

I

Le vers fameux, si débattu et si discuté depuis,

Enfin Malherbe vint !

auquel certaines gens substitueraient volontiers :

Hélas ! Malherbe vint,

pourrait s'entendre dans un sens encore plus large et plus compréhensif que celui où le prenait Boileau, si on le considère au point de vue politique et national. La venue de Malherbe marque l'avènement, non seulement d'une école littéraire, mais d'une dynastie nouvelle. Par la date de sa naissance (1555) et par les deux tiers de sa vie, il appartient encore au xvɪᵉ siècle : mais par ses œuvres, comme par son rôle de réformateur, il ouvre réellement le xvɪɪᵉ. C'est en 1605 seulement qu'il entre à la cour : c'est à partir de cette époque qu'il exerce, sur les destinées de notre langue et de notre poésie, une influence considérable, une véritable dictature, qui se maintient jusqu'à sa mort (1628), et même au delà. On lui en a gardé rancune depuis.

Une critique mesquine et jalouse n'a voulu voir en lui qu'un tyran des mots et des syllabes, un vieux pédagogue en lunettes, mettant la poésie française au régime de l'abstinence et de la sobriété obligatoires. C'est singulièrement amoindrir son rôle dans l'histoire littéraire et politique du temps. Qu'il ait été tout ce qu'on voudra, despote hautain pour ses disciples, injuste et brutal envers Ronsard, Desportes et ses devanciers : il n'en est pas moins l'auxiliaire de Henri IV, son véritable collaborateur dans l'œuvre de réglementation universelle, qui succède aux désordres de l'âge précédent. Malherbe fait pour la littérature ce que fait Henri IV pour la société : il la modère, la discipline, l'émancipe de l'invasion étrangère comme des superstitions érudites. On a rappelé à ce propos le mot du Béarnais congédiant la garnison espagnole : « Bon voyage, messieurs, mais n'y revenez pas! » Malherbe le répète à sa façon, en proscrivant les vocables italiens, espagnols, provinciaux, grecs et latins, qui encombrent notre idiome [1]. Ronsard avait essayé un moment de l'enrichir et de le renouveler, en ouvrant de toutes parts les écluses. Non content de féconder, il avait inondé le vaste champ de la langue et de la poésie. Au lieu d'une fusion, d'un alliage, nous avions un débordement, où se croisaient, se heurtaient confusément les courants de l'antiquité grecque et latine, de l'invasion italienne et espagnole, des patois, du style savant et du langage populaire. De là, rien de fixe, d'arrêté, de déterminé dans les mots ni dans les idées :

... *Nulli sua forma manebat* [2].

La tâche du xviie siècle sera de refréner ces débordements, de poser les digues, de ramener dans un lit commun tous ces flots épars. Malherbe et, bientôt avec lui, Balzac et

1. Géruzez : *Hist. de la litt. franç.*, t. II.
2. Ovide, *Métamorph.*, liv. I.

Vaugelas vont entreprendre ce grand travail d'épurement et de canalisation. Comme plus tard Vauban, ils construisent la muraille de fer destinée à protéger les frontières de notre littérature. Œuvre patriotique dans la pensée des hommes qui l'entreprenaient.

La réforme grammaticale de Malherbe, si outrée qu'elle soit par certains côtés, s'inspire du principe de nationalité. Pourquoi a-t-il si longtemps désiré de venir s'établir à Paris? C'est que Paris est le centre du royaume, le vrai berceau de notre langue. L'Ile-de-France n'a pas de patois. Malherbe établit son tribunal de grammaire entre le Louvre et la place Saint-Jean, renvoyant les courtisans et les savants aux crocheteurs du Port-au-Foin. Est-ce là seulement une de ces boutades comme il s'en permet volontiers? Non. C'est que les couches populaires ont échappé à l'influence du *pédantisme*, tout-puissant dans l'école, et de l'*italianisme*, triomphant à la cour avec les Médicis. Malherbe a compris que c'était au sein même de la nation qu'il lui fallait chercher son *criterium*, pour constituer définitivement la langue, pour fixer son domaine et ses limites. En pareille matière, quel est à ses yeux le grand juge, le maître souverain? L'usage, c'est-à-dire le suffrage universel.

Malgré sa complaisance pour les volontés et même pour les faiblesses royales, il est inflexible sur ce point. Témoin sa discussion avec le roi sur les mots *cuiller* et *cuillère*. Henri IV, étant du pays d'*Adiousias*, voulait que l'on dit *cuillère*. Malherbe, homme du Nord, soutenait qu'il fallait dire *cuiller*, et opposait au roi les docteurs du Port-au-Foin. « Sire, lui dit-il, vous êtes le plus absolu roi qui ait jamais gouverné la France, et si[1] ne sauriez faire dire deçà la Loire *une cuillère*, à moins de faire défense à peine de cent livres d'amende de la nommer autrement[2] ». Le suffrage universel a fini par donner raison au roi contre le poète : mais la vivacité de la dispute prouve l'intérêt qu'on portait alors à ces questions.

Eh bien! soit, a-t-on dit : Malherbe est un grammairien patriote, défendant la pureté, la dignité, la nationalité de

---

1. Pourtant. — 2. *Vie de Malherbe*, par Racan

la langue française. Mais est-il vraiment poète? Bien des gens en ont douté, et lui ont disputé ce titre. Les uns, usant de représailles pour venger l'ombre de Ronsard, l'ont exclu du Parnasse comme un tyran qu'on chasse d'une République. D'autres, plus modérés et plus malicieux, avec Stendhal, ont prétendu que « la poésie française, sous Henri IV, était comme une demoiselle de trente ans, qui avait déjà manqué deux ou trois mariages, lorsque, pour ne pas rester fille, elle se décida à faire un mariage de raison avec M. de Malherbe, qui avait la cinquantaine »· Et l'on ne manquait pas d'en conclure que le mariage dût avoir le sort des unions tardives et trop attendues; qu'il ne brilla ni par l'enjouement ni par la fécondité. D'autres enfin ont déclaré Malherbe un bon prosateur en vers. C'est l'arrêt que rend contre lui Régnier, vengeur de son oncle Desportes, en condamnant la nouvelle école et son chef

A proser de la rime et rimer de la prose.

C'est par là sans doute qu'elle finira au déclin avec les Marmontel, les La Harpe et les derniers traînards de l'école impériale. Mais Malherbe n'apportait-il pas autre chose en dot à la poésie ?

Qu'est-ce qu'un poète? Quelles sont les qualités essentielles qui le constituent? 1° L'inspiration ; 2° l'invention; 3° l'imagination ; 4° la sensibilité; 5° l'amour et l'instinct du beau, du grand, du sublime ; 6° le don de l'expression. Ces qualités se trouvent-elles toutes réunies chez Malherbe? Non, sans doute : aussi n'est-il pas l'idéal du poète complet. Si Ronsard n'a été, comme l'a dit très justement Balzac, que le commencement d'un grand poète, on peut avouer que Malherbe n'en représente qu'une partie, mais une partie durable et vraiment supérieure. Tallemant des Réaux, une mauvaise langue qui n'aime guère à parler trop bien des gens, s'exprime ainsi sur lui : « Il n'avait pas beaucoup de génie : la méditation et l'art l'ont fait poète ». Quoi qu'en dise Tallemant, la méditation et l'art eussent-ils suffi ? Nous ne le pensons pas, s'il n'avait eu en lui un certain fonds d'esprit et de tempérament poétiques, que le travail et l'étude ont fécondé et développé.

L'inspiration d'abord peut se produire sous deux formes. L'une, spontanée, enthousiaste, qui jaillit et coule de source, emportant ceux qu'elle possède comme ce délire sacré des Bacchantes dont parle Platon[1]. C'est elle qui ravit Isaïe, Pindare, Byron, Victor Hugo, Lamartine s'écriant dans sa belle Ode sur l'*Enthousiasme poétique* :

> Et la lave de mon génie
> Déborde en torrents d'harmonie,
> Et me consume en s'échappant.

L'autre, réfléchie ou empruntée, fruit de la méditation et du recueillement, naissant d'une sorte de fermentation progressive et calculée, où l'art vient en aide à la nature, où la volonté se joint à l'instinct. C'est l'inspiration telle que nous la trouvons chez l'Horace des *Odes*, chez Malherbe, chez Jean-Baptiste Rousseau, chez Lebrun-Pindare, et même chez André Chénier.

« Il y a, dit Gœthe, des hommes d'un mérite supérieur qui sont incapables de rien faire sur-le-champ et à première vue, mais dont la nature exige qu'ils se pénètrent avec calme et à fond de chacun de leurs sujets. Les talents de ce genre nous donnent souvent de l'impatience ; on obtient rarement d'eux ce qu'on exige à l'instant même. Cependant c'est par cette voie lente qu'on accomplit les plus grandes choses. »

On a calculé qu'en terme moyen, en ne tenant compte que des pièces publiées et connues, Malherbe avait dû composer environ trente-trois vers par an. Peut-être y a-t-il là une part d'exagération, mais aussi de vérité.

Que sera chez lui l'invention ? Médiocre et faible, il faut le reconnaître. C'est par là en effet que les admirateurs et dévots de Ronsard prennent leur revanche, en le comparant à leur maître qu'ils font plus inventeur et plus créateur qu'il ne l'a été réellement. Régnier, défendant son oncle, ne manque pas non plus de signaler ce point vulnérable :

> Ils rampent bassement, faibles d'inventions,
> Et n'osent point, hardis, tenter les fictions.

---

[1]. Voir le *Phèdre*.

Les partisans mêmes de Malherbe renoncent à le justifier sur ce point. Saint-Évremond dit à ce sujet : « Malherbe a toujours passé pour le plus excellent de nos poètes, mais plus par le tour et par l'expression que par les pensées ».

L'imagination, cette autre faculté maîtresse du poète, qui, sous sa double forme représentative ou créatrice, a le don de vivifier, de colorer, de donner un corps même à ce qui est invisible, n'est pas non plus la partie forte de Malherbe. Elle est trop souvent contenue, intimidée ou glacée par la raison. Ronsard donnait libre carrière à la *folle du logis* : Malherbe vient mettre le holà.

La sensibilité sera-t-elle plus vive et plus riche que l'imagination ? Chez l'homme privé, dans sa famille, le cœur est sec. Il s'est consolé bien vite de la mort de son *bonhomme de père*, comme il l'appelle ; de sa mère, dont il s'abstient de porter le deuil ; de son fils Henri et de sa fille Jourdaine, qu'il rappelle sans grande émotion dans ses stances à Du Périer :

> Et deux fois la raison m'a fait si bien résoudre,
> Qu'il ne m'en souvient plus.

Le *Sunt lacrymæ rerum* n'est guère à son usage. La vie lui paraît trop courte pour la passer à pleurer : et d'ailleurs, avec son esprit positif, il trouve que les larmes ne servent à rien.

Mais le poète, tout égoïste qu'il peut être au fond, comme l'ont été Chateaubriand, Gœthe et bien d'autres, a souvent ce qu'on nommerait volontiers une sensibilité de métier, le don de la sympathie idéale et universelle, ne s'attachant à rien et à personne en particulier, mais à tout et à tous collectivement. Son âme devient ainsi un écho, un miroir où se reflète un monde :

> Pour tout peindre il faut tout sentir,

dit Lamartine dans l'effusion de cette sympathie qui déborde en lui [1]. Le poète s'associe à la nature entière

---

[1]. *Premières Méditations* : *l'Enthousiasme*.

et l'associe elle-même à ses peines et à ses joies :

> *Illum etiam lauri, etiam flevere myricæ.*
> (Virgile.)
> Que le vent qui gémit, le roseau qui soupire,
> Que les parfums légers de ton air embaumé,
> Que tout ce qu'on entend, l'on voit et l'on respire,
> Tout dise : Ils ont aimé [1] !

Malherbe n'a pas l'âme ainsi ouverte à toutes ces brises. Il a vu, jeune encore, ces bords du Rhin d'où Victor Hugo rapportera un poème en prose. Il a vu cette Provence que chantera plus tard André Chénier :

> La Provence odorante et de Zéphyr aimée,
> Respirant sur les mers une haleine embaumée.

Enfin il passe une partie de sa vie à Fontainebleau avec la cour : et là il s'ennuie, il regrette le Louvre et la place Saint-Jean. Ces vastes solitudes où le poète et l'artiste aiment à rêver, ces océans de verdure, ces vieux chênes séculaires, ces entassements de rochers gigantesques, toute cette sublime horreur du *Chaos*, tous ces lieux charmants par les souvenirs et par les noms, la *Roche qui pleure*, la *Mare aux Fées*, le cerf qui vient boire à la fontaine et qui brame pendant la nuit : tout cela passe sur Malherbe sans l'émouvoir, sans trouver en lui, comme chez Théophile ou Saint-Amant, le moindre écho.

> Mais j'y deviens plus sec, plus j'y vois de verdure,

s'écrie-t-il en homme insensible à tous les attraits de cette belle nature qui s'étale devant lui. Malherbe compose dans sa chambre comme Descartes dans son poêle de Hollande. Il y a en lui une intelligence plutôt qu'une âme. Ce qu'il lui faut, ce sont des idées morales ou politiques à développer.

Jusqu'ici nous n'avons guère rencontré les éléments d'un vrai poète. Et pourtant ce poète existe, il est encore debout

---

1. *Le Lac.*

en dépit de toutes les attaques. Comment et pourquoi ? — Malherbe a le goût, l'instinct et le sentiment du beau, du grand et du sublime. Sans doute il n'éprouve pas, en face de la beauté, le ravissement mystique de Diotime dans Platon, ou de Jocelyn dans Lamartine. Il ne s'écrie pas :

> Beauté, secret d'en haut, rayon, divin emblème,
> Qui sait d'où tu descends ? Qui sait pourquoi l'on t'aime ?

Mais il la sent, la conçoit, l'exprime parfois mieux que personne de son temps, avec une grâce et une délicatesse exquises :

> Et rose elle a vécu ce que vivent les roses,
>   L'espace d'un matin.

Fleur charmante, qu'il n'a pas écrasée avec tant d'autres sous son rude gantelet de gentilhomme, et qu'il dépose ici comme contraste en face du fantôme glacé de la mort.

La beauté virile et forte, la majesté, la grandeur se trouvent encore plus souvent chez lui. Malherbe a déjà le souffle héroïque que nous apporteront bientôt le *Cid* et *Don Sanche*. Avant même d'être connu du roi, n'étant encore qu'un poète obscur, il s'est révélé, dans ses deux *Odes sur la prise de Marseille*, véritablement chantre royal. Enfin il aspire et il arrive à ce *summum culmen*, à ce degré qui s'appelle le *sublime* : τὸ ὕψος, disait Longin.

Avant Corneille, Malherbe est peut-être le seul, non pas qui l'ait rêvé, mais atteint, ou du moins pleinement et réellement exprimé. Marot n'y prétend pas : Ronsard, Du Bellay, Du Bartas l'entrevoient plus ou moins, en approchent un instant, sans pouvoir s'y fixer. A Malherbe il est donné de s'élever jusqu'à ce roc inaccessible où le génie seul, comme l'aigle, a le droit de se poser. C'est par là surtout qu'il est vraiment un gentilhomme de la poésie, gentilhomme pauvre, mais fier et de noble race. Il n'a pas sans doute le luxe et l'attirail poétique de Ronsard, traînant à sa suite tout un butin dont il est encombré : mais ce qu'il possède, il l'a fait sien par droit de conquête. Malherbe porte en lui le signe de la domination, de la souveraineté.

LE SUBLIME : LA FORME.

Par quoi donc a-t-il surpassé ses devanciers et ses rivaux ? Par la forme, par le style, par le talent de la mise en œuvre, par le don de s'approprier tout ce qu'il touche. Le lieu commun est le terrain sur lequel s'établit Malherbe victorieusement : il le rajeunit et le marque d'un sceau impérissable. Rien de plus banal au monde que cette vérité : « Les rois sont mortels comme nous ». Voyez ce qu'elle devient par la seule puissance du rythme et de l'expression :

> En vain, pour satisfaire à nos lâches envies,
> Nous passons près des rois tout le temps de nos vies
> A souffrir des mépris et ployer les genoux.
> Ce qu'ils peuvent n'est rien ; ils sont comme nous sommes,
> Véritablement hommes,
> Et meurent comme nous.

La même idée reprise encore et calquée sur une image d'Horace, celle de la Mort heurtant d'un pied égal la chaumière du pauvre et la tour des rois, va se trouver singulièrement embellie et ennoblie dans ces vers :

> Le pauvre en sa cabane, où le chaume le couvre,
> Est sujet à ses lois ;
> Et la garde qui veille aux barrières du Louvre
> N'en défend point nos rois.

Ces vers gravés dans toutes les mémoires, et qui ne s'en effaceront pas, justifient en partie le mot orgueilleux du poète :

> Ce que Malherbe écrit dure éternellement.

II

Les *Odes politiques* constituent la partie, sinon la plus parfaite, au moins la plus intéressante, la plus variée dans l'héritage lyrique de Malherbe. Les deux premières chantent la prise de Marseille sur les ligueurs ; la dernière, la prise de la Rochelle sur les huguenots : double triomphe de la royauté. Dans l'intervalle paraîtront les *Odes* sur la venue de Marie de Médicis en France, sur le voyage du roi en Limousin, sur l'heureux succès du voyage de Sedan, sur l'attentat commis contre le roi, sur la mort de Henri le Grand, sur la régence de Marie de Médicis, sur la révolte des princes, sur le mariage de Louis XIII avec l'infante d'Espagne. On peut ainsi, les œuvres de Malherbe à la main, suivre, pas à pas, l'histoire du règne de Henri IV et de la régence de Marie de Médicis. C'est quelque chose à coup sûr, pour un poète, que d'avoir associé sa Muse aux grandes émotions du temps, et attaché à des faits éphémères l'immortalité du souvenir. Bien qu'on ait souvent cité sa boutade sur un bon poète, aussi peu utile à l'État qu'un bon joueur de quilles, Malherbe a parfaitement conscience de ce qu'il vaut, lorsqu'il dit à Henri IV, en parlant des Muses :

> Par elles traçant l'histoire
> De tes faits laborieux,
> Je défendrai ta mémoire
> Du trépas injurieux :
> Et quelqu'assaut que te fasse
> L'oubli par qui tout s'efface,
> Ta louange, dans mes vers,
> D'amarante [1] couronnée,
> N'aura sa fin terminée
> Qu'en celle de l'univers [2].

Le chantre officiel se place auprès du trône ainsi que l'Aigle aux pieds de Jupiter, étendant son vol hautain et planant au-dessus des partis conjurés, tenant entre ses serres aiguës les carreaux de la foudre royale, et jetant le cri de guerre contre l'hydre de la rébellion, qu'elle vienne des ligueurs, des princes ou des huguenots. Avouons aussi que, comme l'Aigle de Jupiter, il se prête quelquefois aux enlèvements, non pas d'un Ganymède, mais d'une beauté telle que la princesse de Condé [3]. C'est là le revers de la médaille, et le péril d'un dévouement trop absolu au prince.

Grand partisan du principe d'autorité en politique aussi bien qu'en prosodie et en grammaire, il a non seulement

---

1. Immortelle. — 2. *Ode sur l'heureux Voyage de Sedan.* — 3. Voir la pièce intitulée : *Pour Alcandre, au retour d'Oranthe à Fontainebleau.* 1609.

le culte, mais l'idolâtrie de la royauté. Elle lui paraît être le principe sauveur et modérateur de la société. C'est par elle qu'il espère voir régner la paix et les lois, et renaître cet âge d'or qu'il s'obstine à rêver, malgré les démentis que lui apportent trop souvent les malheurs des temps et les folies des hommes.

> C'est en la paix que toutes choses
> Succèdent selon nos désirs ;
> Comme au printemps naissent les roses,
> En la paix naissent les plaisirs ;
> Elle met les pompes aux villes,
> Donne aux champs les moissons fertiles,
> Et de la majesté des lois
> Appuyant les pouvoirs suprêmes,
> Fait demeurer les diadèmes
> Fermes sur la tête des rois [1].

Le diadème tiendra ferme chez nous durant deux siècles, jusqu'au jour où il tombera sur la place de la Révolution. Malherbe avait largement contribué, pour sa part, à l'affermir.

Cependant ce titre et ce rang de poète royal fut pour lui le prix d'une longue attente et d'un laborieux noviciat. Il avait passé la quarantaine, et n'était encore arrivé à rien.

En 1586, il dédiait à Henri III ses *Larmes de saint Pierre*, comptant voir s'ouvrir pour lui les portes du Louvre. Ronsard venait de mourir : Desportes était dans tout l'éclat de sa faveur. Malherbe reçut une gratification de 500 livres : mais le Louvre lui restait fermé. Il n'en poursuit pas moins son but, son idée fixe. C'est à Paris, c'est à la cour qu'il voudrait venir : c'est le théâtre, le centre d'action qu'il ambitionne pour saisir à son tour, avec Henri IV, sa part de royauté.

Dès 1596, les deux odes sur *la Prise de Marseille* semblaient devoir le recommander à l'attention du souverain. Nous avons vu précédemment la grande cité phocéenne opposer une patriotique résistance à l'invasion de Charles-Quint. Malheureusement l'esprit ligueur, en subordonnant la poli-

---

[1] *Ode sur la Régence de Marie de Médicis.*

tique à la religion, était venu entamer ce sentiment d'unité
et de solidarité nationale. Le séparatisme trouvait des partisans chez les catholiques, comme le fédéralisme chez les huguenots. Le tribun populaire Cazaux avait un moment rêvé de transformer Marseille en république indépendante, telle que Gênes et Venise, se réservant d'en être le chef à titre de doge ou de consul. De son côté, le roi d'Espagne convoitait cette riche proie, où il voyait une autre Calais, une porte ouverte sur la France, et sur cette Provence dont il enviait la possession. Après la réduction de Paris, Marseille était, pour Henri IV, la plus importante conquête qu'il pût souhaiter. Par un coup de politique habile, le Béarnais, réconcilié avec le jeune duc de Guise, lui avait confié le soin de ramener au devoir la Provence rebelle, en usant de l'influence que lui donnait son nom auprès des ligueurs du pays. Cazaux, effrayé à l'approche des troupes royales, avait fait entrer six cents Espagnols dans la place : la flotte de Philippe II mouillait dans le port.

Compromis par son alliance avec l'étranger, le tribun tomba sous le fer vengeur des deux frères Pierre et Barthélemy Libertat, deux Corses d'origine, devenus par anticipation les champions du parti national. La révolution s'accomplit aux cris de *vive le roi! vive la liberté!* « En moins d'une heure et demie, dit Palma-Cayet, cette ville qui était presque espagnole redevint française. Henri IV, en apprenant cette heureuse nouvelle, s'écria : « C'est maintenant que je suis roi ! »

Malherbe partagea cette allégresse et comprit l'importance de ce coup décisif porté à la rébellion. Il composa sur ce sujet deux pièces d'une allure magistrale, restées cependant inédites et publiées seulement en 1630. Le début de la première est un cri de fête et de délivrance, en même temps qu'un avis aux mutins :

> Enfin, après tant d'années,
> Voici l'heureuse saison
> Où nos misères bornées
> Vont avoir leur guérison.
> Les dieux longs à se résoudre
> Ont fait un coup de leur foudre.

> Qui montre aux ambitieux,
> Que les fureurs de la terre
> Ne sont que paille et que verre
> A[1] la colère des cieux.

La dernière strophe, consacrée au duc de Guise, est un de ces lieux communs emphatiques entretenus chez les poètes par l'éternelle chimère de la croisade :

> Et déjà pâle d'effroi
> Memphis se pense captive,
> Voyant si près de sa rive
> Un neveu de Godefroi.

La chute de Cazaux retentit dans l'ode suivante, comme celle d'un géant terrassé :

> Cazaux, ce grand Titan qui se moquoit des cieux,
> A vu par le trépas son audace arrêtée,
> Et sa rage infidèle, aux étoiles montée,
> Du plaisir de sa chute a fait rire nos yeux.

Il y a dans cette joie je ne sais quoi de superbe et d'olympien, quelque chose qui rappelle Apollon vainqueur du serpent Python. A coup sûr ni Desportes, ni Duperron, ni Bertaut, n'étaient capables de forger sur leur enclume poétique des vers aussi vigoureusement frappés.

Cependant l'auteur restait encore inconnu et négligé. Le mariage de Henri IV et l'arrivée de Marie de Médicis en France lui fournirent une nouvelle occasion de se mettre en vue. Le poète prépara pour la circonstance une pièce lyrique à grand orchestre, où il épuisait toutes les richesses de son style et les couleurs de son pinceau. Marie de Médicis fit son entrée à Aix le 16 novembre 1600, et en repartit le surlendemain. Il paraît que ce fut Du Périer, celui dont Malherbe venait de pleurer la fille, qui le présenta à la jeune reine. La première édition de cette œuvre fut donnée à Aix en 1601 sous ce titre : *Ode du sieur de Malherbe à la reine, pour sa bienvenue en France.* Cette pièce est

---

1. En comparaison de.

une de celles que le poète a le plus remaniées, ainsi que le témoignent les nombreuses variantes.

> Peuples, qu'on mette sur la tête
> Tout ce que la terre a de fleurs !

Un critique difficile du temps fait remarquer que la jeune reine arrivait au mois de novembre, et que les fleurs étaient rares alors. Mais c'est là une mauvaise chicane, surtout en Provence.

Une autre objection plus sérieuse est celle qu'André Chénier, dans un curieux commentaire publié par M. Tenant de la Tour, a dirigée contre la conception de l'ode elle-même, en se plaçant au point de vue de l'art grec, et en montrant ce que fût devenu un pareil sujet aux mains de Pindare. Ce morceau nous révèle chez André Chénier, non seulement l'âme d'un poète, mais la délicatesse et le flair d'un critique.

« Cette ode est bien écrite, pleine d'énergie et d'expressions heureuses, mais un peu froide et vide de choses, comme presque tout ce que fait Malherbe : car il faut avouer que ce poète n'est guère recommandable que par le style. Au lieu de cet insupportable amas de fastidieuses galanteries dont il assassine cette pauvre reine, un poète fécond et véritablement lyrique, en parlant d'une princesse du nom de Médicis, n'aurait pas oublié de s'étendre sur les louanges de cette famille illustre, qui a ressuscité les lettres et les arts en Italie, et de là en Europe. Comme elle venait régner en France, il en aurait tiré un augure favorable pour les arts et la littérature de son pays. Il eût fait un tableau court, pathétique et chaud, de la barbarie où nous étions jusqu'au règne de François Ier. Ce plan lui eût fourni un poème grand, noble, varié, plein d'âme et d'intérêt, et plus flatteur pour une jeune princesse, surtout s'il eût su lui parler de sa beauté moins longuement, d'une manière plus simple, plus vraie, plus naïve qu'il ne l'a fait. Je demande si cela ne vaudrait pas mieux pour la gloire du poète et pour le plaisir du lecteur. Il eût peut-être appris à traiter l'ode de cette manière, s'il eût mieux lu, étudié, compris, la langue et le ton de Pindare, qu'il méprisait beaucoup, au lieu de chercher à le connaître un peu. »

Tout en donnant raison à André Chénier sur plus d'un point, nous pensons que Malherbe ne pouvait guère concevoir ainsi le sujet. Sans doute, au lieu de courir après Neptune, Céphale et le Grand Turc, il eût mieux valu nous rappeler la gloire des Médicis et le fécond mouvement de la Renaissance. Mais l'école historique, qui a fini par l'emporter de nos jours en poésie comme en peinture, n'existait pas encore. Nous avons tous vu au Louvre les toiles officielles de Rubens représentant le mariage de Henri IV et de Marie de Médicis, le débarquement de la jeune reine en France, les dieux marins, les Amours, tous les personnages de la mythologie mêlés à ceux de l'histoire.

Alors faut-il s'étonner de retrouver, dans les strophes du poète, Neptune lui-même amoureux de la reine, essayant de ralentir sa course : allusion ingénieuse au retard apporté à son voyage ?

> Dix jours, ne pouvant se distraire
> Du plaisir de la regarder,
> Il a, par un effort contraire,
> Essayé de la retarder.

Marie est une autre Cythérée[1], le poète et le peintre sont d'accord ici. Il y a nécessairement toute une partie artificielle, de convention, de mise en scène plutôt que de sentiment, qui a perdu aujourd'hui pour nous beaucoup de son charme et de sa nouveauté. Ainsi une des strophes les plus admirées des contemporains pour la richesse des expressions et des rimes, imitée, reproduite depuis avec fureur, et qu'André Chénier lui-même trouve encore admirable, ne réussit guère maintenant à nous éblouir. Il s'agit de la gloire et des conquêtes du futur dauphin, qui naîtra de ce mariage. Ce dauphin ne peut manquer d'être un Achille, et Malherbe, malgré son amour de la paix, ne craint pas de réveiller pour lui le souvenir des croisades, rêve innocent qui permet au poète des mé-

---

1. Vénus et son étoile.

taphores redondantes, sans compromettre le repos du monde.

> Oh! combien lors aura de veuves
> La gent qui porte le turban!
> Que de sang rougira les fleuves
> Qui lavent les pieds du Liban!
> Que le Bosphore en ses deux rives
> Aura de sultanes captives!
> Et que de mères à Memphis,
> En pleurant diront la vaillance
> De son courage et de sa lance,
> Aux funérailles de leurs fils!

Ce terrible conquérant qui devait s'appeler Louis XIII, dit le Juste, ne fit jamais pleurer les mères musulmanes. Les couleurs orientales, si vives et si éclatantes pour les contemporains, ont singulièrement pâli depuis que nous avons lu Byron et Victor Hugo. Rappelons-nous ce que sont devenus les Turcs de *Malek-Adel*, après le *Giaour* et les *Orientales*. Il est ainsi dans l'art certaines beautés, qui se défraîchissent et se démodent avec le temps.

A côté des parties brillantes auxquelles il rend justice, André Chénier relève encore dans cette même pièce des gaucheries et presque des indécences, dont nul alors n'était choqué. Ainsi le poète croit devoir insister, d'une façon plus qu'indiscrète, sur les plaisirs promis au roi entre les bras de sa jeune épouse :

> C'est là qu'il faut qu'à son génie,
> Seul arbitre de ses plaisirs,
> Quoiqu'il demande, il ne dénie
> Rien qu'imagine ses désirs;
> C'est là qu'il faut que les années
> Lui coulent comme des journées,
> Et qu'il ait de quoi se vanter
> Que la douceur qui tout excède,
> N'est point ce que sert Ganymède
> A la table de Jupiter.

« Il faut, dit André Chénier, avoir bien peu de goût, de jugement, de bienséance, pour présenter une pareille image à une jeune femme qui vient de se marier. Les épithalames antiques sont remplis de tableaux tendres, voluptueux, mais jamais licencieux. Ces peintures libertines qui excitent les sens, lorsqu'on les trouve dans une ode bachique ou dans une *Priapée*, choquent et déplaisent dans une occasion comme celle-ci. »

Malherbe n'a pas l'air de s'en douter, et revient encore à la charge :

>Si vos yeux sont toute sa braise,
>Et vous la fin de tous ses vœux,
>Peut-il pas languir à son aise
>Dans la prison de vos cheveux ?

Cependant le patriotisme et le sentiment monarchique, deux passions très sincères chez Malherbe, lui inspirent des élans vraiment lyriques : quand par exemple il entonne ce chant de triomphe contre la Ligue, contre ces enragés au visage blême, au cerveau malade, qui, voyant le roi sans enfant, s'obstinent

>A chercher l'an climatérique
>De l'éternelle fleur de lis.

Cette fleur de lis, encore si belle et si fraîche sous la main du poëte, se fanera un jour avec tout le reste ; elle n'en brille pas moins alors dans ces strophes éclatantes comme sur les drapeaux d'Arques et d'Ivry. A côté d'elle, la jeune reine semble une messagère de paix et d'union.

>Ce sera vous qui de nos villes
>Ferez la beauté refleurir,
>Vous qui de nos haines civiles
>Ferez la racine mourir ;
>Et par vous la paix assurée
>N'aura pas la courte durée
>Qu'espèrent infidèlement,
>Non lassés de notre souffrance,
>Ces François qui n'ont de la France
>Que la langue et l'habillement.

Une telle note monarchique et nationale devait plaire à l'oreille du Béarnais. Le nom de Malherbe avait été plus d'une fois prononcé devant lui par Duperron et Des Yveteaux, comme celui d'un homme incomparable dans l'art de faire des vers. Henri IV savait bien de quel prix, de quel secours même, pouvait être pour sa politique une de ces grandes trompettes de la Renommée. Mais un poète à entretenir était une dépense de plus : il avait déjà ses maîtresses, et Sully fronçait le sourcil, dès qu'il s'agissait d'ajouter un nom sur la liste des pensions. Les ligueurs à convertir et à racheter avaient coûté si cher! Rien n'avançait donc encore de ce côté. Malherbe avait cinquante ans; il était temps d'en finir. Il se décida à tenter un nouveau voyage à Paris, et bientôt il offrit au roi un magnifique présent, un vrai rameau d'or poétique, ses stances sur le *Voyage en Limousin* (1605), où Henri IV allait tenir les Grands Jours.

> O Dieu, dont les bontés, de nos larmes touchées,
> Ont aux vaines fureurs les armes arrachées,
> Et rangé l'insolence aux pieds de la raison,
> Puisqu'à rien d'imparfait ta louange n'aspire,
> Achève ton ouvrage au bien de cet empire,
> Et nous rends l'embonpoint comme la guérison.
>
> Nous sommes sous un roi si vaillant et si sage,
> . . . .
> La terreur de son nom rendra nos villes fortes,
> On n'en gardera plus ni les murs, ni les portes,
> Les veilles cesseront au sommet de nos tours;
> Le fer mieux employé cultivera la terre,
> Et le peuple, qui tremble aux frayeurs de la guerre,
> Si ce n'est pour danser, n'orra plus de tambours.
>
> Tu nous rendras alors nos douces destinées;
> Nous ne reverrons plus ces fâcheuses années
> Qui, pour les plus heureux, n'ont produit que des pleurs.
> Toute sorte de biens comblera nos familles,
> La moisson de nos champs lassera les faucilles,
> Et les fruits passeront la promesse des fleurs.

Cette fois Henri fut ravi, transporté par ces nobles accents, où il croyait reconnaître un écho de la conscience et de la raison publiques. Il put se demander si ce rimeur de génie ne deviendrait pas le meilleur prédicateur du royaume. Cependant, n'osant encore le prendre à son service, peut-être par crainte de Sully, peut-être aussi voulant faire une économie, il le plaça près de son grand écuyer M. de

Bellegarde, qui lui servit une rente de mille livres, avec l'entretien d'un homme et d'un cheval. Bientôt après, Malherbe devint gentilhomme ordinaire de la chambre du roi, et eut enfin ses entrées au Louvre. C'est la date de son avènement, 1605.

Pellisson, dans son *Histoire de l'Académie française*, nous raconte que cette pièce, une des œuvres capitales de Malherbe, fut du 9 avril au 6 juillet 1638, c'est-à-dire durant trois mois, l'objet d'un examen attentif pour la docte compagnie, qui ne trouva pas, cependant, le temps d'achever son travail. L'Académie d'alors ne se piquait déjà pas d'une folle vitesse dans ses critiques, non plus que dans la composition de son Dictionnaire. Ayant examiné les cent vingt-six premiers vers, elle laissa les vingt-quatre derniers, et n'accorda son approbation complète qu'à une seule strophe, celle relative à Henri III, bien que l'auteur ne l'eût point nommé.

> Quand un roi fainéant, la vergogne des princes,
> Laissant à ses flatteurs le soin de ses provinces,
> Entre les voluptés indignement s'endort,
> Quoique l'on dissimule, on n'en fait point d'estime,
> Et si la vérité se peut dire sans crime,
> C'est avecque plaisir qu'on survit à sa mort.

Nous ne partageons pas, sur ces vers, l'avis de l'Académie, et préférons de beaucoup les strophes citées plus haut ainsi que cette autre :

> Un malheur inconnu glisse parmi les hommes
> Qui les rend ennemis du repos où nous sommes ;
> La plupart de leurs vœux tendent au changement ;
> Et, comme s'ils vivaient des misères publiques,
> Pour les renouveler ils font tant de pratiques
> Que qui n'a point de peur n'a point de jugement.

Il est de ces jours où une crainte prévoyante devient le commencement de la sagesse. Désormais associé à la vie comme aux destinées de la cour, Malherbe ne la quittera plus. Aux heures de joie, d'affliction et de danger, il se fait l'interprète et le porte-voix de la royauté.

CHAPITRE XI

MALHERBE ET SON ÉCOLE.
RACAN — MAYNARD

Malherbe à la cour. — *Sur l'attentat commis en la personne de Henri le Grand* (19 décembre 1605). — *Au roi Henri le Grand, sur l'heureux succès du voyage de Sedan* (1606). — Sonnets au roi. — Vers funèbres sur la mort de Henri le Grand (1610). — *A la reine mère du roi, sur les heureux succès de sa régence.* — Pièces contre les princes révoltés (1614-1625). — Stances sur le mariage du roi et de la reine (1625). — Sonnets pour le cardinal de Richelieu (1626). — *Ode pour le roi allant châtier la rébellion des Rochelois* (1628).
Racan : son génie poétique ; ses rapports avec Malherbe. — Odes au roi, à Richelieu, à M. de Bellegarde, etc.
Maynard : le poète laborieux et quémandeur. — Odes et sonnets à Richelieu, à Mazarin, à la reine mère, au duc d'Enghien, au chancelier Séguier.

I

Cette crainte salutaire, que Malherbe recommande aux gens sensés et tant soit peu soucieux de l'avenir, allait se trouver justifiée, en face d'un nouvel attentat, commis sur le roi par un procureur de Senlis, espèce de fou furieux, nommé Jacques des Iles. Le parlement voulait l'envoyer au gibet. Henri s'y opposa, se faisant conscience, disait-il, de punir si rudement un pauvre insensé. C'est au milieu de l'émotion générale que Malherbe a composé cette ode, publiée dans le *Parnasse des excellents poètes de ce temps*, en 1607. L'attentat était du 19 décembre 1605.

La pièce est un peu longue, mais contient de fort belles

parties, dans lesquelles André Chénier se plait à reconnaitre le mouvement et l'enthousiasme propres au genre lyrique. Le début surtout est resté célèbre :

> Que direz-vous, races futures,
> Si quelquefois un vrai discours
> Vous récite les aventures
> De nos abominables jours ?

« Quoique le mot de *futures*, dit Ménage, sente le notaire et le grammairien, à cause de *futur époux* et de *temps futur*, les poètes s'en servent toujours fréquemment. » Hâtons-nous d'ajouter qu'ils ont raison. Le tout est d'en savoir user.

L'élan donné s'élève et monte par une sorte de *crescendo* rapide, jusqu'au soleil, témoin de ce crime. L'apostrophe, malgré ce qu'elle a d'artificiel, ne manque pas d'une certaine grandeur :

> O soleil, ô grand luminaire,
> Si jadis l'horreur d'un festin
> Fit que de ta route ordinaire
> Tu reculas vers le matin,
> Et d'un émerveillable change
> Te couchas aux rives du Gange,
> D'où vient que ta sévérité,
> Moindre qu'en la faute d'Atrée,
> Ne punit point cette contrée
> D'une éternelle obscurité ?

Ce qui rappelle le beau vers de Virgile :

Impiaque æternam timuerunt sæcula noctem,

et l'exclamation de *Phèdre*, dans Racine :

> Toi, dont ma mère osoit se vanter d'être fille,
> Qui peut-être rougis du trouble où tu me vois,
> Soleil, je te viens voir pour la dernière fois !

C'est ainsi que la chaîne d'aimant, que les fluides poétiques se continuent et se rencontrent d'un siècle à l'autre, entre les génies supérieurs. Dans la strophe suivante, Malherbe se souvient à la fois de saint Mathieu et de Sénèque :

> Non, non, tu luis sur le coupable,
> Comme tu fais sur l'innocent[1].

Mais le discours, en se prolongeant, tourne à la déclamation. L'ode se termine par une prière à Dieu pour le salut de la monarchie et la gloire future du dauphin. Une pensée belliqueuse, qui revient souvent chez Malherbe au milieu de ses espoirs de paix, prouve la vieille rancune que la France garde à l'Espagne :

> Fais leur ouïr cette nouvelle
> Qu'il a rasé l'Escurial.

Au lieu de le raser, Louis XIII y alla chercher une femme, Anne d'Autriche : ce qui valait mieux pour le bonheur des deux nations.

L'année suivante, le roi partait avec son armée pour ramener à l'obéissance le duc de Bouillon, un grand feudataire insoumis : il mettait le siège devant Sedan. La place, qui semblait imprenable, capitula au bout de quelques jours.

> Qui n'eût cru que ses murailles,
> Que défendait un lion[2],
> N'eussent fait des funérailles
> Plus que n'en fit Ilion?

Un coup de foudre royal suffit pour réduire Sedan et son duc[3]. L'expédition avait été moins une guerre en règle qu'un voyage, ainsi que l'intitule le poète. Henri IV, malgré l'avis contraire de Sully, voulut que l'on tirât toute l'artillerie de l'Arsenal pour son retour à Paris, comme s'il

---

1. *Solem suum oriri facit super bonos et malos.* (Saint Mathieu, chap. v, verset 45.)
Nam et sceleratis sol oritur et piratis patent maria. (Sénèque, *Traité des bienfaits*, liv. IV, chap. xxvi.)

2. Emblème des ducs de Bouillon. — 3. Ajoutons que la place, selon Sully, n'avait pour sa défense que 300 malotrus lansquenets, 25 Suisses aventuriers, des pièces mal montées, et quatre ou cinq chétifs canonniers. (*Économies Royales.*)

s'agissait d'une grande victoire. Malherbe fut chargé d'en perpétuer le souvenir :

> Enfin, après les tempêtes,
> Nous voici rendus au port.
> . . . .
> Nos prières sont ouïes,
> Tout est réconcilié ;
> Nos peurs sont évanouies,
> Sedan s'est humilié !

Le roi voyait là surtout un triomphe politique sur l'opposition protestante, dont le duc de Bouillon était le chef. On n'avait plus qu'à s'embrasser :

> Arrière, vaines chimères
> De haines et de rancœurs ;
> Soupçons de choses amères,
> Éloignez-vous de nos cœurs.

Après avoir rendu le repos à la France, Henri songeait à doter l'Europe du même bienfait. C'est alors que s'éveille en lui ce que Sully appelle le *grand dessein*, l'idée d'une vaste confédération européenne, où entreraient tous les États catholiques et protestants, monarchies et républiques, travaillant d'un commun accord à la pacification universelle. Mais, pour atteindre ce but, il fallait abaisser l'orgueil de l'Espagne et de la maison d'Autriche, s'acheminer vers la paix en préparant la guerre, *si vis pacem, para bellum*. Sully nous a tracé, dans ses *Mémoires*, les lignes principales de ce projet. Pourquoi faut-il que le monarque n'ait pas cru devoir le communiquer au poète pour en faire l'objet de ses chants? Il y eût puisé sans doute une inspiration bien supérieure à celle que lui offraient les carrousels de la cour, les ballets du jeune dauphin et de la reine, ou les amourettes d'un roi grison avec la belle et coquette princesse de Condé : sujets futiles, où le lyrisme grave et majestueux de Malherbe ne trouvait guère à s'employer.

Après les fêtes du couronnement de la reine, et malgré de tristes pressentiments, Henri IV, ayant jeté un dernier coup d'œil sur ses canons et ses trésors de l'Arsenal, s'apprêtait à entrer en campagne, quand le couteau de Ravaillac vint l'arrêter. La France se sentit frappée au cœur avec son roi. Malherbe écrivait à Peiresc (19 mai 1610) sur ce tragique événement :

« Pour le peuple de Paris, je crois qu'il ne pleura jamais tant qu'à cette occasion. Tout le monde monta à cheval, les uns allant aux portes, les autres aux places, les autres aux ponts, avec une affection extrême de témoigner sa fidélité. L'on envoya quand et quand deux compagnies des gardes à M. de Sully pour conserver l'*Arsenac* et la Bastille, s'il en était besoin. Mais tout cela fut inutile, car il n'y eut autre trouble que celui de la douleur générale qu'apporte ce pitoyable *inconvénient*. On donna des gardes aux ambassadeurs et mêmement (surtout) à celui d'Espagne, que le peuple voulait tuer à l'heure même, et l'eût fait sans M. de Corbozon. »

On accusait l'Espagne d'avoir *monté le coup* d'accord avec les jésuites toujours suspects, malgré la *lettre déclaratoire* du Père Cotton.

Les oraisons funèbres, les complaintes, stances, sonnets, épitaphes en français et en latin, débordèrent de tous côtés. L'énumération seule de ces pièces remplit plusieurs colonnes du *Catalogue de l'Histoire de France*. Malherbe annonce à son ami Peiresc qu'il va, lui aussi, apporter sa *râtelée* poétique : mais il se hâte lentement, comme toujours, et laisse passer avant lui les gens pressés. « Ce sera assez tôt, disait-il, si assez bien. » La râtelée se fit si longtemps attendre que le poète, selon Racan, ne put mettre la dernière main à ses vers, qui parurent seulement dans l'édition de 1630.

En somme, bien qu'il ait senti et partagé la douleur publique ainsi que l'indique sa lettre à Peiresc, la mort de Henri IV l'a moins heureusement inspiré que celle de Mlle du Périer. Le début de la pièce a une tournure gauche et confuse :

Enfin l'ire du ciel et sa fatale envie,
Dont j'avais repoussé tant d'injustes efforts,
Ont détruit ma fortune, et sans m'ôter la vie
M'ont mis entre les morts.

Qui parle ici? On n'en sait rien. La dernière strophe
seulement nous apprend que ces plaintes sont celles
d'Alcippe, nom sous lequel se trouve désigné le duc de
Bellegarde, le fidèle compagnon du roi, surtout dans ses
fredaines amoureuses. La reine a sa part dans cette désolation. Le poète, pour sauver le *decorum* et la dignité
royale, lui prête des flots de larmes qu'elle n'a peut-être
pas répandus si abondamment :

> L'image de ses pleurs, dont la source féconde
> Jamais depuis ta mort ses vaisseaux n'a tari,
> C'est la Seine en fureur qui déborde son onde
> Sur les quais de Paris.

Malherbe, qui brille par la force plus que par la délicatesse
évoque l'ombre de Henri IV dans une sorte de fantasma-
gorie étrange :

> Quelque soir en sa chambre, apparois devant elle,
> Non le sang en la bouche, et le visage blanc,
> Comme tu demeuras sous l'atteinte mortelle
> Qui te perça le flanc.
>
> Viens-y tel que tu fus, quand aux monts de Savoie,
> Hymen en robe d'or te la vint amener ;
> Ou tel qu'à Saint-Denis, entre nos cris de joie,
> Tu la fis couronner.

Quoi qu'en dise le poète, ce couronnement, dont Henri IV
s'inquiétait si fort, n'avait point éveillé tant d'enthousiasme chez la nation. Quand on jeta des pièces d'argent
et d'or au peuple, selon l'usage aux jours des sacres, nul
cri de *Vive le roi! Vive la reine!* ne se fit entendre, nous
dit l'Estoile. C'est un fait qu'il signale comme exceptionnel
en pareil cas.

II

Cependant, il faut le reconnaître, dans un sentiment de
douleur et de patriotisme sincère, grands et petits, catholiques et protestants, se groupèrent d'abord autour de la
reine et du roi enfant. Le parlement donna l'exemple en

proclamant Marie de Médicis régente. Il y eut un quart d'heure d'union, d'entente, qui rapprochait tous les partis en face du danger commun. La France redoutait de voir renaître l'anarchie, d'où la sagesse de Henri IV l'avait tirée. Malheureusement, la sécurité une fois retrouvée, les passions individuelles allaient bientôt reprendre leur cours et provoquer de nouveaux désordres.

Malherbe, de son côté, pouvait craindre que la reine mère ne lui gardât rancune des vers galants composés pour Alcandre sur le retour d'Oranthe. Il n'en fut rien. Marie de Médicis, habituée de longue date aux escapades de son mari, ne se souvint que des belles strophes qui avaient accueilli jadis sa venue en France, et de celles qu'elle était en droit d'espérer encore d'un poète dévoué à la monarchie et au pouvoir régnant, quel qu'il fût. Du reste Malherbe était parmi les satisfaits, si l'on en juge par cette lettre à Peiresc (juin 1610) :

« Nous avions un grand roi, nous avons une grande reine. » C'était se montrer peu exigeant. Il continue : « Dieu soit loué que les choses sont allées d'autre façon que les gens de bien n'avaient craint, et les méchants espéré. On se console partout, et jusques au Louvre : ce sont des merveilles de la bénédiction de Dieu sur ce royaume ».

Laissant donc inachevés sur le chantier ses vers funèbres en l'honneur de Henri le Grand, qui pouvait attendre, il allait au plus pressé en offrant à Marie de Médicis une *Ode sur les heureux succès de sa régence*. Il faisait bien de se hâter : les éloges devaient être plus tard moins faciles à justifier. Le 23 décembre 1610 il écrivait à Peiresc :

« Je vous envoie des vers que j'ai donnés à la reine; ils sont au goût de cette cour. Je désire qu'ils soient au vôtre. S'ils produisent quelque chose de bon pour moi, ils seront au mien : jusque-là je tiendrai [1] mon jugement. » « Voilà, dit avec raison M. Lalanne, une phrase qui peint Malherbe tout entier. Ses vers durent lui paraître excellents, car ils lui valurent une pension de 1500 livres. »

---

1. Différerai.

La pièce débute par une apothéose de la reine mère :

> Nymphe qui jamais ne sommeilles,
> Et dont les messagers divers
> En un moment sont aux oreilles
> Des peuples de tout l'univers ;
> Vole vite, et de la contrée
> Par où le jour fait son entrée
> Jusqu'au rivage de Calis[1],
> Conte, sur la terre et sur l'onde,
> Que l'honneur unique du monde,
> C'est la reine des fleurs de lis.

La gloire des armes est venue consacrer l'heureux présage du nouveau règne :

> Au delà des bords de la Meuse
> L'Allemagne a vu nos guerriers,
> Par une conquête fameuse
> Se couvrir le front de lauriers.

Allusion à la prise de la ville et du château de Juliers emportés, après un siège meurtrier de cinq semaines, par le maréchal de La Châtre. Pourtant, si brillante que soit la victoire, il fait encore des vœux pour la paix et en vante les bienfaits dans une strophe remarquable déjà citée :

> C'est en la paix que toutes choses....

Après son effervescence lyrique, le poète, en finissant, se décerne à lui-même un magnifique éloge :

> Apollon à portes ouvertes
> Laisse indifféremment cueillir
> Les belles feuilles toujours vertes
> Qui gardent les noms de vieillir ;
> Mais l'art d'en faire des couronnes
> N'est pas su de toutes personnes ;
> Et trois ou quatre seulement,
> Au nombre desquels on me range,
> Peuvent donner une louange
> Qui demeure éternellement.

---

1. Cadix.

Malherbe a le don de ces adverbes solennels qu'il fixe comme des rocs indestructibles.

Cette lune de miel de la régence ne fut pas de longue durée, si l'on en juge par les oppositions que souleva de tous côtés la faveur croissante de Concini, créé maréchal d'Ancre, et de sa femme Leonora Galigaï. Ces deux harpies italiennes, que Henri IV n'aimait guère, déplaisaient à la cour et à la ville. La reine elle-même n'était point épargnée par les faiseurs de libelles et de pasquils. Les princes mécontents, Condé, Soissons, Nevers, Vendôme, Longueville, furieux de se voir primés par un *ruffian* d'outre-monts, trouvaient là une occasion de plaintes et de rébellion ouverte. Malherbe, fidèle à son rôle de champion royal, se proclame plus que jamais le défenseur du trône. Il darde ses strophes vengeresses contre les princes révoltés. C'est d'abord l'écho d'un psaume paraphrasé[1], qui fut mis en musique, si l'on en croit l'auteur. Le début est d'une large et fière allure : la jeune royauté, empruntant la voix des prophètes, répond aux séditieux :

> Les funestes complots des âmes forcenées,
> Qui pensoient triompher de mes jeunes années,
> Ont d'un commun assaut mon repos offensé.

Malherbe n'est ici qu'un traducteur appliquant au présent les paroles du passé ; mais il sait donner à la forme une majesté impérieuse, qui couvre la banalité du fond :

> La gloire des méchants est pareille à cette herbe
> Qui, sans porter jamais ni javelle ni gerbe,
> Croît sur le toit pourri d'une vieille maison.

Dans une seconde ode inachevée, le poète apostrophe plus vertement encore ces auteurs de la discorde publique :

> Si quelqu'avorton de l'envie
> Ose encore lever les yeux,
> Je veux bander contre sa vie
> L'ire de la terre et des cieux.

---

[1]. Psaume CXXVIII. *Sæpe expugnaverunt me à juventute meâ.*

Enfin il arrive au ton de l'imprécation en règle, dans cette *Prédiction de la Meuse* aux princes alors réunis à Mézières :

> Allez à la malheure, allez, âmes tragiques,
> Qui fondez votre gloire aux misères publiques,
> Et dont l'orgueil ne connoît point de lois.
>
> Allez, fleaux[1] de la France et les pestes du monde,
> Jamais pas un de vous ne reverra mon onde ;
> Regardez-la pour la dernière fois.

Sinistre augure, qui ne devait point s'accomplir. Le traité signé le 15 mai à Sainte-Menehould, entre la reine mère et les princes, fournit au poète l'occasion de saluer encore une fois le retour de la paix.

> Les vertus de la reine et les bontés célestes
> Ont fait évanouir ces orages funestes,
> Et dissipé les vents qui nous ont menacés.

Après cette vigoureuse sortie contre les princes, Malherbe se repose durant plusieurs années, et ne produit plus que des pièces de commande ou de circonstance sur les fêtes de la cour, sur l'entrée du roi à Aix, sur le mariage de Louis XIII et d'Anne d'Autriche, plus ou moins froides et médiocres. Joignez-y une invective contre Concini :

> Va-t'en à la malheure, excrément de la terre !

Le poète ne faisait que s'associer aux fureurs de la populace et aux cris d'exécration universelle contre le favori : mais il n'eût pas fallu l'encenser de son vivant. Parmi les fruits avortés de sa veine, convient-il de rappeler quelques vers sur *Jeanne d'Arc*, les plus mauvais peut-être qu'elle ait inspirés, et ce n'est pas peu dire. Malherbe appelle la libératrice de la France *une belle Amazone*, et la compare à Hercule mourant sur son bûcher :

> Celle qui vivoit comme Alcide,
> Devoit mourir comme il est mort.

---

1. Formant une seule syllabe.

Que devient alors la sainte, la martyre? Franchement Malherbe est ici très inférieur à son ennemie, Mlle de Gournay, la furie vengeresse de Ronsard, ayant aussi au cœur le culte de Jeanne d'Arc. Il s'agit d'un simple quatrain, fait pour être gravé sur le piédestal de la statue qui décorait un des ponts d'Orléans :

> Peux-tu bien accorder, vierge du ciel chérie,
> La douceur de tes yeux et ce glaive irrité?
> — La douceur de mes yeux caresse ma patrie,
> Et ce glaive en fureur lui rend la liberté.

Ayant en vain promené ses hommages et ses rigueurs de Concini à Luynes, Malherbe rencontre enfin un ministre digne de ses chants dans la personne de Richelieu. Une sympathie naturelle devait rapprocher ces deux hommes, en qui vivait la passion de l'ordre, de l'autorité et de la réglementation. Unitaire et centralisateur comme Richelieu, le grand faucheur politique, Malherbe détruit à sa façon la féodalité littéraire, l'esprit local et provincial; il fait passer son niveau égalitaire sur les œuvres et les réputations les plus sacrées, sur Ronsard et Desportes aussi bien que sur Porchères et Théophile, établissant partout le despotisme du bon sens et le terrorisme de la loi. Une première fois, pris à l'improviste, il s'était fourvoyé avec Richelieu, en lui offrant des vers faits pour un autre et accommodés à la circonstance. Le cardinal s'en aperçut et parut médiocrement flatté. L'auteur se hâta de réparer sa faute. Cette fois ce n'était plus un rossignol poétique remis à neuf, mais une pièce spéciale, et faite en vue du ministre tout-puissant.

> Peuples, çà de l'encens ; peuples, çà des victimes,
> A ce grand cardinal, grand chef-d'œuvre des cieux!
> . . . .
> A quoi sont employés tant de soins magnanimes
> Où son esprit travaille, et fait veiller ses yeux,
> Qu'à tromper les complots de nos séditieux,
> Et soumettre leur rage aux pouvoirs légitimes?

Cette vigueur, cet élan qui semblaient manquer un peu à quelques-unes de ses dernières productions, vont renaître dans la belle *Ode adressée au roi allant châtier la rébellion de la Rochelle et chasser les Anglais de l'île de Ré.* A soixante-treize ans, le vieux gentilhomme, poëte et soldat, a retrouvé toute la verdeur de sa jeunesse pour se faire le Tyrtée de la bannière royale. Son *Ode au roi* est, nous ne dirons pas le chant du cygne, mais le dernier cri et le dernier essor de l'aigle hautain, valeureux et menaçant.

> Donc un nouveau labeur à tes armes s'apprête ;
> Prends ta foudre, Louis, et va, comme un lion,
> Donner le dernier coup à la dernière tête
>   De la rébellion.

Ménage fait remarquer ici que la métaphore entre *foudre* et *lion* est mal suivie. Mais l'élan est si rapide que les deux images se succèdent sans qu'on songe à les comparer : la strophe éclate et sort d'un jet. Remarquons aussi ce *Donc* jeté là comme une pierre d'assise, et qu'on a pris la peine de justifier en invoquant l'exemple d'Horace :

> *Ergo Quintilium perpetuus sopor*
> *Urget!*

De toutes les *Odes* de Malherbe, il n'en est pas qui se rapproche davantage par le mouvement, par l'éclat, des *Odes* de Pindare, bien qu'il n'ait jamais songé à l'imiter. Il s'est du moins souvenu d'Hésiode, dans cette grande figure de la Victoire que le poète grec amène, avec la Force et la Puissance, au secours de Jupiter contre les Géants. Malherbe l'a vue aussi au bord de la Charente, en son *habit de gloire*, appelant et saluant le drapeau fleurdelisé.

> Je la vois qui t'appelle, et qui semble te dire :
> « Roi, le plus grand des rois, et qui m'es le plus cher,
> Si tu veux que je t'aide à sauver ton empire,
>   Il est temps de marcher. »
>
> Que sa façon est brave et sa mine assurée !
> Qu'elle a fait richement son armure étoffer,
> Et qu'il se connaît bien, à la voir si parée,
>   Que tu vas triompher !

Emporté par ce courant épique où paraît l'entraîner Hésiode, mêlant les héros de la Fable et de l'Histoire, il reprend un vieux récit de la théogonie grecque, le *Combat des Titans contre Jupiter*, et le rajeunit par la vigueur de l'expression et du coloris, comme eût pu le faire Rubens avec son pinceau :

> Déjà de toutes parts s'avançoient les approches ;
> Ici couroit Mimas ; là Typhon se battoit ;
> Et là suoit Euryte à détacher les roches
>   Qu'Encelade jetoit.

Horace avait dit déjà :

> . . . . . *Evulsisque truncis
> Enceladus jaculator audax.*

On peut constater qu'un souffle lyrique circule à travers ces strophes haletantes et belliqueuses. Les portraits allégoriques de la Victoire, de Jupiter, de Neptune, des Géants, de Mégère, donnent au tableau une certaine grandeur, sans trop étouffer la réalité. Nous y revenons avec Richelieu, qui a sa place au milieu de ces colosses :

> Il suffit que ta cause est la cause de Dieu,
> Et qu'avecque ton bras elle a pour la défendre
>   Les soins de Richelieu.

Le grand ministre s'était mis en personne à la tête des travaux, surveillant, animant les ingénieurs, à la construction de cette fameuse digue qui enfermait la ville rebelle dans un cercle de fer et de feu. Les strophes que le poète lui consacrait dans sa pièce contre les Rochellois, allaient au cœur du cardinal, si l'on en juge par la lettre suivante :

« Monsieur, j'ai vu vos vers, qui font voir que M. de Malherbe est et sera toujours le même, tant qu'il plaira à Dieu de le conserver. Je ne dirai pas seulement que je les trouve excellents, mais que personne de jugement ne les lira qui ne les reconnaisse et avoue tels. Je prie Dieu que, d'ici à trente ans, vous nous puissiez donner de semblables témoignages de la verdeur de votre esprit. »

L'auteur, du reste, le rappelle lui-même avec un naïf orgueil :

> Je suis vaincu du temps, je cède à ses outrages ;
> Mon esprit seulement exempt de sa rigueur
> A de quoi témoigner, en ses derniers ouvrages,
>   Sa première vigueur.
>
> Les puissantes faveurs dont Parnasse m'honore
> Non loin de mon berceau commencèrent leur cours ;
> Je les possédai jeune, et les possède encore
>   A la fin de mes jours.

Le ciel, pourtant, lui refusa une dernière faveur, celle d'assister au triomphe qu'il avait annoncé et célébré par anticipation. Il mourut treize jours avant la prise de la Rochelle. Il attendait du roi et de Dieu une autre grâce, celle de voir punir le meurtrier de son fils, de ce cher Marc-Antoine, l'orgueil et l'espoir de sa vieillesse. Cette satisfaction suprême lui manqua.

III

La note lyrique et monarchique, qu'il avait léguée à la poésie française, allait se continuer après lui. Véritable coryphée, il a donné le ton solennel et majestueux qui sera celui du siècle tout entier. Poètes, orateurs, artistes, tous se souviennent de Malherbe, et taillent sur son modèle un idéal de la royauté. Ses deux principaux disciples, Racan et Maynard, l'ont suivi dans cette voie, tout en se réservant un petit domaine à part, l'un avec ses *Bergeries*, l'autre avec ses *Épigrammes* et ses *Priapées*.

Racan tient auprès de Malherbe la même place que Remy Belleau près de Ronsard. Il est le confident, l'élève préféré du maître, sans être toujours pour cela le plus docile ; se dérobant quelquefois par ses frasques et ses échappées à la discipline de l'école, aux lois sévères de l'hémistiche, de la césure et de la rime. Né en Touraine, dans ce doux pays où Rabelais bâtissait son abbaye de Thélème avec la devise *Fais ce que veux*, il est l'homme du laisser-aller dans sa conduite comme dans ses vers. A cet égard, il se rapprocherait même plutôt de Régnier disant de sa muse :

> Ses nonchalances sont ses plus grands artifices,

si la voix du vieux pédagogue et l'affection sincère qu'il lui porte ne le ramenaient sous le drapeau.

Devenu orphelin et placé à titre de page dans la maison de M. de Bellegarde, son parent, Racan avait déjà commencé à rimailler des chansons, quelques bluettes galantes fort goûtées dans la salle des gardes, quand Malherbe arriva de 1605 à 1606. M. de Bellegarde présenta son jeune cousin au vieux poète que l'on consultait au Louvre comme un oracle. Racan, alors âgé tout au plus de dix-sept ans, ne parut pas sans émotion devant le redoutable Aristarque, lorsqu'il lui apporta ses premiers vers. C'était une petite escapade poétique, œuvre de page, demi-satirique et demi-libertine, dans le genre de Régnier, intitulée *Stances contre un vieillard jaloux*. La pièce, mêlée de négligences, mais assez lestement tournée, se terminait par ce trait tant soit peu risqué :

> Laissez en liberté cette beauté céleste,
> N'en soyez point jaloux ;
> Quand j'en prendrais ma part, vous en aurez de reste
> Plus qu'il n'en faut pour vous.

Malherbe trouva bien à redire sans doute, sur plus d'un point, pour la césure, pour la rime, pour l'expression : quant à la morale, le *Père Luxure* ne songea probablement point à réclamer.

Depuis ce jour, malgré la différence des âges (il y avait entre eux trente-quatre ans d'intervalle), une étroite intimité rapprocha le vieux et le jeune poète : Racan vénérait Malherbe comme son père, et Malherbe le traitait en fils. La gloire les unit autant que l'amitié, et la postérité ne les a pas séparés. La Fontaine les associe dans un commun hommage, en rappelant

> Ces deux rivaux d'Horace, héritiers de sa lyre,
> Disciples d'Apollon, nos maîtres pour mieux dire.

Touchante union dont la race irritable des poètes offre trop peu d'exemples! On l'a cependant quelquefois blâmée ou regrettée pour Racan. L'abbé de Marolles, dans une curieuse lettre insérée à la suite des *Historiettes* de Tallemant des Réaux, après avoir raconté un petit accès de jalousie plus ou moins réel qu'éprouva le maître contre son disciple, ajoute : « Racan l'aurait surpassé sans doute, s'il ne se fût obstiné à le suivre trop en esclave, et au lieu d'être le « laquais » ou le « page de Malherbe », nom que les railleries des courtisans lui imposèrent, parce qu'on croyait le jeune Racan beaucoup plus à la suite de son maître qu'à celle du roi.... Si, dis-je, il avait eu assez d'audace pour ne pas se croire inférieur à son maître, il l'aurait sans doute autant surpassé que Virgile surpasse Théocrite et Hésiode dans ses tendres *Bucoliques* et dans ses divines *Géorgiques*. » Mlle de Gournay, renchérissant encore sur cette critique, appelait Racan le « singe de Malherbe ». C'est là un de ces coups de langue que se permettait volontiers la vieille demoiselle, aigrie par la mauvaise humeur, mais que Racan ne méritait pas. Il a été le disciple respectueux, reconnaissant plutôt que soumis de Malherbe : mais le « singe », il n'eût pu, ni voulu l'être, de lui ni de personne. La nature l'a fait libre de naissance et d'instinct, et libre il est resté, quoi qu'on puisse dire, même dans l'obéissance.

Qu'est-ce qui rapproche ainsi Racan et Malherbe? Est-ce la conformité d'humeur et de tempérament? Non. Malherbe est un travailleur opiniâtre : Racan est paresseux. — Malherbe est un gardien sévère de la règle et de la discipline, augmentant volontiers les difficultés : Racan un ennemi de la gêne et de la contrainte. Leur union a été un mariage de raison autant que d'inclination. Racan, avec son bon sens, sa droiture, sa franchise, sa candeur, s'est dit qu'après tout ce maître grondeur, cet éplucheur de mots et de syllabes, ce tyran de la rime et de la césure était bien souvent dans le vrai. Qu'a-t-il donc appris à son école? La discipline, chose moins indifférente qu'on ne croit dans la conduite de la vie et du talent : l'art d'écrire, de polir, de ciseler ce qu'il se fût peut-être contenté d'ébaucher en s'abandonnant à son indolence naturelle. Genre d'instruction analogue à celle que Boileau donnera plus tard à Racine, en lui apprenant à faire difficilement des vers faciles.

Malherbe est un véritable chef d'école : il en a l'autorité. Homme d'action, même dans le domaine des lettres, il y apporte non seulement ses œuvres, mais son influence et son code de lois. Racan a besoin d'être averti, conseillé, dirigé. Il est toujours un peu écolier, souvent indocile, parfois supérieur à son maitre : mais il lui faut un Mentor. Ne consulte-t-il pas son valet Nicolas pour la première visite rendue à sa future épouse? En poésie, c'est d'abord à Malherbe, plus tard à Chapelain qu'il en réfère. Il demande à l'auteur de *la Pucelle* ainsi qu'à Ménage et à Conrart de revoir, de corriger ses *Psaumes* : il s'en rapporte « à leur avis, pour venir en aide à son ignorance et à la stupidité naturelle de son esprit ».

Racan est le plus naïf des poètes avant La Fontaine : il aime la nature d'un amour sincère, ingénu, comme l'enfant aime sa mère. C'est par là qu'il diffère profondément de Malherbe. Les *Bergeries*, quoi qu'ait pu en penser Sainte-Beuve, restent à nos yeux l'œuvre personnelle et capitale, où il a mis le meilleur de son âme et de son imagination. Mais c'est d'un autre genre de poésie qu'il nous convient de parler ici, pour rentrer dans le cadre de l'histoire, où Racan tient aussi sa place. Lui-même rappelle, dans une *Ode* adressée à Louis XIV en 1660, qu'il a pris part à presque toutes les expéditions de Louis XIII :

> Je l'ai suivi dans les combats,
> J'ai vu foudroyer les rebelles,
> J'ai vu tomber les citadelles
> Sous la pesanteur de son bras.
> J'ai vu forcer les avenues
> Des Alpes, qui percent les nues [1],
> Et leurs sommets impérieux
> S'humilier devant la foudre
> De qui l'éclat victorieux
> Avoit mis la Rochelle en poudre.

Au siège de la Rochelle, il commandait la compagnie du maréchal d'Effiat. Pourtant l'homme de lettres pacifique

---

[1]. Le Pas de Suze.

l'emporte de beaucoup, chez lui, sur le guerrier. Fut-il réellement maréchal de camp ou maréchal de bataille ? L'abbé de Marolles ne le sait pas au juste. Peu importe. Un fait à peu près certain, c'est qu'il était fort médiocre officier. Placé un jour à la tête de l'arrière-ban (quelque chose comme la garde nationale mobile du temps), il ne put mettre ses hommes en ligne, ni rétablir l'ordre parmi eux : on dut appeler un régiment pour les enfermer. Racan, par son humeur débonnaire, n'était guère fait pour diriger ni un bataillon, ni une école. Aussi pourra-t-il être le disciple de Malherbe : il ne sera pas son héritier dans la grande maîtrise littéraire, que recueillera plus tard Boileau. Les disputes, les controverses ne sauraient lui convenir. Malherbe, à soixante-treize ans, voulait croiser le fer avec le meurtrier de son fils. Racan, provoqué par le beau-père du jeune comte de Mornas, dont il était le tuteur, refuse de se battre en donnant pour raisons sa vieillesse, sa courte haleine, ses ulcères aux jambes, et enfin les vingt mille écus de rente que lui a laissés sa cousine de Bellegarde, et qu'il lui faudrait perdre follement pour une vétille.

Les *Odes politiques* chez Malherbe, poète officiel et décorateur, sont la partie la plus brillante de son œuvre. Chez Racan, poète de la nature, elles sont loin d'avoir la même importance et le même relief. Là on reconnaît trop souvent le disciple taillant sur le patron du maître ses strophes pleines de réminiscences. Le chantre des *Bergeries* y perd une grande part de ce naïf abandon qui fait le charme de ses poésies rustiques. Le mouvement une fois donné, Malherbe l'entraîne avec lui vers les sommets abrupts et nus du lyrisme contemplatif. Mais de ces hauteurs mêmes, les regards du poète bucolique se reportent toujours sur la verdure et les fleurs du printemps. L'ode tourne volontiers à l'églogue ou à l'élégie. Les *Préludes des Bergeries* nous offrent un alliage des deux genres avec la *Chanson des Bergers* et l'*Ode au roi*. Cette pièce produit l'effet d'un instrument de cuivre dans un orchestre de flûtes, de flageolets et de hautbois. Racan y cherche deux choses : 1° un contraste ; 2° une occasion de rivaliser avec son maître. Nulle part en effet, l'émulation n'est plus directe, plus évidente. Racan picore et butine dans le champ poétique de Malherbe, en voltigeant autour de son laurier. Ce début lyrique est tout parsemé d'idées, d'expressions empruntées au vieux pédagogue, et placées là comme autant de clous d'or, à l'aide desquels l'élève essaye de fixer et d'arrêter ses strophes, toujours un peu flottantes et négligées. Deux odes surtout de Malherbe, l'une *Sur la venue de Marie de Médicis en France*, l'autre *Sur les heureux succès de sa Régence*, ont fourni une bonne part de la matière. C'est ici que Mlle de Gournay semble avoir tant soit peu raison. Nous avons cité plus haut la belle strophe *Sur la Paix* :

> Elle met les pompes aux villes, etc.

Voyons ce qu'elle devient avec Racan :

> La Paix rend la pompe en nos villes,
> Et l'abondance dans nos champs ;
> Et maintenant qu'en assurance
> Il (le Roi) conduit la nef de la France,
> Et que les plaisirs ont leur tour,
> Ses yeux, qui, pour venger nos larmes,
> S'armaient d'éclairs dans les alarmes,
> Sont armés d'attraits pour l'amour.

Cette pièce est un décalque visible, mais la chute est bien différente chez les deux poètes : d'un côté, *les diadèmes fermes sur la tête des rois* ; de l'autre, *les yeux armés d'attraits pour l'amour*. L'ode était composée en 1615 ou 1616, au lendemain de la paix de Sainte-Menehould, après la révolte des princes, et à l'occasion du mariage de Louis XIII avec Anne d'Autriche :

> Cette belle nymphe du Tage,
> Pour qui nous fîmes tant de vœux,
> Tient ce miracle de notre âge
> *Dans les chaînes de ses cheveux.*

Encore un souvenir de Malherbe, et pas un des meilleurs.

Enfin, la fameuse strophe si vantée par les contemporains, si souvent imitée depuis :

> Oh ! combien lors aura de veuves
> La gent qui porte le turban !

n'a pas manqué de séduire Racan : il n'a pu résister à la tentation de reproduire ces images, ces rimes si nouvelles alors, dont sa tête et ses oreilles sont encore pleines :

> Oh! que lors, dans ses deux rivages,
> Le Nil orra nos combattants,
> Faire jour et nuit des ravages
> Dans les provinces des sultans !
> Que Bizerte, dans ses murailles,
> Verra faire de funérailles,
> Et que de peuples déconfits
> Pleureront leurs maisons superbes,
> Quand on moissonnera les gerbes
> Sur les ruines de Memphis!

L'élève reprend ici naïvement en *si bémol* ce que le maître a chanté en *ut dièse*.

C'est par l'ode politique qu'a débuté Racan, parcourant, sur les traces de Malherbe, toute la gamme et les modulations variées du lyrisme. Il y revient encore avec la même infériorité dans son *Ode à Richelieu*, pâle et médiocre reflet de la belle pièce sur le *Siège de la Rochelle* :

> Donc un nouveau labeur à tes armes s'apprête.

Il n'a point oublié les Titans :

> Qui ne sait de quelles tempêtes
> Tes travaux nous ont exemptés,
> Combien de Typhons à cent têtes
> Sont par ta prudence domptés ?

Que nous sommes loin de ces grandes peintures épiques qui nous rappelaient la *Théogonie* d'Hésiode, de ces traits vigoureux qui nous faisaient songer au pinceau de Rubens et de Michel-Ange. Malgré la souplesse et la flexibilité de son talent, Racan n'a pu joindre à sa lyre cette corde d'airain que fait vibrer Malherbe contre les rebelles. Il ne sait pas comme lui lancer la foudre sur les géants :

> *Ter Pater exstructos disjecit fulmine montes* [1].

---

1. Virgile, *Géorg.*, liv.

Il maudit

> Cette Rochelle, où nos armées
> Par tant de combats et de jours
> S'étaient vainement consumées,
> Sans voir que le haut de ses tours.

Mais il a beau faire : il n'a jamais été un Achille, bien qu'issu d'une famille de héros, s'il faut l'en croire; il ne sera pas davantage un Tyrtée.

L'ode politique ne lui a guère réussi jusque-là. Celle qu'il adresse à M. de Bellegarde est un hymne à la gloire de Henri IV et de son grand écuyer. L'enthousiasme et la reconnaissance vont-ils l'inspirer plus heureusement? Le poète célèbre à la fois les vertus du roi et celles de son favori, qui laissaient bien quelque chose à désirer. Mais le bon Racan n'y regarde pas de si près : d'ailleurs son maître lui a enseigné sur ce point la tolérance. Aussi n'hésite-t-il pas à dire, en parlant du Béarnais :

> L'équité de ses mœurs, qui lui servoient d'égide,
> Fit qu'après ses travaux, à la fin, cet Alcide
> Força même Junon d'admirer sa vertu.

Junon, c'est-à-dire Marie de Médicis, était-elle bien convaincue de la vertu de son époux? Il est permis d'en douter. Quant au duc de Bellegarde, vieux courtisan raffiné, est-ce de lui qu'on peut dire :

> Si quelque liberté reste dans les courages,
> C'est la *seule vertu* qui lui sert de support.

Mais n'oublions pas que Racan, sans fortune et orphelin, avait trouvé près de son cousin de Bellegarde bon souper, bon gîte, bon visage et vingt mille livres de rente à la mort de sa cousine. Tout cela ne pouvait manquer de rehausser singulièrement à ses yeux la vertu plus ou moins problématique du favori de Henri le Grand.

S'il n'a, dans l'ode politique, ni le patriotisme indigné, ni l'accent souverain et majestueux d'un poète royal, il réussit mieux dans l'ode philosophique. Là, par un mélange de pensées graves et douces, de tendre mélancolie et d'insouciance épicurienne, il se rapproche plus encore d'Horace que de Malherbe. Avec le poète de Tibur, il aime à chanter le repos, les joies de la vie, et se laisse doucement aller sur cette pente où le suivront La Fontaine et Chaulieu. Horace, après la journée de Philippes, revenait désenchanté, désabusé de la politique et même de la liberté. Racan, lui aussi, a laissé de côté ses ambitions de maréchal de camp, s'il en eut jamais, pour ne plus songer qu'aux délices de la retraite. La gloire des armes, cette brillante chimère qui faisait battre le cœur de ses ancêtres, qui ravissait encore Henri IV et le vieux Malherbe, au milieu de ses hymnes de paix, ne le touche plus guère :

> La gloire qui les suit, après tant de travaux,
> Se passe en moins de temps que la poudre qui vole
>   Du pied de leurs chevaux.

Belle image vraiment lyrique. Pour lui le plaisir est le terme, le but unique auquel l'homme puisse prétendre ici-bas :

> Car pour eux seulement les dieux ont fait la gloire,
>   Et pour nous les plaisirs.

Aussi abandonne-t-il à d'autres l'honneur d'un trépas illustre, et partage-t-il l'avis de celui qui

> Aimeroit mieux mourir dans les bras d'Artenice
>   Que devant Montpellier,

fût-ce même en présence et au service de son roi.

IV

Après Racan, Maynard est le seul élève direct de Malherbe qui mérite un regard de la postérité. Avouons qu'il l'a bien gagné, et réparons un peu les injustices du sort envers ce poète si mal payé de ses efforts et de ses vers. On connaît la fable de La Fontaine intitulée : *L'homme qui court après la fortune, et l'homme qui l'attend dans son lit.* C'est l'histoire de Maynard et de Racan. Maynard passe sa vie à la poursuite de la fortune et de la gloire, deux volages fantômes qui lui échappent, au moment où il croit les saisir.

Racan a vu venir l'une et l'autre, sans se donner beaucoup de peine. Une pluie d'or lui est tombée du ciel un beau matin : voilà pour la fortune. Quant à la gloire, elle lui a souri, sans exiger trop de labeurs ni de sacrifices. Il a sauvé son repos et sa liberté, les deux choses qu'il préférait à tout.

Tandis que Racan prend la clef des champs et s'en va faire l'école buissonnière, Maynard reste attaché au cabinet, à l'atelier poétique. Aussi, pour la facture du vers, est-il le premier dans l'opinion du maître. Nul n'est plus habile à polir et à limer, plus respectueux observateur des règles et de la discipline, en prosodie : car hors de là, Maynard s'émancipe, et même se compromet quelquefois en assez mauvaise compagnie. Ce fut lui qui proposa et fit adopter par Malherbe le repos du milieu dans les stances de six vers, et celui du quatrième et du septième vers, dans les stances de dix. Il a l'instinct régulateur d'un véritable académicien. Par ce côté, Maynard devait plaire, ce semble, à Richelieu. Et pourtant, malgré l'estime et les éloges de Balzac, qui l'appelle son cher Ménandre, malgré les caresses de Boisrobert, ce singe malin qui lit ses vers à genoux, peut-être en riant sous cape, la faveur du cardinal et de la cour s'écarte obstinément de lui, au début ainsi qu'à la fin de sa carrière.

> Mes veilles qui partout me font des partisans,
> N'ont pu toucher l'esprit de ma grande princesse,
> Et le Palais Royal va traiter mes vieux ans
> De même que le Louvre a traité ma jeunesse.
>
> Jamais un bon succès n'accompagna mes vœux,
> Bien que ma voix me fasse un des cygnes de France,
> Et sept lustres entiers ont blanchi mes cheveux,
> Depuis que ma vertu se plaint de l'espérance.

Ses plaintes devaient durer autant que sa vie. Né à Toulouse en 1584, mort en 1648, tour à tour secrétaire des commandements de la reine Marguerite, attaché au comte de Noailles dans son voyage en Italie, il vient s'asseoir sur le siège présidial d'Aurillac, et y reste cloué comme Prométhée sur son rocher, à son grand désespoir. Si l'on excepté l'Apollon d'argent que lui décerne l'Académie des Jeux Floraux, on ne voit pas que sa Muse lui ait beaucoup profité. Imitateur de Martial, même dans sa mauvaise fortune, sans cesse aux prises avec la gêne, il est à la fois courtisan et médisant, caressant d'une main, égratignant de l'autre, mêlant les doléances et les épigrammes, décochant un trait acéré contre ceux qui refusent d'accueillir ou de payer son encens. Il s'acharne à la conquête de Richelieu, tel qu'un amant désespéré à la poursuite d'une maîtresse insensible. Il l'exalte, le divinise :

> Au point où je te vis paraître,
> Je te regarde comme un dieu
> Qui, pour se faire méconnaître [1],
> A pris le nom de Richelieu.

L'éloge était à brûle-pourpoint, et cependant ne produisit pas l'effet que le poète attendait. Il ne put obtenir une de ces faveurs qui tombaient si aisément sur Boisrobert, sur Colletet, sur Desmarets, et sur tant d'autres qui lui étaient bien inférieurs. En vain Maynard rappelle les glorieux résultats de la politique du cardinal.

> Ton hardi conseil humilie
> Ce que l'Espagne a de fierté,
> Et fait résoudre l'Italie
> A recouvrer sa liberté.
> . . . .
> Le Rhin en sa grotte profonde
> Tremble au récit de nos efforts,
> Et prévoit que toute son onde
> Sera françoise en ses deux bords.

Les deux rives du Rhin convoitées par la France d'alors, il y a plus de deux siècles et demi ! Une seule, hélas ! nous suffisait et nous suffirait encore.

> Il se croit déjà notre esclave.
> Toutes les provinces qu'il lave
> Veulent embrasser nos genoux ;
> Et nos aventures sont telles,
> Que l'Aigle pour voler à nous
> Commence à déployer ses ailes.

1. Se déguiser.

Une mauvaise fée semblait empoisonner les éloges du poète, et glacer pour lui toute bienveillance du premier ministre, qui le trouvait trop *caymand*, nous dit Tallemant des Réaux, c'est-à-dire trop quémandeur. Impatienté de voir que la pension ne venait point en échange de ses vers, Maynard finit par *presser le bouton*, en demandant au cardinal raison de cette froideur. Dans un nouveau placet, il se représente déjà mort, arrivant aux bords du Cocyte où il rencontre François 1er, ce père et protecteur des lettres :

> S'il me demande à quel emploi,
> Tu m'as occupé dans le monde,
> Et quel bien j'ai reçu de toi,
> Que veux-tu que je lui réponde ?

Rien, répliqua sèchement Richelieu. Maynard se le tint pour dit, et reprit tristement le chemin de sa province. Ce jour-là, c'en était fait de ses rêves de fortune et d'ambition. Mais, du moins, en s'éloignant, il décochait la flèche du Parthe, un sonnet vengeur et plein de fiel contre l'impitoyable Mécène :

> Je suis heureux de vieillir sans emploi,
> De me cacher, de vivre tout à moi,
> D'avoir dompté la crainte et l'espérance.
>
> Et si le ciel, qui me traite si bien,
> Avoit pitié de vous et de la France,
> Votre bonheur seroit égal au mien.

Le cardinal eût-il éprouvé une satisfaction plus sincère que l'auteur à s'en aller ?

Rentré dès lors dans son Auvergne, et regrettant toujours Paris, Maynard essayait encore une fois l'effet de ses vers sur le nouveau ministre Mazarin :

> Jules, loin de l'aimable cours
> Des ondes de Seine et de Loire,
> Je t'admire, et passe mes jours
> A m'entretenir de ta gloire.

Poète de circonstance, il a des odes, des sonnets, des épîtres pour tous les événements et tous les personnages du temps. Enivré des succès de nos armes, il engage la régente à poursuivre ses avantages jusqu'au bout :

> Ne parlons ni de paix ni de siècle doré,
> Tant que nos ennemis auront de l'espérance ;
> Pour donner à l'Europe un repos assuré,
> Il faut rendre l'Espagne esclave de la France.

N'était-ce pas trop demander à une reine d'origine espagnole, et d'ailleurs l'asservissement d'un peuple voisin est-il jamais un gage de sécurité ?

Au lendemain de Rocroy, il salue dans le jeune duc d'Enghien le futur conquérant

> Qui mettra mille rois sous les pieds d'un enfant.

Il y revient dans deux ou trois sonnets :

> Prince, dont la valeur est sans comparaison,
> Serais-tu pas Achille ou le dieu de la Guerre ?
> Tu ne fais que d'entrer dans ta belle saison,
> Et ton nom a rempli tout le rond de la Terre.

En même temps il s'adresse au chancelier Séguier, protecteur de l'Académie française, dont il est membre :

> Trois têtes ont porté la couronne des lis
> Depuis le premier jour que je cherche un Mécène ;
> Mais bien qu'on ait prisé les vers que je polis,
> Jusqu'ici j'ai mal mis et mon temps et ma peine.

A la fin, dépité, désolé, il ne songe plus qu'à s'enterrer vivant dans son cabinet, sur la porte duquel il inscrit d'avance son épitaphe :

> Las d'espérer et de me plaindre
> Des Muses, des Grands et du Sort,
> C'est ici que j'attends la mort,
> Sans la désirer ni la craindre.

Un jour vint pourtant où le Capitole s'ouvrit pour lui, mais le Capitole de Toulouse : c'est là qu'il a son buste, dans la salle des *Illustres*, entre Goudelin le poète gascon, l'honneur de la Garonne avant Jasmin, et un autre compatriote, Campistron, l'honneur de Melpomène après Racine : deux gloires qui n'ont pas éclipsé la sienne.

CHAPITRE XII

INDÉPENDANTS ET DÉBRAILLÉS :
RÉGNIER, THÉOPHILE, SAINT-AMANT

Mathurin Régnier : antithèse avec Malherbe. — Les deux *Discours au roi*. — Théophile, l'ennemi de la règle et l'ami du pouvoir royal. — Pièce contre Concini ; Odes au roi contre les *Mécontents*, sur la *Paix*, sur son *Exil*. — Du lyrisme chez Théophile. Rêve d'un poème national. — Saint-Amant : alliance du burlesque et de l'héroïque. — *Le Passage du Gibraltar, le Gobbin, Épître à Gaston d'Orléans, Ode au duc d'Enghien,* vers *Sur la naissance du Dauphin* (Louis XIV), *la Lune parlante*.

I

En face de l'école officielle et disciplinée de Malherbe se groupe la tribu des irréguliers, des indépendants, qui tient, elle aussi, sa place dans l'histoire de la poésie nationale et patriotique. A leur tête figure le neveu et le vengeur de Desportes, Mathurin Régnier, le hardi contradicteur qui vient un moment troubler le triomphe de la nouvelle école, en réclamant les vieilles franchises de la Muse gauloise. Nous n'avons point à raconter ici le duel mémorable où Régnier provoqua un jour Malherbe, sans que celui-ci daignât ou osât descendre dans l'arène avec un adversaire si bien armé. Le vieux gentilhomme pédagogue avait pu faire donner des étrivières à Berthelot, un barbouilleur de vers malotru : avec Régnier, il comprit qu'il faudrait d'autres arguments, et jugea prudent de garder le silence, en s'enveloppant de sa gloire acquise et de son orgueil inébranlable.

Régnier est, dans son genre, l'antithèse vivante de Malherbe, par sa physionomie, son génie, sa manière de composer, son éducation et ses sympathies : il ne s'en rapproche que par le patriotisme et le talent. Au lieu d'un *magister* hautain, tranchant et impérieux, nous avons là un bon enfant, débraillé, insouciant, aimant à voir rire autour de lui les gens, les chiens, les chats et toute la maison. Le génie de Malherbe s'est formé lentement, par degrés, avec le double concours du travail et de la volonté. Chez Régnier le *ver-coquin* de la poésie s'est éveillé malgré lui, malgré les remontrances et les corrections paternelles. Quand le printemps arrive, la sève lui monte au cœur et au cerveau :

> Mais aux jours les plus beaux de la saison nouvelle
> Que Zéphire en ses rets surprend Flore la belle,
> Que dans l'air les oiseaux, les poissons en la mer,
> Se plaignent doucement du mal qui vient d'aimer :
> Ou bien lorsque Cérès de fourment se couronne,
> Ou que Bacchus soupire amoureux de Pomone,
> Ou lorsque le safran, la dernière des fleurs,
> Dore le Scorpion de ses belles couleurs,
> C'est alors que la verve insolemment m'outrage,
> Que la raison forcée obéit à la rage,
> Et que, sans nul respect des hommes ou du lieu,
> Il faut que j'obéisse aux fureurs de ce dieu.

Malherbe n'a jamais été ainsi possédé du démon : il reste maître de lui-même, de sa Muse, et laisse au besoin son ode attendre six mois ou six ans sur le métier, avant d'y mettre la dernière main.

Esprit large et sympathique, Régnier s'ouvre à toutes les influences, à tous les vents qui lui apportent, de quelque part que ce soit, une inspiration poétique. Malherbe a rompu avec le passé de la vieille France, dont il ne se souvient plus; avec l'Italie, qu'il avait suivie d'abord; il se défie des Grecs, sans les connaître. La crainte du pédantisme et de l'invasion étrangère éveille en lui d'étroites et mesquines préventions. Régnier puise hardiment à toutes les sources, en gardant sa vive et puissante originalité. Il emprunte : 1° à l'école gauloise; 2° aux anciens; 3° à l'Italie moderne.

De l'école gauloise, il conserve la gaieté, la gentillesse, la grâce, l'aimable nonchaloir, l'insouciance des règles, l'amour de la liberté, et parfois aussi les gaillardises, les crudités et les licences. Il se ressent encore des *Repues franches* de Villon : il n'oublie pas non plus Marot et son élégant badinage, en lui donnant plus de vigueur et de relief.

A l'école des anciens, il a puisé la fermeté, la précision, l'art d'enchâsser une pensée en quelques mots, comme une pierre précieuse dans un cercle d'or. Il y prend en même temps ces grandes idées générales qu'il répand sous forme populaire et dont il fait des proverbes avant Boileau, ces belles images poétiques qu'il renouvelle par une imitation créatrice.

Aux Italiens, il emprunte les pointes, les *concetti* spirituels, les caricatures quelquefois chargées, les pasquinades et les farces macaroniques, sans en partager les fadeurs et les mièvreries.

A l'âge de vingt ans, il suivait à Rome le cardinal de Joyeuse, en 1593. Il y resta huit années, à se morfondre dans l'attente d'un bénéfice qui ne vint pas :

> Buvant chaud, mangeant froid et couchant sur la dure,

ainsi qu'il le rappelle dans sa *Deuxième Satire*, avec un grain de rancune et de mauvaise humeur qu'avait éprouvée déjà Du Bellay. Un second voyage en Italie, avec le comte de Béthune, ambassadeur du roi, ne lui réussit guère mieux. De 1593, époque de son premier départ jusqu'à celle de sa mort, en 1613, Régnier passa donc une bonne part de sa vie dans la cité des papes. A défaut d'autre chose, il en rapportait un certain nombre de croquis satiriques empruntés aux poètes burlesques, tels que Folengo, Caporali, Pulci, qui furent ses premiers maîtres dans le genre où il devait exceller, et rester presque sans rival parmi nous. Talent éclectique et prime-sautier, composé à la fois de paresse et d'étude, de réflexions latentes et d'éruptions soudaines, Régnier s'est formé, de ce triple élément gaulois, latin, italien, un fonds et un style qui sont à lui.

Mais c'en est assez sur le poète : voyons quelle part il prend comme écrivain dans les affaires et les événements du jour, ou plutôt de quel œil il les voit et les apprécie. Tout libre et tout débraillé qu'il est dans sa vie et parfois dans ses vers, il n'en reste pas moins un partisan déclaré de l'ordre, de l'autorité légitime et de la paix publique.

> En toute opinion je fuis la nouveauté,

s'écrie-t-il, et c'est à ce titre qu'il se sépare des huguenots. Il tient, avec son oncle, pour la vieille Église, mère des prébendes et des bénéfices, dont il n'a recueilli qu'une faible part ; enfin il s'appelle l'abbé Régnier, bien qu'il ne dise jamais la messe. En politique autant qu'en religion, il se prononce pour l'obéissance et la tradition :

> On doit rendre, suivant et le temps et le lieu,
> Ce qu'on doit à César et ce qu'on doit à Dieu.

Ses deux *Discours au roi* sont l'expression sincère et loyale de ses sentiments. Pourtant la satire a été de bonne heure et par-dessus tout son génie et sa vocation. Dès l'enfance, il s'y exerçait dans le *jeu de paume* de son père, en faisant le portrait ou la caricature des habitués de la maison. Tout cela d'instinct, par l'effet d'une humeur joviale, sans méchanceté, mais non sans malice. Si bon enfant et si bien pensant qu'il soit, il éprouve un certain embarras à quitter le métier de railleur pour celui de panégyriste. Il se sent plus en veine et en verve, pour nous peindre la trogne empourprée du *Pédant* ou le patelinage féminin de *Macette*, que pour chanter la gloire de Henri le Grand :

> Mais c'est mal contenter mon humeur frénétique,
> Passer de la satire en un panégyrique,
> Où mollement disert, sur un sujet si grand,
> Dès le premier essai mon courage se rend.

Cependant, sa raison et son cœur de citoyen et de Français lui disent qu'il ne saurait oublier les bienfaits d'un souverain justement nommé le second fondateur de la monarchie et le sauveur de la nation. Grâce à la munificence royale, peu prodigue du reste envers les poètes, Régnier avait obtenu un modeste lambeau des nombreux bénéfices accumulés par son oncle Desportes, une rente de 2 000 livres sur l'abbaye de Vaux-Cernay. Outre sa dette privée, le poète payait le tribut de la reconnaissance publique, lorsqu'il écrivait dans le *Discours au roi* placé en tête de ses *Satires* :

> Puisses-tu, comme Auguste, admirable en tes faits,
> Rouler les jours heureux en une heureuse paix,
> Ores[1] que la justice ici-bas descendue
> Aux petits comme aux grands par tes mains est rendue;
> Que, sans peur du larron, trafique le marchand,
> Que l'innocent ne tombe aux aguets[2] du méchant,
> Et que de ta couronne, en palmes si fertile,
> Le miel abondamment et la manne distille,
> Comme des chênes vieux aux jours du siècle d'or,
> Qui renaissant sous toi reverdissent encor.

Heureux souvenir et transformation ingénieuse du vers de Virgile :

> *Et duræ quercus sudabunt roscida mella.*

Avec La Fontaine, il a le droit de dire :

> Mon imitation n'est point un esclavage.

Mais l'art de louer est chose si difficile et si ingrate que Régnier, malgré toute sa finesse et tout l'esprit qu'il met à se moquer de lui-même, s'empêtre et s'embarrasse parfois dans ses éloges. Faut-il rappeler la fameuse statue de Memnon, à laquelle il se compare dans son *Épître liminaire* en prose, et que Molière reprendra un jour d'une façon comique, dans la déclaration galante de Thomas Diafoirus? Ou bien encore l'image du dauphin, plus tard Louis XIII, domptant la Discorde de ses bras enfantins, comme Hercule étouffant les serpents dans son berceau, et

> Faisant voir clairement, par ses faits triomphants,
> Que les rois et les dieux ne sont pas des enfants.

Ce qui dépasse un peu les limites de l'hyperbole admirative. Mais c'est la note du siècle nouveau. Malherbe, ce coryphée de l'idolâtrie monarchique, a donné l'exemple. Ajoutons qu'il a prêté à ce culte une splendeur, une majesté à laquelle

---

1. Maintenant. — 2. Embûches. D'où guet-apens, *aguet appensé*.

DISCOURS AU ROI. 295

Régnier, si supérieur par d'autres côtés, a rarement atteint. Pour le moment, l'auteur s'accuse d'insuffisance en face d'un si grand héros et d'un si grand sujet. Il demande au roi d'accueillir avec indulgence les joyeux ébats de sa Muse juvénile et satirique, en promettant de faire mieux dans l'avenir :

> Je sonde ma portée et me tâte le pouls,
> Afin que s'il advient, comme un jour je l'espère,
> Que Parnasse m'adopte et se dise mon père,
> Emporté de ta gloire et de tes faits guerriers,
> Je plante mon lierre au pied de tes lauriers.

Le *deuxième Discours au roi*[1], par lequel s'ouvrent les *Épîtres*, acquitte en partie cette promesse, et revêt une forme à demi épique ou tout au moins héroïque, en nous présentant l'histoire sous couleur d'allégorie, pour célébrer la défaite de la Ligue et les victoires d'Arques et d'Ivry. Comme poète satirique, Régnier nous offre une peinture vivante et pittoresque de la réalité. Selon Boileau, il est un des écrivains qui ont le mieux connu et exprimé les caractères et les mœurs des hommes. C'est par là qu'il se rattache à Molière. Dans les tableaux du genre décoratif ou démonstratif, c'est moins le fin observateur de la nature humaine que l'écrivain d'imagination et de sentiment, qui trouve l'occasion de se révéler. La pièce débute à la façon d'une pastorale, par un de ces levers de rideau, un de ces paysages auxquels se complaisent si volontiers les poètes du xvie siècle, les Ronsard et les Belleau :

> Il étoit presque jour, et le ciel souriant
> Blanchissoit de clarté les peuples d'Orient ;
> L'Aurore aux cheveux d'or, au visage de roses,
> Déjà, comme à demi, découvroit toutes choses;
> Et les oiseaux, perchés en leur feuilleux séjour,
> Commençoient, s'éveillant, à se plaindre d'amour.

Pour orner et embellir son sujet, l'auteur s'est cru obligé d'associer la fiction à la vérité. Oubliant alors que son oncle Desportes a fait jadis partie de la Sainte-Union, il

---

1. Publié en 1608.

représente la Ligue sous les traits d'un monstre hideux, d'une hydre à sept gueules et aux dents d'acier, poursuivant de son horrible *rictus* une Nymphe éplorée, qui vient tomber suppliante devant le Mars français. Cette Nymphe, c'est la France : ce Mars, c'est Henri le Grand.

Maintenant, disons-le, malgré nos sympathies et notre admiration pour Régnier, malgré la profusion des images et des couleurs, cette Nymphe, dont la robe d'azur est parsemée, comme une carte géographique, des noms de cent villes fameuses ; ce nouveau Mars, dont l'armure rappelle tous les exploits, Coutras, Arques, Ivry, Fontaine-Française, Amiens, nous plaisent moins que le fantôme éploré de la France dans le *Quadrilogue invectif* d'Alain Chartier, et le portrait du Béarnais sous son armure de fer, tel que nous le décrivait naguère Du Bartas dans son poème d'*Ivry*.

Nous n'aimons pas davantage cette féerie de la Nymphe s'envolant dans les nues, pour adresser un discours au peuple français. Malherbe, toujours ergoteur et raisonneur, après avoir lu ce morceau, demandait à quelle époque cela était arrivé, disant qu' « il avait toujours demeuré en France depuis cinquante ans, et n'avait rien vu de pareil ». L'objection était mince, et pourrait s'appliquer à toutes les fictions, ce grand ressort de la poésie. C'est pour un tout autre motif que nous blâmons en partie l'emploi de cette image confuse et indécise. La comparaison avec un milan, aussi bien que le *cerveau tremblant* et l'*estomac pantois*, nous agréent médiocrement. En revanche, nous rendons justice à la harangue animée d'un souffle vraiment patriotique : c'est la voix de la France protestant contre les folies et les excès de la démocratie égarée :

> Peuple, l'objet piteux du reste de la terre,
> Indocile à la paix et trop chaud à la guerre,
> Qui, fécond en partis et léger en desseins,
> Dedans ton propre sang souilles tes propres mains,
> Entends ce que je dis, attentif à ma bouche,
> Et qu'au plus vif du cœur ma parole te touche !
> . . . .
> Viens, ingrat, réponds-moi, quel bien espères-tu ?
> Après avoir ton prince en ses murs combattu ;

> Après avoir trahi, pour de vaines chimères,
> L'honneur de tes aïeux et la foi de tes pères ;
> Après avoir, cruel, tout respect violé,
> Et mis à l'abandon ton pays désolé ?

Elle évoque les paladins d'autrefois, les Ogier, les Roland, les héros de la croisade, les chantres du passé que Malherbe ne connait plus guère :

> Quelqu'autre Jean de Meung en feroit des romans.

Elle s'élève même à l'éloquence, lorsqu'elle flétrit la révolte et la trahison du duc de Mercœur, sans le nommer, en imitant ce vers de Virgile :

> *Vendidit hic auro patriam*[1].

> Et l'artisan moqueur. . . . .
> Rendant par ses brocards ton audace flétrie,
> Dira : *Ce traitre ici nous vendit sa patrie.*

Une dernière métamorphose va mettre fin à la féerie. La Nymphe, après avoir achevé son discours, s'élève dans le vague des cieux, où elle s'évapore et disparait :

> Et se montrant déesse en sa fuite soudaine,
> La place elle laissa de parfum toute pleine,
> Qui, tombant en rosée aux lieux les plus prochains,
> Réconforta le cœur et l'esprit des humains.

La pièce se termine par des actions de grâces et des vœux à l'adresse du roi et de son fils, le jeune dauphin, dont on s'obstine à faire un conquérant. Régnier n'a pas renoncé non plus à cette perpétuelle chimère de la croisade, devenue un lieu commun obligatoire, jusqu'au jour où Boileau finira par se moquer des *palmes Idumées*. Mais il n'y a rien de si tenace que les banalités consacrées par l'usage traditionnel. Les esprits même les plus libres n'y échappent point.

S'il eût vécu plus longtemps, Régnier eût-il porté ses ambitions poétiques au delà de l'*épître* et de la *satire*, où il était passé maitre. Nul ne saurait le dire. Il nous a

---

1. *Énéide*. liv. VI.

laissé les vingt premiers vers d'un poème sacré, peut-être entrepris par pénitence, mais sans le pousser plus loin. Nous ne parlons pas de ses odes, où la revanche serait trop belle et trop facile pour Malherbe. Il n'en a pas moins sa place entre nos écrivains les plus originaux et parmi les chantres de la dynastie nouvelle, à l'aurore du xviie siècle.

II

Dans cette phalange des indépendants et des aventuriers de la Muse en opposition avec Malherbe, mais ralliés autour de l'étendard royal, qui est plus que jamais celui de la nation, il nous faut comprendre un autre personnage inférieur à Régnier comme écrivain, et qui eut cependant aussi son heure de vogue et de célébrité.

« J'ai lu Malherbe et Théophile », écrit La Bruyère au début de son chapitre *Sur les ouvrages de l'esprit*, rapprochant ainsi deux noms qui se disputèrent un moment la faveur publique, malgré leur valeur très inégale. Cette bruyante et tapageuse renommée de Théophile, grossie encore par les scandales de sa vie, par ses mésaventures et ses procès, volait alors dans toutes les bouches, si l'on en croit le témoignage d'un ennemi :

« Que l'on aille au Pont-Neuf, on n'a les oreilles battues que du *Tircis* de Théophile et de son *Corydon*. Que l'on rétrograde au pont Saint-Michel, on ne s'abreuvera que de ses *Requêtes*, de ses *Apologies*, de ses *Recommandations aux poètes*. Que l'on traverse le pont au Double, son fantôme est le *paranymphe* autant que celui du *Marcomir* et des *Fables du Mans* : et partant l'on assure qu'il est venu des manants de village à Paris, qui demandèrent saint Théophile pour *guarir* les vignes de la gelée, tant son bruit va loin. »

Théophile de Viaud, fils d'un gentilhomme huguenot, et non d'un tavernier comme le prétend Garasse, naquit à Clairet, dans l'Agenais, en 1590. A vingt ans, il venait, avec tant d'autres de ses compatriotes gascons, chercher fortune à la cour du Béarnais, devenue celle de Marie de Médicis et de Concini. Deux ans plus tard, il faisait un voyage en Hollande avec Balzac, son ami au départ et son ennemi mortel au retour. De cette libre terre, où Descartes viendra bientôt chercher un refuge pour écrire sa *Méthode*, il rapportait un amour effréné d'indépendance, mêlé d'un scepticisme frondeur et antireligieux, qui devait soulever contre lui de redoutables inimitiés. Le succès de sa tragédie de *Pyrame et Thisbé* (1617), ses bons mots, ses épigrammes qu'il décochait de droite et de gauche, ses bravades, ses licences et ses impiétés en avaient fait le poète à la mode, le coryphée de la jeune noblesse, volontiers railleuse, libertine et même athée. Ce fut là pour lui l'écueil : son triomphe devait lui coûter cher.

À l'exemple de Régnier, il semble d'abord vouloir s'interdire les personnalités :

> Ma liberté dit tout, sans toutefois nommer.

Mais son humeur médisante l'entraîne, et, sans nommer les gens, il les rend aisément reconnaissables : ainsi ce favori dont il parle au début de sa *Deuxième Satire* :

> D'un pays étranger nouvellement venu,
> Que la Fortune aveugle, en promenant sa roue,
> Tira, sans y penser, d'une ornière de boue.

Il eût fallu être bien aveugle pour ne pas reconnaître Concini. La chute de ce dernier justifia les vers du poète : mais d'autres attaques le compromirent.

Certains pasquils assez grossiers et assez médiocres avaient couru contre le duc et la duchesse de Luynes, l'un favori, l'autre, disait-on, maîtresse du pauvre Louis XIII, un roi bien sage cependant. On les mit à son compte et on les lui fit expier, malgré ses désaveux formels. Comme jadis Marot, comme plus tard Voltaire, Théophile fut rendu responsable de toutes les médisances clandestines qui pouvaient blesser l'honneur et la vertu des gens, offenser Dieu, le roi, son confesseur ou ses ministres. En 1619, au moment même où s'allumait le bûcher de Lucilio Vanini à Toulouse, l'auteur suspect était frappé d'un arrêt de bannissement hors du royaume. Il s'embarqua pour l'Angleterre, où il espérait trouver un accueil bienveillant auprès de Jacques Ier, grâce à son titre de poète déjà célèbre et de gentilhomme huguenot : mais sa réputation de libertinage l'avait précédé. C'en était assez pour effrayer le roi puritain. Le poète s'en vengea par une épigramme, et, après deux ans d'exil, obtint de rentrer en France. Il y apportait, pour rançon de ses fautes passées, son *Traité de l'immortalité de l'âme* et un acte d'abjuration solennelle, qui ne lui coûta guère sans doute, entre les mains des PP. Arnoux et Ségurand. Cette fois les jésuites, ses anciens maîtres à la Flèche, crurent l'avoir ressaisi : mais il devait bientôt *revenir à son vomissement*, suivant l'expression du P. Garasse, c'est-à-dire à ses impiétés.

Pour le moment, il était tout entier à la joie d'avoir enfin retrouvé le *doux climat* de la cour, il y nageait dans l'abondance et les délices :

> Tous mes jours sont des mardis gras,
> Et je ne bois point d'hypocras
> S'il n'est fait avecque de l'ambre.

C'est dans cette courte passe de faveur et de bonne chère, qu'il a l'occasion de devenir un jour le champion du pouvoir royal contre la Ligue des mécontents, organisée par la reine mère elle-même. Cet indiscipliné en conduite, en morale et en poésie est, comme Régnier, un conservateur ou tout au moins un autoritaire en politique : il engage le souverain à se faire obéir de tous, sans fléchir :

> Cher objet des yeux et des cœurs,
> Grand roi, dont les exploits vainqueurs
> N'ont rien que de doux et d'auguste,
> Usez moins de votre amitié :
> Vous perdrez ce titre de Juste,
> Si vous avez trop de pitié.
>
> Contre ces esprits insensés,
> Qui se tiennent intéressés
> En la calamité publique,
> Selon la loi que nous tenons,
> *Il ne faut point qu'un roi s'explique*
> *Que par la bouche des canons.*

Marie de Médicis s'était avancée jusqu'à la Flèche, où le cœur de Henri IV avait été déposé, selon sa volonté, dans l'église du collège des jésuites. Théophile ne craint pas d'apostropher la reine mère à ce sujet :

> Grande reine, en faveur des lis
> Avec lui presque ensevelis,
> N'offensez point ses funérailles.
> Pour l'avoir, à quoi le dessein
> De venir rompre des murailles,
> Si vous l'avez dans votre sein ?

Petite leçon qui dut faire sourire Richelieu, mais dont la reine jura sans doute de se venger.

Les révoltés furent bientôt soumis, et la paix conclue le 9 août 1620. Une nouvelle ode de Théophile consacra cet heureux dénouement :

> La paix, trop longtemps désolée,
> Revient aux pompes de la cour,
> Et retire du mausolée
> Les jeux, les danses et l'amour.
> Au seul éclat de nos épées
> Les tempêtes sont dissipées,
> Tous nos bruits sont ensevelis :
> Mon prince a fait cesser la guerre,
> Et la paix a rendu la terre
> Pleine de palmes et de lis.

Une sage et grave maxime couronne cet hymne de fête à la gloire de Louis XIII :

> Il n'est rien tel que de vivre
> Sous un roi tranquille, et de suivre
> La sainte majesté des lois.

A lire quelques-unes de ces strophes magistrales, on serait tenté de se demander si Théophile n'a point emprunté la lyre de Malherbe. Certains juges prévenus, comme Théophile Gautier[1], vont même jusqu'à lui accorder la palme, notamment pour l'*Ode au roi sur son exil* :

> Celui qui lance le tonnerre,
> Qui gouverne les éléments, etc.

---

1. *Les Grotesques.*

On a comparé ce début à l'exorde de Bossuet dans l'oraison
funèbre de la reine d'Angleterre : c'est lui faire beaucoup
d'honneur. Quoi qu'il en soit, Malherbe conserve toujours
sa maîtrise dans le grand lyrisme officiel, où il reste souverain, par la vigueur et la sublimité de la pensée, et surtout de l'expression. Que Théophile ait l'avantage par
certains côtés, dans l'ode amoureuse ou descriptive, je le
veux bien. Des pièces telles que *le Matin*, *la Solitude*, *la
Dryade*, ont un charme particulier :

> Dans ce val solitaire et sombre,
> Le cerf, qui brame au bord de l'eau,
> Penchant ses yeux dans un ruisseau,
> S'amuse à contempler son ombre.

Héritier et continuateur de Ronsard, Théophile a, comme
lui, le goût du décor et de la plastique. Il n'en est pas
moins un attardé.

> J'en connais qui ne font des vers qu'à la moderne,

dit-il en parlant de Malherbe. C'est qu'en effet Malherbe
est relativement un novateur, un progressiste, avant de
devenir un classique et un rétrograde. Le sévère réformateur a proclamé la souveraineté de la règle : il a posé
des entraves, des obstacles, des garde-fous dans tout le
domaine de la poésie. Or Théophile déteste les règles, la
police, de quelque part qu'elle vienne, de l'école de
Malherbe ou du Châtelet :

> La règle me déplaît.

A la poésie régulière, parquée dans l'enceinte étroite de
la prosodie et de la grammaire, il oppose la poésie d'aventure. L'ordre dans les mots et dans les idées, cette grande
loi qu'a promulguée Malherbe avant la *Logique de Port-
Royal*, est le moindre de ses soucis :

> . . . . J'écris confusément,
> Jamais un bon esprit ne fait rien qu'aisément.

Le travail inconscient, sans calcul et sans étude, au
hasard de l'inspiration et du caprice, est le seul qui lui convienne.

Et pourtant, il faut le reconnaître, ce poète si peu soucieux de la perfection, si négligé, si incomplet, a parfois de hautes aspirations, des rêves de conquête et d'ambition littéraires, tels que les avaient eus Jodelle, Baïf et Ronsard. Comme Régnier, il se souvient de la vieille France. Il conçoit l'idée d'un poème national tiré de nos anciennes chroniques, et en dessine le plan dans sa *Première Ode au roi* :

> Là suivant une longue trace
> De l'histoire de tous nos rois,
> La Navarre et les monts de Foix
> S'étonneroient de votre race.
> Là ces vieux portraits effacés,
> Dans mes poèmes retracés,
> Sortiront des vieilles chroniques ;
> Et ressuscités par mes vers,
> Ils reviendront plus magnifiques
> En l'estime de l'Univers.

Glorieuse revanche de la *Franciade*, que la France devait attendre longtemps encore, même après la *Pucelle* et la *Henriade*. Ce n'était là chez Théophile qu'un de ces rêves qui traversèrent son imagination indécise et vagabonde, pleine de projets avortés, de chimères et de contradictions.

Il avait eu l'honneur d'accompagner le roi dans les campagnes de 1621 et de 1622, et venait d'adresser à Louis XIII une *Ode sur son retour de Languedoc*, quand un nouvel orage s'abattit sur lui. Certains rapports ténébreux des PP. Caussin et Voisin l'avaient accusé déjà de lèse-majesté divine et humaine. L'apparition du *Parnasse satirique*, auquel on voulait à toute force attacher son nom, acheva de le perdre :

> Soudain partit ce coup de foudre inopiné,
>   Que jeta le ciel mutiné
>   Dessus le comble de ma joie.

Il protesta, désavoua cette publication, poursuivit le libraire qui avait osé le compromettre, en abusant de son nom et en éditant quelques pièces, dont il était peut-être l'auteur. Était-ce une indignation sérieuse ou une de ces comédies dont Voltaire devait offrir plus d'un exemple ?

En tout cas, Théophile jugea prudent de quitter Paris, et se retira à Chantilly, près de son ami et protecteur le duc de Montmorency. Cependant un arrêt du parlement le condamnait à être brûlé vif; il le fut en effigie. Effrayé de ce préambule, qui pouvait avoir une suite plus tragique encore, il s'échappa de Chantilly, et s'apprêtait à regagner la Hollande, quand il fut appréhendé au Catelet, ramené à Paris les fers aux mains et aux pieds, et jeté dans le cachot de Ravaillac. Il y resta deux ans, tandis que le président Molé rédigeait contre lui un long projet d'interrogatoire, et que le P. Garasse compilait les citations et les injures dans le livre de la *Doctrine curieuse des beaux esprits*. Cette captivité de deux ans, si dure, si atroce, si disproportionnée avec sa faute, lui inspira quelques-unes des meilleures pages en vers et surtout en prose qu'il ait écrites. L'énergie de sa défense, qu'on a quelquefois comparée aux *Mémoires* de Beaumarchais, la pitié publique qui commençait à s'émouvoir en sa faveur, l'intervention de l'ambassadeur anglais Buckingham, qu'il avait connu à Londres, et de son ami le duc de Montmorency, arrachèrent enfin au roi la révocation de l'arrêt de mort qui l'avait frappé. Louis XIII ne pouvait oublier les chants de fête et de victoire composés en son honneur. Théophile sortit de prison et obtint même la permission de séjourner à Paris; il n'y reparut que pour mourir à l'âge de trente-six ans, dans l'hôtel de Montmorency (1626).

III

Un autre chevalier errant de la bohème littéraire est celui dont Boileau a dit :

Saint-Amant n'eut du ciel que sa veine en partage.

Quand il s'agit d'un poète, un pauvre diable ayant de la veine n'est pas tant à dédaigner. Hâtons-nous d'ajouter que ce Saint-Amant, l'ami de Faret, dont le nom rime avec cabaret, où ils se rencontraient quelquefois, était fort bien accueilli et recherché dans les meilleures sociétés. Il faisait, comme Faret, partie de l'Académie française, et en avait été élu membre sans avoir sollicité cet honneur. Seul avec Balzac, il fut dispensé du discours d'entrée, à condition de s'occuper de la partie comique et de fournir les mots grotesques pour le Dictionnaire. Ses vers, du moins les plus jolis, les plus délicats (et ils sont assez nombreux) étaient très goûtés à l'Hôtel de Rambouillet, où l'auteur avait sa place sous le nom de *Sapurnius*. On y faisait grand cas des expressions nouvelles qu'il avait trouvées. On n'y lisait pas sans doute *la Crevaille* ni *la Chambre du vieux débauché*, mais on y admirait *la Solitude* et *le Contemplateur*. Scarron, parlant à ses vers qui veulent s'échapper et voir le jour, leur demande s'ils espèrent obtenir dans les ruelles

> Presque autant d'estime qu'en a
> La *Sophonisbe* et le *Cinna*,
> . . . .
> Et les œuvres de Saint-Amant
> Au style si rare et charmant.

Loret, annonçant sa mort, écrit dans sa *Gazette* :

> Sa Muse étoit d'un noble étage.

Saint-Amant a donc occupé un rang honorable dans l'estime de ses contemporains, jusqu'au jour où l'avènement d'une nouvelle école l'a fait rentrer dans l'ombre et dans l'oubli.

Pour le comprendre, il faut se représenter à la fois l'homme et l'écrivain qui ne font qu'un : ce Falstaff de la poésie française, ce gras épicurien à la face empourprée, au ventre proéminent, bon enfant gouailleur et facétieux. Son esprit est comme son estomac, un sac à tous grains. Il a pour Hippocrène la bouteille, pour Pégase un tonneau. C'est à cheval sur cette monture, le verre en main et la pipe à la bouche qu'il débite ses vers, gais enfants de l'ivresse et du gros rire. Héritier d'Olivier Basselin en qualité de poète biberon et patriote, Saint-Amant appartient, par son origine, à une famille de ces hardis aventuriers normands, moitié gentilshommes, moitié soudards, de noblesse douteuse et de bravoure certaine, qui s'en vont chercher fortune sur leurs navires et à la pointe de l'épée, comme leurs ancêtres les Tancrède et les Robert Guiscard. Son père avait commandé pendant vingt-deux ans une escadre de la reine d'Angleterre, Élisabeth, et après avoir été retenu prisonnier durant trois ans dans la tour Noire de Constantinople, il était revenu mourir en France. De ses deux oncles, l'un, parti pour les Grandes Indes, avait été arrêté et tué par les musulmans au bord de la mer Rouge; l'autre, engagé au service de la République de Venise, avait péri au siège de Candie[1].

Saint-Amant est lui-même un aventurier, un coureur dans sa vie autant que dans ses œuvres. En général, les poètes du XVIIe siècle ont une existence assez casanière : Corneille va de Paris à Rouen, La Fontaine à Château-Thierry ou à Reims, Molière dans son odyssée provinciale ne sort pas de France, Chapelle et Bachaumont ne poussent guère au delà de Marseille et Montpellier. Saint-Amant mène la vie errante des jongleurs et trouvères de l'ancien temps. A la fois marin, soldat et poète, il s'embarque avec le comte d'Harcourt sur la flottille envoyée contre l'Espagne; il le suit sur le champ de bataille de Casal en Piémont; il l'accompagne dans son ambassade de Londres et de Rome. Il va retrouver à Varsovie sa protectrice Marie de Gonzague, devenue reine de Pologne : et de tous ces pays il rapporte des images, des impressions tour à tour pittoresques, tristes, gaies ou fantastiques.

Mêlé aux sociétés les plus diverses, il a pour compagnons des grands seigneurs, comme le duc de Retz, le comte d'Harcourt; des fils de bourgeois, comme Ribot, Sallart, Buissat, ses amis de tripot et de cabaret : il chante successivement dans ses vers les maritornes et les précieuses, les reines même, comme celles de Suède et de Pologne. Dans cette vie de poète nomade, rien qui ressemble à la prétendue misère dont parle Boileau :

> Un lit et deux placets[2] composaient tout son bien :
> Ou, pour mieux en parler, Saint-Amant n'avait rien.

Saint-Amant n'eut jamais beaucoup sans doute, dépensant son argent et son esprit au jour le jour; mais il jouit largement de la vie et du confort de ses protecteurs.

---

1. Voir l'*Épître adressée au comte d'Arpajon ou de Rhodes, marquis de Séverac*. — 2. Escabeaux.

Parlant de sa résidence en Pologne, il s'y trouve bien vêtu, bien nourri, reluisant d'aise et de santé :

> Une reine m'y retient,
> Qui comme un roi m'entretient :
> Je suis aussi frais qu'un moine,
> Je nage dans les douceurs,
> Et fais gagner son avoine
> Au bon Bayard[1] des Neuf Sœurs.
>
> Je danse à talons ferrés
> Sur de beaux marbres carrés,
> Mon chef s'emplume de grues,
> Je porte le sabre au flanc,
> Et, quand je vais par les rues,
> Mon coursier tient bien son rang.

Boileau n'a jamais fait ainsi piaffer son cheval, lorsqu'il eut à suivre la cour en devenant historiographe du roi. Il est vrai que Saint-Amant était alors secrétaire et gentilhomme ordinaire de la reine, avec une pension de trois mille livres, et de plus écuyer consommé. Plus tard, revenu en France, il rend hommage à la générosité de ses protecteurs, qui ne l'ont jamais laissé, dit-il, dans la misère. Grâce à eux, sa cassette

> . . . . En sa capacité
> N'a jamais vu l'âpre nécessité.
>
> . . . .
> Ces beaux amis n'ont point souffert encor
> D'éclipse entière en mon petit trésor.

Livré de bonne heure à lui-même, il n'apprit ni le grec, ni le latin, mais seulement, en courant et à la volée, l'italien, l'espagnol, et même l'anglais. Cette connaissance des langues modernes à l'exclusion des anciennes est un trait particulier chez Saint-Amant. Segrais trouvait dans le culte de l'antiquité un préservatif contre le mauvais goût du temps. Saint-Amant n'est pas contenu par ces grands modèles, et s'abandonne à toutes les influences italiennes ou espagnoles qui viennent le tenter. Il n'est point allé à Corinthe, et nous offre dans ses œuvres ainsi que dans sa

---

[1]. Nom d'un cheval fameux : ici Pégase.

vie une image exacte de l'anarchie et de la confusion qui règnent alors; des courants qui se partagent la littérature et le goût public. Esprit à la fois fantaisiste et réaliste, romanesque et positif, précieux et trivial, mélancolique et facétieux, il revendique surtout l'honneur d'avoir inventé ou, tout au moins, introduit en France un genre nouveau, le *burlesque*, né en Italie, d'où il a tiré son nom. Il déclare qu'il a suivi la trace des poètes bernesques, surtout celle de Tassone, l'immortel auteur de *la Secchia rapita* (*le Seau enlevé*), qu'on a osé comparer à *la Jérusalem délivrée* du Tasse. C'est à l'occasion de cette campagne maritime où il suit le comte d'Harcourt, comme chantre, comme buveur et comme soldat, qu'il a conçu l'idée d'allier l'héroïque et le comique, dans une pièce intitulée *le Passage de Gibraltar*.

Ce petit poème bizarre, plein de verve et d'élan, malgré ses longueurs, est entremêlé de souvenirs mythologiques associés à la peinture de la réalité, des lieux, et des vaisseaux français, que l'auteur énumère minutieusement. Il offre à la fois un chant bachique et un chant de victoire, mais de victoire sans combat, l'Espagnol ayant tourné le dos, et

> A Neptune fait banqueroute.
> C'est au Castillan qu'on en veut,
> Nous cherchons partout à le mordre;
> Mais le poltron y met bon ordre,
> Il fuit notre choc tant qu'il peut.

Ses frégates se sont transformées en oiseaux fuyards ou en nymphes, comme les vaisseaux d'Énée dans Virgile, à l'aspect de l'escadre française. Une sorte d'héroïsme gouailleur anime tout ce morceau, où les malices contre le roi d'Espagne et son terrible amiral Guzman se mêlent à l'éloge enthousiaste de Richelieu, du comte d'Harcourt et du grand roi Louis XIII. C'est le verre en main que le poète entonne l'hymne guerrier :

> Matelots, taillons de l'avant,
> Notre navire est bon de voile;
> Çà, du vin, pour boire à l'étoile
> Qui nous va conduire au levant.

C'est encore le verre en main que le comte d'Harcourt paraît au milieu de son équipage :

> Pour me pléger[1], il prend la coupe
> Où pétille et rit le nectar,
> Et, s'écriant *Masse*[2] ! à la troupe,
> Sa voix étonne Gibraltar.

La gaillardise et la jovialité s'unissent aux graves pensées et à l'enthousiasme, dans ce couplet en l'honneur de Richelieu :

> Que chacun se prépare à *boire*
> *La santé* du grand Cardinal !
> Il tient l'empire de Neptune,
> Il préside à notre fortune
> Sur l'un et sur l'autre élément :
> Et la Destinée opportune
> File pour lui journellement.

Mais il renvoie à une autre heure le soin de le célébrer dignement :

> A mon papier je ferai boire,
> Par un excès rare et divin,
> Plus de flacons d'encre à sa gloire
> Que je n'ai pris de brocs de vin.

Un buveur si bien pensant ne pouvait manquer de plaire au cardinal.

Ce fut à son instigation, et sur la demande expresse du roi, qu'il composa une petite pièce satirique, intitulée *le Gobbin* ou *le Bossu*, contre le duc de Savoie notre ennemi, après l'affaire du Pas de Suze, un des exploits de Louis XIII. Les princes de Savoie, ces portiers infidèles des Alpes, nous avaient joué et devaient nous jouer encore plus d'un mauvais tour par leurs frasques et leurs trahisons. Du reste la bosse de l'ambitieux vassal se trouve ici prise à parti plus encore que son honneur :

> Enfin le petit Rodomont
> Se voit de nos armes la proie ;
> Nous avons détruit le Piémont,
> Et raflé toute la Savoie.

1. Tenir tête ou appuyer. — 2. Cri des buveurs, comme *Évohé !*

> Ses ongles sont rognés si courts
> Qu'à la honte du beau secours
> Et de l'Empire et de l'Espagne,
> Ce roi des Alpes aujourd'hui
> Ne possède aucune montagne
> Que celle qu'il porte sur lui.

Bien que Boileau ait parlé des satires outrées de Saint-Amant, on peut dire qu'il est un rieur bon enfant plus encore qu'un satirique de profession.

Peu exigeant d'ailleurs sur le choix des héros, il décore même de ce titre, dans une épître héroï-comique, ce piteux Gaston d'Orléans qui avait causé tant d'ennuis à Richelieu, et qui allait devenir un embarras pour la régente Anne d'Autriche. Le prince venait de partir pour le siège de Gravelines, avec l'intention de s'illustrer. Saint-Amant s'apprête à vanter ses exploits. A propos de sièges, il commence par rappeler ce qu'était la guerre au temps jadis, et ce qu'elle est devenue depuis l'invention de la poudre à canon :

> Tous ces béliers, ces bruyants catapultes,
> Dont les créneaux redoutoient les insultes,
> N'étoient que fleurs mis en comparaison
> Des fruits mortels de cette âpre saison.
> Les abricots, les grenades, les prunes,
> Que maintenant autour des demi-lunes
> On sert à Mars sur sa table de fer,
> En des bassins apportés de l'Enfer,
> Sont bien d'un goût plus friand à la Parque
> Que les morceaux qu'un Végèce[1] remarque,
> Dans les banquets dont on la régaloit,
> Lorsque la flèche ou le caillou voloit.

Que sont en somme ces fameux sièges de Tyr, d'Alesia, même de Troie ?

> Cet Ilion, ce grand sujet d'histoire,
> Qui par le feu vit éteindre sa gloire,
> Onc ne fut digne en son haut appareil
> De déchausser le château de Corbeil.
> En ce temps-là, dame Mathématique
> N'avoit point mis dans le monde en pratique
> Les derniers cours de sa dure leçon.

[1]. Grand écrivain militaire de l'antiuité.

Depuis, dame Mathématique et sa sœur dame Chimie en ont fait bien d'autres! Que dirait aujourd'hui Saint-Amant en face de la dynamite, de la mélinite, de la panclastite, et autres merveilles dont la science moderne nous a gratifiés?

Par une idée assez ingénieuse, il nous montre Henri IV, dont la statue s'élevait déjà sur le terre-plein du Pont-Neuf, prêtant l'oreille aux airs du Savoyard ou de l'aveugle qui chante les exploits de son second fils, Gaston. Son cœur paternel en a tressailli. Il profite de l'occasion pour recommander à celui-ci d'être le plus ferme appui du jeune roi Louis, qu'il voit souvent passer devant lui, non sans attendrissement :

> Aux beaux rayons de ses yeux pleins de charmes,
> Souvent les miens d'aise jettent des larmes.

Il descendrait volontiers de cheval pour l'embrasser : l'animal même partage l'émotion du maitre :

> Et son Bayard, quand il vient à finir,
> Semble se mettre en humeur de hennir.

Henri IV se trouve là fort à propos pour couvrir la nullité de Gaston d'Orléans.

Un autre objet plus digne de ses hommages, le vainqueur de Rocroy, de Lens, de Fribourg, de Nordlingue, inspirait à Saint-Amant une ode héroï-comique à l'heure où le duc d'Enghien allait reprendre le commandement de l'armée d'Allemagne (1645). L'auteur repasse une à une, avec un mélange de sérieux et de plaisant, et un goût parfois douteux, les glorieuses étapes des campagnes précédentes. Ici c'est Rocroy avec le jeune héros :

> Le glaive à la main,
> Grand de cœur, d'adresse et de taille,

et son digne adversaire :

> Fontaine [1], le vaillant goutteux,
> Afin de périr à son aise,
> Loin de Mélos [2], lâche et honteux,
> Y rendoit l'âme dans sa chaise.

---

[1]. Le comte de Fuentès. — [2]. Don Francisco de Mélos tombé en disgrâce auprès du roi d'Espagne.

Bossuet est plus éloquent, il est vrai, quand il nous parle de ce vaillant comte de Fontaine, montrant qu'« une âme guerrière est toujours maîtresse du corps qu'elle anime ».

Puis c'est Thionville, dont la chute a remué dans ses profondeurs le fleuve voisin :

> La Moselle en eut des frissons
> Dessous sa liquide simarre [1],
> Et les oiseaux et les poissons
> Firent gille [2] à ce tintamarre.

Saint-Amant, qui mettait les poissons aux fenêtres pour voir passer les Hébreux à travers la mer Rouge, dans son *Moïse sauvé*, ne les a point oubliés non plus cette fois.

Plus loin c'est Fribourg, cette effroyable tuerie, où Condé et Turenne devaient remonter trois fois à l'assaut, pour déloger l'intrépide Mercy :

> L'énorme spectre du trépas
> Y troubloit les uns et les autres ;
> Mais la Victoire aux doux appas
> Rioit pourtant aux yeux des nôtres.

Dans ses récits comme dans ses descriptions, l'auteur aime à mêler le fantasque et le burlesque :

> Le Danube, à qui l'on conta
> Du Rhin soumis l'étrange histoire,
> Blêmit de crainte, et se hâta
> De l'aller dire à la mer Noire.

Le nouveau duc d'Enghien égale et dépasse même son homonyme, le vainqueur de Cérisoles, les Gustave, les Weimar, etc. Parmi ses conquêtes futures, il en est une surtout que lui recommande le poète biberon : celle de la fameuse tonne que nous avons vue jadis à Heidelberg, du temps où l'on allait encore se promener en Allemagne.

> Rafle-moi Heidelberg d'abord ;
> Le sein en cache une merveille
> De qui le beau renom m'endort,
> Et dont la grandeur me réveille.

---

1. Robe longue. — 2. S'enfuirent.

HOROSCOPE DU DAUPHIN.

> C'est ce prodige des vaisseaux [1]
> Qui porte une mer dans son antre,
> Une mer dont les doux ruisseaux
> Du bon Bacchus enflent le ventre.

Les ruines du château d'Heidelberg sont restées longtemps un prétexte de haine et de rancune pour nos voisins d'outre-Rhin. Ils ont pris, depuis, leur revanche, et se sont largement dédommagés sur Strasbourg, Bazeilles, Sedan et Châteaudun.

Après avoir consacré sa plume à chanter la gloire de Condé, Saint-Amant eut le malheur de l'employer à un autre usage. Une misérable chanson contre le même prince après son échec de Lérida [2] lui valut une bastonnade sur le Pont-Neuf, sans qu'il songeât à s'en venger. Les coups de bâton étaient alors la monnaie dont on payait les écrivains comme les valets impertinents. Voltaire en fera encore l'épreuve à ses débuts.

Le poète était mieux inspiré, lorsqu'il saluait par de joyeux couplets la naissance du dauphin, le futur Louis XIV, et tirait sur lui un horoscope que l'avenir devait en grande partie réaliser.

> Nous avons un dauphin,
> Le bonheur de la France,
> Rions, buvons sans fin
> A l'heureuse naissance :
> Car Dieu nous l'a donné par l'entremise
> Des prélats de toute l'Église.

Allusion au vœu de Louis XIII et à la procession instituée pour cet heureux événement. Louis XIV naquit à Saint-Germain la vingt-troisième année du mariage de Louis XIII avec Anne d'Autriche, qui, suivant Bassompierre, s'était blessée en 1632 et avait fait une fausse couche. « Quand elle accoucha de Louis XIV, dit Voltaire, son mari ne voulut

---

1. Tonneaux.
2.   Ils s'en reviennent nos guerriers,
     Mais fort peu chargés de lauriers,
     Car la couronne en est trop chèr,
        Lire la, lire lanlire.
        Lire la, lire lanla.

jamais l'embrasser, selon l'usage. » Il n'y eut dans tout le royaume qu'un homme qui ne se réjouit point de cette naissance tant désirée, ce fut le père de l'enfant, et aussi sans doute son oncle, Gaston d'Orléans, l'héritier du trône en espérance.

Le poète, libéral en promesses qui ne lui coûtaient guère, prédit au poupon royal une longue vie :

> Nous lui verrons la barbe grise,

enfin de hautes destinées :

> Lorsque ce Dieudonné
> Aura pris sa croissance,
> Il sera couronné
> Le plus grand roi de France.

Louis le Grand deviendra en effet son nom, même dans les actes officiels.

> L'Espagne, l'Empereur et l'Italie,
> Le Cravate [1] et le roi d'Hongrie
> En mourront tous de peur et d'envie.

La peur et l'envie se ligueront un jour contre Louis XIV. Mais ses ennemis n'en mourront pas, et feront expier au grand roi ses victoires et son orgueil.

Arrivé au terme de sa carrière, le vieux Saint-Amant tenta un dernier effort pour célébrer la naissance d'un autre dauphin, fils de celui qu'il avait chanté jadis, et s'avisa de composer un malheureux poème intitulé *la Lune parlante*, vieux fond de magasin poétique, usé et démodé, qui n'était plus au goût du jour. L'auteur y vantait la prodigieuse habileté du souverain dans le *grand art de la natation*, médiocre éloge pour un émule d'Auguste et d'Alexandre. Louis XIV ne put achever la lecture de la pièce, et dit ainsi que pour Teniers : « Ne me parlez plus de cet homme-là ! »

S'il faut en croire Brossette, ce regard défavorable du maître tua Saint-Amant, comme il devait tuer plus tard Racine. Cependant il est bon de remarquer que Saint-

1. Croate.

Amant avait alors soixante-quatorze ou soixante-quinze ans (M. Livet dit soixante-sept), et qu'après une vie d'aventures, de voyages et de plaisirs, capable d'user les plus fortes constitutions, il n'avait pas besoin d'une disgrâce royale pour l'aider à mourir.

D'ailleurs, qu'eût-il fait plus longtemps en ce monde? En face de la nouvelle école qui se levait à l'horizon avec Molière, La Fontaine, Racine, Boileau, que fût-il devenu, lui l'ancien poète et chef des *goinfres*, le représentant d'une génération éteinte? Il n'eût été qu'un vieux débris inutile et méprisé. Pouvait-il espérer de ramener à lui le public, dont Corneille, malgré tout son génie, ne restait plus le maître? Il était temps de disparaître, s'il ne voulait pas survivre à sa propre renommée. Il mourut en 1661, et fit bien. Mourir à temps est un bonheur que le ciel refuse trop souvent aux plus grands privilégiés de la fortune, de la gloire et du génie.

CHAPITRE XIII

POÉSIES DIVERSES

Les tirailleurs littéraires : pièces de circonstance. — Un grand ministre : Richelieu : apologistes et satiriques. — Ministère de Mazarin. — Les *poetæ minores* sous la régence d'Anne d'Autriche : Voiture, Saint-Évremond, Sarasin, Segrais, Benserade. — Un grand poète : Corneille et le patriotisme romain. — Vers de commande : *Les triomphes de Louis le Juste.*

I

Nous avons passé en revue un certain nombre d'individualités plus ou moins curieuses depuis Ronsard, D'Aubigné, Malherbe, jusqu'à Théophile et Saint-Amant. Il nous faut revenir un moment à ce qu'on pourrait appeler les broutilles poétiques, les pièces de circonstance, anonymes ou clandestines, qui s'improvisent autour des grands événements et des grandes renommées.

Le siège de la Rochelle, immortalisé par l'*Ode* magistrale de Malherbe, inspirait aux deux partis des chansons en sens contraire : les unes contre les huguenots et les Anglais leurs alliés, les autres contre les vainqueurs enflés de leur triomphe. Une d'elles célèbre la glorieuse défense de l'île de Ré, gardée par Toyras et vainement attaquée par Buckingham, en 1627.

> Ayant le généreux Toyras,
> Ils mangeroient plutôt les rats
> Et les souris que de la rendre.
> Aussi jamais un vrai Gaulois
> Ne fut la proie des Anglois,
> Avant que se bien défendre.

Puis, s'adressant aux huguenots, oublieux de leur patrie dans cette alliance avec l'étranger, elle leur rappelle le drapeau national qui fut celui du Béarnais, et le souvenir de Jeanne d'Arc :

> Et vous, messieurs leurs bons amis,
> Redonnez-vous aux fleurs de lis,
> Que l'on aima dans la Rochelle[1].
>   A des gens ne vous alliez
>   Qui furent jadis étrillés
>   De la main d'une Pucelle.

Une autre chanson, œuvre ou écho de quelque soudard catholique venu au siège pour faire fortune, conseille au roi de se montrer sans pitié :

> Sire, ne soyez pas courtois
> A ces rebelles Rochelois.
> Point de quartier, il les faut pendre.
> Vous m'avez donné la maison
> D'un parpaillot ; s'il faut la rendre,
> Je serai sot comme un oison[2].

En revanche un mauvais plaisant, huguenot sans doute, parodiait l'entrée triomphale de Louis XIII à Paris, en revenant de la Rochelle.

> Monsieur Duret, grand capitaine,
> Et Brias, son lieutenant,
> Et Royan le porte-enseigne
>   Vive le roi !
> Menoient les badauds de Paris.
>   Vive Louis !
>
> Dufresnoy l'apothicaire,
> Aide de sergent-major,
> Porte à l'arçon de sa selle
>   Vive le roi !
> Sa seringue et son étui.
>   Vive Louis !

Rien de moins héroïque à coup sûr, que ces vers et cette chevauchée burlesque.

---

1. Voir *la Chronique rimée de Du Guesclin*. La Rochelle s'était donnée spontanément à la France. — 2. *Le Nouveau Siècle de Louis XIV en chansons*. Manusc. de la Bibl. nation., 12616 et 12617.

Mais ces lazzi demeurent étouffés sous les chants de triomphe. Aux succès de la guerre intérieure contre les huguenots viennent se joindre ceux de la guerre étrangère, soutenue par le génie de Gustave-Adolphe et alimentée par la politique de Richelieu, contre la maison d'Autriche. On célébra comme une victoire la mort du marquis de Spinola, conducteur de l'armée d'Espagne devant Casal: la joie que causa cette nouvelle était un hommage involontaire rendu à un redoutable ennemi, autant qu'à la fortune de Louis XIII.

> Peuple françois, menons réjouissance
> Et rendons grâce à Dieu.
> Car chacun voit notre bon roi de France
> Toujours victorieux.

Cependant l'invasion de la Picardie par Jean de Wert, fameux chef de bandes hongroises, allemandes et polonaises aux gages de l'Empereur, avait jeté un moment la terreur jusqu'aux portes d'Amiens (1636). Le hardi aventurier était devenu une espèce de croque-mitaine, dont le nom seul épouvantait les femmes et les enfants. Aussi l'allégresse fut grande à Paris, lorsqu'on apprit sa capture par Bernard de Weimar, capitaine au service de la France. La Muse du Pont-Neuf chanta cet événement dans des couplets répétés bientôt de tous côtés. Jean de Wert, comme jadis La Palice, comme plus tard Marlborough, devint l'objet de complaintes populaires.

> Ce valeureux duc de Weimar,
> Hardi comme un tonnerre,
> A Jean de Wert de toute part
> Il a livré la guerre,
> Et fait prise de ce glouton,
> Lequel disoit par son dicton
> Qu'à ce printemps (*bis*),
> Paris serait son élément.

> On l'amène dedans Paris,
> La chose est très certaine,
> Où il aura pour son logis
> La Bastille ou Vincenne,
> Semblablement trois généraux
> De l'armée des Impériaux.

Sans compter les drapeaux enlevés à l'ennemi et suspendus aux voûtes de Notre-Dame. C'était le cas de répéter plus que jamais :

> Voici le jour, peuple françois,
> Qu'il faut par excellence
> Remercier le Roi des rois
> Du bonheur de la France.

L'auteur de ce bonheur, après Dieu, ou tout au moins le génie modérateur de nos destinées, Richelieu, par un sort commun à tous les grands ministres, à Sully comme à Colbert, se voyait encensé et maudit tour à tour par ceux-là mêmes qui lui devaient une part de leur fortune et de leur repos. De son vivant, il est vrai, on n'osait guère s'attaquer à lui, bien que certaines pièces diffamatoires aient couru déjà sous le manteau contre le cardinal et sa nièce, Mme de Combalet, duchesse d'Aiguillon. Au lendemain de sa mort, les langues émancipées prirent leur revanche. Témoin cette épitaphe :

> Ci-gît le cardinal : je suis fâché, passant,
> Qu'au lieu de ce *ci-gît*, tu ne vois pas : *ci-pend*.

Et cette autre :

> Ci-gît le pacifique Armand,
> Dont l'esprit doux, juste et clément
> Ne fit jamais mal à personne.
> Il n'a garde d'être damné,
> S'il est vrai que Dieu lui pardonne
> De même qu'il a pardonné [1].

Michelet, qu'on ne saurait accuser d'indulgence à l'égard de Richelieu, auquel il reproche le siège de la Rochelle, l'a du moins justifié sur ce chapitre de la clémence, en disant : « Il ne pardonna guère. Mais il n'eût pardonné qu'aux dépens de la France. » L'historien équitable ajoute : « Il aimait fort ceux qu'il aimait, il n'oublia pas un bienfait [2], et il n'y eut pas un meilleur ami. Même à l'égard de ceux qu'il n'aimait pas, il essaya parfois de se dominer à

---

1. *Le Nouveau Siècle de Louis XIV en chansons.* — 2. Quoiqu'on l'ait accusé d'ingratitude envers la reine mère.

force de justice[1]. » A ce propos, Michelet rappelle que, tout en gardant rancune à l'auteur du *Cid*, il l'aida cependant à épouser la fille du lieutenant général des finances aux Andelys, dont le poète était amoureux. Corneille s'en souvenait encore, lorsqu'au milieu du déchaînement général contre cette mémoire si maltraitée, partagé lui-même entre la reconnaissance et le ressentiment, il s'écriait :

> Qu'on parle mal ou bien du fameux cardinal,
> Ma prose ni mes vers n'en diront jamais rien.
> Il m'a fait trop de bien pour en dire du mal,
> Il m'a fait trop de mal pour en dire du bien.

Quel qu'ait été l'acharnement des haines et des rancunes liguées contre lui, bien qu'on l'envoie aux enfers pour y régner en compagnie de Lucifer, de Pluton et de Proserpine, qu'il prend un moment pour sa nièce, les attaques dont il est l'objet ne font souvent que le grandir. On avoue du même coup le rôle immense qu'il a joué, non seulement en France, mais en Europe, dont il est devenu le moteur et l'arbitre :

> Ses plus ordinaires ébats,
> C'étoit de brouiller les États
> Et de porter partout la guerre.
> Il mit l'Espagne à la raison,
> Il sut étonner l'Angleterre,
> Et remit saint Pierre en prison.
>
> Les princes étoient ses sujets,
> Les rois redoutoient ses projets ;
> Il auroit ébranlé l'Empire,
> S'il avoit eu plus de santé ;
> Il forçoit Rome de l'inscrire
> Successeur de Sa Sainteté.
>
> Durant son règne de vingt ans,
> Il se moquoit des mécontents ;
> Les partis étoient morts en France.
> Il mit si bas ses ennemis,
> Que rien ne heurta sa puissance
> Que la Parque qui l'a soumis[2].

[1]. *Hist. de France*, t. XII. — [2]. *Le Nouveau Siècle de Louis XIV en chansons*.

Un pareil témoignage, venu d'un adversaire, n'est-il pas le plus bel éloge, sinon de l'homme qu'on déteste, au moins du politique qu'on admire malgré soi? « Il mourut tellement redouté, dit Montglat dans ses *Mémoires*, qu'on n'osait nulle part dire qu'il fût mort, même dans les pays étrangers. On aurait craint que par dépit, par un terrible effet de sa volonté, il ne s'avisât de revenir. »

Richelieu, malgré les oppositions secrètes et les intrigues qui l'entouraient, mourut dans la plénitude de sa gloire et de sa puissance, laissant après lui un successeur, Mazarin, pour continuer et achever son œuvre. Le traité de Westphalie est le couronnement de sa politique. C'est par là précisément qu'il s'est montré le guide et l'indicateur prévoyant du présent et de l'avenir. C'est lui qui a ouvert la porte et frayé la voie à la prodigieuse expansion de la France sous Louis XIV, et aussi, disons-le, aux ivresses et aux excès du pouvoir absolu.

Au-dessus de toutes ces criailleries et de ces médisances versifiées contre le cardinal, tandis que le peuple allumait des feux de joie pour fêter sa mort, un médiocre poète dont nous parlerons bientôt à propos de l'épopée nationale, Desmarets de Saint-Sorlin, l'auteur du *Clovis* et de la comédie des *Visionnaires*, trouvait des accents éloquents et indignés pour défendre cette grande mémoire contre l'ingratitude de ses contemporains. Lui, du moins, attaché à la personne et à la brigade littéraire du cardinal, payait sa dette de reconnaissance, en lui consacrant les meilleurs vers peut-être qu'il ait écrits.

Si tu pouvois, Armand, hors du plomb qui t'enserre,
Lever ton front auguste, et jeter sur ces lieux
De tes nobles regards l'éclair impérieux,
Plus craint que ceux du ciel, messagers du tonnerre,

Que tu ferais blêmir d'avortons de la terre,
Qui lancent contre toi des traits injurieux !
Que tu ferois rougir d'ingrats malicieux,
A qui tous les malheurs, sans toi, feroient la guerre !

Mais non, repose en paix : c'est le dernier effort
De l'envie abattue, et qui meurt par ta mort.
Ta mémoire brillante, en dépit de la rage,

> Et la France et l'Espagne à ces lâches esprits
> Peuvent de ta vertu dire le juste prix,
> L'une en pesant sa gloire, et l'autre son dommage.

Le jugement de Desmarets est resté celui de l'histoire.

Un autre amant infortuné de la Muse, un confrère de Desmarets dans ses mésaventures épiques, l'honnête et prosaïque Chapelain, par un coup de bonne fortune dont s'étonnait Boileau lui-même, parut s'élever au zénith de la poésie lyrique en consacrant une *Ode à Richelieu*. La strophe suivante en donnera l'idée :

> De quelqu'insupportable injure
> Que ton renom soit attaqué,
> Il ne saurait être offusqué ;
> Sa lumière en est toujours pure.
> Dans un paisible mouvement
> Tu t'élèves au firmament,
> Et laisses contre toi murmurer sur la terre.
> Ainsi le haut Olympe, à son pied sablonneux,
> Laisse fumer la foudre et gronder le tonnerre,
> Et garde son sommet tranquille et lumineux.

L'*Ode* de Chapelain eut l'honneur d'être analysée et commentée par l'Académie, ainsi que l'avait été celle de Malherbe sur le *Voyage en Limousin*. Elle fut un événement dans le monde des lettres.

II

Au joug de fer de Richelieu allait succéder d'abord le gouvernement moelleux et douceâtre de la régente Anne d'Autriche et de son favori Mazarin. Encore un Italien comme Concini, et comme lui suspect à la nation, malgré ses caresses félines et la modestie apparente de ses débuts. Saint-Évremond, qui faisait alors partie de la cour, rappelait plus tard à Ninon de Lenclos cet instant d'accalmie et de détente, où tout le monde respirait à l'aise, où l'on se laissait vivre sans trop s'inquiéter du lendemain.

> J'ai vu le temps de la bonne régence,
> Temps où la ville aussi bien que la cour
> Ne respiraient que les jeux et l'amour.
> Une politique indulgente

> De notre nature innocente
> Favorisait tous les désirs :
> Tout goût paraissait légitime,
> La douce erreur ne s'appelait point crime,
> Les vices délicats se nommaient des plaisirs.

De cet heureux temps Saint-Évremond n'a vu que le côté brillant et frivole : il est de la classe de ceux qui n'ont qu'à jouir, et n'a probablement jamais assisté aux sermons de ce bon M. Vincent de Paul, racontant les horribles misères du peuple à l'époque de la Fronde. Le volume de M. Feillet[1] nous apprend ce qu'était le temps de la bonne régence, si regretté de Saint-Évremond. Bon temps pour lui, sans doute, où il pouvait rapporter de sa campagne de Guyenne quarante mille livres, dont il eut grand besoin, quand vint l'heure de la disgrâce et de l'exil.

C'est au milieu de cette société folle, rieuse, égoïste, amoureuse de plaisirs avant tout, qu'il va prendre ses premières leçons de scepticisme, de morale facile et de gaie science. Qu'on se figure Saint-Évremond à vingt ans, avec ses yeux bleus, vifs et pleins de feu, sa physionomie ouverte, son humeur enjouée, son fin sourire, ses saillies éclatant comme un feu d'artifice au milieu des conversations et des joyeux banquets. En même temps qu'il brille par l'esprit, il est le premier à la salle d'armes. On se souviendra longtemps de la botte de Saint-Évremond. Le duc d'Enghien se l'attacha comme lieutenant, heureux de trouver en lui une épée, une parole et une plume, trois choses dont il faisait grand cas. Le jeune officier l'accompagnait à Rocroy, à Fribourg, à Nordlingue, où il fut blessé, et faillit perdre une jambe, ce qui eût nui à sa double réputation de prévôt d'armes et de danseur. Il avait partagé alors les émotions et les ivresses du triomphe, qu'il se plaît à rappeler dans cette *Épître à Ninon*[2] :

> Un jeune duc, qui tenait la victoire
> Comme une esclave attachée à son char,
> Par sa valeur, par l'éclat de sa gloire,
> Fit oublier Alexandre et César.

1. *La Misère au temps de la Fronde.* — 2. Écrite en 1679.

> Que ne mouroit alors Son Éminence
> Pour son bonheur et pour notre repos !
> Elle eût fini ses beaux jours à propos,
> Laissant un nom toujours cher à la France.

Mazarin affectait, au début, une grande simplicité dans son train et beaucoup d'affabilité dans ses manières. Mais la question d'argent gâta tout. Quand il s'agit de suffire aux frais de la guerre et aux profusions de la cour, il fallut recourir aux impôts, source d'impopularité. Les financiers italiens s'étaient fait de longue date une réputation dans l'art de tondre les contribuables. Le lendemain de la mort de Louis XIII, un chansonnier du temps aux gages du duc d'Orléans, Blot, *ce réprouvé malicieux*, que nous retrouverons bientôt parmi les plus actifs rimeurs et brocardeurs de la Fronde, exprimait ses craintes à ce sujet :

> On va disant que la reine est si bonne
> Qu'elle ne veut faire mal à personne ;
>   Mais
>   Si l'étranger en ordonne,
>   Ce sera pis que jamais !

Toute une génération de *poetæ minores* pullule autour de la cour, décochant ses traits sur les faits et les personnages du temps. On s'en tient d'abord au badinage. Le maître du genre, le roi de ces myrmidons littéraires par la taille et par l'esprit, est ce gentil Voiture, l'oracle de l'Hôtel de Rambouillet, *el re Chiquito* comme l'appelle Julie d'Angennes, l'émule et le rival du nain Godeau, le galant évêque de Vence. Ce fils de bourgeois, qui s'affuble de la particule et de l'épée, sans tomber dans le ridicule, fêté, choyé par la meilleure compagnie, est un homme du monde et un bel esprit avant tout. Prosateur et poète de fantaisie, alliant la préciosité de Marini au badinage de Marot, il ressuscite, avec ses amis les comtes de Guiche et de Saint-Aignan, le style gaulois tombé en désuétude. Par la liberté dont il use dans ses rimes et dans la mesure du vers, il revient aux vieilles franchises qu'avait proscrites Malherbe. Du reste, se souciant peu de la gloire d'écrivain, il ne publia rien de son vivant. « Vous verrez, disait-il à Mme de Rambouillet, qu'il y aura quelque jour d'assez sottes gens pour aller chercher çà et là ce que j'ai fait, et après, le faire imprimer : cela me fait venir quelque envie de le corriger. » Le sot annoncé se trouva : ce fut son neveu Pinchêne, qui eut le tort de joindre ses propres œuvres à celles de son oncle, et s'attira les coups mortels de Boileau.

Bien qu'il ait joui d'une de ces gloires viagères destinées à périr avec l'auteur, Voiture n'en a pas moins recueilli le bénéfice d'une fortune littéraire inespérée, même après sa mort. Boileau, volontiers si dur, lui fait l'honneur de le placer à côté d'Horace, un jour qu'il avait besoin de trouver une rime à l'*abbé de Pure*. La Fontaine avoue qu'il a profité dans Voiture. Victor Cousin, le philosophe épris des belles dames et des beaux esprits du xviie siècle, attribue à Voiture le mérite d'avoir inventé la *littérature de société*. Mais, il faut bien le dire, cette littérature a grande chance de ressembler à la physique amusante des salons, où un Robert Houdin éclipse aisément un Ampère et un Faraday. Voiture y aura plus de succès qu'un Corneille et un Descartes.

Homme d'impromptus et d'à-propos, touche-à-tout universel, il mêle aux plus graves événements, aux plus sérieuses questions du temps, les commérages spirituels de l'Hôtel de Rambouillet et les petites histoires scandaleuses de la société galante. C'est ainsi qu'il envoie à M. de Montausier, nommé gouverneur d'Alsace, la chronique du jour assaisonnée de faits-divers :

> Adieu, monsieur, et pour nouvelles,
> On dit que les Tuileries sont belles.
> Monsieur [1] prend le chemin de Tours,
> Nous aurons tantôt les courts jours.
> Jamais on ne vit tant d'aveines,
> De foin les granges sont pleines ;
> . . . .
> L'on prendra bientôt Saint-Omer,
> L'on met trente vaisseaux en mer,
> Nos canes ont fait sept canettes,
> Dieu les préserve des belettes !
> Weimar [2] demande du renfort,
> Le corbeau de Voiture est mort.

1. Gaston d'Orléans, frère du roi. — 2. Bernard de Saxe-Weimar, allié de la France.

L'enlèvement de Mlle de Montmorency-Bouteville par Coligny d'Andelot tient autant de place, dans sa correspondance et dans ses vers, que le récit des campagnes de Condé. Pourtant, on doit le reconnaître, cet épistolier badin, tournant tout en plaisanterie, a le sentiment de l'honneur national. Sa lettre apologétique à la gloire de Richelieu, après la reprise de Corbie sur les Espagnols, est l'œuvre non seulement d'un bel esprit, mais d'un bon Français. Peut-être est-ce la seule page vraiment éloquente qu'il ait écrite. Rappelant les services rendus à la France par le cardinal, et parlant de ceux qui les entendront raconter deux cents ans plus tard, il ajoute : « S'ils ont quelques gouttes de sang français dans les veines et quelque amour pour la gloire de leur pays, pourront-ils lire ces choses sans s'affectionner à lui ? » L'auteur, après avoir brûlé ce grain d'encens délicat aux pieds du ministre, ose y joindre un avis, et fait briller à ses yeux ce doux appât de la popularité, que Richelieu a peu goûtée. « Il connaîtra combien il est plus doux d'entendre ses louanges dans la bouche du peuple que dans celle des poètes[1]. »

Mais c'est de l'épître en vers, surtout, qu'il convient de parler ici. Parmi ces pièces, la plus remarquable, la seule vraiment philosophique, est celle qu'il adresse à M. le Prince[2], pour son retour d'Allemagne en 1645, et sur la fièvre qui l'avait saisi à la fin de cette campagne, mettant ses jours en danger. Voiture récita cette pièce à Chantilly, où M. le Prince et sa suite étaient à courir la bague, comme on le voit par ce passage de *la Pompe de Voiture*, œuvre de Sarasin :

« Comment Velturius composa maints lays, et en dernier le *Lay de la Fièvre*, qu'il harpa au tournoi des neuf preux, en présence de Germanicus (surnom donné au prince vainqueur de l'Allemagne) : et comme après avoir ramentu (rappelé) les hauts faits de Germanicus, les neuf preux l'assirent au dernier siège, surnommé par Merlin le siège *d'accomplissement de chevalerie.* »

    Soyez, seigneur, bien revenu
      De tous vos combats d'Allemagne,

---

1. *Lettres de Voiture*, 24 novembre 1636. — 2. Le duc d'Enghien, par la mort de son père, était devenu prince de Condé.

    Et du mal qui vous a tenu
    Sur la fin de cette campagne.

Petite homélie moitié gaie, moitié sérieuse, empreinte d'une douce philosophie épicurienne, renouvelant à sa façon les paroles de l'Ecclésiaste : *Vanitas vanitatum*. Voiture va se rencontrer avec Malherbe et Bossuet sur ces pensées de mort, de gloire, de néant : éternels lieux communs que l'éloquence et la poésie ont le don de rajeunir. Cette épître a pour contraste ou pendant naturel l'oraison funèbre de Condé prononcée à Notre-Dame, quarante et un ans plus tard.

Dès le début, les deux œuvres offrent un point commun : la comparaison des deux morts auxquelles le Prince s'est vu exposé tour à tour : celle du guerrier sur le champ de bataille et celle du malade dans son lit.

    La mort qui, dans les champs de Mars,
    Parmi les cris et les alarmes,
    Le bruit et la fureur des armes,
    Vous parut avoir quelques charmes,
    Et vous sembla belle autrefois
    A cheval et sous le harnois :
    N'a-t-elle pas une autre mine,
    Lorsqu'à pas lents elle chemine
    Vers un malade qui languit ?
    Et semble-t-elle pas bien laide,
    Quand elle vient tremblante et froide
    Prendre un homme dedans son lit ?
    . . . .
    Tout cet appareil des mourants,
    Un confesseur qui vous exhorte,
    Un ami qui se déconforte,
    Des valets tristes et pleurants,
    Nous font voir la mort plus horrible :
    Et crois qu'elle était moins terrible
    Et marchant avec moins d'effroi,
    Quand vous la vîtes aux montagnes
    De Fribourg, et dans les campagnes
    Ou de Nordlingue ou de Rocroy.

Bossuet dira plus tard : « Et la mort ne lui parut pas plus affreuse, pâle et languissante, que lorsqu'elle se présente au milieu du feu, sous l'éclat de la victoire qu'elle montre seule ». Le poète et l'orateur sacré se placent, il est vrai, à un point de vue différent. L'un parle en joyeux compagnon, qui goûte le charme et le prix de la vie : l'autre en chrétien austère, qui fait sortir de la mort une espérance et une leçon. Tous deux s'accordent à reconnaître le néant de la gloire, de la puissance, de la fortune, l'abandon et l'oubli qu'apporte la mort après elle :

> Au delà des bords du Cocyte
> Il n'est plus parlé de mérite,
> Ni de vaillance ni de sang :
> L'ombre d'Achille ou de Thersite,
> La plus grande et la plus petite
>   Vont toutes au même rang.

Seulement Voiture badine et folâtre, tout en agitant ces graves pensées. Ainsi la belle strophe de Malherbe sur la mort : *On a beau la prier*, etc., se retrouve ici en menue monnaie :

> Depuis, on a beau la prier,
> Beau se plaindre, hurler et crier,
> Blâmer la rigueur de ses armes,
> Tout ce bruit n'est point entendu.
> Par nos plaintes et par nos larmes,
> Par nos cris et par nos vacarmes,
> On ne voit rien qu'elle ait rendu.

Un peu plus loin, Voiture devance, s'il n'inspire point notre Alfred de Musset :

> Et la gloire et la renommée
> Ne sont que songe et que fumée,
> Et ne vont point jusques aux morts.

Musset dira :

> Tout s'en va comme la fumée,
> Et la gloire et la renommée,
> Et moi qui vous ai tant aimée,
> Et toi qui ne t'en souviens plus.

Cette fin est bien supérieure comme sentiment.

Lié d'amitié avec Condé, l'Évêque de Meaux connaissait

sans doute la pièce de Voiture qui avait eu jadis un grand succès. Mais quelle distance pour les idées et pour la forme! Combien le puissant orateur est plus lyrique et plus vraiment poète, dans sa prose, que le galant rimeur dans ses vers.

« Ces paroles, que le temps emporte avec tout le reste, ces statues qui pleurent autour d'un tombeau, ces colonnes qui portent jusqu'au ciel le magnifique témoignage de notre néant », ont une autre allure et une autre portée que les pointes spirituelles d'un amuseur, arrivant à cette conclusion peu héroïque :

« Aimez, Seigneur, aimez à vivre ! »

C'est le résumé de sa doctrine, et le précepte qu'il a pratiqué lui-même tant qu'il a pu.

III

A la suite de Voiture et sur ses pas, s'avance un autre bel esprit, son émule et son héritier, le directeur folâtre de ses funérailles, mêlé comme lui à la grande et à la petite histoire du temps : nous avons nommé déjà Sarasin.

Sarasin remplit à Chantilly le même office que Voiture à l'Hôtel de Rambouillet. C'est lui qui tient la plume pour Mlle de Bourbon et pour son frère le duc d'Enghien, fournissant au besoin les rimes, et mettant au net les saillies, les impromptus et les bons mots qui échappent à ses illustres protecteurs. Dans cette domesticité dorée, il faut avouer pourtant qu'il n'a pas su se faire la même place que Voiture. Ce dernier est plus fier, plus ombrageux, plus jaloux de son indépendance et de sa dignité : un vrai gentilhomme de lettres, bien qu'il répudie le titre d'écrivassier. Chez Sarasin, il y a du page, du laquais, du parasite et du bouffon. On comprend qu'il ait pu mourir d'un coup de pincettes donné par son maître : Voiture serait plutôt mort d'un coup d'épée, fût-ce comme Vatel, s'il n'eût encore mieux aimé à vivre.

Secrétaire du prince de Conti, Sarasin est tour à tour le

confident et le plastron des grands seigneurs, traité par eux un jour en ami, le lendemain en valet : écrivain tantôt plaisant, tantôt sérieux, mêlant dans ses accords poétiques la flûte, la lyre et le mirliton : ce qu'on peut trouver de plus prodigieux en lui, c'est la souplesse et la flexibilité de l'échine et du talent.

Quand Mme de Longueville lui disait : « Sarasin, prêchez « comme un cordelier! » il prêchait comme un cordelier; « prêchez comme un capucin! » il prêchait comme un capucin. S'il y avait eu de son temps un Père Bourdaloue, et que Mme de Longueville lui eût dit : « Prêchez comme Bourdaloue, il aurait prêché de même[1]. » Singe malin et spirituel à l'instar des valets de comédie, il se trouve naturellement mêlé aux intrigues et aux aventures galantes et politiques de ses maîtres. Il eut sa part dans la Fronde.

Un jour, à titre de poète officiel de la maison de Condé il s'avisera de quitter la guitare de Voiture pour prendre la lyre de Malherbe et de Chapelain, qu'il associe dans une commune admiration. Il s'agissait de chanter la victoire de Lens. C'est encore dans le cadre d'une lettre, tant soit peu badine et gaillarde, qu'il va insérer ce court essor de poésie lyrique. Cette lettre est en même temps un petit morceau d'histoire et de critique littéraire. L'auteur a rencontré Calliope à Saint-Cloud, dans les jardins de Gondy, où les Muses se sont réfugiées depuis que la barbarie les a chassées de Grèce, et le galimatias d'Italie. La conversation s'engage sur l'insolence du *Burlesque*, qui empêche Apollon de venir en France; sur les difficultés du genre épique parmi les modernes moins heureux qu'Homère, qui avait le droit de comparer un héros à un âne dans un champ de blé vert, etc. A ce sujet, l'auteur rappelle les mésaventures de Ronsard, le ci-devant prince des poètes, ses vieilles *singeries homériques*, son aigle *foudrier*, ses hérauts *claire-voix* et son soleil *perruqué de lumière* : petites malices et petite vengeance d'un marotiste contre les ronsardisants, qui n'avaient pas tous disparu depuis Malherbe. Calliope ordonne au poète d'écrire sous sa dictée l'*Ode sur*

---

1. Segrais, *Mémoires et anecdotes*.

la bataille de Lens, et s'adressant à la Renommée lui dit :

> Quitte promptement l'armée
> De l'invincible Condé,
> Glorieuse Renommée,
> Qui l'as toujours secondé.

Ce début se retrouvera plus tard, en partie, dans une *Ode* célèbre de Pierre Le Brun *sur la bataille d'Austerlitz* :

> Suspens ici ton vol : d'où viens-tu, Renommée ?

L'œuvre appartient au genre décoratif autant que lyrique, mêlant les images et les souvenirs mythologiques aux noms et aux personnages de l'histoire ancienne et moderne. Il y est question des Turcs, de Cérès, de Vulcain, de Bellone, de Mars, de l'archiduc d'Autriche Léopold, de Condé son vainqueur, de César, d'Alexandre, bizarre assemblage analogue à ce que nous avons déjà vu chez Malherbe. Une strophe sur le cheval du héros est restée fameuse, et fait songer à celui de Prim dans le tableau de Henri Regnault :

> Il monte un cheval superbe,
> Qui, furieux aux combats,
> Fait à peine courber l'herbe
> Sous la trace de ses pas.
> Son regard semble farouche,
> L'écume sort de sa bouche ;
> Prêt au moindre mouvement,
> Il frappe du pied la terre,
> Et semble appeler la guerre
> Par son fier hennissement.

La pièce se déroule en vers sonores et descriptifs, dans le goût des peintures emblématiques du temps. C'est un peu le rococo magnifique associé aux gentillesses du bel esprit, le style troubadour visant au sublime. Après avoir terrassé Léopold, ce nouveau Turnus,

> De son armure étoffée
> D'or et de pierres de prix,
> Mon Prince dresse un trophée
> Au fier amant de Cypris.

> A l'entour sont entassées
> Les dépouilles amassées,
> Les harnois, les étendards,
> Les tambours, les banderoles ;
> Et l'on y lit ces paroles :
> « Condé les consacre à Mars. »

Nul doute que Condé ne fût enchanté de ce morceau, et ne le portât, comme l'*Ode* de Chapelain, sur son cœur. Il est si flatteur de se voir divinisé.

Une douce mélodie succède aux sons aigus de la trompette, et c'est ainsi que s'assoupit, vers la fin, cette explosion lyrique, aux accords de la flûte pastorale et du hautbois :

> C'est assez ; Vesper s'avance,
> Il faut quitter nos chansons :
> Le vent qui rompt le silence
> Murmure dans ces buissons.
> Le soleil tombe sous l'onde,
> La nuit va couvrir le monde ;
> Et sur la terre et les flots,
> Le Sommeil, ouvrant ses ailes,
> Épand les moissons nouvelles
> De ses humides pavots.

De toutes les œuvres de Sarasin, celle-ci est la plus connue et sans contredit la plus brillante. Elle justifie la théorie de Gœthe sur les pièces de circonstance, et les effets que le poète peut tirer de la réalité.

IV

A ce nom de Sarasin faut-il ajouter ceux de Segrais, de Benserade et autres pourvoyeurs de la Muse légère et parasite, qui voltige et butine autour des faits et des personnages contemporains ? Segrais est ainsi que Sarasin un écrivain de bonne maison, prosateur et poète, attaché, comme secrétaire ou officier de plume, à Mlle de Montpensier, la Grande Mademoiselle, la reine des Amazones, bottée et empanachée, qu'il ne craint pas de comparer à Jeanne d'Arc.

> Que si tu veux mêler dans les affreux combats
> La fameuse Pucelle ensanglantant son bras,

Pour marquer son courage et sa vaillante adresse,
Emprunte la fierté de ma Grande Princesse.

Celle-ci se flattait de ressembler à la vierge héroïque par la chasteté, la bravoure et sa haine contre les Anglais, qui lui fit refuser la main de Charles II et sacrifier une couronne, si longtemps et si vainement rêvée en France. Il y a là du moins une petite pointe de patriotisme et de fierté, qui a bien son prix.

Par lui-même, Segrais est un bon, candide, honnête et fin Normand, un enfant de la nature tombé au milieu d'un monde de beaux esprits, de coquettes et de précieuses, et ayant su prendre, avec une merveilleuse souplesse, l'air et le ton de la maison. On peut dire de lui qu'il a été gâté par la bonne société. Disciple de Virgile et de Racan, il n'est malheureusement pas resté sur les bords de l'Orne, à l'ombre des hêtres et des pommiers normands, comme Jean Lehoux et Vauquelin de la Fresnaye. Il est venu se promener sur les rives du Lignon avec Astrée, il a lu *le Grand Cyrus*, et appris par cœur la *Carte de Tendre* : il a vécu chez *la Princesse de Paphlagonie*, en compagnie des bergers et bergères du meilleur ton. Néanmoins il garde toujours au fond du cœur l'amour du sol natal, qui est une part du patriotisme. Tout jeune, de même que Virgile, Segrais a vu le manoir paternel envahi, non par les centurions d'un autre Octave, mais par les créanciers de son père, gentilhomme dépensier et besogneux, qui lui a légué en héritage des dettes à payer et cinq frères ou sœurs à nourrir. Ce jour du départ a laissé dans son âme une douloureuse émotion. Il a redit, lui aussi, le

Nos patriae fines, et dulcia linquimus arva.
Jeune encore, laissant le séjour de mes pères,
Pasteurs depuis longtemps connus à ces fougères
Pour avoir possédé tant de nombreux troupeaux,
Et cultivé des champs si féconds et si beaux.

Sa chère Normandie est toujours présente à sa mémoire. Il se promet d'y revenir un jour, après l'avoir ennoblie et illustrée par ses écrits :

L'Orne délicieuse arrose un saint bocage,
Que Malherbe autrefois, sur ce plaisant rivage,

> Planta de ses lauriers sur le Pinde cueillis,
> Et dont est ombragé tout l'empire des lis.
> Et moi, si je reviens de la longue carrière
> Où l'ardeur de quitter la terrestre poussière
> Emporte malgré moi mon vol audacieux,
> Sur les illustres pas qui conduisent aux cieux ;
> Si j'aborde jamais la plage réclamée,
> Courbé sous le doux faix des rameaux d'Idumée,
> Je les destine encore à ce charmant séjour,
> Ma célèbre patrie et mon premier amour.

L'Orne, le Pinde, l'Idumée se brouillent ici un peu confusément. Mais l'émotion n'en est pas moins sincère. Segrais tint parole. Après avoir hanté les cours, les palais et les ruelles, il revint à Caen, où il trouva, avec un heureux mariage, la fortune, l'indépendance et la renommée. Ce fut là qu'il finit ses jours dans les douces joies de l'étude et de la poésie, restaurant les *Palinods*, sorte de Jeux Floraux normands, et présidant l'Académie de Caen, qui s'appelait aussi l'Académie de M. de Segrais.

Dans son patriotisme littéraire, il rappelle à la Grèce, à l'Italie, si fières de leurs chefs-d'œuvre, que la France, elle aussi, peut enfanter des poètes :

> Apprenez que les dieux, nous aimant comme vous,
> Ont aussi quelquefois habité parmi nous.

Admirateur passionné de Malherbe, il a tenté de s'élever sur sa trace à la dignité du genre lyrique. C'est ainsi qu'il compose en 1646 une *Ode sur les Victoires du duc d'Enghien*, dédiée à M. Chapelain, le grand oracle de la critique et du Parnasse à cette époque :

> Fameux Virgile de la France,
> . . . .
> Chapelain, trouve bon que ma faible musette,
>   Sortie à peine des déserts,
> Interrompe le bruit de ta haute trompette,
> Pour te faire écouter mes rustiques concerts.

La trompette de Chapelain ! cela nous fait sourire aujourd'hui ; mais tout le monde y croyait alors sur la foi de *la Pucelle* à venir, et sous l'impression de la fameuse *Ode à Richelieu*.

ÉGLOGUE SUR LA PAIX DES PYRÉNÉES.

Le poète se bat les flancs pour s'animer au souffle du maître qu'il invoque comme un génie inspirateur :

> Applaudis à ma jeune audace,
> Inimitable Chapelain,
> Guide mes pas, conduis ma main,
> Élève-moi sur le Parnasse.

Rappelant les défaites multiples des ennemis terrassés par le bras d'un héros, il s'écrie :

> Par qui voit-on nos villes pleines
> De leurs escadrons mutilés,
> Et leurs régiments dépeuplés
> De leurs plus sages capitaines,
> La délivrance des Germains [1],
> La Flandre sous le joug, l'Artois entre nos mains,
> Si loin de tous côtés la frontière étendue,
> L'assurance de nos États,
> L'Autriche épouvantée et l'Espagne éperdue,
> Que par autant d'effets de ces fameux combats?

Cette dernière strophe se développe avec une certaine ampleur. Mais, si souple que soit le talent de Segrais, l'ode n'est point son vrai domaine. La Muse de la pastorale est venue le tenter de bonne heure, alors qu'il se promenait sur les bords de l'Orne, ainsi que Virgile sur ceux du Mincio. A l'églogue amoureuse, sa première passion, il joindra plus tard l'églogue politique pour célébrer *la Paix des Pyrénées*.

Entraîné malgré lui dans les équipées de la Fronde, associé aux folies et à l'exil de la duchesse de Montpensier, il n'en salue pas moins avec joie le retour de la paix et le rétablissement de l'autorité légitime. Comme le Tityre de Mantoue, il entonne l'hymne de la reconnaissance, en mêlant aux chants de fête de ses bergers l'éloge de la reine-mère, du jeune roi Louis XIV et du premier ministre. Eurilas s'adresse à Acante, le berger-poète, c'est-à-dire à Segrais lui-même :

> Dis-moi qui tout d'un coup a su tarir nos pleurs,
> . . . .
> Et sous les verts ormeaux, sur les vertes fougères,
> Ramener le concert de nos jeunes bergères?

---

[1] La Confédération germanique.

ACANTE.

> La mère du berger dont les grands pâturages
> De l'une à l'autre mer bordent ces longs rivages,
> Anne a fait ce miracle : elle a fléchi les dieux
> Par les dévots soupirs d'un cœur humble et pieux.

En même temps, il vante le génie du grand ministre, qui a dissipé les orages et ramené la paix, sans être obligé de l'acheter par de sanglants sacrifices.

> Il offre seulement avec le pur encens
> Nos odorantes fleurs, nos rustiques présents ;
> Son âme heureuse et douce, et ses mains innocentes
> Du sang de nos agneaux furent mêmes exemptes.

Ce triomphe pacifique succédant aux violences et aux massacres de l'Hôtel de Ville était en effet un honneur pour Mazarin. La Muse se relevait elle-même, en félicitant le ministre de sa douceur et de sa modération. Honnête homme et bon citoyen, Segrais compatit sincèrement aux douleurs de sa patrie. Malgré l'influence du genre précieux qui l'entoure et le domine parfois, Eurilas peut lui dire en le séparant des raffinés et des petits-maîtres qui s'évertuent à rimer :

> Leurs vers sont de l'esprit, et les tiens sont du cœur[1].

Une idée qu'André Chénier reprendra plus tard :

> L'art ne fait que des vers, le cœur seul est poète.

La droiture et la franchise de Segrais le brouillèrent un jour avec son altière protectrice, Mlle de Montpensier, lorsqu'il se permit de blâmer la folle passion de la princesse pour Lauzun. Il passa du service de Mademoiselle à celui de Mme de la Fayette, dont l'humeur, la vie et les goûts s'accordaient mieux avec les siens. *Zaïde* et la *Princesse de Clèves* devaient être d'une société plus agréable que la *Princesse de Paphlagonie*.

---

1. *Églogue sur la Paix.*

V

Parmi les beaux esprits à la mode plus ou moins mêlés aux événements du jour, signalons encore un Normand comme Segrais, Benserade, le poète favori des ruelles, le fournisseur attitré des ballets royaux. Imagier et enlumineur des fêtes officielles, il a le don et la spécialité des à-propos, de ce petit art frivole et courtisanesque, qui excelle à renfermer dans un rondeau, un madrigal ou un sonnet un compliment, un récit ou un portrait. On connaît la grande bataille des Sonnets, la querelle des *Uranistes* et des *Jobelins*, où il eut l'honneur de balancer la gloire de Voiture, ce roi du Lilliput poétique. Sa petite maison de Gentilly était tapissée d'inscriptions, dont Voltaire regrettait la perte.

Grâce à sa longue existence (1612-1691), Benserade put assister au magnifique développement de la monarchie absolue dans toute sa splendeur : il put entrevoir aussi les premiers nuages qui se formaient à l'horizon avec la ligue d'Augsbourg. Mais il mourut assez à temps pour n'avoir rien à déplorer. Il resta avant tout le chantre du monde où l'on s'amuse, où tout sourit; le porte-encens ingénieux et empressé de Richelieu, de Louis XIII, de Mazarin et de Louis XIV, sa dernière et suprême idole. Équilibriste consommé, ayant à ménager la faveur des rois, des ministres et des princes, dont il est le protégé ou le pensionnaire, il traverse les troubles de la Fronde en se tirant du guêpier, et trouve moyen de dire son mot sans trop se compromettre. Au lendemain de la paix de Rueil, parmi tant de mécontents, il porte, sur le retour de Mazarin un jugement impartial et sage, qu'on était loin d'attendre d'un esprit si frivole et si léger. La pièce est moins un compliment qu'une vérité galamment tournée, et vaut mieux que tous les éloges dont il est si souvent prodigue.

> Soyez bien revenu, monsieur le cardinal,
> Vous à qui tant de gens souhaitent tant de mal ;
> Vous arrivez ici malgré toute la Fronde ;
> Aussi vous fallut-il de bonne heure accourir,
> D'autant plus volontiers que la plupart du monde
> Ne se disposait guère à vous aller quérir.

> Enfin vous revenez! et ce peuple s'en plaint.
> Mais sait-il ce qu'il veut? Mais sait-il ce qu'il craint?
> Lui qui croit aisément ce qu'on lui persuade,
> C'est sans raison qu'il craint et sans raison qu'il hait.
> Le médecin ordonne en dépit du malade;
> Vous sauverez la France en dépit qu'elle en ait.

Mais la médecine semblait amère, venant d'un étranger, surtout d'un Italien : aussi la France s'obstinait-elle à la rejeter.

Quand s'ouvrent les grandes fêtes de la cour à l'occasion du mariage de Louis XIV, Benserade est le principal ordonnateur des ballets, où figure le roi en costume de courtisan avec son frère le duc d'Orléans habillé en fille : petit trait de la politique de Mazarin qui, en virilisant l'aîné, avait voulu efféminer le cadet, et favoriser le goût de Monsieur pour les parures et les ajustements d'un autre sexe. C'est encore dans un ballet où le roi parut sous les traits d'un berger, que Benserade annonce et vante le gouvernement personnel de Louis XIV, après la mort de Mazarin (1661).

> Voici la gloire et la fleur du hameau!
> Nul n'a la tête aussi belle et mieux faite,
> Nul ne fait mieux redouter sa houlette,
> Nul ne sait mieux comme on guide un troupeau.

Benserade contribue pour une large part à cette apothéose du souverain personnifié dans l'emblème mythologique accompagné de cette devise *Nec pluribus impar*. Il en donne un commentaire érudit et galant à la fois :

> Soleil, de qui la gloire accompagne le cours,
> . . . .
> Vous marchez d'un grand air sur la tête des rois.

Béranger dira plus tard avec plus de raison et de véritable poésie, en parlant de Napoléon Ier :

> Et de ses pieds on peut voir la poussière
> Empreinte encor sur le bandeau des rois.

Revenant aux souvenirs mythologiques assaisonnés d'hyperboles louangeuses, il ajoute :

> Je doute qu'on le prenne avec vous sur le ton
> De Daphné ou de Phaéton :

> Lui trop ambitieux, elle trop inhumaine.
> Il n'est point là de piège où vous puissiez donner :
> Le moyen de s'imaginer
> Qu'une femme vous fuie, ou qu'un homme vous mène !

L'idolâtrie monarchique a remplacé chez Benserade le sentiment patriotique et national. Telle est la révolution qui s'opère alors dans beaucoup d'esprits, et qui paraît justifier le mot fameux : *l'État, c'est moi!* Formule égoïste et dangereuse, où la *monade* royale finit par tout absorber et tout sacrifier à son bon plaisir. Mais laissons là ces flagorneries spirituelles et alambiquées pour écouter d'autres accords.

VI

Tandis que la mince tribu des *poetæ minores* fredonnait et gazouillait, telle qu'une bande d'oiseaux babillards, autour de l'histoire contemporaine, un grand poète, Pierre Corneille, ramenait sur notre théâtre les échos de la Muse héroïque et les mâles accents des anciens preux. Avec *le Cid, Horace, Cinna, Don Sanche, Nicomède*, il éveillait ces grands sentiments et ces nobles idées de devoir, de patrie, de liberté, de fierté nationale, qui élèvent et ravissent les âmes. Par là, il reprenait et continuait d'une façon supérieure, avec l'autorité et le prestige du génie, l'œuvre des Ronsard, des D'Aubigné, des Malherbe, ces glorieux représentants de l'honneur et de l'esprit français. On a pu regretter qu'entraîné par un double courant gréco-latin et espagnol, il n'ait pas de préférence adopté des sujets et des héros tirés de nos propres annales, comme l'avaient fait jadis Ennius et Pacuvius chez les Romains :

> . . . . *Exemplaria Græca*
> *Ausi deserere et celebrare domestica facta*[1],

comme le faisaient Lope de Vega et Shakespeare, taillant si hardiment leurs drames dans le romancero ou dans l'histoire populaire.

---

1. Horace. *Art poétique.*

Mais il faut reconnaître aussi que ces œuvres rétrospectives, bien qu'empruntées à l'antiquité ou à l'Espagne, n'en ont pas moins un cachet français et humain tout à la fois, qui en fait un enseignement plus général peut-être, à l'usage de tous les temps et de tous les peuples. Quand le jeune Horace s'écrie :

> Mourir pour le pays est un si digne sort
> Qu'on brigueroit en foule une si belle mort.

Quand Sabine reprend de son côté :

> Albe, où j'ai commencé de respirer le jour,
> Albe, mon cher pays et mon premier amour,
> Lorsqu'entre nous et toi je vois la guerre ouverte,
> Je crains notre victoire autant que notre perte !

Ne traduisent-ils pas les sentiments de l'humanité, l'idée de patrie, sous la forme la plus universelle, la plus délicate et la plus élevée. Que la scène se passe à Rome, peu importe. Elle n'en est pas moins à l'adresse des spectateurs français, et nous n'hésitons point à inscrire Corneille à la tête de nos poètes nationaux et patriotes.

D'ailleurs, sans y apporter le même souffle et la même grandeur, il est vrai, n'a-t-il pas, lui aussi, payé son tribut à l'actualité, aux poésies de circonstance. Sa réputation même l'exposait sur ce point à des instances parfois embarrassantes. C'est ainsi qu'il recevait du jeune monarque Louis XIV (14 octobre 1645) une lettre flatteuse, l'invitant à composer des inscriptions en vers pour un volume d'estampes publié sous le titre de *Triomphes de Louis le Juste, treizième du nom, roi de France et de Navarre*. Un tel vœu devenait un ordre plus facile à donner qu'à exécuter. Louis XIV ou son ministre pensait à coup sûr faire grand honneur au poète, en l'associant ainsi à la gloire du souverain :

« Monsieur de Corneille, lui disait-il, comme je n'ai point de vie plus illustre à imiter que celle du feu roi, mon très honoré seigneur et père, je n'ai point aussi de plus grand désir que de voir en un abrégé ses glorieuses actions dignement représentées, ni un plus grand soin que d'y faire travailler promptement ; et comme j'ai cru que, pour rendre cet ouvrage parfait, je devois vous en laisser l'expression, et à Valdor[1] les dessins... je juge, par ce que vous avez accoutumé de faire, que vous réussirez en cette entreprise et que, pour éterniser la mémoire de votre roi, vous prendrez plaisir d'éterniser le zèle que vous avez pour sa gloire. »

Qu'on se figure ici l'auteur du *Cid* et de *Cinna* appelé à composer des vers de cartouches et de mirlitons, en rimeur vulgaire, au service d'un dessinateur en renom. Un Voiture, un Sarasin, un Benserade s'en seraient tirés plus aisément, sans doute, que ce libre génie enfermé dans l'étroite enceinte d'un quatrain ou d'un sizain. Toute la vie de Louis XIII se trouve ainsi résumée dans quelques vers médiocres, où Corneille lui-même finit par tomber dans le bel esprit. Tel est ce sizain sur la *Déroute du Pont-de-Cé*.

> Que sert de disputer le passage de Loire ?
> Le sang sur la Discorde emporte la victoire :
> Notre mauvais destin cède à son doux effort,
> Et les canons, quittant leurs usages farouches,
> Ne servent plus ici que d'éclatantes bouches
> Pour rendre grâce au ciel de cet heureux accord.

Le pardon octroyé à la Rochelle vaincue lui fournit l'occasion d'un quatrain antithétique :

> Ici l'audace impie en son trône parut,
> Ici fut l'arrogance à soi-même funeste :
> Un excès de valeur brisa ce qu'elle fut,
> Un excès de clémence en sauva ce qui reste.

Le chantre de Nicomède et de Don Sanche était digne pourtant de comprendre la résistance du brave Guiton, le maire et défenseur de la Rochelle : mais le sentiment royaliste et catholique l'emporte chez lui, surtout dans ce rôle de poète officiel.

La prise de Perpignan marque le terme de cette glorieuse carrière du souverain :

> Illustre boulevard des frontières d'Espagne,
> Perpignan, sa plus belle et dernière campagne.

---

1. Célèbre artiste du temps.

> Tout mourant, contre toi nous le voyons s'armer ;
> Tout mourant il te force, et fait dire à l'envie
> Qu'un si grand conquérant n'eut jamais pu fermer
> Par un plus digne exploit une si belle vie.

L'hyperbole est le ton du genre, et son défaut inévitable.

Corneille avait composé antérieurement déjà, une épitaphe de Louis XIII, dans un sonnet qu'il se garda bien de publier. Il se contentait de le réciter à ses plus intimes amis, en leur faisant promettre qu'ils garderaient le secret. C'était là une petite faiblesse et une dernière rancune du poète, qui ne pouvait pardonner au cardinal son hostilité contre le *Cid*.

> Sous ce marbre repose un monarque françois,
> Que ne sauroit l'Envie accuser d'aucun vice :
> Il fut et le plus grand et le meilleur des rois ;
> Son règne fut pourtant celui de l'injustice.
>
> Sage en tout, il ne fit jamais qu'un mauvais choix,
> Dont longtemps nous et lui portâmes le supplice :
> L'orgueil, l'ambition, l'intérêt, l'avarice,
> Revêtus de son nom, nous donnèrent des lois.
>
> Vainqueur de toutes parts, esclave dans sa cour,
> Son tyran et le nôtre à peine sort du jour
> Que, dans la tombe même, il le force à le suivre.
>
> Jamais pareils malheurs furent-ils entendus ?
> Après trente-trois ans sur le trône perdus,
> Commençant de régner, il a cessé de vivre.

Quoi qu'ait pu en penser Corneille, entraîné par ses ressentiments personnels, ce fut un bonheur pour la France d'être gouvernée par Richelieu plutôt que par Louis XIII. Et, disons-le à son honneur, Louis XIII lui-même était de cet avis, tout en maudissant quelquefois le ministre dont il subissait l'ascendant.

Plus tard, nous verrons Corneille, armé de son ferme bon sens patriotique et littéraire, railler dans un même sonnet la lutte des Frondeurs et des Mazarins comme celle des Jobelins et des Uranistes. Rapprocher les deux querelles, c'était en faire sentir le ridicule et l'inanité. L'auteur de *Cinna*, qui avait peint en traits si éclatants les tristes effets de la guerre civile à Rome, ne pouvait l'approuver à Paris.

> Demeurez en repos, Frondeurs et Mazarins,
> Vous ne méritez pas de partager la France :
> Laissez-en tout l'honneur aux partis d'importance
> Qui mettent sur les rangs de plus nobles mutins.
>
> Nos Uranins ligués contre nos Jobelins
> Portent bien au combat une autre véhémence ;
> Et s'il doit achever de même qu'il commence,
> Ce sont Guelfes nouveaux et nouveaux Gibelins.
>
> Vaine démangeaison de la guerre civile,
> Qui partagiez naguère et la cour et la ville,
> Et dont la paix éteint les cuisantes ardeurs,
>
> Que vous avez de peine à demeurer oisive,
> Puisqu'au même moment qu'on voit bas les Frondeurs,
> Pour deux méchants sonnets on demande : « Qui vive ? »

Tout occupé qu'il est de son théâtre, la seule, la vraie passion de sa vie, Corneille suit les événements du jour, et s'y associe par la plume autant que par les sentiments. Nous le retrouvons dans toutes les grandes circonstances, apportant ses réflexions et son encens au souverain ; prenant sa part de l'injure faite à notre ambassadeur près du Saint-Siège, et rédigeant sous forme d'élégie la *Plainte de la France à Rome*; ailleurs, traduisant librement en vers français les poèmes latins du P. Larue, sur les campagnes de Flandre et de Hollande ; improvisant un sonnet *Sur la Prise de Maëstricht* ; célébrant la *Paix triomphale* de 1678 (paix de Nimègue) et le *Mariage du dauphin* qui en est le couronnement.

Mais il nous faut d'abord revenir à cette période de la Fronde, qui est, selon Michelet, une date dans l'histoire de la langue et de l'esprit français. Peut-être en exagère-t-il l'importance. Il convient cependant de s'y arrêter un instant.

CHAPITRE XIV

La Fronde et les Mazarinades (1648-1652). — Paix des Pyrénées (1659). — Mort de Mazarin (1661).

I

La Fronde, si gaiement et si lestement racontée par Voltaire, dans son *Siècle de Louis XIV*, et par les contemporains eux-mêmes (Retz et La Rochefoucauld) dans leurs *Mémoires*, a longtemps passé pour une échauffourée plaisante et lamentable à la fois, pour un intermède demi-comique et demi-tragique, qui vient interrompre la grande œuvre de restauration monarchique commencée par Henri IV, continuée par Richelieu et portée à son apogée par Louis XIV. A voir ce chassé-croisé où tous les partis se détrônent, se remplacent et se compromettent tour à tour; où les héros comme Turenne et Condé deviennent un moment des personnages de farce et d'imbroglio politique; où les sages eux-mêmes agissent en fous; où les grandes dames, les pénitentes futures, les Longueville, les Chevreuse, les Sablé, les Montbazon, associent les aventures galantes aux intrigues de l'ambition; où les princes et les membres du parlement sont envoyés à la Bastille et à Vincennes; où la cour fugitive couche à la belle étoile; où le premier ministre s'échappe comme un larron, et rentre bientôt comme un triomphateur; où les escapades romanesques se mêlent aux scènes sanglantes : on dirait une explosion de la fourmilière humaine émue et échauffée, une fièvre de révolte entre deux despotismes qui se succèdent et se complètent.

Le ressort du pouvoir absolu tendu outre mesure par Richelieu, la faiblesse de la régente, le mécontentement provoqué par un ministre étranger et impopulaire, suffisent à expliquer la réaction qui s'opère alors. Noblesse, parlement, bourgeoisie, populace, tout ce monde écrasé sous une main de fer sentait le besoin de prendre sa revanche, de se permettre un quart d'heure d'émancipation et de débauche. Ce quart d'heure s'appela la Fronde.

Depuis on a voulu donner à ce mouvement, ainsi nommé d'un jeu d'enfants, une portée et des proportions bien autres. Un ancien diplomate, le marquis de Saint-Aulaire, a cru y voir moins encore un réveil ou une parodie de la Ligue qu'un prélude de 1789. Un grand historien de nos jours, Michelet, cédant à cet esprit de fantaisie et de paradoxe qui l'entraîne à certains moments, déclare que la Fronde fut *une révolution morale, la guerre des honnêtes gens contre les malhonnêtes gens*, quelque chose d'analogue à ce qu'on a nommé depuis la *Révolution du mépris*. Les partis ayant changé successivement de position et de drapeau, il est assez difficile de dire au juste de quel côté sont les honnêtes gens. Mazarin était un fripon, dit-on : soit ! mais il eut tour à tour pour adversaires et pour alliés Turenne et Condé. Où étaient alors la justice et le bon droit? Quant au bonhomme Broussel, le type de l'opposition bourgeoise, rageur et entêté, faire de lui un grand citoyen, comme le prétend Michelet, c'est s'incliner devant M. Jourdain, travesti en Mamamouchi populaire. Quoi qu'on ait pu dire et inventer pour transformer cette échauffourée en mouvement sérieux, avouons que les actes aussi bien que les écrits sortis de là ne le sont guère, pas même les *Mémoires de Retz*, ce petit chef-d'œuvre de supercherie politique et littéraire.

Le recueil des *Mazarinades* a tout l'air d'une immense facétie de Carnaval : les pasquils, triolets, chansons, vaudevilles, sonnets, épîtres, appartiennent presque tous plus ou moins au genre burlesque, représenté par Scarron, l'Homère bouffon de cette Iliade héroï-comique, où les dieux et les déesses de l'Olympe terrestre et monarchique se trouvent mêlés à la populace des halles et des carrefours.

Bien que la haine de l'étranger, personnifié dans Mazarin, soit le premier mobile, le patriotisme a moins de part encore que les vanités, les rancunes et les intérêts privés dans cette bagarre tumultueuse, risible et ensanglantée. Les Blot, les Marigny, les Barillon et autres chroniqueurs satiriques de cette *guerre des pots de chambre*, comme l'appelait Condé lui-même, avec son superbe dédain d'homme indifférent, méritent-ils d'être inscrits sur la liste de nos chantres nationaux et populaires? Ils sont avant tout les instruments des cabales et des partis, qui les inspirent et les dirigent au gré de leurs passions et de leurs caprices.

Pourtant, sans admettre absolument, avec Michelet, que la Fronde ait été un soulèvement des consciences honnêtes contre le règne des fripons, tels que Mazarin, Émery et consorts, il faut avouer qu'il put y avoir un quart d'heure d'illusion sincère et naïve chez certains parlementaires, disposés à se croire les héritiers directs des États généraux. L'opinion publique semblait les investir de ce rôle, lorsqu'elle s'exprimait ainsi, dans la *Requête* adressée aux quatre compagnies souveraines unies ensemble :

> Arbitres de nos destinées,
> Astres qui, sur notre horizon,
> Ramenez la belle saison
> Après tant de tristes journées !
>
> . . . .
> Rendez de mon roi, quoiqu'enfant,
> Le règne heureux et triomphant,
> Et montrez à toute la France,
> Par de propices changements,
> Que vos lois et votre puissance
> En sont les plus sûrs fondements.

L'*arrêt d'Union*, rattachant le parlement de Paris aux autres compagnies du royaume (13 mai et 15 juin 1648), constituait une sorte de Ligue parlementaire du *bien public*. Mazarin, avec sa prononciation italienne, l'appelait l'arrêt d'*ognon* : d'où naîtra cette plaisanterie ou ce jeu de mots d'une mazarinade :

> Cet *ognon* te fera pleurer.

La chambre de Saint-Louis, formée de représentants choisis dans les compagnies diverses, prenant son rôle au sérieux, fit porter son contrôle sur la justice, les finances, la police, le commerce, la solde des troupes, les domaines du roi, l'état de sa maison, en un mot sur tout ce qui concerne le gouvernement. Le parlement n'oubliait qu'une chose, c'est qu'il était lui-même un corps privilégié, une juridiction particulière, et non le représentant légal de la nation : il fut bien forcé de le reconnaître en 89, lorsqu'il se vit emporté dans le naufrage commun du passé.

Néanmoins la résistance qu'il oppose à l'enregistrement des *édits bursaux* enflamme tous les courages, et devient le signal de la rébellion.

> Un vent de Fronde
> S'est levé ce matin ;
> Je crois qu'il gronde
> Contre le Mazarin.

La question d'argent sera la première comme la dernière pierre d'achoppement pour la monarchie : c'est par là qu'elle périra. A cette cause de mécontentement vient se joindre l'enlèvement des trois conseillers Blancménil, Charton et Broussel, le jour où l'on chantait à Notre-Dame le *Te Deum* pour le gain de la bataille de Lens.

> Ce fut une étrange rumeur,
> Lorsque tout Paris en fureur
> S'émut et se barricada.
> Alleluia!

Le récit complet de la journée se trouve ainsi mis en vaudeville sur un ton badin, et nous montre tour à tour le maréchal de L'Hôpital venant à cheval sur le Pont-Neuf pour apporter le *holà!* le coadjuteur de Paris haranguant la foule qu'il pousse à l'émeute, et rassurant la reine mère en même temps; le chancelier Séguier saisi de peur et vouant un cierge à Notre-Dame; le parlement, après une première démarche inutile au Palais Royal, obligé de rebrousser chemin pour obtenir la délivrance des conseillers arrêtés; le duc de Châtillon contraint de crier *Vive le roi!* et *vive Broussel!* en rentrant dans la capitale; le Cardinal rongeant de colère les glands de son rabat.

> Si les bourgeois avaient voulu [1],
> Le cardinal était perdu :
> Mais son bonnet on respecta.
> Alleluia!

---

[1]. G. Nadaud a fait, de nos jours sur ce thème, une chanson badine :
Si la Garonne avait voulu.

La belle humeur et l'espérance d'un avenir meilleur éclatent au retour de Broussel, proclamé le *Père du peuple* :

> Ce sénateur rempli de gloire,
> Sur qui la peur et les présents,
> Parmi les lâchetés du temps,
> N'ont pu remporter la victoire :
> Qui demeurant ferme en la foi
> *De sa patrie et de son roi,*
> Montre une vertu sans seconde;
> Mérite bien un tel appui,
> Que tout le monde arme pour lui,
> Quand il arme pour tout le monde.

La patrie et le roi, deux mots associés dans un commun respect. On reprend en l'honneur du parlement les joyeuses antiennes et les *alleluias* triomphants de l'hymne pascale sur l'air : *O filii et filiæ!* connu de tous les paroissiens :

> Chantons tout haut *Gaudeamus!*
> Le parlement a le dessus,
> Et nous remet dans nos états.
> Alleluia! Alleluia! Alleluia!
>
> Nous jouissons par sa bonté
> De cette ancienne liberté.
> Plus d'impôts l'on ne souffrira.
>   Alleluia!

On y célèbre la déconfiture des maltôtiers : Picard redevient cordonnier, Tabouret fripier, Doublet reprend ses sabots, Lefèvre, venu de rien, finit ses jours en l'air :

> Et pour le regard d'Émery,
> Dedans Paris il n'est qu'un cri,
> Que le diable l'emportera.
>   Alleluia!

Il semble que la France, une fois délivrée de ces rongeurs, voie s'ouvrir devant elle une ère de prospérité. Les troubles présents ne sont qu'un accident passager et nécessaire pour arriver à la guérison :

> France, réjouis-toi, ne crains point ces vacarmes,
>   Tu te verras bientôt au bout de tes malheurs :
>   Car nous ne poserons les armes
>   Que dessus le tombeau de ces monopoleurs.

Tandis que les Parisiens s'abandonnaient à l'ivresse de la victoire, Mazarin leur préparait un nouveau tour de sa façon. Dans la nuit du 6 janvier 1649, la cour, s'esquivant sans bruit du Palais Royal, vint avec le jeune roi et son frère coucher sur la paille à Saint-Germain : une nuit dont Louis XIV devait garder un amer souvenir. L'émotion fut grande à Paris, lorsqu'on apprit l'enlèvement du roi :

> Ces voleurs de Louis, ces infâmes harpies,
> Le grand-maître [1] et le cardinal,
> Après s'être saisi de toutes les copies,
>   Ont enlevé l'original.

Condé, hésitant d'abord, s'était rangé par intérêt plutôt que par sympathie dans le parti du cardinal, pendant que le prince de Conti et la duchesse de Longueville, par jalousie contre leur frère, se déclaraient en faveur du parlement. L'entrée des princes dans la Fronde fut un malheur pour tous : et pour les princes, qui y compromirent leur nom et leur honneur; et pour le parlement, qui se trouva entraîné au delà de ce qu'il aurait voulu; et pour la France, qui paya les frais d'une guerre folle et inutile.

A l'heure où le parlement déclarait Mazarin perturbateur du repos public, et le sommait de quitter le royaume dans la huitaine, la cour proclamait le même parlement criminel de lèse-majesté. Condé entreprenait de bloquer Paris et, avec 9 000 ou 10 000 hommes, d'en affamer 500 000. Le vainqueur de Rocroy, de Fribourg, de Lens, célébré naguère par toutes les trompettes de la renommée, attirait sur lui cette pointe ironique de Blot, le chansonnier de Gaston d'Orléans :

> Condé, quelle sera ta gloire,
> Quand tu gagneras la victoire
> Sur le bourgeois et le marchand ?
> Veux-tu faire dire à ta mère :
> « Ah ! que mon grand fils est méchant !
> Il a battu son petit frère ».

---

1. Le maréchal de L'Hôpital.

le prince de Conti, un pauvre sire, mené par sa sœur l'ardente et ambitieuse duchesse de Longueville.

Au milieu des lazzi et des quolibets de toute sorte que se renvoient les deux partis, éclatent çà et là quelques cris de la conscience et de la raison publiques :

> Des François contre des François,
> O Dieu ! l'impitoyable rage !
> L'Espagnol rit bien cette fois.

Les Prussiens ont ri de même en voyant de nos jours les folies de la Commune, le massacre des otages, et la colonne de la place Vendôme renversée par des mains françaises.

Marigny n'a pas tout à fait tort, quand il tance les généraux de la Fronde caracolant dans les rues de Paris ; et le merveilleux duc de Beaufort, le roi des Halles, tenant la place du souverain absent au Louvre ; et l'intrigant prélat de Gondi, devenu le boute-feu de la guerre civile.

> Coadjuteur, qu'il te sied mal
> De nous exciter à la guerre,
> En faisant le brave à cheval !
> . . . .
> Tu devrais être le canal
> Des grâces de Dieu sur la terre !
> Coadjuteur, qu'il te sied mal
> De nous exciter à la guerre !

Le bonhomme Broussel, devenu gouverneur de la Bastille, après un siège demi-burlesque, a aussi son triolet, d'ailleurs inoffensif. Un autre personnage plus maltraité par la satire est ce duc d'Orléans qu'on accuse de rester indifférent aux maux publics. La France le conjure en vain de sortir de son apathie :

> Gaston ! Gaston ! Réveille-toi,
> Entends mes cris, assiste-moi.
> . . . .
> Va, France, loin de moi gémir,
> Lui dit Gaston : je veux dormir.
> Je naquis en dormant, j'y veux passer ma vie ;
> Jamais de m'éveiller il ne me prit envie.
> Toi, ma femme et ma fille y perdez vos efforts :
>   Je dors.

Cependant, grâce au blocus établi par Condé, la famine menaçait de se faire sentir dans Paris : certains estomacs récalcitrants commençaient à murmurer :

> Ma foi! nous en avons dans l'aile,
> Les frondeurs vous la baillent belle.
> Malepeste de l'Union !
> Le blé ne vient plus qu'en charrette ;
> Confession, communion !
> Nous allons mourir de disette.

De part et d'autre on éprouvait le besoin de se rapprocher. La nouvelle de l'exécution de Charles 1er à Londres, cette tête royale tombant sous la hache du bourreau, avait fait une vive impression sur Anne d'Autriche, et la décidait à traiter avec le parlement. La paix fut enfin conclue à Rueil, non pas telle qu'on l'espérait, puisque l'objet de la haine publique, Mazarin, restait tout-puissant à la cour. Aussi la colère et les murmures du peuple accueillirent les députés signataires de cet accommodement : il fallut la fière attitude du président Molé pour tenir tête aux mutins. Les *Soupirs français sur la paix italienne* se font l'écho de ce mécontentement :

> O chef-d'œuvre de lâcheté !
> Est-il possible que la France
> Souffre cet infâme traité,
> Qui si honteusement l'offense ?

En même temps qu'elle exprime son aversion pour le *faquin* italien, dont le parlement s'est fait l'esclave, la France proteste de son dévouement au souverain :

> Oui, oui, nous sommes bons François,
> Et n'aurons jamais biens ni vie,
> Que nous ne donnions mille fois
> Pour nos rois et notre patrie.

La rentrée du jeune monarque dans sa capitale fut un véritable triomphe.

> Il paraît enfin *mon soleil*,
> Ce beau Louis qui me contente !
> . . . .
> Chantez partout : *Vive le fils !*
> Chantez partout : *Vive la mère !*

Mais personne ne s'avisa de crier : *Vive le ministre!* tout au contraire.

Condé à cheval auprès du carrosse du roi partageait les honneurs de la victoire, et recevait les remerciements de la reine mère. Il eut le tort de vouloir faire payer trop cher les services qu'il avait rendus. Ses exigences et ses bravades à l'égard de la régente et du premier ministre devinrent insupportables. Mazarin, si patient qu'il fût, prit un grand parti. Décidé à se débarrasser d'un protecteur gênant, il le fit arrêter et conduire à Vincennes avec le prince de Conti et le duc de Longueville, que leur prison commune et la haine du favori eurent bientôt réconciliés. L'opinion publique, qui gardait rancune à Condé du blocus de la capitale et des appréhensions de la famine, s'en émut médiocrement :

> Condé, vous voilà dans Vincenne.
> Dieu vous y veuille maintenir !
> On ne se met pas fort en peine
> Comment vous en pourrez sortir.
> Mais, pour le bonheur de la France,
> Si l'on en croit Son Éminence,
> Brave Condé, je vous promets
> Que vous n'en sortirez jamais.

Il en sortit pourtant un jour, mais pour être transporté au Havre, dans une prison plus étroite et plus éloignée de Paris, sous la surveillance du comte d'Harcourt, un de ses anciens compagnons d'armes. Condé s'en vengea par un couplet qu'il fredonnait assez haut pour être entendu :

> Cet homme gros et court,
> Si fameux dans l'histoire,
> Ce grand comte d'Harcourt
> Tout rayonnant de gloire,
> Qui secourut Cazal et qui reprit Turin.
> Est devenu recors de Jules Mazarin.

Ce sont là quelques-uns des rares vers que nous ait légués le grand Condé, plus malin et plus terrible d'ordinaire à la riposte.

La fatigue, ce terme suprême de toute insurrection, était venue pour la Fronde comme jadis pour la Ligue, et bien plus vite encore, n'ayant point la passion religieuse pour s'alimenter. Le *Frondeur désintéressé* de 1650 appelle de tous ses vœux la paix, et voudrait la trouver dans le tombeau de la Fronde. Il souhaite

> Que Paris soit comme autrefois
> La bonne ville de nos rois,
> Et la reine des bonnes villes.

Le seul obstacle est toujours ce maudit Mazarin, que la régente s'obstine à conserver auprès d'elle pour bien des raisons. Le grand entremetteur de tous les partis qu'il trahit successivement, l'infatigable coadjuteur, qui s'était ligué naguère avec Mazarin pour faire emprisonner les princes, intrigue auprès du parlement pour forcer le ministre à quitter le pouvoir. Anne d'Autriche finit par se rendre à ses instances, et s'engage à ne plus rappeler son favori, dont Retz espère prendre la place.

Cédant à l'orage, le rusé Italien s'enfuit pendant la nuit, et s'impose un exil volontaire, d'abord à Saint-Germain, puis à Sedan, se promettant de revenir le plus tôt possible. Par un jeu de combinaison perfide, il se rend au Havre et délivre les princes qu'il a jadis arrêtés : il les lâche comme des lions déchaînés pour tenir tête à Gaston et au parlement. L'imbroglio politique s'embrouille et se complique de plus en plus : pour le coup, la Fronde devient une comédie, une arlequinade... où va couler le sang. Une fois encore Condé, redevenu libre, pousse à bout la patience de la reine mère. Le coadjuteur est là pour offrir son concours. En échange du chapeau de cardinal, il promet à la régente de la débarrasser des princes, dont il mine la popularité et le crédit auprès du parlement. Brouillé avec tous les partis, le vainqueur de Rocroy s'allie aux Espagnols, et se détermine à la guerre, malgré ses répugnances.

Cependant Mazarin se préparait à rentrer en France avec une armée de 8 000 hommes levés en Allemagne et conduits par le maréchal d'Hocquincourt, pour venir défendre le roi contre ses sujets rebelles. Le parlement lui répondait en mettant sa tête à prix, et le déclarait coupable de lèse-majesté pour avoir rompu son bannissement. Les vaudevilles du temps, en rappelant les 50 000 écus offerts à l'exécuteur de la vindicte publique, détaillent plaisamment ce que sera payé chaque morceau du cardinal : tant pour le nez, tant pour une oreille, tant pour un œil, tant pour le rendre eunuque. La facétie se mêle jusqu'au bout à cette guerre de chansons et de pamphlets.

Le combat de la Porte-Saint-Antoine, qui mettait aux prises Turenne et Condé, donna naissance à un nouvel ordre de chevalerie, celui *de la Paille*. Les Anti-Mazarins avaient imaginé d'attacher un bouquet de paille à leur chapeau, en signe de ralliement. D'où les Mazarins firent cette réponse aux Frondeurs :

> Cette paille nous fait entendre,
> Gens de Paris, pauvres badauds,
> Que les princes vous veulent vendre
> Ainsi que l'on fait des chevaux [1].

Au fond, les princes se souciaient peu des Parisiens, et ne songeaient qu'à leurs rancunes et à leurs ambitions non satisfaites. La duchesse de Montpensier faisait tirer le canon de la Bastille sur l'armée royale, afin de permettre à Condé de rentrer dans Paris : ce fut la dernière note héroïque et le suprême effort désespéré de la rébellion.

En fin de compte, Paris dégoûté des princes, surtout après l'abominable tuerie de l'Hôtel de Ville, dont Condé n'osa s'avouer l'auteur, aspirait à revoir son roi, encore une fois éclipsé et retiré à Saint-Germain. Sur les instances du parlement, il reparut au milieu de l'allégresse universelle, comme un soleil radieux, nom et forme emblématiques qu'il adoptera bientôt dans les représentations officielles et les ballets allégoriques. Le jour même de son entrée dans la capitale, l'agent secret de toutes les trahisons et de tous les désordres, François de Gondi, malgré son titre de cardinal, était à son tour arrêté et conduit à Vincennes, digne prix de sa duplicité. En revanche, l'inévitable Mazarin, l'âme damnée et le conjoint mystérieux de celle qu'on appelait la *Mazarine*, c'est-à-dire Anne d'Autriche, revenait en triomphe à l'Hôtel de Ville, sur cette même place où il

---

1. Le bouchon de paille mis à la queue d'un cheval indique encore aujourd'hui qu'il est à vendre.

avait été pendu et brûlé en effigie, quelques mois auparavant. Un des rimailleurs attitrés de la Fronde, Blot, sous l'inspiration de Gaston d'Orléans, exprimait sa mauvaise humeur à l'occasion du bal donné pour fêter le retour du premier ministre.

> L'on verra l'homme de Sicile
> Triomphant dans l'Hôtel de Ville
> Monter sur un bel échafaud,
> Mais non sur celui qu'il lui faut.

La populace, qui l'avait sifflé tant de fois en demandant sa tête, l'applaudit du même cœur en ramassant l'argent qu'il lui jetait par les fenêtres, avec l'espoir de le ressaisir bientôt sous une autre forme, dans la poche des contribuables.

En somme, c'était à lui que restait la victoire, et disons-le, c'était justice. A travers ses tergiversations et ses manœuvres de Scapin politique, lui seul avait un système, un but arrêté : lui seul avait gardé le sentiment et l'instinct des vrais intérêts français, la tradition de Richelieu à l'égard de la maison d'Autriche. Ce Mazarin si odieux, tout Italien qu'il est d'origine, se montre plus patriote que les princes de sang royal, tels que les Gaston d'Orléans et les Condé, devenus les alliés de l'Espagne à certaines heures. Quoi qu'ait pu en dire Michelet, nous pensons, avec Henri Martin, qu'il est et reste un ministre vraiment français. Il signe à propos, au bon moment, le traité de Munster, et nous assure la possession de l'Alsace, que d'autres ont perdue depuis. Malgré son double titre de catholique et de cardinal, il s'allie, contre l'Espagne, à l'Angleterre protestante et républicaine. La lettre qu'il fait écrire par le jeune roi au protecteur Cromwell, les instructions données à notre ambassadeur M. de Neuville-Bordeux auprès du Parlement anglais, attestent la façon large et libérale dont il comprend l'alliance entre les deux peuples. C'est là un morceau curieux conservé dans les manuscrits de Conrart à l'Arsenal (1655).

« Le roi de France, mon maître, ayant jugé à propos pour le bien de son service, que je passasse en Angleterre, m'a commandé de *saluer de sa part le Parlement de la République et de l'assurer de son amitié*, sur cette confiance qu'il trouvera une mutuelle correspondance à ses bonnes intentions. L'union qui doit être entre les États voisins ne *se règle pas par la forme de leur gouvernement.* C'est pourquoi, encore qu'il ait plu à Dieu par sa providence de changer celui qui était devant établi en ce pays, il ne laisse pas d'y avoir une nécessaire obligation de commerce et d'intelligence entre la France et l'Angleterre. »

« Ce royaume a pu changer de face, et de monarchie devenir république; mais la situation des lieux ne change pas. Les deux peuples demeurent toujours voisins et intéressés l'un avec l'autre par le commerce; et les traités qui ont été faits ne regardent pas tant l'intérêt des princes que celui des peuples. »

C'est ainsi que de nos jours la Russie monarchique a pu s'allier à la France républicaine. Il faut savoir gré aux ministres et aux souverains capables d'oublier leurs préférences et leurs préventions de secte ou de parti, pour ne voir que l'intérêt commun et supérieur de la nation, dont ils ont l'avenir et la fortune entre les mains.

La paix des Pyrénées (1659) vint mettre le comble au triomphe de Mazarin, et couronner dignement son œuvre. A ce moment, sans être plus aimé que Richelieu, il s'impose comme lui par la supériorité de son génie, et surtout par cet ascendant tout-puissant du succès. L'un des frondeurs les plus enragés et les plus caustiques, le cul-de-jatte Scarron, converti et repentant, entonnait la palinodie et faisait son *mea culpa* :

> Jule, autrefois l'objet de l'injuste satire,
> Est aujourd'hui l'objet de l'amour des François :
> Par lui le plus aimable et le plus grand des rois
> Voit craindre sa puissance, et croître son empire.

Perrault, le grand louangeur des modernes, saluait en lui le bon génie de la France :

> Jules, vainqueur de l'envie,
> Quels peuples, lisant ta vie,
> N'admireront, étonnés,
> De tes faits la suite heureuse,
> Et cette paix glorieuse,
> Dont tu les as couronnés?

Le mariage de Louis XIV avec l'infante Marie-Thérèse devient un autre sujet de joie, et l'occasion d'une nouvelle entrée solennelle dans Paris. Le peuple était toujours ravi de contempler la belle figure resplendissante et déjà majestueuse du souverain : son ivresse éclatait bien mieux encore à la vue de cette jeune reine dans tout l'éclat de sa beauté, portée sur un char de triomphe, avec le roi à cheval, à côté d'elle. Mme Scarron, la future Mme de Maintenon, écrit à l'une de ses amies qu'elle a été pendant dix ou douze heures toute yeux et toute oreilles, devant ce spectacle, et ajoute avec une pointe de gaillardise : « La reine dut se coucher hier au soir assez contente du mari qu'elle a choisi[1]. » L'avait-elle choisi réellement ou l'avait-on choisi pour elle ? Don Louis de Haro et Mazarin y avaient largement contribué, d'accord avec Anne d'Autriche. Une chanson joyeuse et populaire consacre le double événement du traité et du mariage sur l'air :

> Eh ! bon, bon, bon !
> Que le vin est bon !

On y raconte l'entrevue du cardinal avec don Louis dans l'île des Faisans, où ils ne trouvent qu'une maison de bois pour s'abriter. S'il faut en croire le chansonnier, le vin faisait défaut :

> Cependant ils avoient tous deux
> Plus de soif qu'on ne pense :
> Faute de s'en faire apporter,
> Ils ne purent jamais chanter :
> Eh ! bon, bon, bon !
> Que le vin est bon !
> Par ma foi ! j'en veux boire.

Le duc de Grammont avait été envoyé pour faire la demande de l'infante au nom du roi :

> Quand Grammont partit de la cour,
> Le roi lui dit : — Prends le plus court
> Pour te rendre en Espagne ;
> Observe bien par les chemins
> Les lieux où croissent les bons vins.

---

1. Comparé au cul-de-jatte, il y avait une certaine différence. Mme Scarron ne songeait pas qu'elle succéderait un jour à Marie-Thérèse dans l'alcôve royale.

L'amirauté de Castille offrit à l'envoyé français un dîner où l'on servit sept cents plats, tous si bien safranés et dorés que personne ne put y toucher. La cuisine espagnole vaut-elle mieux aujourd'hui ?

Une autre chanson sur le même air, avec le même refrain, célèbre le retour de Condé :

> Monsieur le Prince de retour,
> Avant que de faire sa cour,
> Fut voir Son Éminence.
> Le cardinal parut soudain,
> Et dit en lui prenant la main :
> — Vous voilà donc en France !
> Avant que d'aller voir le roi,
> Entrez et chantez avec moi :
>   Eh ! bon, bon, bon !
>   Que le vin est bon !
> Par ma foi ! j'en veux boire.

L'accord ne fut pas tout d'abord aussi facile que semble le dire la chanson. La rentrée de Condé en France était une des clauses contenues dans le traité des Pyrénées. Mazarin voulait imposer au prince des conditions humiliantes. L'Espagne exigea qu'il fût rétabli dans ses biens, dignités et privilèges : autrement elle menaçait de lui créer un État indépendant avec plusieurs villes de Flandre et d'Alsace. La chose n'eût pas déplu à Condé : mais le péril était trop grand pour la France, et le ministre, oubliant ses griefs, dut s'incliner devant l'intérêt de l'État, en usant de modération.

Son œuvre était accomplie, la guerre civile et la guerre étrangère terminées, le pouvoir royal restauré, le prestige de la France rétabli au dehors : il pouvait disparaître et laisser la place libre au jeune et brillant souverain tout disposé à saisir les rênes du gouvernement. Sa mort éveilla peu de regrets, et lui valut, comme à Richelieu, un certain nombre d'épitaphes satiriques, dernier regain des *Mazarinades*. Blot se trouva là encore pour fournir la sienne :

> Enfin le cardinal a terminé son sort.
> Que direz-vous, François, de ce grand personnage ?
>   Il a fait la paix, il est mort :
> Il ne pouvoit pour nous en faire davantage.

Avait-il rêvé, ainsi qu'on l'a dit, la tiare pontificale à la mort d'Alexandre VII? Aspirait-il à régner sur Rome après avoir dompté Paris? Une épitaphe ironique lui prête cette ambition suprême, attribuée également à Richelieu :

> Ici gît le cardinal Jule,
> Qui, pour se faire pape, amassa force écus.
> Il avoit bien ferré sa mule,
> Mais il ne monta pas dessus.

L'impression et la renommée qu'il laissa auprès des contemporains, même des plus graves tels que Bossuet et Fénelon[1], furent celles d'un habile dupeur, d'un fin renard trichant en politique comme il trichait au jeu.

> Ci-gît l'ennemi de la Fronde,
> Celui qui fourba tout le monde :
> Il fourba jusques au tombeau :
> Il fourba même le bourreau,
> Évitant une mort infâme :
> Il fourba le diable en ce point,
> Qui pensoit emporter son âme :
> Mais l'affronteur[2] n'en avoit point.

Les hommes politiques qui, de nos jours, se sont trouvés parfois si mal payés de leurs services, si honnis et si calomniés, doivent se consoler et se rassurer en songeant de quelle façon ont été traités les Richelieu et les Mazarin.

1. Voir l'*Oraison funèbre de la Palatine* et les *Dialogues des morts*. — 2. Trompeur, impudent.

CHAPITRE XV

LA MÉTROMANIE ÉPIQUE AU XVIIᵉ SIÈCLE.

Le *Clovis* de Desmarets. — Le *Saint Louis* du Père Lemoyne. — *La Pucelle*, de Chapelain.

I

Par un contraste assez étrange, à l'heure où le burlesque domine et l'emporte plus que jamais dans les *Mazarinades*, la métromanie épique, c'est-à-dire l'aspiration au grand et au sublime, envahit un certain nombre d'esprits médiocres, durant cette sorte d'interrègne qui s'étend entre la vieillesse de Corneille et l'avènement de la jeune école représentée par Molière, Racine, La Fontaine et Boileau. Le rêve de l'épopée nationale avait séduit tout d'abord la Pléiade à ses débuts, et n'avait abouti qu'à l'avortement de *la Franciade*. Elle n'en restait pas moins l'objet d'une ambition naïve et crédule, que Voltaire lui-même, le sceptique Voltaire, devait partager un jour.

L'ascension merveilleuse de Corneille dans la carrière tragique pouvait faire illusion à bien des gens : les uns convaincus de leur propre génie comme Scudéry, les autres croyant à la toute-puissance des règles comme Chapelain. A l'épidémie des petits vers « tombant avec le serein », dans le monde des ruelles, nous dit Pellisson, a succédé la passion des grands vers héroïques et majestueux.

Je chante le vainqueur des vainqueurs de la terre!

Tel est le début peu modeste de Scudéry dans son *Alaric*, un poème dédié à Christine de Suède et consacré à son aïeul en royauté, le vainqueur de Rome. L'œuvre, n'ayant qu'un mince intérêt national pour nous Français, ne saurait nous arrêter. D'ailleurs nous aurons une assez riche matière d'étude ou d'ennui dans le *Clovis* de Desmarets, le *Saint Louis* du Père Lemoyne et *la Pucelle* de Chapelain.

A défaut de génie, ce n'est pas l'ambition qui leur manque. La grande prétention de Desmarets est de se poser en rénovateur et réformateur de la poésie. Il entreprend de la christianiser. Avec son prosélytisme de sectaire, de théoricien et de controversiste, il trouve dans son *Clovis* l'occasion d'un manifeste à la fois patriotique, littéraire et religieux. Sa préface [1] n'est pas seulement emphatique et solennelle, mais tapageuse et provocante, comme un cartel et un défi jetés à l'antiquité profane. Les premiers vers du poème, antérieurs à la préface, l'annonçaient déjà :

> Quittons les vains concerts du profane Parnasse,
> Tout est auguste et saint au sujet que j'embrasse.

Saint-Amant, dans son *Moïse sauvé*, déclarait n'avoir besoin des anciens ni de leurs règles. Desmarets fait mieux encore: il prétend non plus seulement les égaler, mais les surpasser, les écraser, les humilier, devant les splendeurs de la poésie chrétienne. Il ne doute pas de la victoire, puisque Dieu est avec lui :

« Ce n'est pas grande présomption à un chrétien de croire qu'il fait de la poésie mieux conduite et plus sensée que celle des païens : c'est un hommage qu'il rend à Dieu, qui assiste les siens et qui les fait autant surpasser les anciens qu'il fit surpasser par Moïse les enchanteurs de Pharaon. »

Quelle est donc la grande supériorité du poème chrétien sur le poème païen ? C'est que l'un repose sur la vérité et l'autre sur l'erreur. Desmarets ne s'aperçoit pas qu'il joue ici sur les mots. De quelle vérité veut-il parler ? Est-ce de la vérité littéraire, de celle qui naît des idées et des sentiments ? Mais ne sont-ils pas aussi vrais dans Homère que dans la Bible ? Est-ce de la vérité historique dans la peinture des caractères ? Lui-même nous avoue de quelle façon il a conçu son Clovis. « J'ai tâché de donner au héros de mon poème toute la politesse et tous les avantages que peut désirer la délicatesse des goûts de notre siècle. » Belle

---

[1]. Publiée seulement en 1670, tandis que le poème parut en 1657.

manière de nous peindre le vrai Clovis, ce chef barbare, astucieux, sanguinaire, politique et guerrier, tel que nous l'a décrit Grégoire de Tours, tel que nous l'a retracé Augustin Thierry, le vrai poète des *Temps Mérovingiens*. L'Achille d'Homère n'est-il pas cent fois plus vrai, avec sa fougue et sa rudesse, que le galant Clovis de Desmarets ?

Est-ce de la vérité dans les faits ? Mais les aventures romanesques de Clovis et de Clotilde presque aussi fabuleuses que celles d'Énée et de Didon, les sortilèges d'Auberon mêlés au miracle de Tolbiac et de la Sainte Ampoule, sont-ils donc bien authentiques ? Desmarets, très fier de ses inventions, a beau nous déclarer que « l'on ne pourra jamais l'appeler en justice au nom d'Homère, de Virgile ou du Tasse, pour restitution ni d'emprunt, ni de larcin ». C'est trop promettre. Quoi qu'il fasse, il est sous le charme et l'ascendant de ce passé qu'il désavoue et qui l'enveloppe. Comme l'*Alaric*, comme le *Saint Louis* et *la Pucelle*, le *Clovis* est encore taillé sur le modèle de l'*Énéide* et de la *Jérusalem délivrée*. Le décalque est évident : Énée, Turnus, Mézence reparaîtront plus d'une fois sous des noms goths, francs ou bourguignons. Auberon est le frère de l'Ismen de la *Jérusalem*; Yolande et Albione ses filles, toutes deux magiciennes, toutes deux amoureuses de Clovis, sont des sœurs dégénérées d'Armide, petite-fille elle-même de Circé, l'enchanteresse d'Homère. L'auteur se flattait au début d'avoir quitté les vains concerts du profane Parnasse : il s'en souvient malgré lui. Ne les retrouvons-nous pas jusqu'à la fin du poème, dans ce récit de la mort d'Alaric imitée de celle de Turnus :

> Le Goth est étendu près du roi glorieux,
> Même après le trépas, il semble furieux.
> Et l'on remarque encor, sur son visage blême,
> Son invincible orgueil, qui survit à lui-même.

Virgile dit tout en un vers :

> *Vitaque cum gemitu fugit indignata sub umbras*[1].

Le seul passage où l'auteur semble rentrer dans la tradition historique est celui du baptême de Clovis : il y paraphrase

---

[1]. *Énéide*, livre XII.

les fameuses paroles de saint Remy : « Baisse la tête, fier Sicambre »... qui nous semblent plus éloquentes dans leur brièveté que les vers du poète enlumineur :

   Courbe-toi, doux Sicambre.

Fier valait mieux ; mais Desmarets a préféré adoucir et affadir son Clovis pour le christianiser.

      Au vrai Dieu sois soumis.
Et garde ta fierté contre ses ennemis.
Brise et marbre et métal, que tes mains encensèrent,
Redresse les autels que les Francs renversèrent.
Adore le seul Dieu qui t'a fait triomphant,
Qui t'arrache au démon et te fait son enfant.

Un savant et ingénieux historien de l'épopée au xvii° siècle, M. Duchesne, ne peut se défendre d'une faiblesse pour ce poème de *Clovis*. « La foi religieuse et le patriotisme, l'amour pour nos vieilles légendes, dit-il, jettent sur certaines pages le charme propre aux poèmes vraiment nationaux [1]. » Ce charme, nous ne l'avons guère senti, il faut l'avouer.

Si Desmarets est intéressant et novateur en quelque chose, c'est par ses théories. C'est par elles surtout qu'il s'émancipe du joug de l'antiquité. Là il prend plaisir à braver Aristote, à défier Homère et Virgile, raillant l'un sur ses bassesses, ses absurdités, son abus des fictions et sur l'indécence de ses dieux ; l'autre sur la pauvreté de ses inventions. Desmarets fraye ici la route à Perrault et à Lamotte, dont il est le précurseur. Dans cette guerre déclarée au paganisme, bien que ses arguments soient trop souvent empreints de sophistique, il en est cependant que Chateaubriand reprendra plus tard, pour les revêtir de tout l'éclat de son style dans le *Génie du christianisme*.

II

À son tour le P. Lemoyne aspire au double titre de poète national et chrétien en écrivant son *Saint Louis ou*

---

1. *Thèse sur les Poèmes épiques français au* xvii° *siècle* (1870).

la Couronne conquise, poème héroïque en dix-huit chants.

« Le choix de mon sujet, dit-il, est honorable à notre France, qui a élevé Louis IX; à nos rois, qui sont nés de lui; à la noblesse, qui le reconnaît pour patron; à toute la nation, qui l'a reçu de Dieu pour protecteur; à toute l'Église, qui l'a mis au rang des saints. »

Voilà bien des titres à l'attention et à la faveur publique. Mais s'il vaut mieux choisir pour héros un saint Louis qu'un Childebrand, cela ne suffit pas. Il faut encore tirer du sujet tout ce qu'il comporte. Or le moyen âge n'était guère connu ni compris par les hommes du xviie siècle. Déjà la vérité historique est singulièrement altérée chez le biographe moderne de saint Louis, Pierre Matthieu, qui est loin de nous rendre la franchise, la sincérité et l'adorable naïveté de Joinville. Avec le P. Lemoyne, c'est bien pis encore; le romanesque déborde. Le sous-titre même du poème est une première atteinte à la vérité, et change la défaite en victoire : *la Couronne conquise*. Saint Louis ne conquit en Orient aucune couronne, mais acheta des Vénitiens, à beaux deniers comptants, celle du Christ, qu'eux-mêmes tenaient de l'empereur grec Baudouin II. Ce malheureux prince, à bout de ressources, faisait argent de tout, même des reliques les plus précieuses.

Au lieu d'un poème tiré de l'histoire, qui offrait une si riche matière, nous avons ici une œuvre de pure imagination. Le saint diadème se trouve donc transporté de Byzance au Caire, où le pieux roi va le conquérir comme jadis Parcival à la recherche du Saint-Graal. Les deux merveilleux, chrétien et païen, sont bizarrement associés dans la lutte des anges et des magiciens. L'enchanteur Mirème est encore un proche parent d'Ismen.

On ne saurait contester à l'auteur un certain essor d'imagination, une certaine habileté dans la facture du vers, où l'emphase se mêle souvent aux concetti du goût italien. Tel est par exemple ce morceau fameux sur *les Pyramides*, déjà cité par La Harpe et reproduit par M. Duchesne. Ce dernier nous semble exagérer encore la valeur de ces vers où, selon lui, « Lemoyne surpasse Malherbe, atteint Milton, et, par la tristesse chrétienne qui inspire son âme de prêtre, semble devancer Bossuet ». Nous sommes loin pourtant de ces belles strophes de Malherbe :

> Ont-ils rendu l'esprit, ce n'est plus que poussière, etc. ;

loin même de ce *Charnier des Innocents* de Villon :

> Quand je considère ces têtes
> Entassées en ces charniers ;

loin encore « de ces sombres lieux où va descendre Madame, de ces demeures souterraines où l'on a peine à la placer, tant les rangs y sont pressés, tant la mort est prompte à remplir les places[1] ».

Nous voyons chez Lemoyne une œuvre académique surtout, un heureux balancement d'alexandrins, un morceau descriptif analogue aux *Catacombes* de Delille, plutôt qu'une véritable émotion poétique et religieuse.

> Sous les pieds de ces monts taillés et suspendus,
> S'étendent des pays ténébreux et perdus,
> Des déserts spacieux, des solitudes sombres
> Faites pour le séjour des morts et de leurs ombres.
> Là reposent les corps des rois et des sultans
> Diversement rangés, selon l'ordre des temps.
> . . . .
> Et cette antiquité si célèbre en l'histoire,
> Ces siècles si vantés par la voix de la gloire,
> Assemblés par la mort en cette obscure nuit,
> Sont là sans mouvement, sans lumière et sans bruit.

Nous dirions volontiers la même chose des personnages ensevelis dans la Nécropole de nos épopées.

Ailleurs l'auteur nous rend en le gâtant, avec Muratan et Zahide, le touchant épisode d'Olinde et Sophronie dans la *Jérusalem* :

> Mémorable combat, où, par un noble effort,
> Deux magnanimes cœurs se disputent la mort.

Faut-il citer un autre passage sur la *Cavalerie des Mameluks*, qu'on pourrait rapprocher du *Napoléon en Égypte* de Bar-

---

1. Oraison funèbre de *Henriette d'Angleterre*.

thélemy ; une description de bataille que M. Duchesne égale complaisamment à celles d'Homère et du Tasse, ce qui est lui faire beaucoup d'honneur. Le géant Forcadin nous paraît très inférieur au géant Aérofles dans le poème de *Guillaume au Court Nez*. La mort de Robert d'Artois à la Massoure n'offre ni le pathétique ni la grandeur de celle de Roland [1]. Vaut-elle même l'humble épisode inséré dans le *Jeu de saint Nicolas* [2] ?

A mesure qu'il avance, le poète, entraîné par son imagination romanesque, multiplie les oracles, les amours et les visions. Ici, c'est la *Fontaine Matarée* ou *fontaine du Soleil*, dans laquelle la Vierge lavait les linges du Sauveur enfant, source d'une vertu merveilleuse. Le roi, percé d'une flèche empoisonnée au combat de la Massoure, y trouve la guérison. Là, Bourbon d'Archambault, le père de la maison de Bourbon, voit descendre du ciel une guirlande de cœurs humains : ce sont les cœurs des amants d'autrefois. Toute une partie où le P. Lemoyne semble tomber dans le mauvais genre rococo, adopté par les architectes et peintres jésuites du xviie siècle. Le poème se termine comme un conte de fées. Après une seconde victoire, saint Louis pénètre dans une tente superbe, qui renferme la sainte Couronne cachée dans une cassette. C'est de là que le pieux roi la rapportera en France, où elle passera dans le trésor de Notre-Dame. Toute cette fin a l'air d'une scène d'escamotage ridicule et puérile.

Cependant, moins tapageur que Scudéry, moins prétentieux que Desmarets, moins encensé que Chapelain, le P. Lemoyne, grâce à l'ombre discrète qui enveloppa son œuvre et son nom, échappa en partie aux périls d'une publicité compromettante. Boileau, fléchi par quelques bons vers, lui accorde le bénéfice d'un silence qui est de sa part presque une faveur, lorsqu'il dit :

> Il s'est trop élevé pour en dire du mal,
> Il s'est trop égaré pour en dire du bien.

Mais il nous faut arriver à la grande victime de la métro-

---

1. Le P. Lemoyne la connaissait pourtant, et en parle avec admiration dans ses *Entretiens poétiques* (lettre iv). — 2. Voir *la Poésie patriotique en France au moyen âge*, chap. v, p. 265.

manie épique, à cet infortuné Chapelain, à l'auteur de cette *Pucelle* qui lui valut l'immortalité du ridicule.

III

Jamais, depuis *la Franciade*, œuvre ne fut plus attendue, plus annoncée et plus prônée avant sa naissance : jamais chute aussi ne fut plus éclatante : la voix maligne de Boileau en a prolongé l'écho à travers les siècles. La gestation et l'enfantement de *la Pucelle* est un des épisodes les plus divertissants de l'*Histoire littéraire* à travers les âges : c'est la seule chose amusante du poème, qui n'est cependant pas sans mérite. L'honnête Chapelain a suivi, ou plutôt devancé le précepte du satirique :

> Hâtez-vous lentement.

Il a pris d'abord pour collaborateur le Temps, sans lequel on ne bâtit rien : cinq ans de préparation pour réunir les matériaux et tracer le plan général : vingt ans d'exécution, après lesquels il livre enfin au public les douze premiers chants (1656).

Avant de risquer cette périlleuse épreuve de la publicité, il use de précautions infinies pour assurer à sa *Pucelle* un accueil bienveillant. De nombreuses lectures faites à l'Hôtel de Rambouillet, chez Mlle de Scudéry, et partout où l'on veut l'écouter, servent à tâter et à préparer l'opinion en sa faveur. Les juges les plus respectables et les plus autorisés, Arnauld d'Andilly, un esprit aimable et grave à la fois ; l'évêque d'Avranches Huet, un critique délicat et savant ; le duc de Longueville, un homme à l'humeur et au goût difficiles ; M. de Montausier, un franc parleur, ont déclaré l'œuvre tout simplement admirable et parfaite. Pourtant quelques voix discordantes se font entendre çà et là dans ce concert d'éloges. Mme de Longueville, qui n'est d'accord sur rien avec son mari, trouve que cela est bien beau, mais aussi bien ennuyeux : un mot que recueillera Boileau :

> *La Pucelle* est encore une œuvre bien galante,
> Et je ne sais pourquoi je bâille en la lisant.

Joseph de Maistre dira plus tard : « Pour juger *la Pucelle* de Chapelain, il faudrait l'avoir lue, et, pour la lire, il faudrait rester éveillé ».

Chapelain fait tous ses efforts pour détourner de son œuvre l'influence des mots sinistres ou du mauvais œil, du *jettatore*, qu'il craint toujours de rencontrer sur son chemin. Dans une épître interminable adressée au duc de Longueville, descendant du brave Dunois, qui partage avec la Pucelle les honneurs du poème, il vante l'excellence du sujet, « le plus naturellement épique qui fut jamais ».

« Le dessein de délivrer la France est un dessein si haut, et l'exécution en est si admirable ; la part que le ciel y a prise et les voies qu'il a tenues pour le faire réussir sont si peu de l'ordre commun des choses ; enfin l'étoffe sur laquelle la Providence a travaillé est si riche et si importante que, pour en faire un poème épique, il suffirait presque d'en faire un simple tissu. »

Sujet magnifique, en effet, grande et patriotique idée, de montrer ainsi cette lutte nationale, où noblesse, peuple, royauté vont se trouver réunis dans un commun élan; où la fille des champs rassemblera sous sa bannière tous les grands noms de France, heureux de revivre ici comme dans un Livre d'or consacré par la Muse. Virgile avait ainsi rappelé dans l'*Énéide* les noms et les origines des grandes familles patriciennes. Il y avait là de quoi exalter et passionner les âmes, à ce qu'il semble. De plus, le personnage principal était une femme : or la femme n'était-elle pas plus souveraine, plus adorée qu'en aucun temps, au xviie siècle ? On l'avait vue encore pendant les guerres de la Fronde menant au combat les La Rochefoucauld, les Turenne, les Condé.

Malgré toutes ces apparences favorables, peut-on dire cependant que le moment fût propice à l'épopée et surtout à Jeanne d'Arc ? — Non. Il est pour certains personnages de l'histoire une heure qu'on peut appeler l'heure épique. Cette heure, nous l'avons rencontrée et marquée déjà pour Charlemagne, pour Roland, pour Godefroy de Bouillon. La naïveté de l'enthousiasme et de la foi, la virginité de la légende encore intacte et respectée, un état particulier des imaginations, telles sont les conditions essentielles. Elles existaient encore et en partie seulement, très mêlées d'incertitudes et de contradictions, à l'époque où un impresario populaire composait ce *Mystère du siège d'Orléans*, dont nous avons parlé jadis[1] : œuvre médiocre sans doute, et pourtant la plus intéressante et la plus vraie qu'ait inspirée Jeanne d'Arc.

Cette heure est passée depuis longtemps au xviie siècle. Le scepticisme historique de l'âge précédent, l'ingratitude des écrivains monarchiques à l'égard de la vierge de Vaucouleurs, l'influence, cette fois malheureuse, de la Renaissance, ont mutilé et altéré la légende primitive déjà battue en brèche par les calomnies des juges et des historiens anglais. Jeanne est devenue une héroïne romanesque, calquée d'après la Camille de Virgile ou la Clorinde du Tasse. Témoin ce quatrain d'un recueil d'inscriptions publié en 1628 à la gloire de la Pucelle :

> Vous pensez voir quelque fille mignonne
> Aux blanches mains, au poil blond et frisé ;
> Vous vous trompez ; c'est un Mars déguisé
> Ou le portrait d'une fière Bellone.

Une gravure du temps la représente tenant d'une main un mouchoir de grande dame, et de l'autre une épée qu'elle manie comme un éventail. Telle était la Jeanne d'Arc en face de laquelle se trouvait Chapelain. Le travail de résurrection, opéré depuis par l'histoire, restait à faire. La poésie seule pouvait-elle se flatter d'y arriver ? Voltaire lui-même, dans *la Henriade*, appelle encore Jeanne, ainsi que l'avait fait Malherbe,

> . . . . . . Une illustre Amazone
> Vengeresse des lis, et soutien du trône.

On voit quels obstacles rencontrait Chapelain pour replacer son héroïne dans le vrai milieu épique. Il avoue dans sa préface n'avoir en lui que bien peu des qualités requises en un poète héroïque : mais il a la connaissance des règles, et des vues sublimes sur la nature et l'objet de l'épopée.

---

1. Voir *la Poésie patriotique au moyen âge*, chap. xv, p. 389.

Nous n'essayerons pas de le suivre dans ses hautes considérations allégoriques, symboliques, métaphysiques, qui rappellent un peu trop le commentaire de Jean Molinet sur le *Roman de la Rose*, et font du poème une Apocalypse. Tout ce phébus transcendantal est un trompe-l'œil, dont les gens graves ont parfois singulièrement abusé, même de notre temps.

Parmi ses idées sur l'épopée, il en est une où il s'accorde du moins avec Boileau : la nécessité du divin, c'est-à-dire du merveilleux. « Pas de héros, dit-il, en qui ne réside quelque chose de divin ». Mais ici encore un nouvel obstacle se présente. Comment créer ce merveilleux? Associant ses croyances de chrétien à ses souvenirs de poète et d'érudit, il mêlera la magie de la *Jérusalem délivrée*, les fictions et les allégories mythologiques aux dogmes positifs tels que ceux de la *Trinité* et de l'*Incarnation*. Il introduira dans son poème les anges et les démons, les anges combattant pour la France, et le diable pour les Anglais : il nous montrera auprès d'eux la *Terreur*, la *Pudeur*, abstractions réalisées comme le *Fanatisme* et l'*Hypocrisie* dans la *Henriade* de Voltaire. Mais le rationalisme chrétien du XVIIᵉ siècle est peu favorable à ces visions.

Si le merveilleux est difficile, la vérité, la couleur historique sont-elles plus commodes à reproduire? Chapelain, on doit le reconnaître, a essayé de s'en rapprocher le plus possible. Mais sa Jeanne d'Arc, malgré quelques nobles accents et quelques beaux vers, est moins un être vivant qu'un miracle personnifié. Son épopée est la plus raisonnable, la moins romanesque du siècle, mais bien inférieure à l'histoire telle que nous la concevons aujourd'hui. L'auteur a dû faire des concessions aux goûts et aux nécessités du temps. Or l'amour est alors une loi de l'épopée aussi bien que du roman et du drame. La Ménardière, dans sa tragédie de *Jeanne d'Arc*, publiée avant le poème de Chapelain, avait eu l'heureuse idée de faire du rude et brutal Warwick un Céladon soupirant pour la Pucelle, et de celle-ci une autre Astrée. Chapelain a du moins assez de bon sens, assez de respect de la vérité historique pour ne pas infliger à Jeanne un pareil travestissement. Et pourtant, dans ce grave et patriotique sujet, il ne peut s'empêcher de jeter aussi un grain de galanterie. Tous les chevaliers français sont amoureux de Jeanne, comme tous les habitués de l'hôtel de Rambouillet l'étaient de l'incomparable Arthénice. Parmi ces amours, il en est un plus violent que les autres, celui de Dunois. Le naïf auteur ne songe pas qu'il reproduit ici une atroce calomnie répandue par les Anglais, et qu'il prépare les profanations sacrilèges de Voltaire. Loin de là, il croit faire grand honneur à la Pucelle, qui éveille cette passion sans la partager. Le circonspectissime Chapelain ne veut compromettre personne, ni Jeanne la vierge immaculée, ni Dunois l'ancêtre de M. de Longueville, ni Charles VII parce qu'il est roi, ni même Agnès Sorel, qu'il respecte encore à titre de maîtresse royale, de même qu'il respectait Mme de Montespan.

A l'amour, il joint la jalousie. Poursuivi par ses souvenirs de la *Jérusalem délivrée*, il fait d'Agnès une autre Armide dont les sortilèges et les charmes troublent la tête de Charles VII et de Philippe duc de Bourgogne : une Armide moins la grâce, bien entendu, et l'éclat du coloris italien. La princesse Marie, nièce de Philippe, fiancée à Dunois, devient une autre Herminie courant à cheval les aventures et, revêtue de l'armure de Jeanne d'Arc, sauve la vie à son amant infidèle et oublieux. Il y a là toute une partie fantaisiste que Chapelain se croit en droit d'ajouter à l'histoire, comme Virgile ajoutait aux vieilles légendes romaines l'épisode de Didon.

Sans avoir l'imagination bien riche ni bien forte, l'auteur peut cependant revendiquer une faible part d'invention. Mais c'est dans la disposition, dans l'*architectonique* comme il l'appelle, qu'il aime à faire briller sa supériorité : c'est là qu'il montre « l'art de *régir sa machine* avec un jugement solide ». Régir sa machine ! On entend d'ici gémir les grues, les cordes et les poulies. Sur cet échafaud de l'épopée ainsi régulièrement et majestueusement dressé, l'architecte-poëte a posé un certain nombre de personnages empruntés à l'histoire, en y joignant des créations de pure fantaisie.

Malheureusement Chapelain n'a pu retrouver cette baguette magique du Tasse, à l'aide de laquelle le poète et même l'historien, un Michelet par exemple, ont le don d'évoquer les morts. Ses personnages sont de véritables marionnettes épiques sans mouvement et sans vie. On voit bien le fil tenu par l'écrivain, mais les marionnettes ne marchent pas. Il a raison d'avouer dans sa préface qu'il n'a pas toutes les qualités du poète héroïque. L'invocation qu'il adresse aux anges dès le début, en est une preuve trop manifeste :

> Messagers des décrets de l'essence infinie,
> . . . .
> Célébrez avec moi la guerrière houlette,
> Faites prendre à ma voix le son de la trompette,
> Échauffez mon esprit, disposez mon projet,
> Et rendez mon haleine égale à mon sujet.

Son haleine ne le mènera pas loin. Il a déjà je ne sais quoi d'asthmatique et d'empâté dans cet exorde. On peut déclarer que l'auteur n'est guère propre au service de l'épopée.

Pourtant, au milieu de ces platitudes solennelles, un rayon de poésie, parti on ne sait d'où, traverse parfois le fond gris et blafard de l'œuvre. On a souvent noté un passage remarquable sur l'*Éternel*, imité et non surpassé par Voltaire dans sa *Henriade*. Nous en citerons seulement quelques vers :

> Loin des murs flamboyants qui renferment le monde,
> Dans le centre éclatant d'une clarté profonde,
> Dieu repose en lui-même et, vêtu de splendeur,
> Sans bornes est rempli de sa propre grandeur.
> . . . .
> Du pécheur repentant la plainte lamentable
> Seule peut ébranler son pouvoir immuable,
> Et, forçant sa justice et sa sévérité,
> Arracher le tonnerre à son bras irrité [1].

Ces derniers vers sont beaux, si l'on veut, comme était belle dans son genre la strophe sur Richelieu, dont nous avons parlé naguère. Mais n'est-ce pas aller trop loin que d'égaler ici Chapelain à Homère en comparant ce passage à l'allégorie des *Prières* dans l'*Iliade*, ainsi que le fait M. Duchesne?

[1]. Liv. I.

Pour citer quelque autre morceau digne d'attirer les regards, tout au plus trouve-t-on une scène dramatique, telle que celle de Suffolk blessé et fait prisonnier par le jeune Renaud, auquel il demande s'il est chevalier, et, d'un bras défaillant, donnant l'accolade à son vainqueur.

> Toutes fois, répond-il, si tu n'es chevalier,
> Je ne puis sous ton joug ma tête humilier !
> — Non, lui répond Renaud, mon âge te l'envie,
> Mais j'ai prétendu l'être aux dépens de ma vie.
> — Sois-le donc, dit Suffolk.

Cet épisode de la bataille de Patay, resté sans doute dans toutes les mémoires, se rencontre déjà sous une forme plus vive et plus saisissante dans le vieux *Mystère du siège d'Orléans*[1] :

> RENAUD.
>
> Suffort, rends-toi.
>
> SUFFORT.
>   A qui ?
>
> RENAUD.
>   A moi !

Une autre scène touchante est celle où Jeanne d'Arc, à l'exemple de Jésus sur le Calvaire, sent les défaillances suprêmes de l'abandon : Dieu et le roi l'ont laissée seule dans Compiègne, assiégée par les Bourguignons. Elle annonce à ceux qui l'entourent la fin de sa mission :

> Mes succès, leur dit-elle, ont leur borne trouvée :
> Le vouloir du Très-Haut m'a de force privée.
> Vous me croyez en vain propre à vous secourir,
> Je ne suis plus que fille et ne peux que mourir.
> . . . .
> Mes voix, mes saintes voix, désormais sont muettes :
> Cet obstiné silence et ce délaissement
> Éteignent dans mon cœur tout guerrier mouvement.

Cependant elle est prête encore au sacrifice ; mais elle

---

1. Voir *la Poésie patriotique en France au moyen âge*, chap. XV.

déclame en véritable héroïne païenne, en *virago*, sœur de Camille :

> Soit ! dit-elle, un cheval, un harnois, une épée !
> Que de sang bourguignon la terre soit trempée
> Qu'elle le soit du mien ! . . . .
> Allons où nous conduit l'inévitable sort
> Allons où nous conduit l'inévitable mort

Nous préférons la vraie Jeanne d'Arc de l'histoire, s'attendrissant et pleurant à la vue du sang français. Il faut reconnaître néanmoins que les morceaux oratoires sont la partie la plus vivante de *la Pucelle*. Chapelain y apporte une certaine ardeur patriotique. Nous en retrouvons la trace dans cette lettre écrite à Conrart après l'échec de M. de Feuquières à Thionville : « Je ne vous dirai point la douleur que m'a apportée la défaite de notre armée devant Thionville, car elle ne se peut dire ; et c'est à présent que je vous puis assurer que je suis malade, et que mon indisposition de l'autre jour n'était qu'un jeu auprès de celle-ci[1]. » Il éprouve une généreuse compassion pour le brave comte de Feuquières, indignement trahi par la lâcheté de sa cavalerie.

Pourquoi donc, malgré tant de bons et nobles sentiments, tant de travail, d'efforts, une si profonde connaissance des règles, le poème de *la Pucelle* est-il tombé si vite dans un complet discrédit ? Saint-Marc Girardin, dans un accès de mansuétude critique envers ce pauvre Chapelain, en donne une explication ingénieuse et complaisante : « C'est que malheureusement, dit-il, Chapelain est venu dans un temps de révolution pour la langue. Il est venu au moment où la langue n'était pas fixée d'une manière certaine, avant Boileau et avant Racine. Ces fondateurs de notre langue ont détruit, par le style qu'ils ont créé, le style de Chapelain, et comme, dans les ouvrages de littérature, la forme est tout ou presque tout, la forme qui était mauvaise dans Chapelain, a emporté le fond, quelque bon qu'il pût être. » Il est impossible de mieux plaider les circonstances atténuantes en faveur d'un client com-

---

[1] *Lettres manuscr.* de Chapelain, t. I. Bibl. de l'Arsenal.

promis aux yeux de la postérité. La faute en est-elle seulement à la langue? Mais le style de Malherbe antérieur à celui de Chapelain, le style de Corneille qui en est contemporain, n'en ont pas moins duré. *Les Tragiques* de D'Aubigné, avec leur style souvent fruste, heurté, négligé, débordant comme les eaux d'un torrent furieux et égaré, nous intéressent et nous émeuvent encore aujourd'hui. Le vrai, c'est que, pour suffire à une pareille œuvre, il eût fallu un homme de génie, et que Chapelain n'était point cet homme.

CHAPITRE XVI

VICTOIRES ET CONQUÊTES
LE PLEIN MIDI DE LA MONARCHIE

La jeune royauté. — Campagnes de Flandre, de Franche-Comté et de Hollande. — Les *poetæ minores* : Benserade, Gomberville, Pellisson, Mlle de Scudéry, Mme Deshoulières, Perrault.
Les grands poètes : Corneille, Boileau, La Fontaine. — Paix de Nimègue (1678). — La place des Victoires : Apothéose.

I

Après les troubles de la Fronde, nous arrivons à cette période d'épanouissement, de victoires et de conquêtes, qu'on peut appeler le plein midi de la monarchie, suivi de son apothéose : heure de prospérité incomparable, chèrement expiée depuis ! Louis XIV, en mourant, s'accusera lui-même d'avoir trop aimé la guerre, une passion ruineuse, où il épuisera le sang et l'argent de la France. La faute en fut d'abord à ses premiers flatteurs. Tout enfant, il avait vu frapper en son honneur une médaille avec ce titre pompeux : *Puer triumphator*. On lui rapporte toute la gloire de ses généraux :

> Lui, qu'à Rocroy toute la terre
> Vit vaincre aussitôt que régner !

s'écrie l'auteur d'une Mazarinade. Il a dix ans à peine, quand un rimeur complaisant écrit ce quatrain au bas de son portrait :

> Louis, qui nous promet le calme après l'orage,
> Joint déjà des lauriers à ses lis triomphants,
> Et, par des actions plus grandes que son âge,
> Nous apprend que les rois ne sont pas des enfants.

C'est de cet encens qu'on l'enivre dès le berceau. Étonnez-vous ensuite de le voir si naïvement croire à sa propre divinité.

La Providence, en lui ouvrant si large et si facile le chemin de la fortune et de la gloire, lui donne des généraux comme Turenne, Condé, Luxembourg, Vendôme, Catinat pour gagner les batailles ; un Vauban, pour emporter les villes; un Louvois, pour organiser ses armées ; un Colbert, pour créer sa marine, son administration, ses finances, ce nerf de la politique et de la guerre, qui finira par s'user; un Lionne, un Torcy, un Pomponne, toute une génération de diplomates émérites pour appuyer et préparer le succès de ses armes, sans compter les orateurs sacrés et profanes, les poètes français, latins, étrangers, occupés à exalter ses exploits.

Au milieu de ce concert universel en l'honneur du souverain, l'idée de patrie, de nation, s'efface et disparaît devant l'idole monarchique, qui absorbe tout en elle. Déjà Benserade nous l'a montrée dans un ballet allégorique, sous les traits d'un berger prenant possession de sa houlette, au lendemain de la mort de Mazarin :

> Voici la gloire et la fleur du hameau !

« Personne, dit un contemporain, n'avait un si beau port que ce prince, un aspect plus noble, des manières plus aisées. Sa démarche un peu théâtrale eût semblé ridicule dans tout autre. Un Anglais l'a comparé sur ce point à un maître d'armes : d'autres au comédien Baron. » Louis XIV est en réalité un grand acteur prenant son rôle au sérieux, posant devant le monde entier et devant la postérité, avec la conscience et le sentiment de sa grandeur et de sa dignité.

L'amour-propre national était flatté de se voir si bien représenté. L'orgueil même du roi, sa hauteur et sa morgue à l'égard de l'étranger, ne déplaisaient point à ses sujets. La France qui s'incarne alors dans son souverain a, comme lui, sa large part de vanité. Louis XIV entrant en bottes de chasse, un fouet à la main, dans le parlement, faisait un acte de crânerie qui trouvait des admirateurs. On l'admira bien plus encore lorsqu'il exigea de l'Espagne des excuses pour l'injure faite à notre ambassadeur à Londres, le comte d'Estrades, sur lequel l'ambassadeur espagnol, le baron de Watteville, avait prétendu avoir le pas. Philippe IV, à peine sorti d'une guerre désastreuse et se souciant fort peu d'y rentrer, se montra assez sage pour accorder à son gendre la satisfaction demandée. Un quatrain célèbre cette première victoire diplomatique du nouveau règne :

> En vain au premier roi de l'empire chrétien
> Tu veux, superbe Espagne, égaler la couronne :
> Louis, jaloux du droit que son sceptre lui donne,
> Te force à reconnaître et son rang et le tien [1].

L'ambassadeur d'Espagne fut rappelé, et le roi Philippe IV reconnut solennellement le droit de la France à la primauté.

Cette jeune royauté, qui s'annonçait ainsi, acquérait bientôt en Europe un singulier prestige. Tout lui réussit d'abord. Par un coup de bonheur inouï, Louis obtenait de son besogneux voisin Charles II la restitution de Dunkerque, cette autre Calais, restée aux mains de l'étranger. La place, enlevée aux Espagnols par Turenne en 1658, avait été remise aux Anglais, d'après un traité fait avec eux. Louis XIV s'en rendit maître au prix de cinq millions : c'était là une affaire superbe, une économie de sang et même d'argent, enfin une victoire sans combat et un nouveau triomphe de la politique royale :

> Dunkerque, de qui la fortune,
> Malgré les vents et les hivers,
> Porta sur les flots de Neptune
> La terreur partout l'univers,
> Dunkerque est sous notre puissance.
> L'orgueilleuse rend à la France
> Bastions, remparts et vaisseaux :
> Et sans s'être attiré la guerre,
> La plus grande reine des eaux
> Est au plus grand roi de la terre [2].

Dunkerque devait rester ville française, même au jour de nos désastres. La seule vengeance de l'Angleterre sera

---

1. Vers de Régnier Desmarais, secrétaire du duc de Créqui. — 2. De Cailly.

plus tard de la forcer à combler son port, d'où étaient sortis tant de hardis corsaires : elle essayera de la tuer, n'osant plus la conquérir.

Un autre incident, qui réveillait les instincts gallicans de la vieille France, mettait aux prises le gouvernement du roi avec le Saint-Siège. Notre ambassadeur à Rome, le duc de Créqui, s'était vu assailli dans son hôtel par les gardes corses au service du pape. Des coups de feu avaient été tirés sur la voiture de l'ambassadrice, un page tué. Il y avait là offense à la majesté royale, violation du droit des gens. Le pontife, ami de l'Espagne, semblait s'endormir dans une dédaigneuse indifférence. Malgré son titre de roi Très-Chrétien, Louis XIV, pour le réveiller, lui adressa cette lettre comminatoire :

« Nous ne demandons rien à Votre Sainteté en cette rencontre. Elle a témoigné jusqu'ici tant d'aversion à notre personne et à notre couronne, que nous croyons qu'il vaut mieux remettre à sa prudence ses propres résolutions, sur lesquelles les nôtres se régleront. »

En même temps, il renvoyait le nonce sans escorte à la frontière, et demandait à l'Espagne et aux princes italiens un passage qui lui permît de faire avancer, par le Milanais et les États voisins, les troupes françaises vers Rome. La démonstration produisit son effet. Le neveu du pape, le cardinal Chigi, vint en France apporter les excuses de Sa Sainteté. Une pyramide fut élevée à Rome devant la caserne des Corses, avec une inscription rappelant l'injure et la réparation. Édifiée en 1664, elle ne fut abattue que trois ans plus tard, avec la permission du roi. Le même Régnier Desmarais, qui avait célébré naguère l'humiliation de l'Espagne, a consacré dans un quatrain la pénitence infligée à Rome et la clémence du souverain :

> Un même lustre a vu, par même autorité,
> La pyramide à Rome élevée et détruite.
> Rome, connais Louis, et, désormais instruite,
> Redoute sa colère et chéris sa bonté.

Jusqu'ici nous n'avons recueilli que les chuchotements des *poetæ minores* à courte haleine. Une voix plus puissante va se faire entendre, celle du vieux Corneille. Déjà, nous l'avons vu chargé officiellement par Louis XIV de chanter en quatrains et en sizains les exploits du feu roi Louis XIII, pour le recueil des estampes de Valdor. Mais il s'agit de bien autre chose avec le nouveau Sésostris, le roi soleil, dont les rayons inondent le monde entier de leur splendeur. Cette partie des œuvres de Corneille est fort négligée et presque oubliée aujourd'hui. L'éclat incomparable de son théâtre a éclipsé la mémoire de ces pièces de circonstance, dernier fruit de sa vieillesse. L'auteur d'*Agésilas* et d'*Attila* s'y plaint de l'épuisement de sa veine, trop faible pour chanter dignement un si grand roi. Que n'est-il encore aux beaux jours du *Cid* et de sa jeunesse! C'est le cri qui revient sans cesse dans ces éloges, où l'enthousiasme se mêle aux lamentations. De temps à autre cependant, à travers ces défaillances du génie, s'écriant avec don Diègue:

> Ô rage! ô désespoir! ô vieillesse ennemie!

on retrouve encore

> . . . . La main qui crayonna
> L'âme du grand Pompée et l'esprit de Cinna.

L'injure faite à notre ambassadeur près du Saint-Siège a remué son vieux sang gaulois. Après avoir glorifié la Rome de la République et des Césars, il s'étonne que celle des papes ne se contente pas de sa fortune nouvelle, en se faisant l'arbitre de la paix et la sage conseillère des rois. Dans une pièce intitulée *Élégie* ou *Plainte de la France à Rome*, il apostrophe l'orgueilleuse cité d'un ton ironique et sympathique à la fois:

> Je savois bien que Rome élevoit dans son sein
> Des peuples adonnés au culte souverain,
> Des héros dans la paix, des savants politiques,
> Experts à démêler les affaires publiques,
> A conseiller les rois, à régler les États;
> Mais je ne savois pas que Rome eût des soldats.

La France rappelle les services rendus à ses pontifes exilés, dont Louis XIV venait de confisquer provisoirement le

Comtat Venaissin, cette mense pontificale établie en pleine terre française :

> J'ai remis autrefois, en dépit des tyrans,
> Dans leur trône sacré les pontifes errants,
> Et fesant triompher d'une égale vaillance
> Ou la France dans Rome ou Rome dans la France,
> J'ai conservé tes droits et maintenu la foi :
> Et tu prends aujourd'hui les armes contre moi !

Ce n'était pas la première fois que le Saint-Siège avait ainsi témoigné sa reconnaissance. La politique avait mis trop souvent les papes aux prises avec les intérêts de ce monde, et fait d'eux des hommes de parti plutôt que de conciliation. Rappelons-nous les luttes de Louis XII contre Jules II, de Henri IV contre Sixte-Quint et Grégoire XIV.

La voix de Corneille s'enfle subitement comme malgré lui, en évoquant ces grandeurs passées dont Rome n'a pu perdre le souvenir :

> Crois-tu donc être encore au siècle des Césars,
> Où, parmi les fureurs de Bellone et de Mars,
> Jalouse de la gloire et du pouvoir suprême,
> Tu foulois à tes pieds et sceptre et diadème?
> . . . .
> Et tu montrois en pompe aux peuples étonnés
> Des souverains captifs et des rois enchaînés.

Mais les temps sont changés :

> On ne redoute plus l'orgueil du Capitole,
> . . . .
> Et les peuples, instruits de tes douces vertus,
> Adorent ta grandeur, mais ne la craignent plus.

Un autre peuple a ressaisi l'empire du monde :

> Et je suis aujourd'hui ce qu'autrefois tu fus.
> Les lois de mon État sont aussi souveraines,
> Mes lis vont aussi loin que les aigles romaines ;
> Et, pour punir le crime et l'orgueil des humains,
> Mes François aujourd'hui valent les vieux Romains.
> L'invincible Louis, sous qui le monde tremble,
> Ne vaut-il pas lui seul tous les héros ensemble?

La pièce finit par un appel à la clémence et à la justice du monarque chrétien :

> Punis Rome l'injuste, et conserve la sainte.

II

La campagne de Flandre allait bientôt lui offrir un nouveau sujet d'amplification poétique. Tant que vécut Anne d'Autriche, Louis XIV résista aux tentations qui lui venaient de ce côté. Mais quand la mort de Philippe IV eut laissé la monarchie espagnole aux mains d'un enfant débile et maladif, Charles II, l'instinct du conquérant l'emporta. En dépit des renonciations antérieures, et s'autorisant d'un certain droit de *dévolution* particulier aux Pays-Bas, il réclama la Flandre française comme une part légitime de sa femme Marie-Thérèse. Comptant sur le génie militaire de Turenne et stimulé par l'ambition de Louvois, il s'achemina vers une conquête rendue facile par l'absence de garnisons espagnoles. Sous apparence de manœuvres et de jeux guerriers, auxquels s'exerçait le jeune roi, la Flandre fut envahie avant que l'Espagne eût le temps de se reconnaître. Corneille, dans une pièce imitée d'un poème latin du P. Larue, nous montre cette surprise qui retentit, selon le chevalier Temple, comme un coup de tonnerre dans un ciel serein. On eût moins dit une campagne de guerre qu'une promenade de luxe et de plaisir.

> L'Espagne cependant, qui voit des Pyrénées
> Donner ce grand spectacle aux dames étonnées,
> Loin de craindre pour soi, regarde avec mépris
> Dans un camp si pompeux des guerriers si bien mis ;
> Tant d'habits, comme au bal, chargés de broderie,
> Et parmi des canons, tant de galanterie.
> Quoi ! l'on se joue en France, et ce roi si puissant
> Croit effrayer, dit-elle, en se divertissant !
> — Il est vrai qu'il se joue, Espagne, et tu devines ;
> Mais tu mettras au jeu plus que tu n'imagines,
> Et, de ton dernier vol si tu ne te repens,
> Tu ne verras finir ce jeu qu'à tes dépens.

Tournay, Douai, Courtrai ouvrent leurs portes au vainqueur. Lille seule tente un simulacre de résistance.

Ce siège de Lille fut la première action guerrière de Louis XIV : lui-même en avait conçu l'idée, et en revendique l'honneur dans ses *Mémoires*. On le vit passer les nuits au bivouac, et la plupart des jours dans la tranchée. Le poète a soin de le rappeler :

> Il veut de sa main propre enfler sa renommée,
> Voir de ses propres yeux l'état de son armée ;
> Se fait à tout son camp reconnaître à sa voix,
> Visite la tranchée, y fait suivre ses lois.

Ajoutons qu'il a près de lui Vauban, bien que l'auteur s'abstienne de le citer. Ce fut là que s'étant aventuré dans un endroit dangereux, Louis XIV eut un page tué derrière lui. Les soldats le conjuraient de se retirer, lui disant que sa place n'était pas là. Le roi hésitait. A ce moment, le vieux duc de Charost lui ôta son chapeau à plumes trop visible, pour lui mettre le sien sur la tête, et se penchant vers son oreille : « Sire, dit-il, le vin est tiré, il faut le boire ». Louis poursuivit sa marche sans hâter le pas, et sut un gré infini à Charost d'avoir songé à sauver, dans cette circonstance, son honneur plutôt que sa vie.

Corneille avait ses deux fils engagés dans l'armée royale : c'est un fait qu'il n'a garde d'omettre dans la pièce adressée au roi pour son retour de Flandre. Il espère que l'éclat de leurs services rachètera la faiblesse de ses vers :

> Et ce feu, qui sans cesse eux et moi nous consume,
> Suppléera par l'épée au défaut de ma plume.

Le poète, qui attend toujours un bénéfice trop lent à venir, chagrin, découragé, doutant de lui-même, craint de se voir oublié, dédaigné du roi comme du public :

> A force de vieillir, un auteur perd son rang ;
> On croit ses vers glacés par la froideur du sang :
> Leur dureté rebute, et leur poids incommode :
> Et la seule tendresse est toujours à la mode.

Petite pointe contre la jeune école galante des Quinault et des Racine, alors en faveur. Le pauvre grand homme s'excuse d'apporter une si chétive offrande poétique au souverain :

> Grand roi, qui vois assez combien je suis confus,
> Souffre que je t'admire, mais ne te parle plus.

Il n'en reviendra pas moins à la charge pour célébrer de nouvelles victoires, en répétant :

> Poursuis, grand roi, poursuis !

Louis XIV ne demandait pas mieux, et réservait au monde de plus grands étonnements. A la conquête de la Flandre en trois mois, il ajoutait celle de la Franche-Comté en trois semaines : autre surprise encore plus inattendue. Condé, jaloux des exploits de Turenne en Flandre, aspirait à les surpasser. Turenne avait pris Lille en neuf jours pendant l'été ; Condé prit Besançon en deux jours pendant l'hiver, tandis que Luxembourg enlevait Salins. Louis XIV lui-même entrait à Dôle, après quatre jours de siège, et le douzième jour depuis son départ de Saint-Germain. Le Conseil d'Espagne écrivait au gouverneur de cette place que le roi de France aurait dû envoyer ses laquais prendre possession du pays, au lieu d'y aller en personne. Les conquêtes s'opèrent comme de véritables coups de théâtre féeriques, par enchantement. Ajoutons que la politique et l'argent y ont autant de part que les armes. Le gouverneur général de la province devint si traitable qu'il accepta publiquement, après la guerre, une forte pension et le grade de lieutenant général en France. La plupart des pays conquis étaient déjà français de langue et d'esprit. L'effet n'en fut pas moins magique, étourdissant. Tous les rimeurs d'alors se mirent à l'œuvre pour exalter ces merveilles. L'oracle des précieuses, la Sapho du *Grand Cyrus*, Mlle de Scudéry, reprenant la lyre ou la guitare, qui avait chanté jadis les œillets cultivés à Vincennes par le grand Condé, durant sa captivité, consacrait, coup sur coup, deux pièces admiratives à cette prodigieuse campagne d'hiver.

> Les héros de l'antiquité
> N'étoient que des héros d'été :

CONQUÊTE DE LA FRANCHE-COMTÉ. 385

> Ils suivoient le printemps comme les hirondelles;
> La victoire, en hiver, pour eux n'avoit point d'ailes;
> Mais malgré les frimas, la neige et les glaçons,
> Louis est un héros de toutes les saisons.

Un bel esprit académique, bien vu en cour malgré son honorable fidélité à la cause du malheureux Fouquet, Pellisson, nommé historiographe du roi, improvisait cet ingénieux et spirituel dialogue d'*Acante et de Pégase*, se plaignant de ne pouvoir suivre la marche du héros.

ACANTE.

> A mon secours, Pégase! en ce besoin extrême,
> Il me manque un cheval, il faut suivre le roi.

PÉGASE.

> Le suivre! Et quel moyen? Je ne le puis moi-même,
> Non plus que ton bidet ou ton grand palefroi.

ACANTE.

> Tu suivis toutefois le diligent Achille
> Dans le cours glorieux de ses hardis exploits.

PÉGASE.

> D'accord! Mais en dix ans il prenoit une ville;
> En prit-il jamais quatre en la moitié d'un mois?

César, Alexandre ne supportent même pas la comparaison. Si outrée que soit la louange, elle a du moins le mérite d'un tour galant et délicat. C'est tout ce que peuvent inspirer d'ailleurs ces conquêtes sans péril pour la nation.

Les chants des soldats, qui occupent une place si importante dans les guerres du XVIe siècle, sont assez insignifiants alors. Les manuscrits de la Bibliothèque nationale nous ont offert peu de morceaux dignes d'être reproduits. Tout au plus trouverons-nous à citer ce couplet d'un mousquetaire réclamant du roi quelque argent :

> Nous allons par la campagne,
> Plus fiers que des Amadis,
> Menaçant toute l'Espagne
> De la soumettre à vos lis;
> Mais, hélas! de votre épargne
> L'on vous voit seul de Louis.

Et cet autre soudard, habitué à manger la vache et la poule du paysan, gêné par les ordonnances royales qui ont défendu le pillage :

> Si je m'attache auprès du roi,
> Je veux qu'il sache
> De bonne foi,
> Que s'il défend la vache,
> Je m'en vais chez moi [1].

De son côté la cour, déserte et inanimée en l'absence du souverain, réclamait son retour :

> Revenez, grand monarque,
> Nous en avons besoin,
> Vous menez bien la barque,
> Mais elle va trop loin.
> L'été tout à son aise
> Le dieu Mars a son cours ;
> Mais, ne vous en déplaise,
> L'hiver est pour les amours.

Enfin l'Europe, aussi surprise et moins charmée que la France de ces coups de foudre et de ces triomphes inattendus, songeait à en arrêter le progrès. La Hollande, heureuse d'avoir eu jusque-là les Français pour amis, s'effrayait de les avoir pour voisins. Elle s'unit à l'Angleterre et à la Suède pour imposer au vainqueur la paix d'Aix-la-Chapelle (1668). Louis XIV conserva la Flandre, mais restitua la Franche-Comté, quitte à la ressaisir plus tard. L'infatigable Mlle de Scudéry, toujours habile à tourner un compliment, attribue à la modération du roi l'honneur d'une paix devenue pour lui une nécessité.

> Dès que tu fais un pas, l'Europe est en alarmes,
> Et contre l'effort de tes armes
> Rien ne la pourrait soutenir.
> Mais dans un calme heureux tu gouvernes la terre :
> Quand on peut lancer le tonnerre,
> Qu'il est beau de le retenir !

Dans cette courte halte du conquérant, la poésie, disons-le à son honneur, fit entendre à Louis XIV quelques sages

---

1. *Manusc. de la Bibl. nation.*, n⁰ˢ 12618 et suivants.

conseils, qu'il était trop peu disposé à suivre. Déjà un vieux poète du temps de Louis XIII, Gomberville, l'auteur ci-devant fameux du roman de *Polexandre*, voyant le roi partir pour la Flandre, l'engageait, après avoir rendu à la France sa frontière du nord jusqu'au Texel, à s'en tenir là.

> Quand ces justes desseins seront exécutés,
> Ne crois plus ta valeur ni tes prospérités ;
> Mais travaille sans cesse au repos de la terre.
>
> Qu'il soit l'unique objet de tes nobles souhaits !
> Si César doit sa gloire aux malheurs de la guerre,
> Auguste doit la sienne au bonheur de la paix.

Un autre poète plus jeune et plus en vue, connu seulement jusque-là par ses *Satires*, le caustique et malin Despréaux, devenu l'écho et l'interprète de Colbert en lutte secrète avec Louvois, le démon incarné de la guerre, faisait valoir dans une épître au roi les *Avantages de la paix* (1669). L'œuvre était difficile et délicate : il s'agissait de prêcher sans ennuyer, et surtout sans blesser l'amour-propre susceptible d'un jeune vainqueur enivré de ses succès. Les libertés que s'était permises Boileau, dans la *Satire sur l'homme*, en comparant Alexandre au fou l'Angéli, pouvaient le rendre suspect. Avant de sermonner, il songe à divertir le monarque, et lui offre un encens d'une odeur particulière. Alliant l'éloge à la satire, au risque d'égratigner en passant le vieux Corneille, il raille les banalités emphatiques dont usent si volontiers les panégyristes :

> Ce n'est pas qu'aisément, comme un autre, à ton char
> Je ne pusse attacher Alexandre et César.

Corneille, dès 1650, prédisant la grandeur future de Louis XIV, avait mis dans la bouche du Soleil ces deux vers :

> Je lui montre Pompée, Alexandre et César,
> Mais comme des héros attachés à son char [1].

Après Corneille, c'est à Chapelain qu'il s'attaque ; il n'épar-

---

[1]. Prologue d'*Andromède*.

gne même pas son maître vénéré Malherbe, en rappelant la fameuse strophe sur la *Gent qui porte le turban*,

> Et *coupant*, pour rimer, les cèdres du Liban.

Ce ton leste, dégagé, légèrement moqueur, donne à la louange un piquant fait pour plaire à l'esprit ironique de Louis XIV, déjà blasé d'ailleurs par la monotonie des éloges dont on l'accable.

La conversation de Pyrrhus et de Cinéas, double souvenir de Plutarque et de Rabelais, ouvre d'une façon vive et dramatique cette petite homélie politique et morale, où l'auteur a soin de rappeler les victoires du roi :

> Assez d'autres, sans moi, d'un style moins timide
> Suivront au Champ de Mars ton courage rapide ;
> Iront de ta valeur effrayer l'univers,
> Et camper devant Dôle au milieu des hivers.

Par une habile distinction, il fait luire aux yeux du roi une autre gloire digne de le tenter.

> On peut être un héros sans ravager la terre ;
> Il est plus d'une gloire. En vain aux conquérants
> L'erreur, parmi les rois, donne les premiers rangs ;
> Entre les grands héros, ce sont les plus vulgaires.
> Chaque siècle est fécond en heureux téméraires,
> Chaque climat produit des favoris de Mars :
> La Seine a des Bourbons, le Tibre a des Césars.
> On a vu mille fois des fanges Méotides
> Sortir des conquérants Goths, Vandales, Gépides ;
> Mais un roi vraiment roi, qui, sage en ses projets,
> Sache en un calme heureux maintenir ses sujets,
> Qui du bonheur public ait cimenté sa gloire,
> Il faut pour le trouver courir toute l'histoire.

Dans un tableau éclatant, dont Colbert a fourni sans doute les principaux traits, il rappelle les réformes, les travaux et les bienfaits réalisés pendant la paix.

> Je dirai les exploits de ton règne paisible :
> Je peindrai les plaisirs, en foule renaissants,

notamment les fêtes splendides données à Versailles, sous ce nom de *Plaisirs de l'Ile Enchantée* :

> Les oppresseurs du peuple à leur tour gémissants,

LES AVANTAGES DE LA PAIX.   389

allusion à la chambre de justice établie en 1661, pour reconnaître les malversations des traitants obligés à rendre gorge.

> Des subsides affreux la rigueur adoucie,

la taille diminuée de quatre millions,

> Le soldat dans la paix sage et laborieux.

Exacte discipline établie et maintenue parmi les troupes : les soldats employés à des travaux de voirie et de construction.

> Nos grossiers artisans rendus industrieux ;
> Et nos voisins frustrés de ces tributs serviles
> Que payoit à leur art le luxe de nos villes.

Les dentelles de France succédant aux points d'Angleterre ; la manufacture de tapisseries établie aux Gobelins en 1663, celle de glaces et de miroirs à Saint-Gobain en 1666. Autant de conquêtes pacifiques, moins coûteuses et surtout plus durables que celles de la guerre.

> Tantôt je tracerai tes pompeux bâtiments :

la colonnade du Louvre, et Versailles, cette autre folie royale devenue presque aussi ruineuse qu'une guerre. Mais nous sommes encore au début :

> J'entends déjà frémir les deux mers étonnées
> De voir leurs flots unis au pied des Pyrénées.

Belle image nous représentant le percement du canal du Languedoc. Enfin, pour achever le tableau, les pensions distribuées aux hommes de lettres, aux savants, non seulement de France, mais de toute l'Europe, auprès desquels Colbert est le grand dispensateur au nom du roi. Sans admettre avec l'auteur

> Qu'un Auguste aisément peut faire des Virgiles,

il faut reconnaître que le compliment est adroitement tourné, et aussi que Boileau, en cherchant à modérer les ardeurs belliqueuses du jeune monarque, a été ce jour-là mieux qu'un habile courtisan : qu'il a fait acte d'honnête homme et de bon citoyen.

III

Malheureusement les tentations de la gloire, l'appétit des conquêtes et les conseils intéressés de Louvois finirent par l'emporter dans l'esprit du roi. Louis XIV ne pouvait pardonner à la Hollande de l'avoir arrêté dans sa marche envahissante : son orgueil monarchique souffrait de voir cette petite république de bourgeois et de marchands, naguère l'obligée et la protégée de la France, lui barrer le passage. Déjà au traité de Westphalie, en 1648, elle avait paru chancelante dans sa fidélité : c'était là un premier grief. Tous les poètes n'étaient pas aussi sages que Boileau. L'obséquieux Benserade se faisait l'écho et le flatteur de la pensée royale, en lançant au nom de la France, à la Hollande, son alliée, cette apostrophe injurieuse, deux ans avant la déclaration de guerre (1670).

> Peuple né pour servir, que mon bras abandonne
> Comme un fameux exemple à la postérité,
> J'avois brisé les fers de ta captivité,
> Pour donner à ton nom l'éclat de la couronne.
>
> Ingrats, que l'appareil de mes armes étonne,
> Vous vous méconnoissez dans la prospérité :
> Mais je porte les traits de la divinité,
> Le sceptre est dans mes mains, je l'ôte et je le donne.
>
> Si mes augustes mains vous ont fait souverains,
> Mon bras peut terrasser l'ouvrage de mes mains ;
> J'ai fait, je déferai cet État politique.
>
> Craignez l'événement de mes justes projets.
> Si ma protection vous a fait République,
> Ma justice peut bien vous faire encor sujets.

La guerre de Hollande, la plus injuste de toutes celles que fit Louis XIV, fut résolue. Mais il fallait trouver des prétextes : ils ne manquèrent point. Ce fut d'abord l'insolence des gazetiers hollandais, qui se permettaient de narguer le grand roi : puis une prétendue médaille, qui, en réponse à la fière devise *Nec pluribus impar*, opposait cette vive riposte d'un Josué arrêtant le soleil : *In meo conspectu stetit sol*. Cette médaille n'exista jamais, dit Voltaire. Il est vrai que les États avaient cru devoir exprimer, d'une autre façon les heureux effets de la paix d'Aix-la-Chapelle, dont l'honneur revenait surtout à la République. On y célébrait les lois affermies, la religion épurée, les rois secourus, défendus ou réunis, la liberté des mers vengée, l'Europe pacifiée. C'étaient là d'assez beaux titres pour avoir le droit de les rappeler. Cependant les États firent briser le coin de cette médaille pour apaiser le roi.

De formidables préparatifs, comme on n'en avait jamais vu, en troupes, en munitions, en argent, annonçaient l'approche d'un grand orage à l'horizon. La Hollande, qui se sentait menacée, fit tout pour l'écarter, protestant de son attachement et de sa fidélité envers la France, offrant toutes les satisfactions possibles. Les exigences de Louis XIV furent telles que, pour un peuple libre et soucieux de sa dignité, il ne restait plus qu'à combattre.

La petite République batave avait une admirable flotte, et pour la commander le premier marin du siècle, l'intrépide Ruyter, qui avait tenu tête déjà aux escadres réunies de France et d'Angleterre. Mais l'armée de terre, composée de fils de bourgeois et de troupes mercenaires, était incapable de défendre le sol et les remparts confiés à sa garde. La campagne de Hollande fut au début ce qu'avait été la campagne de Flandre, une promenade triomphale. Elle s'ouvrit par une scène de grand apparat, le fameux passage du Rhin, épisode singulièrement enflé, grossi, embelli par la poésie, l'éloquence, les beaux-arts, autant que par les complaisances des courtisans et l'imagination des nouvellistes et des badauds parisiens. Van der Meulen, le peintre des réalités, y donne la place d'honneur à Louis XIV dirigeant l'action de la rive. Lebrun, le peintre d'imagination et de décor, en offre un nouvel exemplaire dans le passage du Granique par Alexandre. Seize ans plus tard, Bossuet rappelle encore, dans l'oraison funèbre de Condé, le passage du Rhin, « ce prodige de notre siècle et de la vie de Louis le Grand ». Depuis Voltaire, on en a bien rabattu sur ce point. Napoléon, expert dans la matière, ne voyait là qu'une opération de quatrième ordre. « L'opinion commune, dit Voltaire, était que l'armée avait passé le fleuve à la nage en présence d'une armée retranchée, et malgré l'artillerie d'une forteresse imprenable appelée le Tholus[1]. » Or il se trouva, en réalité, que ce Tholus si redoutable était une vieille tourelle démantelée, servant de bureau de péage, et gardée par dix-sept soldats. Les troupes retranchées se composaient de quelques cavaliers et de deux faibles régiments d'infanterie sans canons. Quant à l'obstacle du fleuve, il était singulièrement amoindri, un paysan ayant indiqué un gué formé par la sécheresse de la saison sur un bras du Rhin, où l'on avait tout au plus vingt pas à nager, selon le dire de Pellisson lui-même. L'affaire se fût donc passée à l'amiable avec un fleuve accommodant et des troupes qui ne l'étaient pas moins, sans la folie furieuse du duc de Longueville qui, la tête encore échauffée par les fumées d'un souper copieux, se rua, le pistolet au poing, en criant : « Tue ! tue ! » sur des gens inoffensifs tout disposés à se rendre. Ceux-ci ripostèrent par une fusillade très légitime, qui abattit l'imprudent agresseur et quelques gentilshommes avec lui. Autrement on n'aurait eu à déplorer que la perte du comte de Nogent, noyé et emporté par le courant avec quelques cavaliers. Condé, qui côtoyait, dans un bateau de cuivre, en compagnie de son fils le duc d'Enghien, le gros de la cavalerie passant à la nage, reçut en débarquant, sur la rive, une blessure au bras, au moment où il invitait l'ennemi à capituler. Ce furent les seuls accidents sérieux.

Tel est le fond sur lequel Corneille et Boileau vont broder une fantaisie épique plus ou moins réussie. Cette fois encore, l'auteur du *Cid* fait au P. Larue l'honneur de le prendre pour collaborateur, tout en se réservant le droit d'y joindre ses inspirations et ses souvenirs personnels, comme nous le verrons tout à l'heure à propos de son fils. Le récit des faits semble suffire ici sans le secours du merveilleux.

> Le jour à peine luit que le Rhin se rencontre ;
> Tholus frappe les yeux ; le fort de Skink se montre :
> On s'apprête au passage, on dresse les pontons,
> Vers la rive opposée on pointe les canons.

La *Discorde* sonnant, de son cor enroué,
    La fureur des Français et le courroux des cieux ;

---

[1]. *Siècle de Louis XIV*, chap. X.

la *Renommée*, à laquelle le poète confie la gloire du roi :

> Écoute, Renommée, et répète mes vers,

sont ici des métaphores plutôt que des personnages réels ou fictifs. Le P. Larue et Corneille s'en tiennent à l'histoire qu'ils décorent de leurs pinceaux, en associant les temps anciens et modernes. C'est ainsi qu'ils évoquent les ombres de Drusus, de Varus, de Germanicus, du fameux Jean d'Autriche, du cruel Tolède, de l'invincible Farnèse et des vaillants Nassau, pour les inviter à contempler un héros qui les efface tous, c'est-à-dire Louis XIV présidant au passage du Rhin.

Dédaignant l'usage des ponts (qu'il se réserve cependant pour lui-même), il lance sa cavalerie à travers le fleuve :

> Grammont ouvre le fleuve à ces bouillants guerriers ;
> Vendôme, d'un grand roi race tout héroïque,
> Vivonne, la terreur des galères d'Afrique,
> Briole, Chavigny, Nogent et Nantouillet,
> . . . .
> De Termes, et Coaslin, et Soubise, et La Salle,
> Et de Saulx, et Rével ont une ardeur égale.

A ces noms il est heureux d'en joindre un qui lui est cher entre tous, celui de son propre fils :

> . . . . Et peut-être, Grand Roi,
> Avois-je là quelqu'un qui te servoit pour moi :
> Tu le sais, il suffit.

L'hyperbole s'étale ici dans toute sa magnificence, comme sur une toile de Lebrun. A voir le soulèvement des flots qui s'enflent et se dressent en montagnes, la tourmente des vents et de la tempête, le désordre des chevaux qui s'effarouchent et renversent leurs cavaliers, les mourants qui se noient et s'attachent à leurs voisins, on croirait avoir devant les yeux l'armée de Pharaon engloutie dans les gouffres de la mer Rouge. Rien de moins exact. Le passage s'opéra sans grand péril, jusqu'au moment où éclata la fusillade provoquée par l'imprudence de Longueville.

> Je te vois, Longueville, étendu sur la poudre ;
> Avec toi tout l'éclat de tes premiers exploits

> Laisse périr le nom et le sang des Dunois.
> . . . .
> Condé va te venger, Condé dont les regards
> Portent toute Nordlingue et Lens aux champs de Mars.

Ces regards d'aigle que rappellera un jour Bossuet.

> Tous les cœurs vont trembler à votre seul aspect.
> Mais le plomb n'a point d'yeux, et vole sans respect ;
> Votre gauche[1] l'éprouve.

Allusion à la blessure de Condé, la seule qu'il ait reçue dans toutes ses campagnes. Ce n'est pas trop de la Hollande entière pour racheter un tel sang :

> . . . . Allez, Hollande ingrate,
> Plaignez-vous d'un malheur où tant de gloire éclate ;
> Plaignez-vous, à ce prix, de recevoir nos fers ;
> Trois gouttes d'un tel sang valent tout l'univers.

Corneille vieillissant s'accusait lui-même d'insuffisance pour la grandeur et la majesté d'un pareil sujet. Boileau, dans toute la verdeur et l'éclat de son talent, se voyait pressé, sollicité, de s'essayer dans le genre héroïque :

> Osez chanter du roi les augustes merveilles,

dit-il à sa Muse dans la *Neuvième Satire*. Mais l'entreprise l'effraye :

> Tout chantre ne peut pas, sur le ton d'un Orphée,
> Entonner en grands vers la Discorde étouffée ;
> Peindre Bellone en feu tonnant de toutes parts
> Et le Belge effrayé fuyant sur ses remparts.

Prudent et réservé, il a trop de bon sens, de défiance de ses propres forces pour se lancer, à l'exemple du malheureux Chapelain, dans les hasards d'une épopée. C'est simplement un trumeau épique encadré dans une épitre au roi qu'il va nous offrir : un épisode de la campagne de Hollande, et rien de plus ; cet illustre passage du Rhin, dont on fit tant de bruit alors, et qu'on a tant rabaissé depuis.

Le P. Larue et Corneille s'étaient contentés de l'his-

---

1. Main gauche.

toire embellie par la poésie. Boileau, pour élever son œuvre jusqu'à la dignité épique, croit devoir employer le merveilleux païen, fidèle en cela aux théories qu'il a développées dans son *Art poétique*. Tout le monde connaît, pour l'avoir appris dès l'enfance, ce début consacré :

> Au pied du mont Adule, entre mille roseaux,
> Le Rhin tranquille et fier du produit de ses eaux, etc.

Rien qui ressemble moins à la vraie source du Rhin se précipitant du glacier de Rheinwald, comme un taureau, par une ouverture en forme de mufle sauvage, puis traversant la contrée appelée l'*Enfer*, et grossissant parmi les avalanches et les rochers. Au lieu de ces bonds fougueux, nous avons ici un bonhomme de fleuve doucement endormi sur une urne penchante entre les roseaux. Le mont Adule, une paisible montagne, a remplacé le Saint-Gothard et ses onze cimes gigantesques qui versent d'une hauteur de 3000 mètres leurs eaux sur la Suisse, la France et l'Italie. Les roseaux tiennent lieu des neiges éternelles qui couronnent son front. L'excuse de Boileau est qu'il n'a jamais visité ces lieux, malgré son titre d'historiographe du roi, et que les connaissances géographiques de son temps laissaient fort à désirer.

C'est dans cette tranquille retraite que les Naïades craintives viennent, du fond de la Hollande, annoncer au Fleuve leur père l'arrivée d'un héros conduit par la victoire :

> Il a de Jupiter la taille et le visage;
> Et, depuis ce Romain dont l'insolent passage
> Sur un pont, en deux jours, trompa tous les efforts,
> Jamais rien de si grand n'a paru sur tes bords.

Le double souvenir de Jupiter et de Jules César, associant l'histoire à la mythologie, ne pouvait que flatter l'orgueil de Louis XIV, et répondait au goût du temps.

Par une de ces métamorphoses dont l'*Énéide* lui avait fourni l'exemple, Boileau nous montre le Rhin se levant tout à coup, essuyant sa barbe limoneuse et prenant la figure d'un vieux guerrier, pour aller réveiller le courage de ses défenseurs. Il leur rappelle ce titre d'*arbitres des rois*, que les États de Hollande s'étaient arrogé au temps de la paix d'Aix-la-Chapelle, et les fait rougir de leur pusillanimité :

> Laissez là ces mousquets trop pesants pour vos bras ;
> Et la faux à la main, parmi vos marécages,
> Allez couper vos joncs et presser vos laitages ;
> Ou, gardant les seuls bords qui vous peuvent couvrir,
> Avec moi, de ce pas, venez vaincre ou mourir.

Bien que la forme oratoire ne manque ici ni de vigueur ni d'éclat, elle nous semble inférieure peut-être à l'apostrophe de Corneille invoquant le souvenir des anciens libérateurs de la Hollande, les Guillaume et les Maurice, alliés de Henri le Grand :

> Voyons, il en est temps, fameux républicains,
> Nouveaux enfants de Mars, rivaux des vieux Romains,
> Tyrans de tant de mers, voyons de quelle audace
> Vous détachez du toit l'armet et la cuirasse,
> Et rendez le tranchant à ces glaives rouillés,
> Que du sang espagnol vos pères ont souillés.

Dans le récit du passage, le tableau tant soit peu confus et désordonné de Corneille est peut-être aussi plus animé, plus vivant que la savante et harmonieuse composition de Boileau. Celui-ci veut surtout mettre en relief le roi, auquel revient l'honneur de la journée.

> Ils marchent donc au fleuve, où Louis en personne
> Déjà prêt à passer, instruit, dispose, ordonne.
> Par son ordre, Grammont le premier dans les flots
> S'avance, soutenu des regards du héros.

Puis défilent Lesdiguières, Vivonne, Nantouillet, Coislin, Salart, Vendôme, La Salle, Beringhen, Nogent, Cavois, etc. On juge de quel prix était pour chacun d'eux l'honneur de figurer dans un hémistiche du poète, auprès du roi. Mais c'est toujours le roi qui domine et dirige l'action :

> Louis, les animant du feu de son courage,
> Se plaint de sa grandeur qui l'attache au rivage.

Un vers flatteur qu'on a retourné depuis contre le monarque, mais à grand tort, selon nous. Louis XIV pouvait-il et devait-il se jeter à l'eau comme un simple mousquetaire? Un tel acte, ainsi que l'a dit Henri Martin, eût été une témérité inutile et folle. Le danger public et l'honneur de l'armée n'exigeaient pas un pareil enjeu, qui eût pu coûter cher à la France. Qu'on se figure le gouvernement tombant tout à coup aux mains d'une régente ou du duc d'Orléans. Louis XIV fit donc bien d'attendre la construction d'un pont de bateaux, pour traverser lui-même. Sans doute Alexandre s'était lancé le premier au passage du Granique, comme Henri IV se jetait dans la mêlée d'Arques et d'Ivry, comme Bonaparte saisissait le drapeau au pont d'Arcole. Mais les circonstances n'étaient pas les mêmes, et Louis XIV avait d'autres raisons pour se ménager.

Le poète est tant soit peu embarrassé de ce personnage du Rhin assistant à sa propre défaite, fleuve et dieu tout à la fois. Pour lui tenir compagnie, il fait venir Mars et Bellone marchant sur les pas de Grammont. Les décharges de mousqueterie ne lui paraissent pas non plus chose facile à mettre en vers, si l'on veut rester dans le style noble de l'épopée :

> Du salpêtre en fureur l'air s'échauffe et s'allume,
> Et des coups redoublés tout le rivage fume.
> Déjà du plomb mortel plus d'un brave est atteint.

Il reste ici dans les généralités, et ne nous parle ni de la mort du jeune duc de Longueville, qui inspire à Mme de Sévigné une page si touchante, ni de la blessure de Condé honorée par Corneille d'un vers immortel. Pourtant Boileau ne pouvait oublier le héros dont il était l'hôte et le protégé à Chantilly. Le Rhin tremble en apprenant tout à coup

> . . . . qu'Enghien et Condé sont passés ;
> Condé dont le seul nom fait tomber les murailles,
> Force les escadrons, et gagne les batailles.

Mais l'auteur se souvient que le roi, jaloux de sa gloire, n'aime guère à la partager : c'est devant lui que le dieu du fleuve recule et s'enfuit :

> Le dieu lui-même cède au torrent qui l'entraîne,
> Et seul, désespéré, pleurant ses vains efforts,
> Abandonne à Louis la victoire et ses bords.

Après ce court épanchement épique, Boileau revient au ton de l'épître et à ses plaisantes malédictions contre les noms hollandais si rebelles à la rime, noms d'hommes comme Wurtz, noms de villes comme Skink.

> Finissons, il est temps : aussi bien si la rime
> Alloit mal à propos m'engager dans Arnheim,
> Je ne sais pour sortir de porte qu'Hildesheim.

L'homme d'esprit l'emporte sur le poète, qui n'est pas dupe de son enthousiasme, ni de ses enluminures allégoriques. Il sent bien au fond tout ce qu'elles ont d'artificiel et de convenu, comme le merveilleux du *Lutrin*. Mais quoi qu'on fasse, même quand on est l'intègre et sincère Boileau, le genre laudatif, aussi bien que l'oraison funèbre, a ses exigences et ses périls. Le confident de Colbert, l'ami déclaré de la paix, se laisse éblouir par le mirage de la gloire, et donne au roi un rendez-vous imprudent :

> Assuré des beaux vers dont ton bras me répond,
> Je t'attends dans deux ans aux bords de l'Hellespont.

Il oublie que, dans sa *Première Epître*, il narguait les poètes conquérants en route pour Memphis et Byzance, sur les pas de Malherbe :

> N'avons-nous pas cent fois en faveur de la France,
> Comme lui dans nos vers, pris Memphis et Byzance ?

Un vieux refrain démodé et suranné. Mais de l'Hellespont à Byzance il n'y a pas loin.

Or Louis XIV n'avait nul besoin d'être stimulé, tout au contraire. Cette guerre de Hollande, par ses succès inouïs au début, avait troublé la tête du monarque, en lui inspirant une confiance illimitée dans son propre génie.

« Le roi, dit Saint-Simon [1], s'appropriait tout et se persuadait qu'il était plus grand capitaine qu'aucun de ses généraux : à quoi les généraux se prêtaient eux-mêmes pour lui plaire. De là ce goût des sièges, afin d'étaler sa capacité et de vanter ses fatigues, auxquelles son corps ro-

---

1. Après la campagne de 1672.

buste était merveilleusement propre. Le roi ne souffrait ni de la faim, ni de la soif, ni du froid, ni du chaud, ni de la pluie, ni d'aucun mauvais temps. De plus, il était très sensible à entendre admirer le long des camps son grand air, sa bonne mine, son adresse à cheval, et tous ses travaux. »

C'est ainsi qu'il s'attribue l'honneur de la prise de Maëstricht en oubliant Vauban, et ordonne à Colbert de lui envoyer son peintre (Van der Meulen) pour peindre *son siège*, comme il l'appelle. Le vieux Corneille se remet à l'œuvre pour composer un sonnet inséré dans le *Mercure galant* de 1674.

> Grand roi, Mastricht est pris, et pris en treize jours :
> Ce miracle était sûr à la haute conduite,
> Et n'a rien d'étonnant que cette heureuse suite
> Qui de tes grands destins enfle le juste cours.
>
> La Hollande, qui voit du reste de ses tours
> Ses amis consternés et sa fortune en fuite,
> N'aspire qu'à baiser la main qui l'a détruite,
> Et fait de tes bontés son unique recours.

Heureusement pour son honneur, elle songeait à mieux qu'à baiser la main du vainqueur : au moment où elle semblait perdue, elle se sauvait par un effort désespéré en rompant les digues, ouvrant les écluses, et rendant à l'océan ce sol conquis sur les flots. Une révolution soudaine, où les frères de Witt, nobles et innocentes victimes, payaient de leur sang les malheurs de la patrie, substituait à la République le stathoudérat de Guillaume d'Orange, et opposait à Louis XIV un adversaire implacable, dont la fortune allait balancer celle du grand roi. Menacé de se voir englouti dans sa propre conquête, Louis comprit la nécessité de la retraite, et songea à se dédommager sur l'Espagne, en saisissant la Franche-Comté, qu'il ne lâcha plus.

Une nouvelle guerre, plus acharnée, plus violente, alimentée par la triple alliance de la Hollande, de l'Espagne et de l'Empire, s'engageait sur les bords du Rhin, où Turenne, par de savantes manœuvres, arrachait l'admiration de son digne rival Montecuculli. Condé, de son côté, envahissant le Hainaut, livrait la sanglante bataille de Senef (1674).

> Je vois Condé, prince à haute aventure,
> Plutôt démon qu'humaine créature :
> Il me fait peur de le voir plein de sang,
> Souillé, poudreux, qui court de rang en rang.
> Le plomb volant siffle autour sans l'atteindre
> Le fer, le feu, rien ne l'oblige à craindre[1] !

Qui donc écrit de cette plume alerte et vive sur les événements et les personnages du temps? C'est La Fontaine, le bonhomme rêveur et distrait qui ne va guère à Versailles, qui n'est point inscrit sur le registre des pensions et des faveurs royales, mais qui n'en est pas moins sensible aux grandeurs et aux misères de son pays. Nul peut-être n'est mieux au courant que lui de tout ce qui se fait ou se dit, et n'en parle plus volontiers dans ses *Épîtres*, dans ses *Fables* et partout, sous toutes les formes, ayant son mot à l'adresse des grands et des petits, des peuples et des rois. Dès le commencement de la guerre (1672), il lançait contre les Hollandais un virelai, du reste assez médiocre.

> A vous, marchands de fromage,
> Salut, révérence, hommage.
> . . . .
> C'est vous, pêcheurs de haran,
> C'est vous, vendeurs de safran,
> Qui prétendez d'un fromage
> Faire au Soleil un écran[2] ?

Il y revient encore dans sa fable *le Soleil et les Grenouilles*.

> Grenouilles doivent se taire,
> Et ne murmurer pas tant.
> Car si le Soleil se pique,
> Il le leur fera sentir ;
> La République aquatique
> Pourrait bien s'en repentir[3].

Honoré de l'amitié de Turenne, avec lequel il se plaisait à causer de Marot, La Fontaine suivait plein d'une anxieuse

---

1. Épître à M. de Turenne. — 2. *Œuvres diverses*. — 3. Liv. XII, fable XXIV.

admiration cette brillante campagne de 1674, qui portait
au comble la gloire du grand capitaine, et il lui adressait
coup sur coup deux *Épîtres*.

> Hé quoi ! seigneur, toujours nouveaux combats !
> Toujours dangers ! Vous ne croyez donc pas
> Pouvoir mourir ? Tout meurt, tout héros passe.
> Cloton ne peut vous faire d'autre grâce
> Que de filer vos jours plus lentement :
> Mais Cloton va toujours étourdiment.
> Songez-y bien, si ce n'est pour vous-même,
> Pour nous, seigneur, qui sans douleur extrême
> Ne saurions voir un triomphe acheté
> Du moindre sang qu'il vous auroit coûté.

Ces tristes pressentiments devaient se réaliser bientôt. Le 27 juillet 1675, Turenne tombait mortellement atteint d'un coup de canon à Salzbach. Sa mort fut un deuil vraiment national, tel qu'on n'en avait pas vu depuis longtemps. Du Rhin à Paris, son cercueil voyagea lentement entre deux haies du peuple en larmes. On connaît l'anecdote racontée par Mme de Sévigné sur ce fermier champenois qui voulait résilier son bail, parce que, M. de Turenne étant mort, les alliés allaient entrer en France. Le roi, renouvelant pour lui des honneurs rendus jadis à Du Guesclin, décida qu'il serait enseveli dans les caveaux de Saint-Denis. Des plumes et des voix éloquentes, celles de Mme de Sévigné, de Saint-Évremond, de Mascaron, de Fléchier, se firent l'écho de la douleur publique. « Turenne meurt : tout se confond, la fortune chancelle, la victoire se lasse, la paix s'éloigne, les bonnes intentions des alliés se ralentissent [1]. » Cependant, il faut l'avouer, la poésie n'a rien trouvé alors qui égale les beaux vers d'Eustache Deschamps dans sa ballade sur Du Guesclin :

> Estoc d'honneur et arbre de vaillance,

avec ce refrain mélancolique :

> Pleurez, pleurez, fleur de chevalerie [2] !

---

1. Fléchier, *Oraison funèbre de Turenne*. — 2. Voir *Poésie patriotique au moyen âge*, chap. XIII.

Le maigre sizain de Chevreau[1] est un faible hommage rendu au héros :

> Turenne a son tombeau parmi ceux de nos rois ;
> Il obtint cet honneur par ses fameux exploits.
> Louis voulut ainsi couronner sa vaillance,
> Afin d'apprendre aux siècles à venir
> Qu'il ne met point de différence
> Entre porter le sceptre et le bien soutenir.

A part le dernier vers assez heureux, c'est encore à La Fontaine que revient l'honneur d'avoir écrit, par anticipation, dans son *Épître,* la meilleure des épitaphes.

> Turenne eut tout : la valeur, la prudence,
> L'art de la guerre et les soins sans repos.
> Romains et Grecs, vous cédez à la France :
> Opposez-lui de semblables héros.

IV

Cependant Louis XIV, privé du secours de Turenne mort, et de Condé retiré à Chantilly, commençait à se lasser de ces luttes sans fin qui allaient ameuter contre lui toute l'Europe, et songeait à la paix. La Fontaine s'est fait l'interprète de ces vœux communs au roi et à la nation, dans la fable *Un animal dans la lune.* Il y invoque l'intervention de Charles II comme médiateur :

> Cependant s'il pouvoit apaiser la querelle,
> Que d'encens ! Est-il rien de plus digne de lui ?

Enviant le sort de l'Angleterre, moins satisfaite que son roi d'une inaction qui lui pèse, il s'écrie :

> O peuple trop heureux ! quand la paix viendra-t-elle
> Nous rendre, comme vous, tout entiers aux beaux-arts[2] ?

Ailleurs, dans *le Pouvoir des fables,* il écrit à M. de Barillon, notre ambassadeur à Londres :

> Empêchez qu'on ne nous mette
> Toute l'Europe sur les bras[3].

---

1. Précepteur du duc du Maine. — 2. *Fables,* liv. VII, xviii. — 3. Liv. VIII. fab. iv.

Mais la triple alliance de la Hollande, de l'Espagne et de l'Empire, entretenue par l'hostilité opiniâtre de Guillaume d'Orange, persistait dans son opposition. A ce moment, et par une exception bien rare, le commerce de Paris avait offert libéralement au roi de l'argent, pour continuer la guerre. Par un coup de politique habile, Louis répondit qu'il n'en avait pas besoin. Corneille s'est chargé de perpétuer, dans une *Épître au roi*, cette mémorable réponse :

> Reprenez ces présents dont l'offre m'est si chère;
> Si je les ai reçus, c'est en dépositaire,
> Et je saurai, sans eux, dissiper les complots
> Que la Triple Alliance oppose à mon repos.

Quand le roi se décide à partir pour la nouvelle campagne de 1676, Corneille lance encore cette apostrophe aux ennemis conjurés, qui ont repoussé toutes les propositions de paix :

> Obstinés ennemis de nos plus doux souhaits,
>   Qu'enorgueillit une Triple Alliance,
> Jusques à dédaigner les bontés de la France!
> Que de pleurs, que de sang, que de cuisants regrets,
>   Va vous coûter ce refus de la paix!
> . . . .
> La guerre punira ceux qui veulent la guerre.

La prophétie devait s'accomplir. Cette paix que Louis XIV avait inutilement demandée à la raison des alliés, il allait l'imposer par de nouvelles victoires. Le traité de Nimègue (1678) marque l'apogée de sa puissance et de sa fortune : il est dans la vie de Louis XIV ce que sera celui de Tilsitt dans la vie de Napoléon Ier. Corneille reprend encore une fois son luth pour chanter cette paix triomphante, objet de ses vœux.

> Une ligue obstinée aux fureurs de la guerre
> Maintenoit contre toi jusques à l'Angleterre :
> Ses projets tout à coup se sont évanouis,
> Et pour toute raison : *Ainsi le veut Louis.*
> . . . .
> Ce n'est point une paix que l'impuissance arrache,
> Pour la donner à tous ne consulter que toi,
> *C'est la résoudre en maître, et l'imposer en roi.*

On reconnait ici la touche magistrale du vieux Corneille.

Louis XIV nage alors au milieu des ivresses et des splendeurs de l'apothéose. Arrivé à ce degré de puissance et de prospérité, il est bien difficile à l'homme de garder l'équilibre de la raison, de rester dans les limites de la modération et de l'équité. Les plus sages y réussissent à peine. Que pouvait-il en être pour un prince adulé, encensé dès le berceau? Au lendemain du traité de Nimègue, ces conquêtes en pleine paix, faites sans résistance, ces chambres de réunion qui restituent à la France le sol primitif de l'ancienne Gaule, l'Alsace avec Strasbourg, le pays Messin, la Franche-Comté tout entière, ces hommages rendus par les princes souverains d'Allemagne comme feudataires, devaient exciter la convoitise et l'appétit croissant de ce grand accapareur d'héritages.

> Du haut sommet des cieux,
> Tu vois, grand Charlemagne,
> L'ainé de tous tes neveux
> Reprendre, chaque campagne,
> En Flandres, en Allemagne,
> Le bien de ses aïeux [1].

Louis XIV se proclame l'héritier de Charlemagne : c'est à ce titre qu'il peut rêver un moment la couronne impériale. Le marquis de Brandebourg, l'ancêtre des rois de Prusse, promet de l'aider dans cette entreprise, et reçoit même de l'argent comme prix de son courtage électoral. Il ne songeait pas alors que ses descendants réclameraient un jour cette couronne pour eux-mêmes, et viendraient la chercher à Versailles. Étrange retour des choses d'ici-bas !

En même temps, le corps de ville de Paris, après avoir élevé les deux arcs de triomphe aux portes Saint-Denis et Saint-Martin, lui décernait le titre de *Louis le Grand*, devenu obligatoire dans tous les actes et décrets publics. Le bombardement d'Alger par Duquesne portait son nom au-dessus de celui de Charles-Quint. Mme Deshoulières oubliait ses brebis pour célébrer cette victoire de la croix sur le croissant.

> Peuples d'Alger, franchement dites-moi
> De Charles-Quint, que mit en désarroi

---

1. *Nouveau Siècle de Louis XIV*, t. II.

… Votre valeur aussi bien que l'orage,
Ou de Louis, qui sut vous corriger,
Quel est plus grand, plus vaillant et plus sage?
Bien mieux que nous vous en pouvez juger :
Mosquée et tours gisent sur le rivage.

Le pape Innocent XI lui-même protestait en vain contre la toute-puissance du monarque, établissant ses droits régaliens dans l'assemblée de 1682, et s'attirait cet avis :

> Pourquoi, chagrine Sainteté,
> Troubler notre monarque ?
> Vous recevez de sa bonté
> Tous les jours quelque marque ;
> Vous avez tort de tourmenter
> Le vainqueur de la terre ;
> Car si le coq vient à chanter,
> Il fera pleurer Pierre [1].

Le doge de Gênes, à son tour, dut se rendre à Versailles pour s'excuser d'avoir fourni de la poudre et des boulets aux Algériens. Tout étonné qu'il fût de se voir en ce lieu et dans cette posture devant le grand roi, il recevait de Mlle de Scudéry ce salut consolateur :

> Allez, doge, allez sans peine
> Lui rendre grâce à genoux :
> La République romaine
> En eût fait autant que vous [2].

Pas à l'époque des Scipion et des Marius, alors que Rome, comme le rappelait naguère Corneille, faisait marcher

> Un simple citoyen sur la tête des rois [3].

Enfin, l'installation de la place des Victoires, organisée par le duc de la Feuillade, constituait un véritable culte public en l'honneur du souverain divinisé. Jamais pareille apothéose ne fut accordée, même aux Césars romains, de leur vivant. « J'y étais, dit Saint-Simon, et je conclus par les honneurs dont je fus témoin, que, sans la crainte du

---

1. *Nouveau Siècle de Louis XIV*, t. II. — 2. *Le Doge de Gênes à Paris ou la Fauvette à Sapho*, 15 avril 1685. — 3. *La Plainte de France à Rome*.

diable que Dieu a laissée à ce roi dans ses plus grands désordres, il se serait fait adorer et aurait trouvé des adorateurs. » Tel était le monument décrit par un contemporain. « Louis XIV avait treize pieds de haut, mais il était dominé par la statue de la Victoire qui, un pied posé sur un globe, couronnait de lauriers la tête du roi, et portait de l'autre main des branches d'olivier. Le roi tenait sous son pied un Cerbère à trois têtes désignant les trois puissances qui s'étaient alliées contre lui. Aux quatre coins du piédestal en marbre blanc, étaient attachés des esclaves qui représentaient toutes les nations de l'Europe enchaînées. » Cette glorification du monarque était une insulte à toute l'Europe, qui devait s'en venger plus tard.

Enfin on avait gravé devant lui en lettres d'or : *Viro immortali*. L'ordre du service était ainsi réglé :

« 1° Une compagnie des gardes françaises devait monter la garde tous les jours au pied du monument : chaque matin en arrivant, il lui était ordonné de saluer de l'esponton la statue du roi.

« 2° On avait pratiqué une voûte souterraine par laquelle on arrivait du couvent des Saints-Pères jusque sous les pieds de la statue, et les Révérends Pères étaient tenus d'y dire la messe tous les jours.

« 3° Les quatre angles du monument étaient ornés de trois colonnes de marbre portant un grand fanal de bronze doré, qui répandait la lumière sur la statue pendant toutes les nuits[1]. »

C'est au milieu de ce délire universel que Charles Perrault, l'adversaire des anciens et l'admirateur passionné des modernes, vient lire à l'Académie française son poème du *Siècle de Louis le Grand*. L'orateur, par une tactique habile, intéressait l'amour-propre du roi au succès de sa thèse. Qui se fût permis de le contredire lorsqu'il s'écriait :

> Quel siècle pour ses rois, des hommes révéré,
> Au siècle de Louis, peut être comparé ?
> De Louis, qu'environne une gloire immortelle ;
> De Louis, des grands rois le plus parfait modèle ?

---

1. La Rochefoucauld-Liancourt, *Études littéraires et morales sur Racine.*

Il fallait applaudir, même en trouvant les vers assez médiocres, à moins d'avoir fait comme Boileau, d'être sorti au milieu du discours. Et aussi quand l'auteur ajoutait :

> De trois vastes États les haines déclarées
> Tournent contre lui seul leurs armes conjurées.
> Il abat leur orgueil, il confond leurs projets,
> Et pour tout châtiment leur impose la paix.

L'Académie mettait alors au concours d'éloquence cette question : « Quelle est de toutes les vertus du roi celle qui mérite la préférence ? » Louis XIV eut le bon sens de s'opposer à ce concours.

Nous avons vu le midi radieux, le point culminant du règne : les ombres et les points noirs vont bientôt apparaître à l'horizon.

CHAPITRE XVII

LES POINTS NOIRS : VICTOIRES ET DÉFAITES.

Révocation de l'édit de Nantes (1685); chants de triomphe et de douleur. — Ligue d'Augsbourg : réponse à l'Europe : prologue d'*Esther* dans Racine. — Prise de Philipsbourg par le dauphin (1688). — Incendie du Palatinat : vers de La Fontaine. — Victoire de Luxembourg à Fleurus. — Victoire navale de Tourville. — Victoire de Catinat à Staffarde : chansons sur le duc de Savoie. — Départ du roi pour l'armée de Flandre : prise de Mons (1691). — Désastre de la Hogue (1692). — Mort de Louvois. — Prise de Namur (1695) : ode de Boileau. — Victoires de Steinkerque, de Nerwinde, de la Marsaille. — Plaintes de la France épuisée : Victoire et famine. — Paix de Ryswick (1697).

I

Le point noir initial, fruit de l'orgueil et de l'ivresse qu'inspire le pouvoir absolu, fut la *révocation de l'édit de Nantes* : première faute, qui devait avoir des suites irréparables pour la France et pour la monarchie. Louis XIV avait eu jusque-là une double passion, celle de la gloire et du plaisir. Une autre passion allait s'éveiller en lui plus intense, plus redoutable et plus ruineuse par les conséquences, celle de la dévotion associée aux exigences et aux emportements d'un despotisme intolérant. Non content d'avoir les corps et les biens, il voulut encore asservir les âmes et les consciences de ses sujets, pour appliquer la grande maxime unitaire et monarchique :

Un Dieu, un roi, une loi, une foi.

C'était pour lui le couronnement de l'édifice tel qu'il l'avait rêvé : ce fut la première cause de son ébranlement et de sa chute.

Henri IV, bien autrement pénétré de l'esprit et des besoins de la société moderne, avait mis fin à l'abominable folie des guerres religieuses, en proclamant l'*édit de Nantes* : pacte solennel de tolérance et de liberté. Richelieu l'avait sanctionné après la prise de la Rochelle, ayant achevé de tuer le protestantisme comme parti politique, mais le laissant subsister comme parti religieux, absorbé et fondu désormais dans la masse de la nation, et aussi dévoué qu'elle à la royauté.

Néanmoins Louis XIV, imbu et jaloux de sa toute-puissance, n'aimait pas plus les huguenots que les jansénistes et les libertins. Il leur prêtait volontiers un esprit d'opposition au moins latente ou possible. Le pasteur Claude ne lui plaisait guère plus que le docteur Arnauld son rival, ou que ce fou de Bussy-Rabutin, tour à tour flagorneur et satirique, qu'il envoyait à la Bastille. Bientôt il allait envoyer les protestants aux galères, ce qui était plus grave encore. Oubliant les services rendus par eux dans ses armées, sur sa flotte, avec Duquesne, le vainqueur de Ruyter, dans toutes les branches de l'administration, dans l'industrie et le commerce, il ne se souvenait plus que de leurs résistances passées. « Mon aïeul, disait-il, les a aimés, mon père les a craints : moi, je ne les crains ni ne les aime. »

Tant que vécut Colbert, le roi différa et adoucit ces mesures draconiennes contre une population honnête, active, laborieuse, dont le grand ministre avait pris la défense, dans l'intérêt même du royaume, au risque de se rendre suspect d'hérésie. Lui mort, son rival Louvois, le mauvais génie du règne[1] malgré ses talents et ses services incontestables, l'homme de la guerre et des violences, fut heureux de trouver là une occasion d'allumer les colères du souverain, et d'occuper ses dragons à maltraiter les dissidents. Son père, le chancelier Le Tellier, un fanatique à froid, entonnait à ses derniers moments le *Nunc dimittis* du vieux Siméon, pour remercier Dieu d'avoir pu signer, avant de mourir, cet édit de proscription, qui vouait à la

1. Mme de Maintenon écrit, dans une lettre du 3 août 1680 : « Le roi avoue que M. de Louvois est un homme plus dangereux que le prince d'Orange ; mais c'est un homme nécessaire ».

prison, aux galères et à l'exil des milliers de victimes innocentes. Et tel est l'aveuglement, l'illusion du temps, que les esprits les plus sages, les âmes les plus charitables et même les plus indifférentes approuvent la conduite du roi.

Ce ne sont pas seulement les orateurs sacrés comme Bossuet, Bourdaloue, Fléchier, Fénelon, qui célèbrent la victoire de l'Église : mais des poètes mondains et profanes, tels que Mme Deshoulières, une bergère libre penseuse devenue féroce dans son admiration; La Fontaine lui-même, un épicurien tolérant et insouciant, l'ami des Vendôme et de la morale facile, qui s'avise d'être orthodoxe et, en expiation de ses *Contes*, chante la *Révocation* comme un glorieux exploit du monarque.

> Les deux mondes sont pleins de ses actes guerriers;
> Cependant il poursuit encor d'autres lauriers :
> Il veut vaincre l'erreur; cet ouvrage s'avance ;
> Il est fait : et le fruit de ces succès divers
> Est que la vérité règne en toute la France,
> Et la France en tout l'univers [1].

Mme de Sévigné, l'aimable rieuse qui ne manque pas de cœur cependant, écrit à ce sujet, toute consolée d'avance : « C'est la plus grande et la plus belle chose qui ait été imaginée et exécutée [2] ». Cela fait bien sans doute dans l'encadrement monarchique. La Bruyère, le froid et sagace observateur, si maître de lui, cède à l'entraînement général, lorsque, parlant de Richelieu, dans son chapitre *Du Souverain ou de la République*, il dit : « Il a eu du temps de reste pour entamer un ouvrage continué ensuite et achevé par l'un de nos plus grands et de nos meilleurs princes, l'extinction de l'hérésie. » — Richelieu, qui blâmait comme une folie l'expulsion des Mores d'Espagne, eût-il approuvé cette dépopulation de la France se privant elle-même de ses meilleurs citoyens? Il est permis d'en douter. — Enfin Quesnel, l'apôtre errant du jansénisme, bientôt forcé, lui aussi, de prendre le chemin de l'exil, sans pitié pour des compagnons d'infortune, écrit le 25 octobre 1685 : « Je ne puis m'empêcher de vous témoigner l'agréable surprise

---

1. Lettre à M. de Bonrepaux, 28 janvier 1686. — 2. Lettres des 28 oct. et 24 nov. 1685.

que nous avons eue en apprenant la déclaration qui révoque l'édit de Nantes. *C'est un coup digne du plus grand roi du monde, et il n'a encore rien fait qui approche de cette grande action.* » — Peut-on s'étonner ensuite que Louis XIV en vienne aisément à se croire un autre Constantin, quand les jansénistes eux-mêmes lui décernent ce titre.

De toutes les approbations, la plus tiède peut-être fut celle du pape, que ses rancunes politiques allaient pousser dans la ligue d'Augsbourg. En revanche, la révocation trouva un versificateur enragé pour la célébrer dans un poëme en six chants, publié en 1685 et réimprimé, chose curieuse, en 1826. Un sieur Lenoble, procureur au parlement de Metz, pris d'une inspiration soudaine comme l'ânesse de Balaam, s'est mis à chanter cette grande victoire du roi. C'est au Saint-Esprit qu'il s'adresse :

> Chante-nous de Louis la pieuse entreprise,
> Ses travaux consacrés aux progrès de l'Église,
> Et ce zèle qui donne avec tant de douceur
> Le salut aux errants et la mort à l'erreur.

L'auteur appartient à l'école de Pellisson, le convertisseur anodin, plutôt qu'à celle de Louvois : il est pour les moyens doux, les émollients et les calmants, l'art d'arracher les âmes comme d'autres arracheront les dents, sans douleur. Louvois juge plus simple d'employer le sabre des dragons.

À ces chants de triomphe, à ces apologies fastueuses, où l'adulation tient plus de place encore que la foi, que pouvaient opposer les protestants poursuivis, traqués, opprimés ? L'appel à la justice et à la clémence du roi, protecteur naturel de ses sujets. Cette requête, d'un ton humble et soumis, est l'œuvre d'un protestant modéré, sincèrement dévoué à la monarchie. Après avoir brûlé l'encens obligatoire sur l'autel du demi-dieu, il aborde enfin la question :

> Monarque glorieux, j'en appelle à toi-même,
> Et contre le plus grand, le plus sage des rois,
> Je réclame aujourd'hui sa justice et nos droits.
> . . . .
> Quand les siècles futurs verront dans ton histoire
> Un peuple si soumis, si zélé pour ta gloire,
> Abandonné trois ans à l'injuste courroux
> D'un *conseil violent* qui s'arme contre nous.

Ce conseil est celui même qui organise les dragonnades : les Louvois, les Noailles, les Foucault, les Basville, les Marillac, noms voués à l'exécration.

> Quand ils verront, hélas ! nos temples démolis,
> De nos hymnes sacrés les concerts abolis,
> . . . .
> Nos illustres guerriers, appui de ta couronne,
> Privés des justes droits que la valeur leur donne,
> Et nos peuples exclus, par d'injustes égards[1],
> Des emplois de Thémis, de Minerve et de Mars.

C'est ainsi que le vieux Duquesne abandonnait la marine, et mourait désolé de n'avoir pu suivre son fils sur la terre étrangère, où l'attendit longtemps un tombeau vide : ainsi que le maréchal de Schomberg, après avoir obtenu la permission de se retirer en Portugal, portait son épée à Guillaume III : ainsi encore que Denis Papin se réfugiait à Londres, léguant à Boyle et à Watt son héritage d'inventeur et de savant.

L'auteur anonyme de la pièce, en demandant pardon de sa témérité, rappelle au souverain ce jugement dernier de l'histoire devant lequel comparaissent les plus hautes renommées :

> Que pourras-tu répondre à la postérité ?
> . . . .
> Modère donc, grand roi, le zèle qui t'enflamme,
> Ouvre à nos justes cris ton oreille et ton âme ;
> Et tournant ton courroux contre les *libertins*,
> Laisse-nous adorer le Maître des destins[2].

Un dernier trait à signaler, et qui est bien du temps : les protestants offrent en holocauste à la colère royale les libertins, comme les jansénistes lui offraient les protestants.

L'oreille du roi restant fermée aux supplications de ses sujets, c'est vers Dieu que vont s'élever les plaintes de l'Église réformée ; c'est de lui seul qu'elle attend sa guérison :

> Notre cœur, ô Dieu, te réclame,
> Nos cris implorent ton secours,
> Regarde au triste état qui consume nos jours,
> Vois l'amertume de notre âme.

---

1. Traitements, considérations. — 2. *Nouveau Siècle de Louis XIV*, t. II.

> Nos filles dans les monastères,
> Nos prisonnniers dans les cachots,
> Nos martyrs dont le sang se répand à grands flots,
> Nos confesseurs sur les galères,
> Nos malades persécutés,
> Nos mourants exposés à plus d'une furie,
> Nos morts traînés à la voirie,
> Te disent nos calamités [1].

Cette plainte adressée à Dieu est la plus éloquente et la plus écrasante accusation dirigée contre le gouvernement de Louis XIV. Elle nous explique tout ce qui s'accumule de haines et de rancunes dans le cœur des réfugiés, que nos soldats retrouveront dans les rangs et quelquefois à la tête des armées ennemies, en Allemagne, en Hollande, en Espagne, et partout jusque dans le Nouveau Monde. Les protestants emportent avec eux une part, non seulement du sang, mais de l'âme de la France comme de son génie. Ceux qui s'exilent sont souvent les meilleurs par l'intelligence et par le cœur, les plus énergiques, les plus fiers et les plus honnêtes : ils vont faire souche et créer de nouvelles familles au dehors. Le Brandebourg, c'est-à-dire la Prusse future, s'est ainsi enrichi de nos dépouilles. Dans cette dernière et lamentable guerre de 1870, le recteur de l'Académie de Berlin, le plus violent adversaire et détracteur de la France, M. Du Bois-Reymond, n'était-il pas le descendant d'une famille française réfugiée en Allemagne? Les haines religieuses sont, de toutes, les plus implacables et les plus tenaces.

II

La révocation de l'édit de Nantes a pour contre-coup la chute des Stuarts en Angleterre et la formation de la ligue d'Augsbourg, sous l'inspiration et la conduite de Guillaume d'Orange. Cette fois la France n'a plus seulement en face d'elle la Triple-Alliance, mais l'Europe entière coalisée contre cette formidable puissance qui menace de tout envahir et de tout écraser. L'Angleterre, la Hollande et la Suède protestantes, l'Espagne et la Savoie catholiques, les villes libres et les princes d'Allemagne, et pour comble

---

1. *Complainte de l'Église persécutée*, 1689 (*Annales du Protestantisme*).

le pape lui-même, oubliant le gage de la révocation, et furieux de s'être vu braver dans Rome par notre ambassadeur M. de Lavardin, s'unissent dans un commun effort. Quand on fait peur à tout le monde, on court risque d'avoir tout le monde contre soi.

Pour répondre à cette conjuration, la France, grâce à la prévoyance de Louvois, compte 450 000 hommes en armes. La première génération des grands généraux et des grands ministres a disparu en partie : Turenne, Condé, Colbert, Lionne sont morts. Restent Louvois, plus acharné à la guerre que jamais; Vauban, toujours sûr et discret collaborateur des princes, qu'il mène à la prise des villes. Une génération nouvelle s'est formée. A la tête de ses armées et de ses flottes, la France possède encore des chefs dignes de soutenir sa fortune et son renom : Luxembourg, Catinat, Vendôme, Tourville, Jean Bart, Duguay-Trouin. Cependant nous ne sommes plus au temps de ces promenades triomphales de Flandre, de Hollande, de Franche-Comté, où les conquêtes et les victoires offrent tout l'enchantement d'une féerie. La guerre va devenir plus difficile et plus atroce : les revers se mêlent aux succès. Contre tant d'ennemis conjurés, Louis, fort de son orgueil et d'une confiance illimitée dans sa fortune, presque dans son génie, oppose une fière attitude exprimée dans ce sonnet anonyme :

> A voir contre Louis ce grand corps germanique,
> Autrichiens, Saxons, Brandebourgs, Bavarois,
> Palatins, Lunébourgs, Landsgraves, Liégeois,
> La Ville Impériale avec l'Anséatique,
>
> Le prince Suédois, le tyran Britannique;
> Que dirai-je encore plus? Espagnols, Hollandois,
> Et Rome, qui l'eût cru? se joindre à tous ces rois,
> Pour mieux fortifier leur espoir chimérique :
>
> Qui ne diroit d'abord, la France va périr?
> Contre tant d'ennemis qui peut la secourir?
> Louis à chacun d'eux va céder la victoire.
>
> Mais tous ces ennemis ne donnent point d'effroi;
> Louis défendra seul son empire et sa gloire,
> Tant qu'il protégera la justice et la foi [1].

---

1. *Nouveau Siècle de Louis XIV*, t. II.

Avait-il pour lui la justice en attaquant Philipsbourg? Il le croyait sans doute, et s'appuyait sur son titre de roi Très-Chrétien. Non content de défendre son propre royaume et ses droits plus ou moins contestables, il entreprenait encore de rétablir l'incapable Jacques II sur le trône, d'où il venait d'être chassé par son gendre et par le verdict du Parlement et de la nation.

La prise de Philipsbourg par le dauphin, aidé de Vauban et du maréchal de Duras, ouvre brillamment la campagne; l'honneur en est rapporté tout d'abord au roi :

> La France est un grand corps à qui Louis sert d'âme,
> Et Monseigneur en est le bras.

Le jeune prince[1], qui se voyait pour la première fois chargé du commandement, avait montré, paraît-il, tant de vaillance que les soldats le baptisaient du nom de *Louis le Hardi*. La Fontaine, qui avait jadis dédié au dauphin enfant ses premiers livres de *Fables*, saisit l'occasion de célébrer dans une ballade le héros dont il avait tiré l'horoscope :

> D'un pareil nom de guerre on traitait les neuf preux,
> Notre jeune héros le mérite mieux qu'eux.
> J'aime les sobriquets qu'un corps de garde impose,
> Ils conviennent toujours ; et quant à moi, je di
> Pour ajouter encor quelque lustre à la chose :
> Louis le bien nommé, c'est Louis le Hardi.

La ligue d'Augsbourg et la victoire du dauphin trouvèrent un autre écho retentissant dans le prologue de la tragédie d'*Esther*, que Racine venait de composer pour Saint-Cyr. Malgré son titre d'historiographe, l'auteur d'*Andromaque* n'a guère songé jusqu'alors à chanter les grandes actions du roi, si ce n'est dans quelques pièces médiocres et oubliées, telles que l'*Ode de la Renommée aux Muses* et une *Idylle ou Cantate sur la Paix*, mise en musique par Lulli. Ici Racine semble avoir conscience de la formidable lutte qui va mettre aux prises la France et l'Europe, et s'adressant à Dieu, il appelle sur le roi défenseur de la religion toutes

---

1. Âgé de vingt-sept ans.

les bénédictions du ciel : on croirait entendre déjà la belle invocation de Joad dans *Athalie* :

> Grand Dieu, juge ta cause et déploie aujourd'hui
> Ce bras, ce même bras qui combattoit pour lui,
> Lorsque des nations à sa perte animées
> Le Rhin vit tant de fois disperser les armées.
> Des mêmes ennemis je reconnois l'orgueil,
> Ils viennent se briser contre le même écueil.
> Déjà, rompant partout leurs plus fermes barrières,
> Du débris de leurs forts il couvre ses frontières.

Allusion à la prise de Philipsbourg, de Marchiennes, de Frankenthal, dont les forts tournés contre la France avaient été rasés en partie.

Dans cet appel à Dieu, le poète fait sonner bien haut le titre de champion de la foi, qu'il revendique pour Louis XIV :

> De ta gloire animé, *lui seul*, de tant de rois,
> S'arme pour ta querelle et combat pour tes droits.

Tout catholique respectueux qu'il est, gardant peut-être une pointe de jansénisme, le dévot Racine lance en passant un trait à l'adresse du pape :

> Tout semble abandonner tes sacrés étendards,
> Et l'Enfer, couvrant tout de ses vapeurs funèbres,
> *Sur les yeux les plus saints a jeté ses ténèbres.*

Ces yeux sont ceux d'Innocent XI, devenu l'allié de l'hérétique Guillaume [1].

A l'éloge du roi s'ajoute celui du dauphin, docile et fidèle exécuteur des ordres paternels :

> Pareil à ces esprits que ta justice envoie,
> Quand le roi lui dit : Pars! il s'élance avec joie,
> Du tonnerre vengeur s'en va tout embraser,
> Et tranquille à ses pieds revient le déposer.

---

1. Ce qui faisait dire à La Fontaine dans une lettre à Vendôme (1689) :

> Le chevalier de Silleri,
> En parlant de ce pape-ci,
> Souhaitait pour la paix publique
> Qu'il se fût rendu catholique,
> Et le roi Jacques huguenot.
> Je trouve assez bon ce bon mot.

Louis XIV ne tenait pas en effet à laisser le dauphin trop longtemps à la tête de l'armée, et ne confiait son tonnerre que par procuration, en Jupiter jaloux de son autorité.

Cependant la guerre, grâce au génie infernal de Louvois, prenait un caractère de sauvagerie qu'elle n'avait point eu jusque-là. L'incendie du Palatinat est une des pages les plus odieuses et les plus tristes de l'histoire contemporaine. Louis XIV lui-même eut honte des horreurs dont on le rendait responsable. Après la destruction de Spire et de Worms, apprenant que le même sort était réservé à Trèves, il leva ses pincettes sur Louvois, qu'il eût atteint, sans l'intervention de Mme de Maintenon. Cette indignation du roi est du moins un bon mouvement qui l'honore.

Le droit de la guerre, entraînant la ruine des populations innocentes, est un système barbare, contre lequel proteste la conscience universelle, plus puissante que toutes les théories politiques et militaires. Et pourtant, sur ce point encore, comme sur la destruction de l'hérésie, les idées du temps admettaient de singulières concessions. La Fontaine, le bonhomme inoffensif et pacifique entre tous, dans une *Épître à Vendôme* a l'air de prendre son parti de ces misères, qu'il n'eut jamais à supporter.

> Mars est dur : ce Dieu des combats
> Même au sang trouve des appas.
> Rarement voit-on, ce me semble,
> Guerre et pitié loger ensemble.
> Aurions-nous des hôtes plus doux
> Si l'Allemagne entroit chez nous ?
> J'aime mieux les Turcs en campagne [1]
> Que de voir nos vins de Champagne
> Profanés par des Allemands.
> Ces gens ont des hanaps trop grands :
> Notre nectar veut d'autres verres.
> En un mot, gardez qu'en vos terres
> Le chemin ne leur soit ouvert :
> Ils nous pourroient prendre sans vert [2].

La France, entourée d'un cercle d'ennemis, éprouvait un double échec en Allemagne par la perte de Bonn et de

---

1. En guerre alors avec l'Empire. — 2. Lettre à M. le duc de Vendôme, sept. 1689.

Mayence. Mais le maréchal de Luxembourg, tenu depuis quelque temps à l'écart par Louvois et compromis, un moment, dans la ténébreuse affaire de la Brinvilliers et de la Voisin, relevait le prestige de son nom et de notre drapeau par l'éclatante victoire de Fleurus, remportée sur les alliés (1690).

> On avoit cru jusqu'à ce jour
> Le maréchal de Luxembourg
> Grand sorcier, mauvais capitaine ;
> Le Diable, qui de lui prend soin,
> En a fait un second Turenne.

Luxembourg tenait plutôt de Condé par la fougue et l'élan.

Le véritable héritier de Turenne était ce sage et prudent Catinat, *le Père la Pensée*, comme l'appelaient les soldats, héros bourgeois et philosophe, qui faisait expier au duc de Savoie, Victor-Amédée, sa duplicité envers la France. La bataille de Staffarde fut la leçon du maître à un écolier : l'ennemi y perdit 4000 hommes, et Catinat 300. Le désastre eût été plus complet, si le jeune prince Eugène, que nous retrouverons bientôt, n'était venu au secours de son cousin de Savoie pour couvrir la retraite. On en fit des gorges chaudes et des couplets satiriques dans le camp français. Une chanson sur l'air de *Ramonez ci, ramonez là*, obtint un grand succès :

> Le bon duc, mal à son aise,
> A senti plus chaud que braise
> Les boulets de Catinat.
> Ramonez ci, ramonez là.

Les Savoyards et les Piémontais, qui sont encore aujourd'hui les premiers fumistes du monde, avaient déjà la spécialité de fournir à la France ses ramoneurs. Aussi la chanson continue-t-elle en réclamant la clémence du roi pour le téméraire, qui s'est armé si mal à propos :

> Songez que nos cheminées
> Ne seroient plus ramonées,
> Si vous donniez deux combats.
> Ramonez ci. . . . .

> Notre roi, par sa clémence,
> Lui donne la surintendance
> Des fumées de ses États,
> Ramonez ci. . . . .

Il visait à mieux : l'ambitieux vassal, en s'alliant à la ligue d'Augsbourg, aspirait à prendre rang parmi les têtes couronnées : il voulait devenir roi de Piémont, comme ses petits-fils deviendront plus tard rois d'Italie.

Cette année 1690 est encore glorieuse pour la France. Tourville y ajoute l'éclat d'une victoire navale remportée sur la flotte anglo-batave près des côtes de Sussex. Ce fut un coup mortel pour la marine hollandaise, qui paya cher, ce jour-là, l'honneur d'avoir fourni un roi à l'Angleterre. Une complainte du temps exprime la douleur des Hollandais :

> O ciel! quel est notre malheur
> Sur mer comme sur terre !
> Louis en tous lieux est vainqueur,
> Tout cède à son tonnerre.
> Hélas ! faut-il, comme à Fleurus,
> Nous voir encore ici vaincus ?
>
> Luxembourg, ce vaillant héros,
> Y parut comme Alcide;
> Et Tourville, dessus les flots,
> N'est pas moins intrépide.
> Hélas! après ces deux combats
> Que sont devenus les États [1] ?

Le prince de Waldeck, général de l'armée hollandaise, était rentré précipitamment à Bruxelles, laissant aux mains de l'ennemi ses canons, ses bagages, ses tambours et ses drapeaux, dont Luxembourg avait tapissé les voûtes de Notre-Dame. D'autre part, Ruyter n'était plus là pour rendre à la flotte batave son ancien éclat.

Cependant un point noir s'était montré pour nous du côté de l'Irlande : la défaite de Jacques II à la bataille de la Boyne. Allié ou plutôt protégé coûteux et embarrassant pour la France, *Jacques Desloges*, comme on l'avait baptisé,

---

1. *Les États généraux de Hollande.*

éveillait peu de sympathies, si l'on en juge par ce couplet sur l'air de *Lampons* :

> Jacques, partant de Dublin,
> Dit à Lauzun un matin :
> — Conservez bien ma couronne,
> J'aurai soin de ma personne [1].

Sa conduite en effet offre un singulier contraste avec celle du vieux huguenot Schomberg, poussant son cheval dans les eaux de la Boyne, en montrant l'armée catholique à ses compagnons réfugiés : « Allons, mes amis, voici nos persécuteurs ! » puis tombant frappé de trois coups mortels, tandis que Jacques prenait honteusement la fuite.

Louis XIV, de son côté, donnant l'exemple, se mettait à la tête d'une nouvelle campagne en Flandre. La prise de Mons, emportée en quinze jours (1691), fut saluée par une explosion de sonnets et de dithyrambes hyperboliques, où l'on opposait le monarque français à Guillaume :

> Louis est invincible, il est incomparable ;
> Tout ce qu'il fait est admirable.

Un autre renchérissait encore :

> Il n'est point de travaux qu'il ne puisse entreprendre,
> Je crois même qu'il pourroit prendre,
> S'il l'avoit résolu, la lune avec les dents [2].

Boileau lui-même, sollicité par une demoiselle qui lui demandait de composer quelques vers sur la conquête de cette ville, bâclait cet impromptu tant soit peu risqué :

> Mons étoit, disoit-on, pucelle,
> Qu'un roi gardoit avec grand soin ;
> Louis le Grand en eut besoin :
> Mons se rendit, vous auriez fait comme elle.

Gâté par les succès et la flatterie, Louis XIV en vint à croire que rien ne lui était impossible. La mort de Louvois, qui le privait d'un de ses plus actifs collaborateurs, lui parut moins une perte qu'une délivrance. Il s'imagina

---

1. *Nouveau Siècle de Louis XIV ou Poésies-Anecdotes.* t. II. — 2. *Ibid.*

pouvoir créer des généraux et des ministres par la seule force de son génie et de sa volonté.

Pourtant le désastre maritime de la Hogue était un premier avertissement. Minerve, que les poètes lui donnaient volontiers pour conseillère, ne l'avait point dirigé ce jour-là. C'était par la faute du roi et de son ministre Pontchartrain que Tourville engageait, malgré lui, contre les flottes combinées de Hollande et d'Angleterre un combat inégal, où la marine française faisait des prodiges d'héroïsme en pure perte, et arrachait un cri d'admiration à ses ennemis. Mais enfin c'était une défaite aggravée encore par la fureur des éléments conjurés. Il semblait que la mauvaise étoile de Jacques II s'étendit sur cette expédition entreprise en sa faveur. Un rimeur du temps console le roi de cet échec, en exprimant son opinion et probablement aussi celle du public français :

> Si tu n'as pas, quoique vainqueur,
> Rétabli Jacques en sa place.
> Pour un effet de ton bonheur
> Compte, Grand Roi, cette disgrâce :
> C'est un profit tout clair d'épargner ce transport :
> Il n'en vaut pas le port [1].

Le siège et la prise de Namur allaient lui offrir une revanche éclatante, prônée, célébrée, comme l'avait été naguère le passage du Rhin.

> Mars a vengé Louis du courroux de Neptune :
> Namur est soumis à ses lois,
> Et le dernier de ses exploits
> Fait admirer partout sa gloire et sa fortune.
> Nassau n'ose au combat exhorter ses guerriers ;
> Son espérance ne se fonde
> Que sur l'espoir des vents et sur la foi de l'onde,
> Qui produit des roseaux, et non pas des lauriers.

Guillaume est criblé d'épigrammes, tandis que Louis est comblé de louanges :

> César dit autrefois tout rempli de sa gloire :
> Je suis venu, j'ai vu, j'ai gagné la victoire.
> Nassau dit aujourd'hui, d'un visage aussi sûr :
> Je suis venu, j'ai vu... prendre Mons et Namur [2].

1. *Nouveau Siècle de Louis XIV*, t. II. — 2. *Ibid.*

Tous les virtuoses de la rime, tous les beaux esprits à la mode se mirent en frais pour tresser au roi une nouvelle et dernière couronne jointe à tant d'autres. Un académicien, homme du monde, un héritier lointain de Voiture, l'aimable et galant Pavillon, lui adressait cet aveu d'impuissance :

>   Sire, les Muses désolées,
>   Aujourd'hui sans force et sans voix,
>   Viennent vous remontrer qu'elles sont accablées
>   Par le nombre de vos exploits.

C'est sous une autre forme le vers de Boileau au début de la *Huitième Épître* :

>   Grand Roi, cesse de vaincre, ou je cesse d'écrire.

Au milieu de ce concert d'admiration universelle, l'auteur des *Satires* finit par céder à la tentation lyrique, dont il s'était défié et moqué si souvent. L'*Ode sur la prise de Namur* est restée le châtiment de tant de railleries impitoyables contre les maladroits imitateurs de Pindare, au milieu desquels il prend rang lui-même, malgré l'avis d'Horace :

>   *Pindarum quisquis studet æmulari.*

Depuis *la Pucelle* de Chapelain, si belle chute ne s'était point vue du haut du Parnasse en bas : la solennité de la circonstance et le renom de l'auteur en doublèrent le retentissement.

On a cru et l'on croit encore généralement que ce fut là l'unique et malheureux essor ou péché lyrique de Boileau. C'est une erreur. Il s'est chargé de nous rappeler qu'il avait, comme son ami Racine, débuté par l'ode dans la carrière poétique. C'était en 1656, à la nouvelle que Cromwell se préparait à nous déclarer la guerre. Le jeune Despréaux, alors âgé de dix-huit ans, sentit palpiter en lui un frémissement de patriotisme indigné, et se mit à forger une ode sur le modèle du vieux Malherbe. Il la remania depuis et la comprit dans le recueil de ses œuvres, à la suite de son *Ode sur Namur*, dont elle partagea le naufrage, sans avoir jamais fait grand bruit, ni chez les contemporains ni dans la postérité. Et pourtant elle n'est point inférieure à beaucoup d'autres du même temps.

Cette pièce, empreinte d'une certaine énergie, est animée
d'un double esprit monarchique et national :

> Arme-toi, France, prends la foudre,
> C'est à toi de réduire en poudre
> Ces sanglants ennemis des lois ;
> Suis la victoire qui t'appelle,
> Et va sur ce peuple rebelle
> Venger la querelle des rois.

Elle évoque le souvenir des invasions anglaises et de Jeanne
d'Arc, la libératrice, dont Chapelain célébrait alors la
gloire dans ses vers, qu'allait railler Despréaux.

> Mais bientôt le ciel en colère,
> Par la main d'une humble bergère
> Renversant tous leurs bataillons,
> Borna leurs succès et nos peines :
> Et leurs corps, pourris dans nos plaines,
> N'ont fait qu'engraisser nos sillons.

Deux vers qui se retrouveront plus tard en partie dans *la
Marseillaise* de Rouget de l'Isle :

> Qu'un sang impur abreuve nos sillons !

avec la musique en plus, il est vrai.

Mais revenons à la *Prise de Namur*. Boileau, en composant cette *Ode*, se proposait un double but : 1° faire plaisir au roi ; 2° donner à Perrault l'exemple de ce qu'était l'enthousiasme de Pindare, si maltraité par cet ennemi des anciens. Il y a quelque chose de plus curieux et de plus intéressant peut-être que l'*Ode* elle-même, c'est l'histoire de sa composition, la préface et la correspondance dont elle fut l'objet entre Boileau et Racine.

L'honnête et scrupuleux Despréaux demande à son ami de ne point l'épargner dans ses critiques, et surtout de garder le secret dont il enveloppe cette mémorable production. Il est convaincu et presque effrayé de son audace, en risquant dans une de ses strophes la *plume blanche* que le roi porte à son chapeau. Il ose même la comparer à un astre : liberté qui nous semble bien innocente aujourd'hui. Aux scrupules de goût littéraire s'ajoutent ceux de convenance politique : « Mandez-moi si vous croyez que je doive parler de M. de Luxembourg. Vous n'ignorez pas combien notre maitre est chatouilleux sur les gens qu'on associe à ses louanges. Cependant j'ai suivi mon inclination[1]. » C'est pourquoi sans doute il s'est abstenu de nommer Vauban, le véritable ordonnateur du siège, ce modeste Vauban, qui *prenait tout sur lui et laissait tout aux autres*, selon l'expression de Saint-Simon ; le merveilleux génie qui tient une si grande place dans les lettres de Racine.

Racine, en effet, avait assisté, comme historiographe du roi, aux travaux d'investissement. « Dégoûté plus que jamais de la poésie par le malheureux succès d'*Athalie*, nous dit son fils, et résolu de ne plus s'occuper de vers, il fit la campagne de Namur, où il suivit toutes les opérations du siège. Ses lettres écrites à Boileau du camp devant Namur firent bien connaitre qu'il ne songeait plus qu'à être historien[2]. »

Cette correspondance est bien autrement intéressante que toutes les fictions poétiques de Boileau. Racine y raconte ses impressions personnelles d'homme et de citoyen, en présence de l'action. Il écrit de Mons en 1691 :

« Je voyais toute l'attaque fort à mon aise, d'un peu loin à la vérité, mais j'avais de fort bonnes lunettes, que je ne pouvais presque tenir fermes, tant le cœur me battait à voir tant de si braves gens dans le péril. »

Ailleurs, racontant la grande revue passée par le roi devant une armée de 120 000 hommes :

« J'étais si las, si ébloui de voir briller des épées et des mousquets, si étourdi d'entendre des tambours, des trompettes et des timbales, qu'en vérité je me laissais conduire par mon cheval sans plus avoir d'attention à rien : et j'aurais voulu de tout mon cœur que les gens que je voyais eussent été chacun dans leur chaumière et dans leur maison, avec leurs femmes et leurs enfants; et moi, dans ma rue des Maçons, avec ma famille. »

Humain et généreux, au milieu de ces scènes de guerre et de destruction, il admire surtout les habiles et savantes combinaisons à l'aide desquelles Vauban ménage, autant que possible, la vie des soldats. Du camp devant Namur,

---

1. *Lettre de Boileau à Racine*, 9 juin 1693. — 2. *Vie de Racine* par son fils.

le 3 juin 1692, il écrit : « Cette place si terrible a vu tous ses dehors emportés, sans qu'il en ait coûté au roi plus de trente hommes[1]. Ne croyez pas pour cela qu'on ait affaire à des poltrons : tous ceux de nos gens qui ont été aux attaques sont étonnés du courage des assiégés. Mais vous jugerez de l'effet terrible du canon et des bombes, quand je vous dirai, sur le rapport d'un officier espagnol, qui fut pris dans les dehors, que notre artillerie leur a tué en deux jours douze cents hommes. » Il cite des traits d'héroïsme admirables chez de simples soldats et chez les officiers, chez les Français et chez les ennemis. On se demande comment Boileau, avec de pareils éléments, n'a pu tirer de là qu'une œuvre froide et banale, académique et artificielle, n'ayant pas même le brio et l'enluminure qu'avait encore le *Passage du Rhin*, ce morceau épique encadré dans une *Épître*.

Boileau entêté de Pindare, qu'il croit imiter dans son beau désordre, encombré de souvenirs mythologiques, nous parle des chastes Nymphes du Permesse, des monts de Thrace, d'Apollon, de Neptune, des Hyades orageuses, de Cérès et de Borée ; mais ne nous offre rien qui nous rappelle l'orgueilleuse cité hérissée de tours et de canons, de ce formidable Château-Guillaume construit par le prince d'Orange, de ces immenses tranchées creusées par Vauban, embrassant les vallées et les hauteurs voisines ; enfin rien qui reflète la physionomie des assiégés, dont il fait tour à tour des *vaillants Alcides* et des *esclaves dociles* de Guillaume, ni celle des assiégeants qualifiés de *belliqueux athlètes* : termes bien vagues.

Le début est un lieu commun, nous dirions presque un *pont-neuf* lyrique, pouvant s'adapter à toute espèce de sujets :

> Quelle docte et sainte ivresse
> Aujourd'hui me fait la loi ?
> Chastes Nymphes du Permesse,
> N'est-ce pas vous que je voi ?

On voudrait pouvoir chasser toutes ces divinités parasites

---

[1]. Il s'agit seulement ici du dehors : reste l'enceinte et la citadelle à prendre.

de l'antique Olympe, ces pique-assiettes de la poésie officielle, pour voir en face des êtres vivants : Louis XIV en personne, et non plus un Jupiter terrestre assisté de Mars et de la Victoire ; Luxembourg avec sa fougue impétueuse culbutant tout devant lui ; Vauban, toujours calme et d'une main magistrale traçant ses parallèles, qui enserrent la ville d'un cercle de fer et de feu. La *plume blanche* du roi, sur laquelle l'auteur comptait si fort, manque son effet, et n'est qu'un pâle reflet de l'aigrette d'Achille, brillant comme un astre dans Homère. Que n'a-t-il relu les lettres de son ami Racine ! Il n'eût pas fait au commandant de la place l'injure de dire :

> Son gouverneur qui se trouble
> S'enfuit sous son dernier mur.

Racine affirme absolument le contraire : « Le principal officier, M. de Vimbergue, est âgé de quatre-vingts ans. Incommodé des fatigues qu'il a souffertes et ne pouvant plus marcher, il s'était fait porter sur la petite brèche que notre canon avait faite, résolu d'y mourir l'épée à la main. »

Malheureusement Boileau songe avant tout à la rime, son éternel tourment, aux effets d'*onomatopée*, comme dans ces vers imitant le bruit de la canonnade :

> Et les bombes dans les airs
> Allant chercher le tonnerre,
> Semblent, tombant sur la terre,
> Vouloir s'ouvrir les Enfers.

La strophe finale se termine par une pointe satirique dirigée contre Perrault, l'auteur du poème de *Saint Paulin*.

Perrault riposte d'une façon assez habile, en s'appuyant sur l'exemple des anciens. Il démontre à ce pindariseur qu'il a mal compris son modèle, qu'il ne reproduit ni la sublimité touchante, ni le beau désordre, ni les hautes réflexions philosophiques du poète thébain ; qu'il les a remplacés par des railleries. En même temps, il lui demande si toutes ces évocations de la mythologie païenne conviennent bien à un poème chrétien. « Ce n'est pas ainsi que chantait Pindare : il n'invoque ces divinités que parce qu'il y croit : il se garde bien de faire agir des dieux étrangers à sa religion, il n'eût point placé dans une même strophe Phébus et saint Paulin. »

La réplique portait coup. Boileau n'en restait pas moins convaincu qu'il avait atteint le faîte de l'enthousiasme lyrique. Parlant à Racine des grandes choses que le roi se proposait de faire, il lui dit : « Ce qui m'embarrasse, c'est qu'ayant épuisé pour Namur toutes les hyperboles et toutes les hardiesses de notre langue, où trouverai-je des expressions pour le louer, s'il vient à faire quelque chose de plus grand que la prise de cette ville? » Ce fut heureusement le dernier grand exploit personnel de Louis XIV, qui retourna bientôt à Versailles, laissant à Luxembourg son armée des Pays-Bas.

La double victoire de Steinkerque et de Nerwinde prouva qu'elle était entre bonnes mains. Ce vaillant bossu qui, par son esprit, ses allures, ses mœurs et sa physionomie, rappelait moins encore le Condé de Rocroy que celui de Dreux et de Jarnac, après avoir été maltraité par l'opinion publique, en était devenu l'idole. Les Parisiens raffolaient de lui au lendemain de l'aventure de Steinkerque, où il avait été finalement vainqueur. Tout fut un moment à la Steinkerque, les habits, les chapeaux, les cravates. Après Nerwinde et l'envoi des drapeaux ennemis, on le proclame plus que jamais le « grand tapissier de Notre-Dame ». Sa bosse même devient un sujet de comparaison flatteuse plutôt que de dérision :

> Je ne m'étonne plus qu'Atlas
> Porte le ciel sans être las :
> J'en crois fort la métamorphose,
> Puisque nous voyons qu'en ce jour
> Toute la France se repose
> Sur la bosse de Luxembourg[1].

« Quoi ! disait avec dépit Guillaume, je ne battrai donc jamais ce bossu-là? » A quoi Luxembourg répliquait : « Comment sait-il que je suis bossu? Il ne m'a jamais vu par derrière. »

Cette même année 1693 se termine par une nouvelle

1. *Nouveau Siècle de Louis XIV*, t. II.

victoire de Catinat à la Marsaille sur le duc de Savoie. Bien que très différent de Luxembourg, Catinat est devenu comme lui un héros populaire. On aime ce type original du sage et de l'homme de guerre réunis.

> Commander en vainqueur et combattre en soldat,
> Intrépide aux dangers, invincible à la peine,
> Prompt, vif, cherchant partout et la gloire et l'éclat,
> Par là Condé parut un vaillant capitaine.
>
> Vaincre les ennemis sans leur donner combat,
> Détruire leur armée, en conservant la sienne,
> Attaquer à propos, n'agir que pour l'État,
> Sage, tranquille, égal, c'est ce que fit Turenne.
>
> De leurs illustres faits l'éternel souvenir
> Rendra leurs noms fameux aux siècles à venir.
> Mais pour toi, Catinat, si vanté dans le nôtre,
>
> Que ne dira-t-on point en lisant tes exploits,
> Où tu fais seul renaître et briller à la fois
> La sagesse de l'un et la valeur de l'autre[1]?

Ajoutons qu'aux talents du général, Catinat joindra ceux d'un habile négociateur.

Malgré ses victoires, la France n'en était pas moins appauvrie, épuisée d'hommes et d'argent. Les charges s'étaient accrues, les ressources avaient diminué, la disette apparaissait comme le terme inévitable. Vers la fin de 1693, le pain se vendait jusqu'à sept sous la livre. Après les dithyrambes, viennent les plaintes modérées d'abord, bientôt amères et véhémentes :

> Le pain nous revient à grands frais :
> Le bon vin ne se trouve guère ;
> Et l'argent, qui sert à tout faire,
> Devient plus rare que jamais[2].

La guerre est la cause de la misère publique : la nation, saturée de gloire, trouve que cette viande creuse ne peut remplir son estomac délabré :

> Grand Roi, qu'on voit courir de victoire en victoire,
> Pour le bonheur public tu travailles en vain ;
> Tu vas être, il est vrai, rassasié de gloire,
>   Mais quand le serons-nous de pain ?

---

1. *Nouveau Siècle de Louis XIV*, t. II. — 2. *Ibid*.

> De ton soin paternel rappelle la mémoire,
> Et crains qu'un jaloux écrivain
> Ne dise que Louis nous fait mourir de faim
> Pour vivre à jamais dans l'histoire.
> Que peux-tu souhaiter? Des moissons de lauriers
> Te font nommer partout le plus grand des guerriers ;
> Ta puissance est presque divine :
> Fais revenir l'abondance et la paix,
> Et ne force point tes sujets
> A crier : *victoire* et *famine!*

« On périssait de misère au bruit des *Te Deum* et parmi les réjouissances », dit Voltaire, dans son *Siècle de Louis XIV*.

Cependant, le roi, possédé de sa manie de construction, prolongeait ses ruineuses folies de Marly, dont gémissait Mme de Maintenon. Pour suffire à toutes les dépenses, le ministre bourru et bourreau, Pontchartrain, multipliait les édits bursaux sous toutes les formes. La rongeuse tribu des *Apedeftes*[1] aux doigts crochus, c'est-à-dire des collecteurs d'impôts, s'abattait comme une nuée de sauterelles sur les malheureux contribuables. Chose étrange! les nobles, les privilégiés, protestent contre le droit de capitation dont ils sont frappés, et les domestiques exemptés de l'impôt réclament l'honneur de le payer. L'eau elle-même fut imposée. L'*édit des Fontaines* provoque nombre de quatrains et de couplets satiriques.

> Louis, pour soutenir d'ambitieux projets,
> Vend les quatre éléments à ses propres sujets ;
> Il a taxé le feu, chargé d'impôts la terre ;
> De l'eau même en tribut l'usage est converti ;
> Encore quelques mois de guerre,
> L'air qu'ils respireront sera mis en parti[2].

Une pièce fort jolie et fort spirituelle adressée aux Naïades se termine par ces vers :

> Obéissez à la nature :
> En vous ordonnant de couler,
> Elle vous permet le murmure[3].

Le murmure va s'étendre et ira grossissant de jour en

1. Expression de Rabelais. — 2. Fermage : d'où le nom de *partisans*. — 3. *Nouveau Siècle de Louis XIV*, t. II, p. 433.

jour, surtout quand la victoire aura déserté les drapeaux de Louis XIV. Luxembourg, en mourant (1695), paraissait avoir emporté avec lui dans la tombe la bonne fortune et la confiance de l'armée. On lui donna pour successeur Villeroi, le favori du roi et de Mme de Maintenon, un de ces généraux de cour et de cabinet qui vont remplacer les généraux de race. Dès ses débuts, il est assailli de quolibets, qui le poursuivent jusqu'à la fin de sa carrière. Jamais ni Condé ni Turenne, avec toute leur gloire, n'ont fait naître autant de chansons que Villeroi avec son incapacité. Il semble apporter la déveine ou le guignon dans les rangs de l'armée royale.

D'abord, il laisse le prince de Vaudemont et son armée échapper aux périls d'une situation critique, en remettant l'action au lendemain : une victoire perdue par sa faute, premier grief :

> Voilà de notre guerrier
>   Le laurier,
> Sec comme la poussière !
> Si c'eût été le bossu [1],
>   Il eût su
> Mieux terminer sa carrière.

Puis c'est Namur, dont Guillaume s'empare à la barbe du malheureux général, qui ne peut rien pour sauver la place héroïquement défendue par Boufflers. La chanson reprend de plus belle :

> Quand Charles Sept contre l'Anglois
>   N'avoit plus d'espérance,
> De Jeanne d'Arc Dieu fit le choix
>   Pour délivrer la France.
> Ne t'embarrasse point, grand roi,
>   Cent fois plus sûre qu'elle,
> Dans le fourreau de Villeroi [2]
>   Il est une pucelle.

Louis XIV dégoûté de la guerre qui tournait à l'avantage des alliés, sollicité d'un autre côté par les réclamations et les doléances de ses peuples, songeait à demander la paix, ne pouvant plus l'imposer comme à Nimègue. L'Europe et la

---

1. Luxembourg. — 2. *Nouveau Siècle de Louis XIV*, t. II (1695).

France, aussi épuisées l'une que l'autre, avaient également besoin de repos. Le traité de Ryswick (1697) fut un premier acte de réparation et de restitution, une amende honorable du grand roi envers les puissances coalisées. Le vainqueur rendait plus qu'il n'avait pris dans sa dernière guerre. A la branche autrichienne d'Espagne, tout ce qu'il avait conquis du côté des Pyrénées, la moitié de la Catalogne, le duché de Luxembourg, Mons, Ath, Charleroi, Courtrai; au duc de Lorraine, sa principauté saisie depuis vingt-sept ans; au Piémont, la Savoie, le comté de Nice, Suse, Casal et Pignerol. Mais le plus grand sacrifice, celui qui devait le plus coûter à l'orgueil du monarque absolu, ce fut la reconnaissance officielle de Guillaume comme roi d'Angleterre; la promesse formelle de ne point s'allier à ses ennemis, de ne seconder aucune trame ni complot contre la nouvelle dynastie. C'était s'incliner devant la révolution triomphante, admettre que les peuples ont le droit de déposer leurs rois. Jacques II, dont le nom était omis dans le traité avec intention, allait se retirer à Saint-Germain, pour y vivre des charités de Louis XIV.

La France humiliée, amoindrie, après tant de victoires, était médiocrement flattée d'une paix qui ne satisfaisait ni son amour-propre ni ses intérêts. Quand les plénipotentiaires revinrent de Ryswick, on les accueillit par des reproches et des railleries :

> Harlay, Caillières et Crécy
> Ne sont-ils pas gens fort habiles ?
> N'ont-ils donc pas bien réussi
> Harlay, Caillières et Crécy ?
> Oui, ces trois illustres esprits
> Avoient appris des Évangiles
> A rendre plus que l'on n'a pris,
> Ne sont-ils pas gens fort habiles [1] ?

Les bienfaits qu'on attendait de cette paix tardant à se faire sentir, le mécontentement éclata bientôt :

> On s'imaginoit que la paix,
> Dans le sein de la France,
> Alloit ramener pour jamais
> Une heureuse abondance.

---

1. *Nouveau Siècle de Louis XIV*, t. II (1697).

> La voilà faite cependant !
> Grâces au ministère,
> Tout va plus mal qu'auparavant;
> On ne voit que misère.

La misère, tel est le sombre fantôme qui hante les dernières heures du grand règne. Racine eut le malheur de s'en apercevoir un jour, le dit, et en mourut.

CHAPITRE XVIII

DÉBÂCLE ET MISÈRE : LA FIN D'UN GRAND RÈGNE

GUERRE DE LA SUCCESSION D'ESPAGNE. — MORT DE LOUIS XIV (1700-1715).

Pièces satiriques contre la *camarilla* de Versailles. — Villeroi chansonné. — Vers sur Guillaume III. — Eugène et Marlborough : Villars, Vendôme et Berwick. — Période de défaites : désastre de Vigo. — Plaintes de Saint-Evremond. — *La Galerie des maréchaux*. — Capitulation d'Hochstædt : les séries noires ; défaite d'Oudenarde. — Diatribes contre la famille royale. — Bataille de Malplaquet; chanson de *Malbrough*. — Vers sur Villars. — Nobles paroles du roi. — Victoire de Denain. — Paix d'Utrecht. — L'agonie royale.

I

Débâcle et misère, la Fin d'un grand règne, tel est le titre que nous donnons à ce dernier chapitre, l'un des plus tristes et des plus douloureux de notre histoire, après tant de prospérités. Au lendemain du traité de Ryswick, la France, qui avait si grand besoin de se refaire par le calme, le repos, l'ordre et l'économie, n'a guère le temps de respirer. Appauvrie déjà par ses propres triomphes, elle achève de se ruiner par ses défaites, en associant sa fortune à celle d'une nation voisine, plus pauvre qu'elle. La guerre de la succession d'Espagne va la mettre encore une fois aux prises avec l'Europe coalisée. Louis XIV, pour faire asseoir son petit-fils, le duc d'Anjou, sur le trône de Charles-Quint, usera dans ce suprême enjeu ses dernières ressources, sa gloire à peu près intacte et sa popularité décroissante de jour en jour. La paix de Rys wick avait déjà enlevé au demi-dieu une part de son prestige, aux yeux de l'Europe et de ses propres sujets. Le rétrécissement de la *place des Conquêtes*, autrement dite place Vendôme, inspirait à un rimeur du temps ce couplet satirique sur l'air de *Joconde* :

> Pourquoi, chers amis, sans pitié,
>   Traiter les gens de bêtes,
> Pour avoir réduit à moitié
>   La place des Conquêtes ?
> Pour moi, je dis Mansard savant,
>   Car il est manifeste
> Que l'espace est encor trop grand
>   Pour ce qui nous en reste [1].

Dans cette même année (1699), un arrêt du conseil du roi ordonna de ne plus allumer les quatre fanaux sur la place des Victoires : la messe elle-même cessa bientôt d'être dite régulièrement au pied du monument, malgré la fondation établie par le duc de la Feuillade et maintenue par sa famille. Un prétendu Gascon s'était déjà permis d'apostropher la *Victoire* dans ces vers irrévérencieux :

> Quand je vous vois, ma foi! ne sais à quel propos,
> Sur le chef de Louis poser cette couronne,
> Je ne puis m'empêcher de vous dire, en deux mots,
> Qu'en vérité je vous trouve trop bonne.
>
> Eh ! qu'a-t-il fait ce Monsieur le héros,
> Qu'écraser ses sujets, sans épargner personne,
> Se laisser gouverner par l'antique Scarronne ?
> Aux gens de bien, préférer des cagots ;
>
> A des fripons, des sots, confier ses affaires ;
> Par de honteuses paix finir d'injustes guerres ;
> Nous bailler pour Bourbons de petits Montespans ?
>
> Et vous voulez le couronner de gloire !
> Mais non ; je m'abusois, je vous vois en suspens :
> Cadédis ! haut le bras, madame la Victoire !

Nous sommes sortis cette fois des apothéoses. Par un revirement plus injuste encore, on passe de l'enthousiasme

---

[1]. *Nouveau Siècle de Louis XIV*, t. III (1699).

dolâtre au dénigrement systématique, des dithyrambes aux vaudevilles. Notre pauvre France, habituée aux triomphes, ne sait guère supporter l'adversité. Il faut chez elle que les gouvernements soient heureux, s'ils veulent conserver leur prestige. De même qu'on attribuait jadis au roi toute la gloire et tous les succès, c'est sur lui et sur sa favorite qu'on fait retomber tous les revers. La *camarilla* de Versailles est l'objet des malédictions publiques. Sans doute Louis XIV a sa large part dans les fautes commises, en confiant ses armées et ses finances à des hommes d'une incapacité notoire, qu'il se réserve de conduire et de diriger lui-même, tels que Chamillard et Villeroi. L'opinion s'indigne avec raison de voir un joueur de billard habile réunir entre ses mains les fonctions de Colbert et de Louvois, sans y rien entendre.

> Le roi choisit Chamillard,
> Parce qu'il sait le billard.
> Tudieu! la belle science,
> Pour gouverner toute la France [1] !

Catinat malade, fatigué, dégoûté des ordres ineptes qu lui arrivent de la cour, mal vu de la coterie dévote et aristocratique à titre de plébéien et de philosophe, mal servi par ses lieutenants, avait dû reculer en Italie devant le prince Eugène. Pour réparer ses prétendues fautes, et le remplacer dans le commandement, qui envoie-t-on ? Cet étourdi et présomptueux Villeroi, déjà brocardé par la chanson, dont il allait devenir le héros comique, raillé par ses soldats comme par l'ennemi. L'honnête et modeste Catinat consentit à lui servir de lieutenant. Malgré ses sages conseils, Villeroi commmençait par s'enferrer dans l'attaque de Chiari, où il était battu et Catinat blessé. Bientôt il se faisait prendre dans Crémone, au sortir du lit :

> Eugène, pendant la nuit,
> Vient donner à petit bruit
> Au beau maréchal,
> Pour son carnaval,

---

[1]. *Nouveau Siècle de Louis XIV*, t. III.

> Une fête à Crémone ;
> Et, pour le faire roi du bal,
> Il le prend en personne,
> Lonla, .
> Il le prend en personne.

C'était une réponse à la bravade de Villeroi qui s'était flatté de faire danser, pendant le carnaval, les trois princes Eugène, Vaudemont et Commercy.

Crémone, prise et reprise tour à tour par les Impériaux et les Français, devint le théâtre d'un imbroglio guerrier tragico-burlesque et sanglant, aussitôt mis en vaudeville. Le prince Eugène, ayant introduit dans la place, avec la complicité d'un prêtre italien, des soldats déguisés en paysans, s'empara de la ville pendant la nuit, tandis que Villeroi dormait tranquillement. Réveillé en sursaut, le général français sortit un des premiers à cheval, et tomba au milieu des Impériaux, qui le firent prisonnier. Mais le lieutenant général Revel et le comte de Praslin, rassemblant à la hâte leurs soldats à demi vêtus, quelques-uns en chemise, reprirent l'avantage, rue par rue, et firent si bien qu'Eugène fut contraint de repasser le Pô, sous peine de rester lui-même prisonnier dans la ville qu'il venait de prendre. La joie des soldats, heureux d'avoir ressaisi la place et d'être enfin débarrassés d'un chef incapable, éclata dans ce couplet répété partout :

> François, rendez grâce à Bellone,
> Votre bonheur est sans égal :
> Vous avez conservé Crémone,
> Et perdu votre général.

Le prince Eugène, si estimé et redouté qu'il fût, même de ses ennemis, eut aussi sa part dans ces lazzi.

> Eugène entra comme un larron,
> La nuit, dedans Crémone.
> Il en sortit à reculon
> Poursuivi par Bellone.
> Mars le reçut en caleçon,
> La faridondaine
> La faridondon,

Et les François tout endormis,
  Biribi,
A la façon de Barbari,
  Mon ami[1].

Les plaisanteries tombaient moins du reste sur le prince que sur son prisonnier, dont la perte semblait si légère à tous :

Villeroi, grand prince Eugène,
Vous fait lever bien matin :
Pâris fit moins de chemin
Pour prendre la belle Hélène.
On vous l'auroit envoyé,
Si vous l'eussiez demandé.

Pour comble d'infortune, Eugène renvoya Villeroi sans exiger de rançon, jugeant sans doute qu'il ne pouvait jouer aux Français un plus mauvais tour que de leur rendre leur général. Louis XIV n'y vit qu'un acte de déférence et de générosité, auquel il répondit en rendant le comte de Valestin devenu notre prisonnier. Cette restitution peu souhaitée fut le sujet d'un dialogue en triolets :

EUGÈNE.

Sans rançon je rends Villeroi ;
Qu'il commande cette campagne,
Qu'on lui redonne son emploi
Sans rançon je rends Villeroi.

LES FRANÇAIS.

Conservez bien ce général,
Puisque vous l'avez voulu prendre :
Pour nous consoler de ce mal,
Conservez bien ce général.

Catinat venait de se retirer, objet des regrets universels de l'armée et de la nation. C'est encore à Villeroi qu'on attribue cette retraite précipitée :

Mais qu'est devenu Catinat
Si célèbre dans l'Italie,
Les délices du bon soldat ?
On dit que votre jalousie

1. *Chants historiques*, manusc. de la Bibl. Mazarine, 2171.

> En a fait un homme privé,
> L'Empereur vous en sait bon gré.

Au milieu de ces mésaventures, dont le souverain avait sa part, la fortune parut un moment sourire à Louis XIV, en le débarrassant de ses ennemis les plus acharnés, du pape Innocent XI et du roi d'Angleterre Guillaume III. La joie des rimeurs français est peut-être le plus bel hommage rendu à ce redoutable adversaire.

> Enfin la Mort a donc mordu[1]
> Le morne roi Guillaume,
> Qui nous a fait, tant qu'il a pu,
> Du mal dans ce royaume !
> . . . .
> C'étoit un Guillot le songeur
>   D'une mine sournoise,
> Qui tramoit toujours dans son cœur
>   Quelque nouvelle noise.

Une autre chanson le représente comme un renard surpris par la Mort dans son terrier, à l'heure où il menaçait les volailles du voisin.

> La Parque vient de faire un coup
> Où les Anglois perdent beaucoup :
> Elle les a privés d'Orange.
> Et depuis ce funeste jour,
> De perdrix aucun d'eux ne mange,
> Pour lui témoigner son amour[2].

Mais la coalition n'était pas morte avec lui : elle reposait sur le concours de trois hommes unis dans une haine commune contre la France : le prince Eugène, le duc de Marlborough et le Grand Pensionnaire de Hollande Heinsius. Le prince Eugène, fils d'une nièce de Mazarin, Olympia Mancini, et du comte de Soissons, était connu d'abord sous le nom de chevalier de Carignan et d'abbé de Savoie. Dédaigné par Louis XIV, qui lui refusa une abbaye, puis un régiment, il s'était mis au service de l'Empereur, et se révélait grand homme de guerre dans ses combats de

---

1. Souvenir de cette devise de Marot : *La Mort n'y mord*. — 2. *Chants hist.* Bibl. Mazarine, n° 2157.

Temesvar et de Belgrade contre les Turcs ; assez fort pour ébranler à la fois la grandeur de Louis XIV et la puissance ottomane, qui faisait trembler l'Allemagne quelques années auparavant : savant tacticien, mêlant l'audace à la prudence, esprit organisateur, capable de diriger un ministère comme une armée.

Marlborough, un grand général formé à l'école de Turenne et doublé d'un politique habile et ambitieux, dominait au Parlement par son influence personnelle et celle de ses amis ; à la cour, par sa femme, dame d'honneur et véritable gouvernante de la reine Anne. Une entente parfaite existait entre les deux généraux alliés, d'accord avec le Grand Pensionnaire Heinsius, un républicain, un Spartiate, ennemi juré du grand roi, dont l'orgueil avait humilié sa patrie.

A ce formidable triumvirat, qui dispose des forces de toute l'Europe coalisée, que pouvait opposer la France, épuisée d'hommes et de talents comme d'argent, doutant d'elle-même et n'ayant plus confiance dans ses chefs? En dehors des nullités et des incapacités trop évidentes, jouissant des faveurs de la cour, quelques hommes d'une valeur incontestable, et cependant contestée, gênés d'ailleurs dans leurs mouvements, sauvent et relèvent l'honneur du drapeau. Au premier rang, Villars, un fanfaron hâbleur, plein d'entrain et de présomption, d'une bravoure éprouvée, ayant parfois des inspirations de génie mêlées à beaucoup de jactance, tour à tour raillé et vanté par la chanson, agréable au roi, mais ayant réussi à se faire nombre de jaloux et d'ennemis à la cour. Il débute en Allemagne par la victoire de Friedlingen, et se voit proclamé maréchal par ses soldats sur le champ de bataille. Le roi confirme cette promotion quinze jours plus tard. Villars récidive à Hochstædt, en forçant le duc de Bavière à combattre et à vaincre malgré lui. Dans sa seconde campagne d'Allemagne (1704), on lui reproche, il est vrai, ses exactions et ses rapines :

> A Villars, que l'on blâme tant,
> Rendons plus de justice :
> S'il a tant amassé d'argent,
> Ce n'est point avarice.

> En Bavière, de nos écus
> Ayant vu l'abondance,
> Il craint que nous n'en ayons plus;
> Il les rapporte en France.

Lui-même d'ailleurs, explique l'usage qu'il fait de ses contributions de guerre : « Je les avais divisées en trois parties : la première me servait à payer l'armée, qui ne coûta rien au roi cette année ; avec la seconde, je retirai les billets de subsistance qu'on avait donnés l'année précédente aux officiers, faute d'argent; je destinai la troisième *à engraisser mon veau.* » — Plus tard, s'adressant à certains courtiers de la Régence, enrichis par le système de Law, aux dépens du public français, il leur disait : « Pour moi, je n'ai jamais rien gagné que sur les ennemis ».

Auprès de lui, Vendôme, un petit-fils de Henri IV, ayant la bravoure héréditaire, comme son frère le Grand Prieur, avec des échappées héroïques et des coups de main qui deviennent des victoires; mais sans ordre, sans règle, sans discipline dans sa vie aussi bien que dans la conduite de son armée, se levant parfois à 4 heures de l'après-midi, se laissant surprendre par l'ennemi, et se tirant d'affaire à force de résolution : mélange bizarre d'indolence et d'activité dans cette guerre de marches et de contremarches, où il entame avec le prince Eugène une véritable partie d'échecs. Les journées de Luzzara et de Cassano sont autant de titres glorieux, en attendant que celle de Villaviciosa termine dignement sa carrière.

Enfin Berwick, le futur vainqueur d'Almanza, fils naturel de Jacques II et sauveur de Philippe V. Vigilant, actif, intrépide et maître de lui, en véritable Anglais, comme Marlborough : « Un grand diable d'homme (selon la princesse des Ursins) sec et froid, qui, quoi qu'on puisse dire, va toujours son chemin. » C'est ainsi qu'il se fera tuer plus tard au siège de Philipsbourg.

II

Mais ces courts et rares succès de nos généraux ne sont que des éclaircies éphémères sur un ciel assombri et couvert de nuages. Nous avons vu jadis se dérouler la période des victoires et des conquêtes, se succédant comme par enchantement. Nous sommes entrés dans l'ère des pertes et des défaites accumulées. Ce sont d'abord les galions venant du Mexique chargés de l'argent dont l'Espagne et la France ont si grand besoin, et qui sombrent à l'entrée du port de Vigo, surpris par l'escadre anglo-batave, malgré l'héroïque résistance du vice-amiral Château-Renaud.

> Dès que la riche flotte
> Du grand Château-Renaud
> Eut abordé la côte,
> Louis chanta tout haut :
> Courage, mes enfants, nous avons la pécune !
> Avec les galions, dondon,
> Les grands trésors sont là, lala,
> Quelle heureuse fortune !

Mais hélas ! vain espoir :

> Voici sous Pontchartrain autre échec à la France !
> Le maudit duc d'Ormond [1], dondon,
> A Vigo se fourra, lala,
> Tout est en sa puissance.

Saint-Évremond, alors réfugié à Londres, mais toujours Français de cœur, suivait d'un œil anxieux nos tristes destinées. Confiant encore dans la sagesse et le génie de Louis XIV, il s'effrayait de le voir si mal servi :

> Avec un pilote si sage
> Et de si mauvais matelots,
> Le vaisseau fera-t-il naufrage ?
> Vaincra-t-il le vent et les flots ?
> S'il faut que je parle sans feindre,
> Je ne sais plus qu'en augurer :
> Les matelots me font tout craindre,
> Le pilote, tout espérer [2].

Malheureusement le pilote lui-même avait tant soit peu perdu la tramontane au milieu de la tempête. Cherchant partout des auxiliaires et remplaçant la qualité par la

---

1. Amiral anglais. — 2. 14 octobre 1702.

quantité, il multipliait les maréchaux de France à tort et à travers, comme si l'investiture royale suffisait pour en faire des Turenne et des Condé.

> Si vous le prenez sur ce ton,
> Sire, adieu vos conquêtes !
> Avant de donner des bâtons,
> Faites faire des têtes.
> Vous avez dix-neuf maréchaux,
> A qui l'on n'en voit guère ;
> Et vous manquez de généraux,
> C'est là la grande affaire.

Cette question des maréchaux est une de celles qui passionnent le plus vivement l'opinion publique. Depuis qu'elle est malheureuse, la France s'est mise à raisonner, à discuter le choix et la valeur des chefs placés à la tête de ses armées. Une chanson satirique intitulée *la Galerie des maréchaux de France* les envoie, sur l'air de la *Faridondaine*, à Montfaucon :

> Accourez tous, grands et petits,
>   A la cérémonie.
> Des grands généraux de Louis
>   La gloire se publie :
> Venez au pied de Montfaucon,
> La faridondaine, la faridondon,
> Écoutez-en le grand récit,
>   Biribi, etc.

On y voit figurer attachés au pilori Tallard, Villeroi, Tessé, La Feuillade, récemment promus au commandement, et au-dessus d'eux la grande inspiratrice, la fée Guignon, responsable de tous nos malheurs :

> Au milieu de tous ces héros,
>   Savez-vous qui préside ?
> C'est la source de tous nos maux,
>   La malheureuse Armide,
> Autrement dit dame Fanchon[1],
>   La faridondaine, etc.
> C'est elle qui les a choisis,
>   Biribi.

1. Françoise d'Aubigné.

Le choix n'était pas heureux, il faut en convenir, si l'on en juge par les résultats. Tallard commençait par se faire battre à Hochstædt, où Villars avait été vainqueur l'année précédente. Mais, cette fois, la défaite avait de bien autres proportions que la victoire. « Le dommage matériel, dit Henri Martin, était immense; le dommage moral plus grand encore. La renommée de nos légions, si longtemps invincibles, était profondément ébranlée par cette capitulation inouïe de tout un corps d'armée sur le champ de bataille. Le prestige de la France était dissipé [1]. » Quelque chose d'analogue à l'effet produit dans le monde entier par la capitulation de Metz en 1870, et la remise humiliante de nos drapeaux. La France était frappée au cœur, non pas seulement dans sa puissance, mais dans sa réputation et son honneur. A Hochstædt, du moins, Tallard n'avait été que maladroit et malheureux, et n'avait point à se reprocher la moindre trahison. Très myope, il s'était jeté dès le début, au milieu d'un régiment anglais qu'il avait pris pour des Français. Une pièce du temps compare ce désastre à celui de Varus, et termine sur le ton badin aux dépens de Villeroi :

> — Rends-moi, Varus, mes légions !
> S'écriait autrefois Auguste.
> — Rends-moi, Tallard, mes bataillons,
> Dit Louis, à titre plus juste.
> — Demandez-les à Villeroi,
> Il en a plus perdu que moi.

La raillerie ne s'adresse pas seulement aux généraux, elle remonte jusqu'au roi. Sur la foi d'une fausse nouvelle, comme nous en avons connu nous-mêmes au début de la dernière guerre, on avait ordonné à Versailles un *Te Deum* changé bientôt en *De profundis* :

> L'homme immortel, le grand Bourbon
>   Étonné de sa gloire,
> A fait chanter le *Te Deum*,
> Pour marquer sa victoire.

---

1. *Hist. de France*, t. XIV.

> Et l'on chante en chaque maison
> La faridondaine, la faridondon,
> A Paris, Versailles et Marly,
>   Biribi.

Une colonne avait été élevée, disait-on, par l'Empereur avec une inscription outrageuse pour Louis XIV, dans le village d'Hochstædt. Un Gascon patriote se chargea d'y répondre, pour venger l'honneur de la France et du roi.

> Maugrebleu du fat qui t'a fait,
> Vaine pyramide d'Hochstædt !
> Ah ! si, pour pareille vétille,
> Chaque bataille, assaut, prise de ville,
> Louis, ce héros si parfait
> Avait fait dresser une pile,
> Le pays ennemi serait un jeu de quille [1].

Cette prétendue pyramide, non plus que l'inscription, n'exista jamais, si l'on en croit Voltaire. Villars ayant envoyé ses soldats pour la faire détruire, ceux-ci ne la trouvèrent point [2].

Villeroi de son côté, déjà chansonné d'avance, acquérait un nouveau titre à la défaveur publique, et se surpassait lui-même en incapacité dans la triste journée de Ramillies (1706), où il se faisait battre à plate couture par Marlborough. Ses dispositions étaient si mauvaises que le général anglais s'en aperçut tout aussitôt, et en moins d'une demi-heure eut gagné la bataille. Ce fut une panique, où les Français perdirent vingt mille hommes, et les ennemis deux mille cinq cents. La consternation était générale dans l'armée et dans toute la France. Quand le pompeux Villeroi revint la tête basse à Versailles, le roi, toujours indulgent pour un vieil ami, l'accueillit par ces paroles consolantes ou résignées : « Monsieur le maréchal, on n'est pas heureux à notre âge ». L'opinion publique, moins tolérante, flagellait encore une fois ce chef incapable, dont les maladresses coûtaient si cher à la nation :

> C'est bien dommage, sur ma foi !
> Que monseigneur de Villeroi

---

1. *Nouveau Siècle de Louis XIV*, t. III. — 2. *Siècle de Louis XIV*, chap. xix.

> Soit déjà maréchal de France :
> Car, dans cette grande action,
> On peut dire sans complaisance
> Qu'il a mérité le bâton.

Un digne émule de Villeroi en prétention et en incapacité apparaissait sur la scène : le jeune duc de la Feuillade, gendre du ministre Chamillard, dont il avait daigné épouser la fille, en se réservant le droit d'entrer dans son lit avec ses bottes. Ce suffisant personnage, placé à la tête de l'armée d'Italie, était venu assiéger Turin. Vauban lui avait offert ses services ; mais il les dédaigna, en répondant qu'il prendrait la ville *à la Cohorn* : Cohorn, l'ingénieur hollandais, rival de Vauban. C'était une impertinence gratuite à l'égard du modeste et généreux grand homme, si peu jaloux d'une gloire qu'il laissait aux autres. La Feuillade ne prit rien : honteusement battu par le prince Eugène, il ne rapporta, de son siège et de sa bataille de Turin, que des quolibets et des sifflets. Un charivari s'organisa contre lui et son beau-père, qui avait bouleversé tous les services et fait des dépenses énormes pour assurer le succès de son gendre :

> Chamillard, pour sauver Turin,
> Laisse prendre l'Espagne.
> Il avait dégarni le Rhin,
> La Flandre et l'Allemagne.
> Son gendre tendait au bâton,
> La faridondaine, la faridondon.
> Mais ce projet a réussi
> A la façon de Barbari,
>   Mon ami.

Nous sommes ici dans les séries noires. La journée d'Hochstædt nous avait coûté l'Allemagne ; celle de Ramillies, la Flandre ; celle de Turin, l'Italie. Malgré tout, La Feuillade put compter sur le bâton :

> Ne craignez rien, grand Feuilladin,
> Vous serez maréchal de France ;
> Vous décampez devant Turin,
> Et vous méritez récompense :
> Les Villerois, Tallards, Tessés
> Ont tous été récompensés.

Tessé complète en effet la litanie des maréchaux. Illustré déjà par son échec à Barcelone, il l'est bien plus encore par la perte de Gibraltar, qu'il laisse tomber aux mains des Anglais, pour n'en plus sortir.

> Ce que Tallard a commencé
> Dans la bataille d'Allemagne,
> Le grand maréchal de Tessé
> Vient de l'achever en Espagne :
> L'histoire brillera du nom
> Des héros de la Maintenon.

Chose plus grave, la flotte française commandée par le jeune comte de Toulouse, fils naturel de Louis XIV, était détruite à la fois par la tempête et par l'ennemi. Ce fut un échec irréparable. « Depuis ce jour, dit Voltaire, on ne vit plus de grandes flottes françaises, ni sur l'Océan, ni sur la Méditerranée. La marine rentra presque dans l'état dont Louis XIV l'avait tirée, ainsi que tant d'autres choses éclatantes, qui ont eu sous lui leur orient et leur couchant[1]. »

III

Un moment, la nouvelle dynastie espagnole parut si près de sa ruine que Vauban proposa de la transporter en Amérique, quand la victoire de Berwick à Almanza (1707) vint la sauver. La prise de Lérida, par le duc d'Orléans, plus heureux contre elle que Condé, quelques succès de Villars en Allemagne où il eut l'honneur de faire reculer Marlborough, provoquèrent un quart d'heure de joie, mais de trop courte durée.

Le malheur semblait s'acharner sur la famille royale. Le duc de Bourgogne, petit-fils de Louis XIV, jeune prince dévot, timide et indécis, placé à la tête des armées de Flandre avec le concours de Vendôme, d'humeur et d'esprit tout opposés, n'y parut que pour assister à la déroute d'Oudenarde et à la prise de Lille par les alliés (1708). Le désaccord régnait entre les généraux et même à la cour. Le pauvre duc de Bourgogne se vit, dès ses débuts, criblé d'épi-

---

1. *Siècle de Louis XIV*, chap. XI.

grammes : et ce qui était plus triste, ces couplets satiriques étaient l'œuvre d'une fille naturelle de Louis XIV, de la duchesse de Bourbon, aussi mauvaise langue que la Palatine. La maligne princesse raillait l'élève de Fénelon qu'elle accusait de poltronnerie, et trouvait moyen de rire quand on pleurait autour d'elle.

> Il faut aujourd'hui que ma Muse
> S'amuse
> A faire des chansons,
> Sur la guerre et sur les poltrons.
> . . . .
> Par ta crainte et ton ignorance,
> La France
> Est réduite aux abois :
> Tu démens le sang de nos rois
> Si renommés par leur vaillance.

Les plaintes et les accusations pleuvent en même temps de tous côtés sur le roi et Mme de Maintenon. On reprend l'air de *Charmante Gabrielle*, aimable souvenir de Henri IV, pour chanter :

> Un roi, par la victoire
> Autrefois couronné,
> Perd l'éclat de sa gloire,
> Par un sot gouverné[1].
> Partout l'on entend dire :
> Malheureux jour!
> Maudit soit son empire
> Et son amour !
>
> Créole abominable,
> Funeste Maintenon,
> Quand la Parque implacable
> T'enverra chez Pluton,
> O jour digne d'envie!
> Heureux moment !
> En coutât-il la vie
> A ton amant[2] !

On est étonné de la hardiesse et de la fureur de ces invectives, où les rancunes protestantes doivent avoir une large

---

1. Chamillard. — 2. *Nouveau Siècle de Louis XIV*, t. III.

part. Les presses de Hollande ne guerroient pas moins que la plume diplomatique de Heinsius ou les canons d'Eugène et de Marlborough. Mme de Maintenon, si maltraitée par les chansonniers et les libellistes, garde pourtant un cœur vraiment français, au milieu de ces rudes épreuves qui la déchirent, et se montre, par là du moins, la digne fille d'Agrippa d'Aubigné. Plus tard, envoyant aux demoiselles de Saint-Cyr un programme de fête pour célébrer la victoire de Denain, elle écrit : « Vive Saint-Cyr ! puisse-t-il durer autant que la France, et la France autant que le monde¹ ! » — « Ce qui me plaît dans les dames de Saint-Louis, disait Louis XIV, c'est qu'elles aiment l'État, quoiqu'elles haïssent le monde : elles sont bonnes religieuses et bonnes Françaises. » Pendant la guerre de la succession d'Espagne, on lisait au réfectoire les bulletins de l'armée : on priait à Saint-Cyr après nos défaites, on y célébrait nos moindres victoires.

Mais la foule n'en savait rien, et s'abandonnait à ses préventions. Les avis les plus étranges, les plus audacieux s'adressaient au roi et à son peuple. Ici on invite Louis XIV à faire comme Charles-Quint :

> Ton temps est passé,
> Le destin se lasse,
> Va, cède la place
> A ton fils aîné ².

Ailleurs c'est une diatribe contre la famille royale, pour engager la France à suivre l'exemple de l'Angleterre.

> Le grand-père ³ est un fanfaron,
> Le fils est un imbécile ⁴,
> Le petit-fils ⁵ un grand poltron.
> Oh ! la belle famille !
> Que je vous plains, pauvres François,
> Soumis à cet empire !
> Faites comme ont fait les Anglois,
> C'est assez vous en dire.

1. Geffroy, *Lettres de Mme de Maintenon*. — 2. *Chants hist.*, manusc. de la Bibl. Mazarine, n° 2171. — 3. Louis XIV. — 4. Le Grand Dauphin. — 5. Le duc de Bourgogne.

On les exhorte à chasser les Bourbons comme les Anglais avaient chassé les Stuarts. Après les morts qui s'accumulent dans la famille royale, et les bruits d'empoisonnement, on comprend les défiances de Louis XIV à l'égard de son neveu le duc d'Orléans.

Aux malheurs de la guerre viennent s'ajouter bientôt les calamités du terrible hiver de 1709 : le froid, la misère, la famine, l'intempérie et le bouleversement des saisons.

> Ici-bas tout est culbuté,
> Point de chaleur pendant l'été,
> Pendant l'hiver la foudre gronde.
> Grand Dieu, tout va-t-il au hasard ?
> Ou, pour gouverner ce bas-monde,
> Auriez-vous quelque Chamillard ?

IV

Écrasé sous le poids de l'adversité, cédant à la pitié et aux cris de souffrance de son peuple, le grand roi fléchit son orgueil et envoya Torcy à la Haye, pour solliciter humblement une paix qu'il dictait autrefois, et qu'on lui refusait alors. Ces rebuffades, ces insolences d'un vainqueur arrogant, Louis XIV dut les ressentir plus poignantes pour son cœur de souverain, jadis redouté et obéi dans le monde entier, en voyant son ambassadeur attendre vainement une audience à la porte du Grand Pensionnaire de Hollande ou de la reine Anne. A mesure qu'il descend plus profondément dans l'épreuve, le monarque se relève moralement par le sacrifice et la noblesse des sentiments. Il dit à Torcy ces belles paroles avant son départ pour la Haye : « Je me suis toujours soumis à la volonté divine, et les maux dont il lui plait d'affliger mon royaume ne me permettent plus de douter du sacrifice qu'elle demande que je lui fasse de tout ce qui pouvait m'être plus sensible. J'oublie donc ma gloire. » Les conditions imposées par les alliés allaient jusqu'au déshonneur. Ils exigeaient que le roi s'unît à eux pour renverser son petit-fils du trône d'Espagne, où il l'avait placé. Avec une noble fierté : « Puisqu'il faut faire la guerre, répondit Louis XIV, j'aime mieux la faire à mes ennemis qu'à mes enfants. » En même temps, il adressait aux gouverneurs des provinces et aux communautés des villes une lettre circulaire pour les faire juges de sa conduite. « Quoique je partage tous les maux que la guerre fait souffrir à des sujets aussi fidèles, et que j'aie fait voir à l'Europe que je désire sincèrement les faire jouir de la paix, je suis persuadé qu'ils s'opposeraient eux-mêmes à la recevoir, à des conditions également contraires à la justice et à l'honneur du nom français. »

Un cri d'indignation et de colère vint appuyer cette lettre du roi. Il ne restait plus qu'à combattre. La bataille de Malplaquet (1709) fut la première réponse du patriotisme français. C'était encore une défaite, mais une de ces défaites qui donnent à penser au vainqueur. « Encore une victoire pareille, disait un Hollandais, et nous sommes perdus! » Les soldats, qui n'avaient pas mangé depuis douze heures, jetèrent leur pain pour courir à l'ennemi. Les alliés eurent vingt mille hommes tués ou blessés : les Français huit mille seulement. La retraite s'opéra en bon ordre sous la direction de Boufflers, qui s'était fait généreusement, dans cette circonstance, le lieutenant de Villars.

Faut-il reporter à cette époque la fameuse *Complainte de Malbrough*, dont nous avons vu déjà le prototype dans la chanson sur les funérailles de François de Guise? Sa grande vogue date, on le sait, de l'année 1781, soixante ans après la mort de Marlborough. Ce fut la nourrice du jeune dauphin, fils de Louis XVI, qui, en berçant le royal poupon avec cet air, le mit à la mode. On n'entendit bientôt partout que le refrain de *Mironton, mirontaine*. Beaumarchais s'en souvenait dans le *Mariage de Figaro*; Napoléon lui-même, montant à cheval pour entrer en campagne, se plaisait à fredonner *Malbrough s'en va-t-en guerre*. Peut-être nos soldats rapportèrent-ils des Pays-Bas ces couplets burlesques au lendemain de Malplaquet, comme ils en rapporteront plus tard la chanson de *Cadet-Rousselle*. En 1704 déjà, Marlborough, s'étant vu forcé de décamper devant Villars, avait été l'objet de chants satiriques :

> Marlborough, fier de sa fortune,
> Un trou vient de faire à la lune

> Et décamper en tapinois.
> Ses fiers projets de nous chercher querelle,
> De boire nos vins champenois,
> De nous croquer comme des noix,
> Sont échoués,
> Sont échoués dans la Moselle [1].

A Malplaquet, Villars crut un moment tenir la victoire, quand il fut atteint à la jambe d'un coup de carabine, et arrêté dans l'élan qu'il communiquait aux soldats. En rentrant à Versailles, il raconta au roi que, sans sa blessure, la bataille était gagnée. S'il ne disait pas vrai, il en était du moins convaincu. Et c'était déjà quelque chose que cette confiance en lui-même et en sa fortune, qu'il exprimait naïvement à Louis XIV : « Servez-vous de moi, car je suis le seul général de l'Europe dont le bonheur à la guerre n'ait jamais été altéré. Dieu me conserve cette fortune pour le service de Votre Majesté [2]. »

Toutes ces fanfaronnades sincères ne manquaient pas d'éveiller la médisance et le rire des incrédules et des envieux.

> Il a fait faire des chansons,
> Qui disent que ce rodomont,
> Landerirette,
> Sans sa blessure eût tout réduit,
> Landeriri.
>
> Mais le monde n'ignore pas
> Qu'à Dorante [3] il ne cède pas,
> Landerirette,
> Lorsqu'il est question de mentir,
> Landeriri.

Les quolibets l'accompagnent encore lorsque, remis de sa blessure, il se prépare à conduire vers le Nord une nouvelle armée, pour tenir tête au prince Eugène et à Marlborough :

> Villars est parti de Marly
> Plus fier que le grand Artamène ;
> Mais son courage est ralenti,
> Lorsqu'il a vu le prince Eugène ;

---

1. *Nouveau Siècle de Louis XIV*, t. III. — 2. *Mémoires de Villars*. — 3. Dorante, personnage du *Menteur*, dans Corneille.

> Car la face des conquérants
> Fait peur aux héros de romans[1].

Pure calomnie! Villars n'eut jamais peur de personne : il avait trop d'orgueil pour cela, mais il avait reçu l'ordre de ne rien hasarder et de se tenir sur la défensive. La chanson de *la Faridondaine* est plus vraie lorsqu'elle dit :

> Il va mener tambour battant
> Marlborough et Eugène.
> Il paraît avoir l'air content
> Quoiqu'il marche avec peine :
> Il a promis au grand Bourbon,
>   La faridondaine,
>   La faridondon,
> Qu'en deux jours ils seroient soumis,
>   Biribi, etc.
>
> Avec trois autres maréchaux
>   Il tint conseil de guerre,
> Et puis, levant le pied bien haut,
>   Il en frappa la terre ;
> Il s'écria d'un maître ton :
>   La faridondaine, etc.
> Je suis Villars, oui cadédis !
>   Biribi, etc.[2]

Les soldats aimaient assez sa crânerie, mais les courtisans ne pouvaient pardonner à ce petit-fils d'un notaire de Condrieux, devenu duc et pair, de les écraser de son faste et de sa jactance.

> Que sans égard à la naissance
> On fasse un maréchal de France,
> Quand la valeur l'a mérité,
> La récompense est ordinaire :
> Mais le public est irrité
> D'un duc petit-fils de notaire[3].

Son portrait peint par Rigaud, avec l'emphase que comportait le personnage, achevait de les exaspérer.

> On voit un héros nouveau
>   Chez Rigaud!

---

1. *Nouveau Siècle de Louis XIV*, t. III, 1710. — 2. *Ibid.*, 1711. — 3. *Ibid.*, 1712.

> A sa folle contenance,
> On dirait qu'il va parler
> Et crier :
> — Je vais seul sauver la France !

Il la sauvera, en effet, quoi qu'en pensent les médisants. Qu'il ait été fanfaron, vantard, peu scrupuleux sur l'art d'*engraisser son veau*, il n'en a pas moins le mérite d'avoir seul gardé l'espoir quand tout le monde l'a perdu, et d'inspirer une part de cette confiance au roi.

Louis XIV qui avait vu la mort entrer dans sa maison, frapper coup sur coup le dauphin et la dauphine, le duc et la duchesse de Bourgogne, craignant de joindre bientôt aux funérailles de sa famille celles de la France elle-même, renouvela ses instances et ses propositions de paix. L'abbé de Polignac vint à Utrecht subir le ton railleur et hautain des plénipotentiaires étrangers. On s'y moque des conditions du grand roi :

> Il signera que, sur le Rhin,
> L'ancienne frontière
> A l'un et l'autre État voisin
> Serve encor de barrière [1].

Poussé à bout, et se redressant contre l'outrage, le vieux monarque devient plus grand dans le malheur qu'il n'a jamais été dans la prospérité. « Voyez où nous en sommes, dit-il au maréchal de Villars, prenant congé de lui en partant pour la Flandre : Vaincre ou périr. Cherchez l'ennemi et donnez bataille. » — « Mais, sire, c'est notre dernière armée. » — « N'importe ! Je n'exige pas que vous battiez l'ennemi, mais que vous l'attaquiez. Si la bataille est perdue, vous me l'écrirez à moi seul. Je monterai à cheval, je passerai par Paris votre lettre à la main. Je connais les Français : je vous mènerai deux cent mille hommes, et je m'ensevelirai avec eux sous les ruines de la monarchie [2]. » Paroles vraiment françaises, qui rachètent bien des fautes !

Par un brusque revirement, la victoire de Denain (24 juillet 1712) ramenait la joie, la confiance dans toutes les

---

1. *Ibid.* — 2. Voltaire, *Siècle de Louis XIV*. Ch. XXIII.

âmes, et la faveur publique sur Villars. Le maréchal, si maltraité la veille, est subitement porté aux nues :

> Je crois que descendu des cieux
> Mars combat sur la terre ;
> Oui, las du commerce des dieux,
> Pour nous il fait la guerre.
> J'ai vu ce dieu plein de fureur
> Terrasser la Hollande,
> Et faire voler la terreur
> Dans l'armée allemande.

Ce prince Eugène, devant lequel on a si souvent humilié Villars, est blasonné à son tour :

> Eugène assiégeant Landrecy
> Croyoit, cette campagne,
> Boire, sans dire grand merci,
> Nos bons vins de Champagne ;
> Mais Villars l'a fait à propos
> Reculer en arrière ;
> Il ne remplira tous ses pots
> Que de mauvaise bière [1].

La journée de Denain eut pour résultat la délivrance de Landrecies, la prise du Quesnoy, de Douai, de Bouchain. Et chose plus importante : les ennemis avaient perdu huit mille hommes et douze canons, les Français moins de cinq cents hommes. Villars envoyait à Versailles plus de soixante drapeaux, ornement dont on avait perdu l'habitude. Tous les airs de vaudeville, *la Faridondaine, Landerirette, Lampons! lampons!* furent mis à contribution pour célébrer cette victoire inespérée.

> Le prince Eugène avait promis
> De saccager la France :
> Pour cet effet, il avait mis
> Des vivres en abondance
> Dans Marchiennes, ce dit-on,
> La faridondaine, etc.
> Le tout pour prendre Landrecy,
> Biribi.

---

[1]. *Nouveau Siècle de Louis XIV*, t. III.

Ailleurs c'est un dialogue qui s'engage entre le prince Eugène et Villars :

EUGÈNE.

Que prétends-tu faire à Denain ?
Dis-moi, cher capitaine.
Il faut te lever plus matin
Pour entrer dans la plaine.
Je te promets un merle blanc,
Si tu forces ma garde ;
J'ai mis dans mon retranchement
Un très bon sauvegarde [1].

VILLARS.

Ah ! je le tiens ce merle blanc
Que m'a promis Eugène ;
J'ai forcé son retranchement,
Me voilà dans la plaine.
Albermale est mon prisonnier,
Son armée est défaite.
J'ai pris quatre cents officiers,
La victoire est complète [2].

V

La paix était devenue possible, ou plus facile à négocier après cet éclatant succès. Les deux traités d'Utrecht (1713) et de Rastadt (1714) la confirmèrent. Si onéreuse et si pénible qu'elle pût sembler à la France, par certains côtés, après tant de conquêtes antérieures évanouies ou compromises, cette paix n'en était pas moins un bienfait et une nécessité. Louis XIV ne voulut pas cependant en recevoir de compliments : il lui en coûtait de voir détruire et combler le port de Dunkerque, ce premier joyau de son avènement. Une bonne part de nos colonies passait à l'Angleterre : mais nous gardions Metz, Strasbourg, Landau, le Nouveau-Brisach, toute cette barrière de l'Est que nous avons perdue depuis. La joie l'emporta sur le dépit, et la France eut

---

1. Albermale, général hollandais. — 2. *Chants historiques*, manusc. de la Biblioth. Mazarine, n° 2171.

du moins la satisfaction d'y trouver une double sécurité pour elle et pour l'Espagne son alliée, malgré la perte de Gibraltar.

> Buvons en l'honneur de la Paix,
> Cette céleste fille,
> Qui vient de combler nos souhaits
> Et ceux de la Castille.
> Elle affermit Philippe Cinq
> Sur le trône d'Espagne;
> Célébrons son heureux destin
> En bon vin de Champagne!

Philippe renonçait à tous ses droits sur la couronne de France, et l'héritier présomptif de Louis XIV à tous ceux qu'il pourrait avoir un jour sur le trône d'Espagne.

Cette grande œuvre terminée, Louis XIV n'avait plus qu'à disparaître de la scène du monde. Le Soleil, arrivé à son couchant, s'éteint au milieu des brumes et des clapotages de la bulle *Unigenitus*, entre les doléances des rentiers auxquels on retranche un quartier, et qui se plaignent d'être envoyés de l'Hôtel de Ville à l'Hôtel-Dieu. Nous assistons aux derniers moments, à l'agonie lente et douloureuse de cette royauté si vénérée, si adulée jadis, expirant au milieu de l'abandon et de l'indifférence universelle. Non seulement ce sont les courtisans qui désertent et vont remplir les antichambres du futur régent, le duc d'Orléans; mais c'est le propre confesseur du roi, le Père Tellier, emportant la feuille des bénéfices; c'est la fidèle compagne de ses ennuis, Mme de Maintenon, qui s'échappent sans bruit, et laissent là ce moribond obstiné à vivre sans espoir de guérir, la gangrène gagnant de plus en plus ce corps infecté et putréfié.

Rappelons-nous la fable du *Lion devenu vieux*, dans La Fontaine :

> Le lion, terreur des forêts,
> Chargé d'ans et pleurant son antique prouesse,
> Fut enfin attaqué par ses propres sujets,
> Devenus forts par sa faiblesse.
> Le cheval s'approchant lui donne un coup de pied ;
> Le loup, un coup de dent; le bœuf, un coup de corne.

L'âne arrive à son tour, et sa vue seule suffit pour mettre le comble à la douleur du noble animal :

> Ah ! c'est trop, lui dit-il : je voulois bien mourir ;
> Mais c'est mourir deux fois que souffrir tes atteintes.

Si Louis XIV ne connut pas l'injure directe, s'il conserva jusqu'au bout la fière attitude d'un souverain toujours digne même devant la mort, le coup de pied de l'âne n'épargna pas son cadavre à peine refroidi. Un cri de soulagement et de haine, faisant retomber sur lui tous les malheurs des dernières années, retentit autour de son cercueil. La fameuse inscription de la place des Victoires, *Viro immortali*, devint un objet de dérision pour les rimeurs implacables :

> Enfin l'homme immortel est mort,
> Malgré sa fameuse devise :
> La Parque, en terminant son sort,
> A sauvé l'État et l'Église.

Le chant de la *Faridondaine* se mêle au *De Profundis* du service funèbre. A peine mort, les carabins littéraires se chargent de disséquer sa mémoire comme son corps :

> Aussitôt son trépassement,
> On l'ouvrit d'un grand ferrement :
> On ne lui trouva point d'entrailles,
> Son cœur était pierre de tailles ;
> Son esprit était très gâté,
> Et tout le reste gangrené.

La triste histoire de ses funérailles, faites sans éclat, pendant la nuit, pour échapper aux injures et aux malédictions de la foule, complète le tableau :

> Sitôt qu'il fut enseveli,
> On le porta à Saint-Denis,
> Sans pompe et sans magnificence,
> Afin d'épargner la dépense :
> Car à son fils il n'a laissé
> Que de quoi le faire enterrer.

A ces traits de la satire remplaçant les honneurs de l'apothéose, ajoutez la grave parole de Massillon accueillant, sur le seuil de Saint-Denis, le cercueil du grand roi par ces mots : « Dieu seul est grand, mes frères ». Quel contraste ! Les derniers admirateurs de Louis XIV plaident les circonstances atténuantes; l'un d'eux, le P. Larue, rappelant les fautes d'Alexandre et de César, réclame en faveur de Louis :

> Il avait ses défauts : le soleil a ses taches :
> Mais il est toujours le soleil.

N'est-ce pas là en somme le jugement de la postérité ? « La France, comme l'a dit Henri Martin, pardonne volontiers, trop volontiers peut-être, à ceux qui l'ont aimée, même d'un amour égoïste et tyrannique; à ceux qui l'ont rendue glorieuse, même aux dépens de son bonheur : elle n'est implacable que pour ceux qui l'ont dégradée. » Laissons donc à Louis XIV le bénéfice de cette indulgence nationale, sans en faire un modèle ni une idole.

Nous sommes arrivés au terme de ces deux grandes étapes qu'on appelle le xvie et le xviie siècles, ayant eu tous deux leurs splendeurs et leurs misères, leurs actes d'héroïsme, leurs folies, leurs fautes et même leurs crimes; ayant subi aussi cette loi suprême de l'expiation, commune aux peuples et aux rois, qui abusent de leur force, de leur pouvoir et de leur fortune. L'histoire va nous ouvrir de nouveaux horizons dans les siècles suivants. Nous assisterons au dépérissement, à la chute d'une société et d'une monarchie séculaires, qui ont pu croire, comme la Rome antique, à leur éternité : *Capitoli immobile saxum*. Nous verrons des bouleversements, tels que le monde n'en a point connu depuis l'invasion barbare et l'avènement du christianisme. La littérature a sa part et son rôle dans les grandes tempêtes politiques et sociales, dont elle se fait la complice et parfois le ferment le plus actif. La poésie elle-même, descendue des hautes régions de l'idéal, son vrai domaine, et mêlée aux passions et aux luttes du temps présent, deviendra à certaines heures le reflet et l'écho fidèle de la réalité. Nous la suivrons dans cette voie nouvelle, où elle est plus que jamais l'auxiliaire de l'histoire, cette grave institutrice des nations, qui ne profitent pas toujours de ses enseignements.

FIN DU TOME PREMIER

TABLE DES MATIÈRES

INTRODUCTION

La poésie patriotique au moyen âge et dans les temps modernes. — Objections faites à ce sujet. — Les poésies de circonstance : leur part et leur rôle dans notre histoire littéraire. — Panorama général des XVIe, XVIIe, XVIIIe et XIXe siècles.. 1

CHAPITRE I

Guerres d'Italie.

CHARLES VIII (1494-1498).

La France et l'Italie. — Droits héréditaires : monomanie conquérante. — État du royaume et de la poésie française : Guillaume Cretin et Jean Lemaire. — Charles VIII et son voyage à Naples : *la Complainte de France*. — André de la Vigne : *le Verger d'honneur*. — Bataille de Fornoue. — Un royaume conquis et perdu. — Mémoires de Commines. — Alione d'Asti : *Voyage et Conquête de Naples*. — Moralité sur les guerres d'Italie................... 21

CHAPITRE II

Guerres d'Italie.

LOUIS XII (1498-1515).

Louis XII et ses poètes historiographes : Jean d'Auton, Jehan Marot, Jean Lemaire de Belges. — *La Prise de Gênes*. — Bataille d'Agnadel : *Épitres d'Hector à Louis XII et de Louis XII à Hector*. — Gringore : le pape Jules II sur les tréteaux des Halles. — Bataille de Ravenne. — Gaston de Foix et Bayard : *le Loyal Serviteur*. — Guerre avec l'Angleterre : *Épitre de Henri VII à son fils Henri VIII*. — L'amiral Prégent. — Pièces satiriques contre les Anglais. — Bataille des Éperons : *Invective* de Guillaume Cretin. — Nouveau bilan de la guerre.................. 40

CHAPITRE III
Guerres d'Italie.
François 1er (1515-1547).

La question d'Italie : *Sotie des Chroniqueurs*. — Rancunes contre les Suisses : appel de P. Gringore. — Bataille de Marignan. — Chansons des Aventuriers. — *Chanson de la Guerre*, par Jannequin. — Ballade de Guillaume Budé. — Entrevue du camp du Drap d'or : Vers de Clément Marot. — Rivalité de François 1er et de Charles-Quint. — Siège de Mézières ; prise de Hesdin ; chansons diverses. — Bataille de Pavie : Épîtres de François 1er et de Marot. — Captivité du roi ; voyage de Marguerite de Valois. — Traité de Madrid. — Mort du connétable de Bourbon : sac de Rome. — Paix des Dames ; retour des Enfants de France : vers de Marot............................ 69

CHAPITRE IV
Rivalité de François Ier et de Charles-Quint (*Suite*).

Factums et cartels entre les souverains. — Siège de Péronne (1536). — Invasion de la Provence : *la Maigre Entreprise*. — Entrevues de Nice et d'Aigues-Mortes. — Voyage de Charles-Quint en France. — François Ier joué par l'Empereur. — Nouvelle rupture. — Siège de Landrecies : *l'Aigle qui a fait la poule devant le Coq*. — Victoire de Cérisoles. — *Le Da pacem du laboureur*. — Paix de Crespy (1544). — Paix d'Ardres (1548). — Mort de François Ier et de Henri VIII. — Henri II. — Siège de Metz. — Bataille de Renty (1554). — Abdication de Charles-Quint (1555)..................................... 96

CHAPITRE V
La Pléiade.

Son rôle dans l'histoire littéraire et politique. — Joachim du Bellay : *la Défense et Illustration de la langue fran-*

çaise. — Les *Regrets*. — *Louanges de la France et du roi Henri II*. — *Les Tragiques Regrets de l'empereur Charles-Quint*. — *Chant triomphal sur le voyage de Boulogne* (1549). —*Exécration sur l'Angleterre et sa reine*. — Hymne sur la *Prise de Calais* (1558) : Épître latine de L'Hôpital. — Sentiment de la nationalité littéraire. — L'influence italienne à la cour des Médicis. — Les pétrarquisants. — Joachim du Bellay et Alfred de Musset. — Ronsard : ses ambitions patriotiques et littéraires. — *Hymne de la France* (1549); *Odes sur la paix faite avec l'Angleterre* (1550), *sur la victoire de Cérisoles*. — *Poème sur le siège de Metz*. — Exhortation pour la paix (1558-1559). — *Élégie sur le tumulte d'Amboise* (1560). — *Discours sur les misères du temps présent* (1563-1564). — *Remontrance au peuple de France* (1569). — Querelle avec les ministres huguenots.. 117

CHAPITRE VI

La Pléiade *(Suite)*.

Ronsard (suite). — *Le Bocage royal*. — *Sonnets d'État*. — *La Franciade*. — Fragments épiques : *Discours de l'équité des vieux Gaulois*. — Les sous-chantres de la Pléiade : Remy Belleau, Jodelle, Antoine de Baïf................ 145

CHAPITRE VII

Guerres civiles et religieuses.

La Réforme et la Ligue. — Guises et Bourbons. — *Remontrance de François de Guise au roi François II*. — Les manifestes de Condé. — Le Chansonnier huguenot : *chant de la Guerre civile; chant de bravoure* (1556). — Mort d'Antoine de Bourbon : *la Déploration des François et Navarrois*. — Mort et funérailles de François de Guise : épitaphe et complainte. — Bataille de Jarnac, mort de Condé (1568). — Paix de Saint-Germain (1570). — La Saint-Barthélemy. — Ode sur les *Misères des Églises protestantes*. — Le cadavre de Coligny à Montfaucon. — Le lendemain d'un crime. — Nouvelles espérances de paix. — La Ligue et les États de Blois. — Chanson sur la victoire d'Auneau (1587). — Triomphe et mort de Henri de Guise. — Mort de Henri III. — Un roi légitime et national 169

CHAPITRE VIII

Les politiques : le roi national. — Du Bartas et d'Aubigné.

Le parti politique : ses origines et ses progrès. — Le modérantisme. — Le chancelier de L'Hôpital. — Jean de la Taille : *Remontrance pour la Paix; le Prince Nécessaire.* — *Déclaration du roi de Navarre aux Trois États* (1589). Victoires d'Arques et d'Ivry : deux hymnes du clergé de Tours (1590). — Chants huguenots sur la victoire d'Ivry. — Poème de Du Bartas. — Les *Tragiques* de d'Aubigné. 195

CHAPITRE IX

Fin de la Ligue. — Triomphe de la royauté nationale.

Écrivains ligueurs et politiques. — *De Profundis de la Ligue*, le *Dialogue du Maheustre et du Manant*. — L'abjuration et ses conséquences. — La *Satyre Ménippée* : prose et chansons. — Rapin et Passerat. — Les poètes royalistes : Duperron et Bertaut : pièces diverses sur le *Retour du roi à Paris*, sur l'*Attentat de Jean Chastel*, sur la *Prise d'Amiens*, sur la *Paix de Vervins* (1598), sur la *Conférence de Fontainebleau*, sur la *Naissance du dauphin*, etc. — Une première ébauche de la *Henriade*.................. 221

CHAPITRE X

Fin du XVIe et commencement du XVIIe siècle.

HENRI IV ET MALHERBE.

Aurore d'un âge nouveau. — Malherbe poète national et monarchique : son génie, son rôle et son influence. — Odes sur la *Prise de Marseille* (1596). — *A la Reine, sur sa bienvenue en France* (1600). — *Prière pour le roi Henri le Grand allant en Limousin*. — Malherbe à la cour....... 245

CHAPITRE XI

Malherbe et son école. — Racan. — Maynard.

Malherbe à la cour. — *Sur l'attentat commis en la personne de Henri le Grand* (10 décembre 1605). — *Au roi Henri le Grand, sur l'heureux succès du voyage de Sedan* (1606). — Sonnets au roi. — Vers funèbres sur la mort de Henri le

Grand (1610). — *A la reine mère du roi, sur les heureux succès de sa régence.* — Pièces contre les princes révoltés (1614-1625). — Stances sur le mariage du roi et de la reine (1625). — Sonnets pour le cardinal de Richelieu (1626). — *Ode pour le roi allant châtier la rebellion des Rochelois* (1628). — Racan : son génie poétique ; ses rapports avec Malherbe. — Odes au roi, à Richelieu, à M. de Bellegarde, etc. — Maynard : le poète laborieux et quémandeur. — Odes et sonnets à Richelieu, à Mazarin, à la reine mère, au duc d'Enghien, au chancelier Séguier.   264

CHAPITRE XII

Indépendants et débraillés : Régnier, Théophile, Saint-Amant.

Mathurin Régnier : antithèse avec Malherbe. — Les deux *Discours au roi*. — Théophile, l'ennemi de la règle et l'ami du pouvoir royal. — Pièce contre Concini ; Odes au roi contre les *Mécontents*, sur la *Paix*, sur son *Exil*. — Du lyrisme chez Théophile, rêve d'un poème national. — Saint-Amant : alliance du burlesque et de l'héroïque. — *Le Passage du Gibraltar, le Gobbin, Épître à Gaston d'Orléans, Ode au duc d'Enghien,* vers *Sur la naissance du Dauphin* (Louis XIV), *la Lune parlante*............   290

CHAPITRE XIII

Poésies diverses.

Les tirailleurs littéraires : pièces de circonstance. — Un grand ministre : Richelieu : apologistes et satiriques. — Ministère de Mazarin. — Les *poetæ minores* sous la régence d'Anne d'Autriche : Voiture, Saint-Évremond, Sarasin, Segrais, Benserade. — Un grand poète : Corneille et le patriotisme romain. — Vers de commande : *Les triomphes de Louis le Juste*............   316

CHAPITRE XIV

La Fronde et les Mazarinades (1648-1652). — Paix des Pyrénées (1659). — Mort de Mazarin (1661)............   344

CHAPITRE XV

La métromanie épique au XVIIe siècle.

Le *Clovis* de Desmarets. — Le *Saint Louis* du Père Lemoyne. — *La Pucelle*, de Chapelain............   360

CHAPITRE XVI

Victoires et conquêtes. — Le plein midi de la monarchie.

La jeune royauté. — Campagnes de Flandre, de Franche-Comté et de Hollande. — Les *poetæ minores* : Benserade, Gomberville, Pellisson, Mlle de Scudéry, Mme Deshoulières, Perrault. — Les grands poètes : Corneille, Boileau, La Fontaine. — Paix de Nimègue (1678). — La place des Victoires : Apothéose... 376

CHAPITRE XVII

Les points noirs : victoires et défaites.

Révocation de l'édit de Nantes (1685) ; chants de triomphe et de douleur. — Ligue d'Augsbourg : réponse à l'Europe : prologue d'*Esther* dans Racine. — Prise de Philipsbourg par le dauphin (1688). — Incendie du Palatinat : vers de La Fontaine. — Victoire de Luxembourg à Fleurus. — Victoire navale de Tourville. — Victoire de Catinat à Staffarde : chansons sur le duc de Savoie. — Départ du roi pour l'armée de Flandre : prise de Mons (1691). — Désastre de la Hogue (1692). — Mort de Louvois. — Prise de Namur (1695) ; ode de Boileau. — Victoires de Steinkerque, de Nerwinde, de la Marsaille. — Plaintes de la France épuisée : victoire et famine. — Paix de Ryswick (1697)... 408

CHAPITRE XVIII

Débâcle et misère : la fin d'un grand règne.

Guerre de la succession d'Espagne. — Mort de Louis XIV (1700-1715).

Pièces satiriques contre la *camarilla* de Versailles. — Villeroi chansonné. — Vers sur Guillaume III. — Eugène et Marlborough : Villars, Vendôme et Berwick. — Période de défaites : désastre de Vigo. — Craintes de Saint-Évremond. — *La Galerie des Maréchaux*. — Capitulation d'Hochstaedt : les séries noires : défaite d'Oudenarde. — Diatribes contre la famille royale. — Bataille de Malplaquet ; chanson de *Malbrough*. — Vers sur Villars. — Nobles paroles du roi. — Victoire de Denain. — Paix d'Utrecht. — L'agonie royale... 433

7008-94. — Corbeil. Imprimerie Crété.

Librairie HACHETTE et C⁽ⁱᵉ⁾, Boulevard Saint-Germain, 79, Paris.

BIBLIOTHÈQUE VARIÉE A 3 FR. 50 LE VOLUME
FORMAT IN-16

Études littéraires.

Albert (Paul). — *La poésie*, études sur les chefs-d'œuvre des poètes de tous les temps et de tous les pays. 1 vol.
— *La prose*, études sur les chefs-d'œuvre des prosateurs de tous les temps et de tous les pays. 1 vol.
— *La littérature française des origines à la fin du XVIᵉ siècle.* 1 vol.
— *La littérature française au XVIIᵉ siècle.*
— *La littérature française au XVIIIᵉ siècle.* 1 vol.
— *La littérature française au XIXᵉ siècle.*
— *Variétés morales et littéraires.* 1 vol.
— *Poètes et poésies.* 1 vol.
Berger (Adolphe). — *Histoire de l'éloquence latine, depuis l'origine de Rome jusqu'à Cicéron*, publiée par M. V. Cucheval. 2 vol.
Ouvrage couronné par l'Académie française.
Bossert. *La littérature allemande au moyen âge.* 1 vol.
— *Gœthe, ses précurseurs et ses contemporains.* 1 vol.
— *Gœthe et Schiller.* 1 vol.
Ouvrage couronné par l'Académie française.
Brunetière. — *Études critiques sur l'histoire de la littérature française.* 1 vol.
Deltour. — *Les ennemis de Racine au XVIIᵉ siècle.* 1 vol.
Ouvrage couronné par l'Académie française.
Deschanel. *Études sur Aristophane.* 1 vol.
Despois (E.). — *Le théâtre français sous Louis XIV.* 1 vol.
Gebhart (É.). — *De l'Italie, essais de critique et d'histoire.* 1 vol.
— *Rabelais, la Renaissance et la Réforme.*
Ouvrage couronné par l'Académie française.
— *Les origines de la Renaissance en Italie.*
Ouvrage couronné par l'Académie française.
Girard (J.), de l'Institut. — *Études sur l'éloquence attique (Lysias, — Hypéride, Démosthène).* 1 vol.
— *Le sentiment religieux en Grèce.* 1 vol.
Ouvrage couronné par l'Académie française.
Janin (Jules). *Variétés littéraires.* 1 vol.
Laveleye (É. de). *Études et essais.* 1 vol.

Lenient, professeur à la Faculté des lettres de Paris. — *La satire en France au moyen âge.* 4ᵉ édition. 1 vol.
Ouvrage couronné par l'Académie française.
— *La satire en France, ou la littérature militante au XVIᵉ siècle.* 3ᵉ édition. 2 vol.
— *La comédie en France au XVIIIᵉ siècle.* 2 v.
— *La poésie patriotique en France au moyen âge.* 1 volume.

Lichtenberger. — *Études sur les poésies lyriques de Gœthe.* 1 vol.
Ouvrage couronné par l'Académie française.
Martha (C.), de l'Institut. — *Les moralistes sous l'empire romain.* 1 vol.
Ouvrage couronné par l'Académie française.
— *Le poème de Lucrèce.* 1 vol.
— *Mélanges (?) de critique.* 1 vol.
Mézières (A.), de l'Académie française. — *Shakespeare, ses œuvres et ses critiques.*
— *Prédécesseurs et contemporains de Shakespeare.* 1 vol.
— *Contemporains et successeurs de Shakespeare.* 1 vol.
Ouvrage couronné par l'Académie française.
Nisard (Désiré), de l'Académie française. — *Études de mœurs et de critique sur les poètes latins de la décadence.* 2 vol.
Patin. — *Études sur les tragiques grecs.* 4 vol.
— *Études sur la poésie latine.* 2 vol.
— *Discours et mélanges littéraires.* 1 vol.
Perrens (F. T.). *Jérôme Savonarole, d'après les documents originaux.* 1 vol.
Ouvrage couronné par l'Académie française.
Prévost-Paradol. *Études sur les moralistes français.* 1 vol.
— *Essais d'histoire universelle.* 2 vol.
Sainte-Beuve. *Port-Royal.* 7 vol.
Taine (H.), de l'Académie française. *Essai sur Tite-Live.* 1 vol.
Ouvrage couronné par l'Académie française.
— *Essais de critique et d'histoire.* 2 vol.
— *Histoire de la littérature anglaise.* 5 vol.
— *La Fontaine et ses fables.* 1 vol.

Chefs-d'œuvre des littératures étrangères.

Byron (lord). *Œuvres complètes*, traduites de l'anglais par M. Benjamin Laroche. 6 vol.
Cervantes. *Don Quichotte*, traduit de l'espagnol par M. L. Viardot. 2 vol.
Dante. *La divine comédie*, traduite de l'italien par P. A. Fiorentino. 1 vol.

Ossian. *Poèmes gaéliques, recueillis par Mac-Pherson*, traduits de l'anglais par P. Christian. 1 vol.
Shakespeare. *Œuvres complètes*, traduites de l'anglais par M. E. Montégut. 10 vol.
Ouvrage couronné par l'Académie française.
Chaque volume se vend séparément.

www.ingramcontent.com/pod-product-compliance
Lightning Source LLC
Chambersburg PA
CBHW070202240426
43671CB00007B/518